“十二五”国家重点图书·航空航天精品系列图书

国防特色教材·控制科学与工程

智能控制

Intelligent Control

李士勇　李　巍　著

哈爾濱工業大學出版社

北京航空航天大学出版社　北京理工大学出版社
哈尔滨工程大学出版社　西北工业大学出版社

内容简介

智能控制研究是用计算机模拟人的智能，实现对难以建立精确数学模型的复杂非线性被控对象进行精确有效控制的理论、技术与方法。本书在综合国内外智能控制研究成果的基础上，突出反映了作者在该领域的理论与应用研究成果。主要内容包括：智能控制引论；模糊控制；神经控制；专家控制与仿人智能控制；递阶智能控制与学习控制；基于多智能体的智能控制；基于智能优化的智能控制；智能控制的工程应用实例。全书以智能为核心，以信息为载体，以反馈为手段，以控制为目标，视角独特，体系新颖，由浅入深、深入浅出地阐述智能控制的基本概念、原理、方法及其应用实例。

本书可供信息、控制、自动化、计算机应用、人工智能及相关专业科技人员使用，也可作为高等院校有关专业研究生和高年级本科生教材及参考书。

图书在版编目(CIP)数据

智能控制/李士勇，李巍著. 哈尔滨：
哈尔滨工业大学出版社，2011.12
ISBN 978-7-5603-3234-5

Ⅰ.①智… Ⅱ.①李…②李… Ⅲ.①智能控制
Ⅵ.①TP273

中国版本图书馆 CIP 数据核字(2011)第 038390 号

智能控制

李士勇　李　巍　著
责任编辑　田新华　孙　竞

*

哈尔滨工业大学出版社出版发行
哈尔滨市南岗区复华四道街 10 号(150006)　发行部电话：0451-86418760　传真：0451-86414749
http://hitpress.hit.edu.cn
哈尔滨工业大学印刷厂印装　各地书店经销

*

开本：787×960　1/16　印张：16.375　字数：385 千字
2011 年 12 月第 1 版　2011 年 12 月第 1 次印刷　印数：3 000 册
ISBN 978-7-5603-3234-5　定价：39.00 元

前　言

随着科学技术的飞速发展，被控对象变得越来越复杂，以至于人们难以建立其精确的数学模型，即使建立了非常复杂的数学模型，也难以用于控制系统设计。因此，面对具有高度非线性、时变性及不确定性等复杂被控对象的控制问题，基于被控对象精确数学模型的控制理论，无论是经典控制理论还是现代控制理论都受到了极大的挑战。

维纳在创立控制论的初期，参加了火炮自动控制系统的研究工作。通过将火炮自动瞄准飞机与狩猎行为作类比，他发现了反馈的重要概念。维纳等人认为，目的性行为可以用反馈来代替，从而突破了生命体与非生命体——机器控制的界限，把目的性行为这个生物所特有的概念赋予机器，这就为创立控制论奠定了重要基础。不难看出，维纳创立控制论一开始就和作为高级生物——人的智能决策行为联系在一起，只不过是后来由于控制领域专家、学者把控制论应用到工程的过程中，乃至在创立经典控制理论和现代控制理论的过程中，过分依赖于被控对象的精确建模，而忽视了在控制过程中对人的智能决策行为的利用；另一方面，由于在过去较长时期内计算机技术还不够发达，即使控制工作者想到利用人的智能控制决策行为，也难以实现。

国际控制界享有盛誉的瑞典奥斯特隆姆（K. J. Åström）教授指出，控制论是维纳在研究动物（包括人）和机器内部的通信与控制时创立的，当时提出了许多新概念，目前，这一领域似乎又回到了发现新概念的时代；美国乔治（F. H. George）教授在《控制论基础》一书中指出，控制论的基本问题之一就是模拟和综合人类智能问题，这是控制论的焦点。

近30多年来，计算机技术的飞速发展，带动了人工智能技术、计算智能方法、信息科学与技术、自动化技术等学科的迅猛发展，促进了模糊数学、神经网络、专家系统等新兴交叉学科的诞生。同时，促使广大科学工作者又在维纳控制论的思想指引下，在一个新的高度上进行控制理论、人工智能、计算机科学、神经生理学、系统科学、信息科学、计算智能等多学科的密切合作，以期更有效地模拟和综合人的智能控制决策行为，实现对缺乏精确模型的被控对象进行有效的智能控制。

作者长期从事模糊控制、神经控制、智能控制、智能优化、非线性科学及复杂适应系统理论与应用方面的科研及教学工作。曾作为高级访问学者在日本从事模糊控制、神经控制、智能控制方面的合作研究工作。在模糊控制、智能控制领域,作者先后出版过《模糊控制与智能控制理论与应用》(1990)、《模糊控制·神经控制和智能控制论》(1996)两部著作。美国 IEEE Fellow、田纳西大学洪箴(J. C. Hung)教授 1997 年曾指出:“李教授在模糊控制、神经网络控制和智能控制方面有深入的理论研究和特殊的学术造诣及贡献。”专著《模糊控制·神经控制和智能控制论》1999 年获全国优秀科技图书奖。根据中科院信息中心提供的数据表明,该书跻身于十大领域中国科技论文被引频次最高的前 50 部专著与译著排行榜;由中国知网“中国期刊全文数据库”、“中国博士学位论文全文数据库”、“中国优秀硕士学位论文全文数据库”及“中国重要会议论文全文数据库”联网进行跨库高级检索获悉,该书自 1997 年至 2010 年底已被国内 4 700 余篇论文引用。引用该书论文的学科领域涉及之广、涉及期刊种类之多达 600 余种,即使在 2010 年一年之内还有多达 376 篇论文引用,令作者始料不及!

本书在撰写过程中,汲取了作者《模糊控制·神经控制和智能控制论》一书的精华,并增加和更新一些有关理论、设计及应用方面的内容。如第 1 章智能控制引论从全新的视角论述三代控制理论的产生、发展及其本质特性的对比;对第 2 ~5章的模糊控制、神经控制、专家控制与仿人智能控制、递阶智能控制与学习控制的内容进行了适当的增减,并重新组织、撰写;第 6 章基于多智能体智能控制和第 7 章基于智能优化的智能控制两章为新增加的反映作者新成果的内容;第 8 章智能控制的工程应用中增加了部分最新的应用实例。

本书旨在综合运用控制论中的反馈思想和模糊推理系统、神经网络系统、专家系统、仿人系统、递阶系统、学习系统、智能体系统、智能优化算法的融合,系统地阐述模糊控制、神经控制、专家控制、仿人控制、递阶智能控制、自学习控制、基于智能体的控制、智能优化控制的基本概念、原理、设计及应用问题。与国内外同类书相比,本书具有如下鲜明特色:

1. 本书将智能控制视为控制论与系统论、信息论、人工智能、计算智能的五元交集。其基本思想是在已有的智能控制结构描述中增加了系统论,将“自动控制”用“控制论”取代,将“运筹学”用“计算智能”取代。这样描述的智能控制结构更为完善、更为合理。

2. 本书将智能控制器对复杂对象的直接控制过程,看做对被控对象逆模型的逼近过程,这样有利于深刻揭示智能控制的本质特征。

3. 本书提出智能信息、智能反馈、智能决策是智能控制三要素的新观点，这样有利于提高设计智能控制器的智能性，也便于分析传统控制和智能控制的区别与联系。

4. 本书突出智能控制中的智能来源于对人脑左半球模糊思维与右半球形象思维以及对人控制行为的模拟，并强调定性变量、定量变量及定性定量综合集成推理在智能控制中的重要作用。

5. 本书提出智能优化控制的新概念。其基本思想认为，一个好的智能控制系统不仅应该有好的智能控制器，而且智能控制器自身的控制参数乃至结构在控制过程中应该进行自适应的优化，以获得最佳的控制效果。这种优化应该是不基于精确模型的，且要实时的。因此，必须采用智能优化算法，于是基于智能优化的智能控制，简称为智能优化控制。

作者必须指出，智能控制与传统线性控制有本质的区别：传统的线性控制理论满足叠加原理，它的思想方法源于确定论（决定论）；智能控制理论属于非线性控制范畴，不再满足叠加原理，它的思想方法是整体论（综合论），非线性科学与复杂适应系统理论是研究智能控制的强有力的工具。

对于研究智能控制的目的，本书还要特别强调以下观点。

研究模糊控制的目的不是要把控制理论变得模模糊糊，而是要通过引入模糊语言变量及其同它们之间构成的模糊关系进行模糊逻辑推理，从而使微机控制进入那些基于被控对象精确模型无法控制的禁区，以便获得基于精确模型控制无法达到的精确控制效果。

研究神经控制的目的不是要把控制理论变得神乎其神，而是要利用人工神经网络所具有的信息分布存储、并行处理与推理、自组织与自学习的功能，以及非常强的非线性映射（逼近）能力，使它对难以精确描述的复杂非线性对象进行建模，或充当控制器，或优化控制器参数，或故障诊断等，从而对复杂非线性对象实现基于神经网络的智能控制。

研究专家控制与仿人智能控制的目的不是要把控制理论倒退回只凭人的经验控制的境地，而是要进一步深刻认识、研究和利用专家或人工控制过程的经验、知识、直觉推理等，在对难以建模的复杂对象控制决策中所具有的重要作用，从而更好地利用微机模拟专家的智能控制决策行为，根据复杂被控动态过程提供的定性信息和定量信息，进行定性定量综合集成推理决策，从而实现对复杂非线性不确定系统的有效控制。

本书在撰写过程中，为满足教学和科研人员自学的需要，不仅每一章内容都相对独立、自成系统，而且各章之间有相互联系、有机结合。在每一部分内容的撰写过程中，特别突出由浅入深、深入浅出，强调概念、理论与工程应用之间的联系，注重启发、诱导读者的创新思维。

本书除了可供信息、控制、自动化、计算机应用、人工智能及相关领域科技人员使用外，也可作为自动化类及相关专业研究生或高年级本科生智能控制的教材。其中第1~5章是智能控制的基本内容，建议授课为30学时；第6~8章为智能控制的深入研究及应用举例的内容，选讲这部分内容建议为10学时，或者作为学生自学、阅读内容。

参加本书编写的和提供素材的还有李研、班晓军、张筱磊、黄忠报、章钱、左兴权、黄金杰、袁丽英、栾秀春、李浩。书中引用了部分国内外有关智能控制的理论与应用成果，向被引用文献的作者致以诚挚的感谢！

由于本书涉及知识面广，时间较紧，加之作者水平有限，书中难免存在一些不足之处，欢迎广大读者给予批评指正。

作　者

2011年10月于哈尔滨

目　录

第1章　智能控制引论

控制理论经历了经典控制理论、现代控制理论和智能控制理论三个发展阶段。本章首先对自动控制的基本概念、基本问题、基本思想、基本原理进行了精辟阐述；然后，对三种控制理论的发展历程、它们的区别、关系及其本质特征深刻地进行了剖析，这些内容是系统学习、深入研究智能控制理论的重要基础。最后，论述了智能控制的概念、原理、结构、功能、分类等内容。

1.1　自动控制的基本问题

1.1.1　什么是自动控制

所谓控制是指某个主体使其他客体（对象）按一定的目的来动作（运行）。

自动控制是指在无人参与的情况下，利用控制装置使被控对象自动地按期望的规律运行或保持状态不变。例如，人们利用抛掷石块击打猎物，这是人对石块运动（轨迹）的一种控制；利用离心球对蒸汽机速度的控制；卫生间中浮球机构对水箱水位的控制；今天人们对卫星、飞船、空间站飞行轨道与姿态的精确控制等等。从民用的儿童电子玩具、家电产品到国防现代化的武器系统，航海、航空、航天运载工具及太空探索等都离不开自动控制。

上述的自动控制的定义包括三个要素：一是被控对象，二是控制装置，三是期望的目标及约束条件。被控对象可以小到一个元件、器件、装置，也可以大到一个系统，一个生产过程等；控制装置指控制器及相关设施；期望的目标指运行规律及性能指标，约束条件指无人参与控制，被控对象及环境所允许的运行条件。这里的“自动控制”是区别于手动控制的。因此，“自”字就有两层含义：一是“自己”指控制装置本身；二是“自动”指无需人参与。但须指出，有些高级的自动控制系统——人机系统是在部分有人参与下进行的，如空间站与飞船交会对接过程的测控系统就是这样的人机自动控制系统，有些指令是在运行过程中由专家给出的。

被控对象期望的运行规律又称为给定信号。给定信号通常可分为三类：一类是阶跃信号，即给定一个常值信号，目的是使被控对象的输出保持某一个常值或某一状态不变；二是斜坡信号，目的是使被控对象的输出跟踪这个变化的斜坡信号；三是任意变化的信号，如斜坡信号和阶跃信号的组合，或正弦周期信号等。

自动控制系统根据上述输入信号是阶跃信号、斜坡信号和任意变化信号的三种不同形式，分别称它们为自动调节系统（自动调整系统、恒值调节系统）、随动系统（跟踪系统、伺服系统）和自动控制系统。一般而言，把它们统称为自动控制系统。

1.1.2 为什么需要自动控制

人类认识世界和改造世界的根本目的是要把人们从生产活动、科学实验和社会实践等一切复杂、繁重、繁琐、危险的劳动(体力和脑力)环境中解放出来,并极大地提高劳动生产率,满足人们日益增长的物质文明和精神文明的需要。自动控制可以在很大程度上节省体力和脑力;可以提高控制效率和控制精度,提高劳动生产率和产品质量;为了安全起见,有些场合必须远离危险对象实行遥控,便于实现自动化。显然,自动控制是实现自动化的需要,没有自动控制就没有自动化,没有自动化就实现不了现代化。

1.1.3 对自动控制的基本要求

人们总是期望在输入信号的作用下,使被控对象能快速、稳定、准确地按预定的规律运行或保持状态不变。即使在有干扰和被控对象参数变化的情况下,控制作用仍能保持系统以允许的误差按预定的规律运行。因此,可以把对自动控制的基本要求概括为三个字:快,稳,准,即快速性、稳定性和准确性。

实际上,快、稳、准这三个指标之间往往存在着矛盾。要快,就要加大控制作用,导致超调而不易稳定;要稳,就要限制控制作用,这样又会使控制过程变慢,也会降低稳态精度;要准,就要加大控制作用,但这样会出现较大超调而使响应时间变长。因此,一般对被控对象难以实现又快、又稳、又准的控制。

1.1.4 为什么控制难以实现快稳准

被控对象无论是装置、过程,还是系统都是由物质构成的,物质都具有一定的质量,因而具有惯性。因此,要使被控对象的运动过程不需要时间,即发生突变是不可能的。如果这样,就会要求控制作用(能量或功率)无穷大,这是不现实的。此外,有些被控对象,如齿轮传动系统、化工反应过程等不允许变化太快,如果变化太快、太剧烈则可能导致部件损伤或化学反应过程易发生爆炸等。还有些被控对象具有时变性、非线性、死区、不确定性及强干扰等不利于控制的特性。因此,自动控制就是要在允许的条件下,对被控对象施加控制,使其尽可能快、稳、准地按期望的规律运行或保持状态不变。如何解决控制过程中“快、稳、准”之间的矛盾问题,就成了控制理论工作者研究应用不同控制理论和方法所面临的共同问题。基于传统的控制理论设计控制系统时,往往把快、稳、准性能指标视为对立的,采取折中的方法来处理三者的关系。因此,难以获得期望的控制性能,而如何将三者对立统一起来正是智能控制要解决的一个关键问题。

1.2　自动控制的基本原理

1.2.1　维纳控制论的创立

维纳(N. Wiener)14 岁毕业于塔夫茨学院,18 岁获得哈佛大学的博士学位。他曾师从哲学大师罗素(B. A. W. Russell),数学家哈迪(J. Hardy Wikinson)和希尔伯特(D. Hilbet)研究哲学、数学,并酷爱生物学。20 世纪 40 年代初,在维纳和罗森布莱特周围聚集了一批不同领域的杰出科学家,如计算机创始人诺依曼(J. L. von Neumann),数学家别格罗(J. Bigelow)、戈德斯丁,神经生理学家麦克卡洛(W. S. McCulloch),数理逻辑学家匹茨(W. Pitts)等,他们每月举行一次讨论会,来自不同学科的青年科学家相互切磋,探讨科学方法论问题,为维纳 1948 年《控制论》的诞生奠定了重要基础。维纳把控制论定义为:在动物和机器中控制和通信的科学。不难看出,控制论的创立是以维纳为代表的多学科领域科学家学术思想交叉融合的产物。

1.2.2　自动控制的精髓——反馈

维纳在创立控制论的初期,他参加了火炮自动控制系统的研究工作,通过将火炮自动瞄准飞机与狩猎行为做类比,他高度概括了动物和机器中控制和通信的共同特征,提出了反馈的科学新概念,成为维纳控制论思想的精髓。

尽管维纳在创立控制论的过程中并没有直言应用了哲学思想,但是作为师从大哲学家罗素、有着深厚哲学底蕴的他提出的反馈概念用于解决控制问题,这一思想饱含着丰富的哲学思想。由前面的分析不难看出,被控对象由于各种原因总是企图背离给定的期望输出,即输入和输出之间构成了矛盾的双方,它们之间是对立的。既然输入和输出有矛盾,那么如何暴露出这一矛盾?维纳提出的反馈思想就是将输出反馈到输入一侧并和输入进行比较,其差异就是矛盾,即为误差。那么如何来解决这一矛盾、消除误差呢?这就是解决对立的矛盾双方如何统一的问题。设计一个以误差等为变量的控制律,通过控制器对被控对象不断地施加负反馈控制作用,使被控对象的输出与输入的误差不断地减小,直到误差减小到所允许的程度。

综上不难看出,通过反馈发现误差,利用误差构造某种控制律,进而通过控制器对被控对象不断地施加负反馈控制作用去消除误差的过程,正是把输入和输出的矛盾双方统一起来的过程。基于误差去消除误差的负反馈控制思想遵循着矛盾双方对立统一的哲学思想。因此,反馈是自动控制的精髓,没有反馈就没有自动控制。反馈是获取控制信息的重要手段,如何利用反馈获取对控制决策有用的信息,是控制工作者必须认真研究的至关重要的问题。

1.2.3 反馈在闭环控制中的作用

通过对闭环传递函数的分析易知,引入反馈后给控制系统带来以下四点的好处:

(1)可以通过调节反馈环节的参数获得预期的瞬态响应,而开环控制则不能。

(2)控制系统引入反馈后可以消除或部分消除外部干扰信号、噪声的影响。

(3)反馈可以使灵敏度减小,即对被控对象参数变化更不敏感,这意味着反馈系统可以减少对象参数变化对输出的影响。

(4)当开环增益足够大时,通过反馈可以实现高精度控制。

控制系统引入反馈后给控制系统带来的不利方面主要表现在以下两点:

(1)反馈可以改变系统的动态性能,使系统响应加快,但稳定性降低甚至导致系统不稳定。

(2)反馈使系统的总增益受损失。

1.2.4 反馈控制的基本模式

从对控制系统快、稳、准三个基本性能指标的要求出发,可以将反馈控制概括为比例控制、积分控制、微分控制三种基本模式。

1. 比例控制

为了使被控对象快速达到期望的状态,就要使控制作用足够大以克服对象的惯性。就如同给一个 RC 电路中的电容器充电一样,若 RC 电路中的元件参数不能改变,又要快速对电容器充电,只能在条件允许的情况下增大充电电压。同样,为了提高控制系统的快速性,必须施加一个比例放大环节,用以实现比例控制。

比例控制又称为比例反馈控制。比例控制器的输出信号正比于系统误差,当误差一旦被检测到比例控制作用就发生作用。为了提高控制的快速性,就需要较大的比例增益,但增益太大会使系统不稳定,而限定最大增益又不利于提高系统的稳态精度。因此,一般比例控制不能单独使用,因为纯比例控制不能使稳态误差减小到零,当给定值改变后总存在稳态误差——残余偏差。

如果用一句话来概括比例控制的主要作用,可以认为比例控制作用主要是快速消除大的误差,即比例控制作用主要满足自动控制性能对“快”的要求。

2. 积分控制

在控制作用中引进积分控制,只要系统误差不为零,可以通过对误差的积分达到一定的程度产生积分控制作用,去消除系统稳态误差。即使误差为零,由于积分控制作用,常值干扰信号也不会影响系统的稳态特性。通常积分控制作用与比例控制作用一起使用,即构成 PI 控制器。积分控制作用有两个缺点:由于积分的滞后作用易导致被控系统产生振荡;持续对误差积分使得积分过大,导致控制器输出饱和。

如果用一句话来概括积分控制的主要作用,可以认为积分控制作用主要是维持误差在零附近变化,即积分控制作用主要满足自动控制性能对"准"的要求。

3. 微分控制

微分控制作用是通过误差的变化率预报误差信号的未来变化趋势。微分对变化越快的信号越敏感。因此,可将微分环节引入反馈回路用以改善控制系统的动态性能。例如,为了提高快速性,需要比例控制作用的增益取得较大,这样势必造成超调。但引入微分控制环节后,敏感于输入信号的变化率,使微分控制作用在不至于影响快速性的情况下却在很大程度上削弱了超调。通常微分控制作用不能单独使用,要与比例控制作用一起使用,即构成 PD 控制器。

如果用一句话来概括微分控制的主要作用,可以认为微分控制作用主要是阻尼以防过大比例控制造成的超调,即微分控制作用主要满足自动控制性能对"稳"的要求。

经典 PID 控制是基于误差的比例(P)、积分(I)和微分(D)的线性组合进行控制的,它们分别对应误差现在、过去和将来(变化)的信息。

1.3　控制理论发展的三阶段论

从 1948 年维纳(N. Wiener)创立控制论至今的 60 余年来,由于生产力和科学技术的迅猛发展,尤其是自动化技术和计算机技术的飞速发展,推动了控制理论的进一步发展。一般认为,控制理论的发展经历了经典控制理论、现代控制理论和智能控制理论三个阶段。下面简要回顾一下自动控制理论的发展历程,从中可以看出,智能控制是传统控制理论的发展,是控制理论发展的高级阶段。

1.3.1　经典控制理论

一般认为,自动控制思想的产生可追溯到 18 世纪中叶英国的第一次技术革命,1788 年瓦特(J. Watt)发明蒸汽机和离心式球调速器。1868 年,麦克斯韦(J. C. Maxwell)为一类蒸汽机调节器建立数学模型,并完成了稳定性分析。1872 年,劳斯(E. J. Routh)和 1890 年赫尔维茨(A. Hurwitz)先后提出了系统稳定性的代数判据。1892 年,俄国学者李雅普诺夫(A. M. Lyapunov)的《论运动稳定性的一般问题》博士论文,提出用能量函数研究系统稳定性问题的一般方法。20 世纪初叶,1927 年,美国贝尔实验室布莱克(H. S. Black)发明反馈放大器,1932 年,伯德(H. W. Bode)分析了反馈放大器,利用频率特性,形成了奈奎斯特·伯德法。同年,瑞典奈奎斯特(H. Nyquist)研究出了系统稳定性分析方法。1946 年,伊文思(W. R. Evans)提出根轨迹法。

二次大战期间,维纳参加了火炮自动控制系统的研究工作,通过将火炮自动瞄准飞机与狩猎行为做类比,他发现了反馈的重要概念,他系统总结了前人的研究成果,1948 年发表《控制论》一书,该书通常被作为形成经典控制理论的起点。1954 年,钱学森英文著作《工程控制论》出版,推动了工程领域控制系统的研究。从 20 世纪 40 年代中期至 50 年代末期,是经典控制理论的形成期。

在经典控制理论中,被控对象的频率特性是设计系统的主要依据,整个系统的性能指标也是通过引入控制来整定开环系统频率特性的方法实现的。由于对象频率特性靠实验测试等手段获得,不可避免带有不确定性,这导致经典控制理论所设计的控制器在很大程度上靠现场调试,才能得到满意的控制性能。

被称为第一代控制理论的经典控制理论主要应用频率法解决单输入单输出、线性定常系统的自动调节问题及局部自动化(单机自动化)问题,对于低阶非线性系统,采用相平面法、描述函数法进行分析。

1.3.2 现代控制理论

20 世纪 50 年代末,随着数控技术的发展,需要解决批量生产自动化的问题。1957 年苏联发射了世界上第一颗人造地球卫星,由于航空航天领域的控制对象变得越来越复杂,迫切需要解决非线性、时变、分布参数、不确定性、多输入多输出系统分析综合控制问题以及在某种目标函数下的优化控制问题。单纯依赖经典控制理论难以解决上述控制问题,迫切需要创立新的控制理论解决上述问题。加上这一时期计算机技术发展和现代数学的成就,使得许多求解问题可以借助于计算机完成。例如,可以将难以求解的高阶微分方程化作一阶差分方程组,通过计算机迭代求解。

1956 年,苏联数学家庞特里亚金(L. S. Pontryagin)提出了极大值原理。同年美国数学家贝尔曼(R. Bellman)提出了动态规划方法。1959 年美国数学家卡尔曼(R. E. Kalman)提出了著名的卡尔曼滤波器。1960 年前后,控制工作者发现传递函数对于多变量系统往往只能反映系统输入输出之间的外部关系,而具有相同传递函数的不同系统可以有完全不同的内在结构。为了解决结构不确定性问题,1960 年,卡尔曼又提出了能控性与能观性两个结构性新概念,揭示了线性控制系统许多属性间的本质联系,还提出具有二次型性能指标的线性状态反馈律与最优调节器等概念,从而建立了状态空间法。在 1960 年国际自动控制联合会第一届大会上,卡尔曼发表了《控制系统的一般理论》以及相继发表的《线性估计和辨识问题的新成果》奠定了现代控制理论的基础。在这次大会上,正式确定了"现代控制理论"的名称。因此 1960 年被作为现代控制理论创立的标志年。

20 世纪 70 ~ 80 年代,现代控制理论获得了迅速发展。瑞典隆德工学院奥斯特隆姆(K. J. Åström)教授为发展现代控制理论,尤其是在随机控制、系统辨识、自适应控制和控制理论的代数方法方面都作出了重要贡献,并成功用于船舶驾驶、惯性导航、造纸、化工等领域。在自适应控制方面,法国朗道(I. L. Landau)教授基于超稳定性理论成功地建立了模型参考自适应控制器和随机自校正调节器的设计方法和分析理论,并应用工程实践取得了卓著的成效。

20 世纪 80 ~ 90 年代,人们将微分几何、微分代数等数学方法引入到非线性系统分析。利用微分几何方法在反馈线性化方面取得了很好的成果,然而实际非线性特性千差万别,能够实现反馈线性化的系统只是极少数。

为了解决非线性系统控制问题,现代控制理论都需要在状态空间中基于状态方程等数学模型为主要设计依据,依靠线性代数、微分几何以及最优化方法等严谨的数学工具,采用数学解析的手段来设计控制系统。通常用机理推导建模或采用在线系统辨识动态模型的方法,都会存在建模的不精确性,包括噪声的随机性及未建模动态的不确定性等,都会带来各种误差。加上计算机有限字长带来的舍入误差,在不断的辨识、迭代运算过程中,系统的误差往往积累到临界程度而易导致控制算法发散。即使所设计的控制系统运行正常时,其理论上预期的性能指标仍难以实现,而且基于现代控制理论设计的控制器,现场调试更为复杂,有时甚至显得无从下手。此外,当采用带有系统辨识的自适应控制时,由于辨识与控制算法计算复杂而需要较长时间,难以满足实时性要求苛刻的控制系统需要。当对复杂非线性系统采用线性化及忽略一些因素简化模型处理时,往往又会导致控制性能达不到要求。总之,以线性最优控制和非线性微分几何控制为代表的现代控制理论,在解决复杂非线性系统控制问题方面仍面临着严峻的挑战。

20 世纪 80 年代初,国际控制界享有盛誉的 Åström 教授已认识到,已建立起来的系统辨识和自适应控制理论,在解决一些复杂非线性系统控制问题方面仍存在着严重缺陷。对于一些复杂非线性系统控制问题,他认为仅仅依靠传统的建立精确模型并通过计算机解析方式实现控制的方法是不可取的。于是,他提出将传统控制工程算法与启发逻辑相结合,研究并设计了专家控制系统的结构,为将传统控制和人工智能的启发式逻辑推理相结合设计专家控制系统作出了贡献。

1.3.3　智能控制理论

随着科学技术的发展,被控对象变得越来越复杂。被控对象的非线性、时变性、不确定性等使得难以建立其精确的数学模型,这就使得基于被控对象精确数学模型的经典控制理论和现代控制理论受到了严峻的挑战。在缺少精确数学模型的情况下,如何进行自动控制呢？为了解决这样的控制问题,控制界的专家、学者在深入研究人工控制系统中人的智能决策行为,将人工智能和自动控制相结合,逐渐创立了智能控制理论。

20 世纪 60 年代,由于空间技术、计算机技术和人工智能技术的发展,控制界学者探索将人工智能和模式识别技术同自动控制理论相结合。1965 年美国普度大学付京孙(K. S. Fu)提出把人工智能中的启发式规则用于学习系统。此前,F. W. Smith 提出利用模式识别技术解决复杂系统的控制问题。1965 年,加利福尼亚大学扎德(L. A. Zadeh)教授创立了模糊集合论,为解决复杂系统的控制问题提供了模糊逻辑推理工具。同年 Mendel 将人工智能技术用于空间飞行器的学习控制,提出人工智能的概念。1967 年,Leondes 和 Mendel 首次使用智能控制。可见,20 世纪 60 年代是智能控制的形成期。

20 世纪 70 年代初,付京孙、Gloriso 和 Saridis 等从控制论角度总结了人工智能技术与自适应、自组织、自学习控制的关系,先后提出智能控制是人工智能技术与自动控制理论的交叉,是人工智能与自动控制和运筹学的交叉,并创立了递阶智能控制的结构。1974 年英国马丹尼(E. H. Mamdani)博士研制了第一个模糊控制器,用于控制实验室蒸汽发动机。1979 年他又成功研制了自组织模糊控制器。模糊控制与专家系统相结合推动了模糊专家系统研究的进一步发展及应用。

20 世纪 80 年代初,专家控制系统的研究获得了多项重要成果。1982 年 Fox 等研制车间调度专家系统。1983 年 Saridis 把智能控制用于机器人控制。1984 年 LISP 公司开发成功分布式实时过程控制专家系统 PICON。1986 年,M. Lattimer 和 Wright 开发了混合专家控制器 Hexscon。1986 年 Åström 将传统控制算法同启发式逻辑相结合研制专家控制系统,后来他又发表智能控制方面论文。1987 年,Foxboro 公司开发了新一代 IA 智能控制系统。20 世纪 80 年代中后期,由于人工神经网络研究获得了重要进展,提出了基于人工神经网络的智能控制设计思想,1987 年 IEEE 在美国召开第一次智能控制国际会议。

20 世纪 90 年代,智能控制研究和应用出现热潮,模糊控制与神经网络先后用于工业过程、家电产品、地铁、汽车、机器人、直升机等领域。在国际上先后由 IFAC 创办了《ENGINEERING APPLICATIONS OF ARTIFICIAL INTELLIGENCE》、由 IEEE 创办了《NEURAL NETWORKS》和《FUZZY SYSTEMS》等多种有关智能控制的刊物,每年有多个相关的国际学术会议召开。这都表明智能控制理论在控制科学中已经确立了它的重要地位,也是控制理论发展到智能控制阶段的重要标志。

21 世纪以来,随着空间科学技术、国防现代化和生产过程高度自动化的需要,人们对日益复杂对象的控制性能提出了越来越高的要求,智能控制在日益复杂对象的控制过程中将发挥重要作用。

1.3.4 控制理论发展的三个阶段

控制理论的发展经历了经典控制理论、现代控制理论和智能控制理论三个阶段,这三代控制理论的简要对比情况如表 1.1 所示。

表 1.1　控制理论发展的三个阶段对比情况简表

类别	经典控制理论	现代控制理论	智能控制理论
创立年代	20 世纪 40 年代	20 世纪 60 ~ 80 年代	20 世纪 70 年代
主要代表人物	N. Wiener，W. R. Asbby H. W. Bode，W. R. Evans H. Nyquist，N. B. Nichols E. J. Routh，J. C. Maxwell A. M. Lyapunov H. S. Tsien（钱学森）	R. E. Kalman，L. S. Pontryagin R. Bellman，L. D. Landau K. J. Åström，B. Wittenmark S. V. Emelyanov，V. I. Utkin G. Zames，J. C. Doyle K. Glover，周克敏 B. Widrow，E. Walach	K. S. Fu，G. N. Saridis L. A. Zadeh，E. H. Mamdani F. H. George，R. R. Yager J. S. Albus，K. M. Passino K. J. Åström， L. X. Wang（王立新）
被控对象特点	单输入单输出（SISO） 线性定常系统 低阶非线性系统	多输入多输出（MIMO） 线性系统、非线性系统 定常系统、时变系统 连续系统、离散系统	难以精确建模的具有不确定性、非线性的复杂系统
数学工具技术手段	微分方程 Laplace 变换 传递函数 频率响应法 根轨迹法，Bode 图 描述函数法，相平面法 Routh-Hurwitz 稳定判据 Nyquist 稳定判据，波波夫法	矩阵理论 变分法 微分几何 状态空间方程 极大值原理 动态规划 卡尔曼滤波 Lyapunov 稳定理论 线性矩阵不等式	专家系统 知识工程 模糊集合论 神经网络理论 人工智能 计算智能 智能优化算法 定性定量综合集成推理 智能逼近理论
主要控制方法分类	PID 控制 自动镇定系统 （定值控制） 伺服系统（随动系统） 顺序调节系统 （程序控制系统）	线性控制理论 最优控制理论 随机控制理论 系统辨识 自适应控制 自校正控制 变结构控制 非线性鲁棒控制 多变量控制 鲁棒 H_∞ 控制 自适应逆控制	模糊控制 神经控制 专家控制 学习控制 递阶智能控制 仿人智能控制 模糊神经控制 神经模糊控制 模糊变结构控制 模糊自适应控制 神经自适应控制
控制理论实质	经典控制理论和现代控制理论统称为传统控制理论，它们的共同特点是基于被控对象精确数学模型的控制理论，因此又被称为“模型论”，它揭示了传统控制理论的实质在于对被控对象精确建模。如果把反馈控制问题看做精确描述的数学方程求解问题，那么传统控制理论就相当于对控制问题的解析求解		智能控制不基于被控对象精确模型，它是基于知识根据输入输出数据/信息因果关系智能推理的控制理论，智能控制的实质是利用智能逼近对象的逆动态，相当于对控制问题的模拟求解

1.4 智能控制理论引论

1.4.1 智能控制的基本概念

1. 智能控制中的智能从何而来

“智能控制”这个概念包含两个关键词:“智能”与“控制”。控制一般是自动控制的简称,而自动控制通常又被称为反馈控制。因此,“智能控制”可还原成“智能反馈自动控制”。这样看来,智能控制是属于自动控制的一种形式,它也遵循着反馈控制的原理,它是基于人工智能的自动控制,那么“智能控制”中的“智能”从何而来?这里的“智能”是“人工智能”的简称。因此,智能只能从计算机模拟人的智能行为中来。

人脑是一部不寻常的智能机,它能以惊人的高速度解释感觉器官传来的含糊不清的信息。它能感觉到喧闹房间内的窃窃耳语,能够识别出光线暗淡的胡同中的一张面孔,也能识别某项声明中的某种隐含意图。最令人佩服的是人脑不需要任何明白的讲授,便能学会创造,使这些技能成为可能的内部表示。

从上面这段话对人脑及其感官智能行为的生动描述不难看出,人的智能来自于人脑和人的智能(感觉)器官——视觉、听觉、嗅觉和触觉。因此,人的智能是通过智能器官从外界环境及要解决的问题中获取信息、传递信息、综合处理信息、运用知识和经验进行推理决策、解决问题过程中表现出来的区别于其他生物高超的智慧和才能的总和。

人的智能主要集中在大脑,但大脑又是靠眼、耳、鼻、皮肤等智能感觉器官从外界获取信息并传递给大脑供其记忆、联想、判断、推理、决策等。为了模拟人的智能控制决策行为,就必须通过智能传感器获取被控对象输出的信息,并通过反馈传递给智能控制器,做出智能控制决策。

研究表明,人脑左半球主要同抽象思维有关,体现有意识的行为,表现为顺序、分析、语言、局部、线性等特点;人脑右半球主要同形象思维有关,具有知觉、直觉,和空间有关,表现为并行、综合、总结、立体等特点。

人类高级行为首先是基于知觉,然后才能通过理性分析取得结果,即先由大脑左半球进行逻辑思维,然后通过右半球进行形象思维,再通过胼胝体联系并协调两半球思维活动。维纳在研究人与外界相互作用的关系时曾指出:“人通过感觉器官感知周围世界,在脑和神经系统中调整获得的信息。经过适当的存储、校正、归纳和选择(处理)等过程而进入效应器官反作用于外部世界(输出),同时也通过像运动传感器末梢这类传感器再作用于中枢神经系统,将新接受的信息与原储存的信息结合在一起,影响并指挥将来的行动。”

2. 智能模拟的三种途径

美国乔治(F. H. George)教授在《控制论基础》一书中指出:"控制论的基本问题之一就是模拟和综合人类智能问题,这是控制论的焦点"。著名的过程控制专家F. G. 欣斯基指出:"有一句时常引用的格言:如果你不能用手动去控制一个过程,那么你就不能用自动去控制它。"通过大量实验发现,在得到必要的操作训练后,由人实现的控制方法是接近最优的,这个方法的得到不需要了解对象的结构参数,也不需要最优控制专家的指导。

Saridis 曾在《论智能控制》一文中指出,向人脑(生物脑)学习是唯一的捷径。

智能控制归根到底是要在控制过程中模拟人的智能决策方式,模拟人的智能实质上是模拟人的思维方式。人的思维方式是概念、判断和推理,人的思维类型可分为三种:抽象思维(逻辑思维);形象思维(直觉思维);灵感思维(顿悟思维)。

智能控制中的智能是通过计算机模拟人类智能产生的人工智能,通常利用计算机模拟人的智能行为有以下三种途径:

(1)符号主义——基于逻辑推理的智能模拟

符号主义是从分析人类思维过程(概念、判断和推理)出发,把人类思维逻辑加以形式化,并用一阶谓词加以描述问题求解的思维过程。这种基于逻辑的智能模拟是对人脑左半球逻辑思维功能模拟,而传统的二值逻辑无法表达模糊信息、模糊概念,因此Zadeh创立的模糊集合论为模拟人脑左半球模糊思维形式提供数学工具。把模糊集合理论同控制理论相结合,便形成了模糊控制理论。

(2)联结主义——基于神经网络的智能模拟

联结主义是从生物及人脑神经系统的结构和功能出发,认为神经元是其结构和功能的基本单元,人的智能归结为连接成的神经网络的大量神经元协同作用的结果。这种通过网络形式模拟方式在一定程度上模拟大脑右半球形象思维的功能。把神经网络理论同控制理论相结合,便形成了神经网络控制理论。

(3)行为主义——基于感知-行动的智能模拟

行为主义从人的正确思维活动离不开实践活动的基本观点出发,认为人的智能是由于人与环境在不断交互作用下,人在不断适应环境的过程中,就会逐渐积累经验,不断提高感知-行动结果的正确性。从广义上讲,行为主义可以看做人在不断的感知-行动过程中,体现出的智能决策行为在不断进化。将控制专家的控制知识、经验及控制决策行为同控制理论相结合,便形成了专家控制、仿人智能控制理论。

设计一个好的智能控制系统,不仅要有好的智能控制决策(控制规律、控制算法、控制规则),而且还要应用智能优化方法去在线自适应地优化控制器的结构及参数。

1.4.2 智能控制的学科交叉

1971 年,付京孙把智能控制作为自动控制(AC)与人工智能(AI)的交叉;1977 年,Saridis 又把运筹学(OR)加入到其中,即把智能控制看做是自动控制和人工智能、运筹学的交叉;1987 年,蔡自兴又将信息论(IT)加入其中,把智能控制看做是自动控制、人工智能、信息论和运筹学的交集。深入分析智能控制的多学科交叉结构,李士勇认为自动控制是通过系统得以实现的,因此系统论(ST)也应该加在其中,而控制论又涵盖了自动控制,可用控制论取代自动控制。这样,智能控制就是控制论、系统论、信息论、人工智能与运筹学五个学科的交叉。

应该指出,传统的运筹学往往是一种基于精确数学模型的优化技术。而智能控制的对象往往缺乏精确的数学模型,因此,在智能控制中用于优化控制器的结构和参数目前多采用不基于精确数学模型的计算智能(CI)优化方法。如果用计算智能优化取代传统的运筹学方法,则智能控制是控制论与系统论、信息论、人工智能、计算智能的五元交集结构。表 1.2 列出了智能控制从二元到五元的交叉情况。

表 1.2 智能控制的学科交叉

学科交叉集	提出时间及提出者	智能控制 IC
二学科交集	1971,付京孙	$IC=AC\cap AI$
三学科交集	1977,萨里迪斯	$IC=AC\cap AI\cap OR$
四学科交集	1987,蔡自兴	$IC=AC\cap AI\cap IT\cap OR$
五学科交集	2011,李士勇	$IC=CT\cap ST\cap IT\cap AI\cap CI$

为什么将智能控制学科看做五个学科交叉融合的产物?维纳创立控制论后,控制论的原理和方法被运用于工程技术领域而形成的工程控制论,后来被人们广泛理解为自动控制理论。众所周知,从一个自动控制系统的组成及工作原理可以看出,它首先应用到了系统论中系统的概念,因为由被控对象、传感器、控制器等构成一个系统,而通过传感器从被控对象输出获得信息,为控制器做控制决策提供依据。不难看出,通过反馈把对象、传感器与控制器联系在一起构成闭环系统,使它们相互作用,相互制约,完成控制的任务。还应指出,计算智能与人工智能是有区别的,传统的人工智能主要是研究机器模拟人脑思维的智能行为,而计算智能已不限于人脑,还包括对社会性动物群体智能行为的模拟。

智能控制的五元交集结构 $IC=CT\cap ST\cap IT\cap AI\cap CI$ 可通过图 1.1 形象地加以表示。其中,IC 表示智能控制(Intelligent Control);CT 表示控制论(Control Theory,Cybernetics);IT 表示信息论(Information Theory, Informatics);AI 表示人工智能(Artificial Intelligent);CI 表示计算智能(Computational Intelligent)。

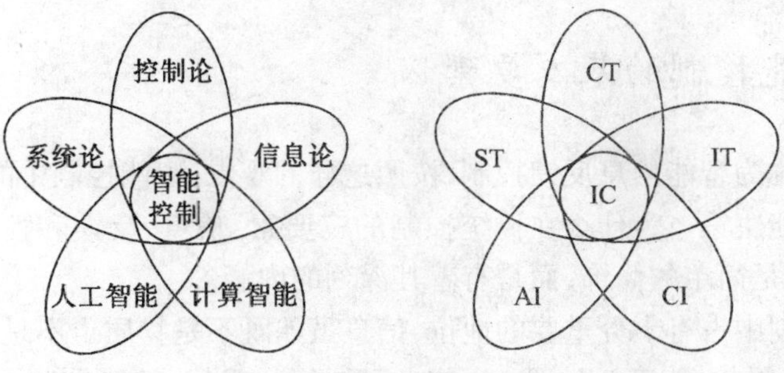

图1.1 智能控制的五元结构

1.4.3 智能控制的基本原理

传统的控制理论是基于被控对象精确数学模型的控制思想，当被控对象缺少精确数学模型时，智能控制的基本思想是通过智能控制器去实时地逼近被控对象的逆动态过程特性，从而实现对复杂对象的控制。实质上，智能控制器是一个万能逼近器，它能以任意精度去逼近任意的非线性函数。或者说，智能控制器是一个通用非线性映射器，它能够实现从输入到输出的任意非线性映射。

这就是说，智能控制器通过在线逼近被控对象的逆动态模型，对缺少精确数学模型的被控对象实现逆动态模型控制。

1.4.4 智能控制的基本功能

智能控制系统功能概括下面三点：

(1)学习功能：系统对一个过程或未知环境所提供的信息进行识别、记忆、学习，并利用积累的经验进一步改善系统的性能，这种功能就同人的学习过程相类似。

(2)适应功能：这种适应能力包括更高层次的含意，除包括对输入输出自适应估计外，还包括故障情况下自修复等。

(3)组织功能：对于复杂任务和分散的传感信息具有自组织和协调功能，使系统具有主动性和灵活性。智能控制器可以在任务要求范围内进行自行决策，主动采取行动，当出现多目标冲突时，在一定限制下，各控制器可以在一定范围内自行解决。关于智能控制可以给出下述定义：

一种控制方式或一个控制系统，如果它能够有效地克服被控对象(过程)和环境所具有的高度复杂性和不确定性，并且能够达到所期望的目标，那么称这种控制方式为智能控制，称这样的控制系统为智能控制系统。通常，智能控制系统是基于知识的控制系统。

1.4.5 智能控制的基本要素

智能控制应该称为智能信息反馈控制，按照这样的观点，智能控制中的基本要素是智能信息—智能反馈—智能决策。为什么在传统控制的三要素：信息、反馈和控制（决策）的前面都冠以智能二字，这不是简单的修饰，而是有着其深刻的内涵。

信息在智能控制中占有十分重要的地位，信息虽然既不是物质也不是能量，但是它的本质特征是知识的内涵。在这个意义上可以说信息是知识的载体，智能控制系统中的领域专家的直觉、经验等也间接地反映了人的智能，所以可以把智能控制中的有用信息理解为“智能”的载体，这样就比较容易理解智能信息的含义了。

为了获得智能信息，必须进行信息特征的识别，并进行加工和处理，以便获得有用的信息去克服系统的不确定性。智能信息既包含定量信息，也包含定性信息。

为了获得信息并进行控制决策，反馈是不可缺少的重要环节，智能反馈比传统意义上的反馈更灵活机动。它是根据系统控制上的需要，采用加反馈或不加反馈、加负反馈或加正反馈、反馈强或弱等，这些特征都具有仿人智能的特点，因此称为智能反馈。

智能决策即指智能控制决策，这种决策方式不限于定量的，还包括定性的，更重要的是采用定量和定性综合集成进行决策，这是一种模仿人脑的决策方式。作决策的过程也就是智能推理的过程。因此，多模变结构变参数自适应自学习控制应是智能控制的基本模式。

从集合论的观点，可以把智能控制和它的三要素关系表示如下：

$$[\text{智能信息}]\cap[\text{智能反馈}]\cap[\text{智能决策}]=\text{智能控制}$$

1.4.6 智能控制系统的结构

智能控制系统的结构可以根据被控对象及环境复杂性和不确定性的程度、性能指标要求等具有不同的结构。这里主要介绍三种结构形式，一是基本结构形式；二是从信息角度出发的信息结构形式；三是 Saridis 提出的分级递阶结构形式。

1. 智能控制系统的基本结构

智能控制系统分为智能控制器和外部环境两大部分，如图 1.2 所示。其中智能控制器由六部分组成：智能信息处理识别、数据库、智能规划智能决策、认知学习、控制知识库、智能推理；外部环境由广义被控对象、传感器和执行器组成，还包括外部各种干扰等不确定性因素。

这种智能控制系统结构比传统控制系统的结构复杂，主要是增加其智能信息获取、智能推理、智能决策等功能，目的在于有效地对付外部环境的不确定性。

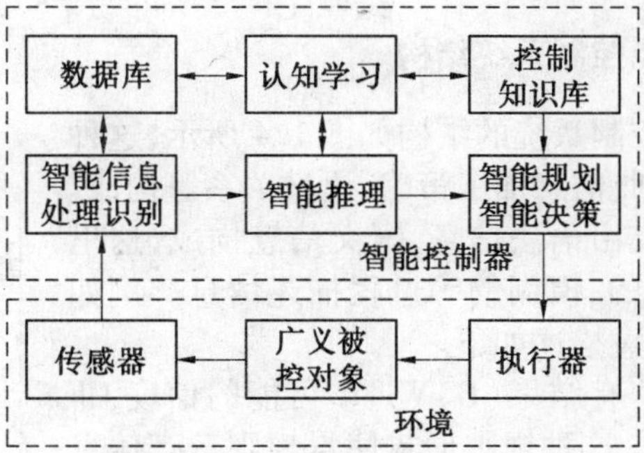

图 1.2　智能控制系统的结构

2. 基于信息论的递阶智能控制结构

智能控制对象(过程)一般都比较复杂,尤其是对于大的复杂系统,通常采用分级递阶的结构形式。

1977 年 Saridis 以机器人控制问题为背景,提出了智能控制系统的三级递阶的结构形式,如图 1.3 所示。三级递阶结构分别是组织级、协调级和执行级。图中,C 为输入指令;U 为分类器输出给组织级的输入信号;f_E^O 为协调级到组织级的反馈信号;f_E^C 为执行级到协调级的反馈信号。

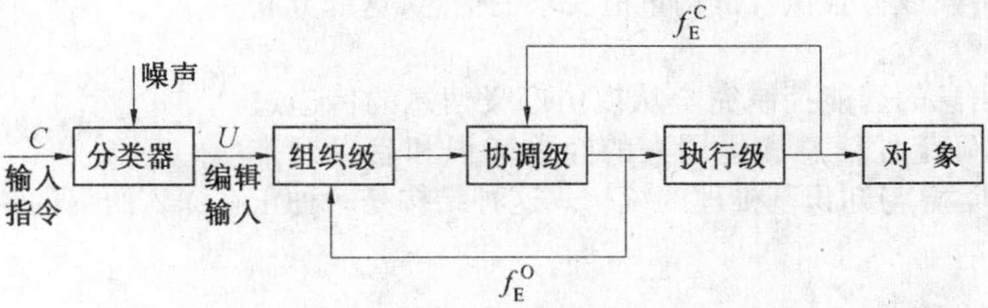

图 1.3　智能控制的递阶结构

组织级是智能控制系统的最高智能级,其功能为推理、规划、决策和长期记忆信息的交换以及通过外界环境信息和下级反馈信息进行学习等。实际上组织级也可以认为是知识处理和管理,其主要步骤是由论域构成,按照组织级中的顺序定义。给每个活动指定概率函数,并计算相应的熵,决定动作序列。

协调级是组织级和执行级之间的接口,其功能为根据组织级提供的指令信息进行任务协调。协调级对于将组织信息分配到下面的执行级是必需的,它基于短期存储器完成子任务协调、学习和决策,为执行级指定结束条件和罚函数,并将反馈信号给组织级。

执行级是系统的最低一级,本级由多个硬件控制器构成,要求具有很高的精度,其理论方法多采用传统的控制理论。

3. 基于广义信息的智能控制系统结构

基于广义信息的智能控制系统的结构如图 1.4 所示，这种系统的结构主要由语用规划、信息加工策略、语义关系等构成。

语用信息中信息描述集由语法信息、语义信息构成，这里信息应能处理确定的、随机的、模糊的等过程描述信息。例如以 IF-THEN-WITH 给出示意描述如下。

IF 条件(A)成立 THEN 有结果(B)WITH 可能的信度 CF 或者概率 P，或者信息熵 H。这种规则形式使得规则带有信息量，因而可以进行信息测度计算，信息描述相当于知识库。

语用信息中语用准则强调信息的效用，它是人的主观能动性的反映，通过引入人的经验判断可以大大缩小搜索空间，提高效率。信息加工策略是依据证据由启发式信息推出控制信息，方法是提问系统。首先用 J 函数从推理网络中所有顶层假设中选出恰当的一个，原则是按照最小熵作出决策。然后提问系统用 E 评价函数为所有以这个假设为结论的规则打分，按最小熵原则确定最优规则。

转换信息是指由推理得到的信息，并不适合于直接过程控制，通常还应由一定的语义关系翻译成外部可接受的信息，再根据语法信息转换成符合执行机构量值要求的信息，这部分起到接口的作用。

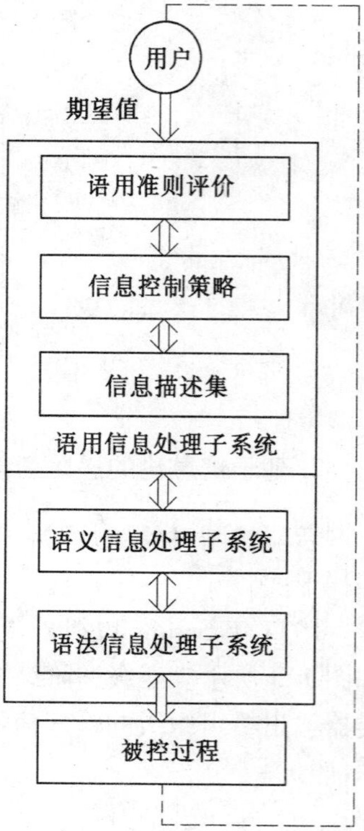

图 1.4　基于广义信息的智能控制系统的结构

基于广义信息的智能控制完全从模仿广义信息的传递过程出发，能处理确定性信息和运用人的经验知识和启发式推理，体现了解析运算与知识基推理的统一。这种结构是一种正在深入研究的结构形式，具有许多优点。

1.4.7　智能控制的基本类型

国内外控制界学者普遍认为，智能控制主要包括三种基本形式：模糊控制，神经控制和专家控制。因此，又被分别称为基于模糊逻辑的智能控制，基于神经网络的智能控制和专家智能控制系统。表 1.3 给出了智能控制的三种基本类型特点对比。除此之外，分层递阶智能控制、学习控制和仿人智能控制被国内多数学者认为属于智能控制的其他三种形式。表 1.4给出了智能控制的其他三种类型特点对比。

随着人工智能和人工生命的研究不断深入，模拟人类智能和生物群体智能的形式和成果不断涌现，主要形式是将进化计算、智能优化同智能控制相结合，一般是通过智能优化算法优化智能控制器的控制参数，形成了智能优化控制的多种形式。

另外，将网络技术、智能体技术等同智能控制相结合，产生了基于网络的智能控制，基于多智能体的智能控制等。

表 1.3　智能控制的三种基本类型特点对比

类别	模糊控制系统	神经控制系统	专家控制系统
产生年代	20 世纪 70 年代	20 世纪 80 ~ 90 年代	20 世纪 80 年代
代表人物	L. A. Zadeh，E. H. Mamdani T. Takagi，M. Sugeno L. X. Wang，Bart Kosko	J. S. Albus，K. M. Passino T. W. Miller，E. Erso Chin-Teng Lin，C. S. Geoege Lee	E. Feigenbaum Hayes. Roth R. L. Moore K. J. Åström　K. E. Årzeén
智能模拟途径	符号主义：基于逻辑推理的智能模拟，用计算机模拟人脑左半球模糊逻辑思维功能	联结主义：基于神经网络的智能模拟，用计算机模拟人脑右半球形象思维功能	行为主义：基于感知-行动的智能模拟，用计算机模拟专家群体智能控制决策行为
智能计算模型	模糊逻辑系统是一种符号计算模型，它通过模糊控制规则表现控制经验和知识，在符号水平上表现智能，模拟人的模糊逻辑推理功能，这种符号的基本单元就是模糊集合，在模糊控制中表示模糊语言变量	人工神经网络是一种神经计算模型，模拟人的神经活动和认知行为，具有记忆和学习功能。它在神经细胞水平上表现智能，神经计算系统中的基本单元就是神经细胞，又称为神经元，简称元或结点	专家控制系统是专家系统和反馈控制的结合，它是在专家水平上模拟领域专家群体智能，综合运用被控对象的广义知识模型、控制规则及推理机制，对控制问题推理求解的一种专家智能决策模型
智能系统组成的三要素	1. 模糊集合：描述模糊概念，即语言变量 2. 模糊关系：表示一组模糊控制规则（模糊条件语句） 3. 模糊推理：通过模糊控制算法给出相应的控制量	1. 神经细胞：信息输入、处理、输出的基本单元 2. 神经网络：大量神经元由突触连接成不同的神经网络 3. 学习算法：通过某种算法调整连接权值，实现输入-输出间的某种非线性映射关系	1. 知识基系统（包括知识源、黑板机构、调度器三部分） 2. 控制算法库（包括控制算法、辨识算法、监控算法三部分） 3. 人-机接口（修改参数、规则、操作方式；面向专家发出做什么指令）
万能逼近特性	理论上已经证明，具有乘积推理机、单值模糊化、中心平均解模糊和高斯隶属函数的模糊系统是万能逼近器，即能以任意精度逼近任意连续函数	理论研究已经证明，即使是一个三层前向神经网络，也能以任意精度逼近任何闭区间的连续函数，即可以完成任意的 n 维输入到 m 维输出的映射	大量实验表明，经必要训练后，由人实现的控制是接近最优的。综合专家知识和反馈控制原理设计的专家控制系统具有接近最优的控制性能
主要控制类型	在线推理的模糊控制 查表式模糊控制 解析形式模糊控制 模型自适应模糊控制 自校正模糊控制 T-S 型模糊控制 神经-模糊控制 模糊 PID 控制	神经网络直接反馈控制 神经内模控制 神经预测控制 神经模型参考自适应控制 神经网络自校正控制 模糊-神经控制 神经自适应 PID 控制 神经元自适应 PSD 控制	多变量过程控制专家系统 单变量系统专家控制器 神经网络专家控制 模糊控制专家系统
主要特点	模糊控制不需要受控对象精确模型，利用语言变量和“IF-THEN”模糊规则表示控制经验、知识，易于理解，便于通过微机实时实现	神经网络具有学习功能，但多数神经网络的学习算法速度较慢，能用于实时控制的神经网络数量较少，较多地用于离线的情况	专家控制系统具有实时性、可靠性、灵活性及长期运行的连续性。但建立专家控制系统周期长且需大量人力和财力，一般可用专家控制器

表 1.4 智能控制的其他三种类型特点对比

类别	递阶智能控制	学习控制	仿人智能控制
提出年代	20 世纪 70 年代	20 世纪 70 年代	20 世纪 80 年代
代表人物	G. N. Saridis J. S. Albus A. M. Meystel R. R. Yager 涂序彦	K. S. Fu， J. Sklansky M. D. Waltz， J. A. Farrell W. L. Baker， S. Arimoto	周其鉴 柏建国 李祖枢 李士勇
智能模拟途径	递阶智能控制模拟人的中枢神经系统的多级递阶结构组织形式，如人的大脑、上肢与手就构成三级递阶结构组织形式	学习控制模拟人通过与控制对象和环境闭环交互作用，不断地根据过去获得的经验信息，逐步改进系统未来性能的学习能力	模仿人工控制过程中智能决策行为，识别和利用动态特征信息，将启发式直觉推理（定性）与多模控制算法（定量）结合实现对复杂对象的控制
系统组成结构	Saridis 提出的三级递阶智能控制的结构： 1. 组织级（组织器）任务规划 2. 协调级（协调器）协调任务 3. 执行级（控制器）执行任务	J. Skalansky 提出具有 3 环结构：底层带补偿器的反馈环提供基本控制作用；中间层带有模式识别器的反馈环对补偿器进行调整；高层带有评估控制性能的学习环对模式识别器进行训练以作出最优识别	仿人智能控制系统的主要组成部分： 1. 特征识别环节 2. 直觉推理逻辑 3. 多模控制规则集 4. 控制模式匹配
控制原理实质	Saridis 提出递阶智能控制服从精度随智能程度降低而提高的原理（IPDI），该原理反映了人从“认知到判断”的定性推理和从“判断到执行”的定量控制过程中定性定量综合集成控制的实质	学习控制记忆控制作用表示为运行状态函数的经验信息并与过去的控制局势相联系，适合于建模不良的非线性特性，但不适合时变动态特性。迭代自学习过程的实质是逼近逆系统的过程	基于误差 e 及误差变化 $\dot{e}$ 构成特征变量（定性变量 $\mathrm{sgn}(e\cdot\dot{e})$，$\vert\dot{e}/e\vert$ 等）识别动态过程的特征模式与其匹配的多模控制规则执行定量控制。实质上，也是通过从定性到定量综合集成推理解决控制问题
主要控制类型	机器人三级递阶智能控制 自适应递阶模糊控制 基于智能体的分层递阶控制 模糊神经网络分层递阶控制	迭代自学习控制 重复自学习控制 基于模式识别的学习控制 线性自励学习控制 Bayes 学习控制 异步自学习控制	基于极值采样仿人智能控制 仿人开关控制 仿人比例控制 仿人智能积分控制 仿人智能采样控制 仿人控制周期自选择控制
主要特点	递阶智能控制是控制复杂大系统的有效方法，特点是将任务、目标分级、分解，当子系统有冲突时由上一级协调解决。一般分成三级递阶智能控制，特点是精度随智能程度的降低而增高	迭代、重复自学习控制分别在时域、频域中研究，都是基于系统不变性假设、基于记忆系统的间歇/连续重复训练。异步自学习控制将上述两种方法统一起来	1. 开环与闭环控制相结合 2. 正反馈与负反馈控制相结合 3. 直觉推理与定量控制相结合 4. 动态特征模式识别与多模控制规则相匹配相结合

第2章　模糊控制

模糊逻辑系统是模拟大脑左半球模糊逻辑思维形式和模糊逻辑推理功能的一种符号计算模型,它通过"若-则"等规则形式表现人的经验、知识,在符号水平上表现智能,这样的符号的最基本形式就是描述模糊概念的模糊集合。模糊集合、模糊关系和模糊推理构成模糊控制的数学基础。本章在介绍模糊逻辑推理的基础上,阐述模糊控制系统的结构、原理、模糊控制器设计、模糊系统辨识、自适应模糊控制等内容。

2.1　模糊控制概述

2.1.1　模糊控制的基本概念

模糊控制,又称为模糊逻辑控制、模糊逻辑推理控制等,它是一种智能控制的重要形式。它的智能是靠计算机模拟人的左脑模糊逻辑思维过程产生的,属于模拟智能的符号主义。模糊控制的数学基础是模糊数学(模糊集合论),模糊控制的逻辑基础是模糊逻辑,模糊控制的实现工具是计算机(系统机、模糊芯片等)。模糊控制的主要特点是模拟人在控制复杂对象中采用语言变量描述模糊概念,采用基于经验的控制规则描述对象输入-输出间的模糊关系(模型),进而实现模糊逻辑推理的一种计算机数字控制。模糊控制是一种用微机实现的不依赖被控对象的精确数学模型的非线性的智能控制。这是因为:从线性控制和非线性控制的角度看,模糊控制属于非线性控制(模糊语言变量、模糊控制规则及模糊推理均为非线性);从控制器具有智能性高低的角度看,模糊控制属于智能控制(模拟人在控制过程中的智能控制决策);从对被控对象模型依赖性的角度看,模糊控制不依赖于被控对象的精确数学模型(依赖于被控对象输入输出因果关系,依赖于对象的模糊语言模型)。

模糊集合论的创始人 L. A. Zadeh 曾指出,模糊控制方法与通常分析系统所用的定量方法本质是不同的,它有三个主要特点:

(1)用所谓语言变量代替或符合于数学(字)变量;

(2)用模糊条件语句来刻画变量间的简单关系;

(3)用模糊算法来刻画复杂关系。

模糊控制规则属于知识表示方法中的 IF-THEN 规则形式,更接近人的思维形式。因此,模糊控制规则易于总结,表达方便,便于理解,微机实现简单,且控制效果好。目前,模糊控制已经成为实现智能控制的最重要、最有效、应用最广泛的一种形式。应用领域从日常模糊控制指式血压计、模糊控制防抖动摄像机到工业过程、运载工具、地铁、机器人的模糊控制以及导弹模糊制导等。

2.1.2 模糊控制的创立与发展

1965 年 L. A. Zadeh 创立模糊集合论,1972 年他提出模糊控制的基本原理。1974 年英国 E. H. Mamdani 等研制了世界上第一个模糊控制器,成功用于实验室小型蒸汽机控制。1978 年丹麦 Holmblad 等开发了水泥窑模糊控制等。20 世纪 80 年代初,日立公司开发仙台地铁模糊控制系统,于 1987 年投入使用。20 世纪 90 年代初,日本松下公司推出第一个模糊控制全自动洗衣机,1992 年三菱公司开发了汽车模糊控制多用途系统。

在模糊控制的研究方面,有几个重要研究成果对于模糊控制的发展起了重要作用。

(1)Mamdani 等(1974)年提出的模糊控制器,开创了应用模糊逻辑推理控制器的先河,这类模糊控制器属于根据规则在线推理的模糊控制器。李宝绥和刘志俊(1980)用模糊集合理论设计了一类查询表式模糊控制器,而后又将其推广应用于系统辨识。

上述两种类型模糊控制可归为一类,基本原理是相同的,前者是在线进行模糊控制推理,而后者根据输入输出数据离线推理后制成一个模糊控制表供在线控制时查询使用。

(2)龙升照、汪培庄(1982)提出解析描述模糊控制规则及自调整问题;R. R. Yager(1993)提出了模糊控制器模型结构,其模糊控制输出即为解析描述形式;H. Ying(1994)提出了双输入双输出模糊控制器的解析结构。

(3)T. J. Procyk 和 E. H. Mamdani(1979)提出了自组织模糊控制语言控制器,为自适应模糊控制研究奠定了基础。

(4)日本学者 Takagi 和 Sugeno(1985)提出了一种描述动态系统的模糊关系模型,被称为 T-S模糊模型。这种模糊规则的特点是:条件部分的变量用模糊语言变量表示,结论部分由各变量的线性组合表示。

(5)L. X. Wang(王立新)和 J. M. Mendel(1992)证明了一类模糊系统是万能逼近器,为模糊控制的工程应用提供了理论依据。后来,王立新又出版了《自适应模糊系统与控制:设计与稳定性分析》(1994)及《模糊系统与模糊控制教程》(1997)两本英文著作,对于推动模糊控制的研究发挥了重要作用。

2.1.3 模糊控制器的基本形式

根据模糊控制器的原理、结构及应用情况,本书将模糊控制器的基本形式归为三大类。

第一类 经典 Mamdani 型模糊控制器

(1)在线推理的模糊控制器。在线推理的模糊控制器控制规则、隶属函数等参数可以灵活设计,但在线推理速度一般难以满足实时控制的需要。

(2)查询表式模糊控制器。查询表式模糊控制器控制规则比较固定,不便灵活调整,但使用较简单,运行实时性好。

(3)解析形式的模糊控制器。这种控制器通过解析描述来近似查询表式的模糊控制规则,尽管规则解析描述,但它使用模糊语言变量,且是非线性控制形式,其特点运行速度快,控制规则通过引进加权因子可以自调整,便于实现自适应控制,具有较好的自适应能力。

第二类　T-S 型模糊控制器

所谓 T-S 模糊模型是指日本学者 Takagi 和 Sugeno 在 1985 年提出的一种描述动态系统的模糊关系模型,即为一组模糊条件语句。这种模糊规则的特点是:条件部分的变量用模糊集合的隶属函数表示,而结论部分的变量隶属函数用分段线性函数来表示。应用 T-S 型模糊控制器便于将线性系统控制理论和模糊控制相结合。

第三类　自适应模糊控制器

自适应模糊控制是在基本模糊控制器上增加了自适应机构,该机构实现对基本模糊控制器自身控制性能的负反馈控制,以不断地调整和改善控制器的性能。自适应模糊控制可分为直接自适应模糊控制和间接自适应模糊控制。间接自适应模糊控制可分为模型参考自适应模糊控制和自校正模糊控制。模型参考自适应模糊控制的目的是要求系统的输出尽可能跟踪参考模型的期望输出,它一般是在控制子系统基础上增加了参考模型和自适应机构两个环节。自校正模糊控制器是在原控制子系统上增加参数估计器(参数辨识)和参数校正两个环节。参数估计器用以在线对被控对象不断进行参数辨识,其结果送给参数校正环节,通过负反馈对控制器参数不断进行校正,以使系统达到期望的控制性能。

2.2　模糊逻辑推理基础

2.2.1　经典集合与二值逻辑

19 世纪末康托尔(G. Cantor)创立的集合论,将具有某种属性的、确定的、彼此之间可以区别的事物的全体称为集合,用英文大写字母表示。集合概念的实质是按某种属性对事物分类或划分。将组成集合的事物称为集合的元素,用小写字母表示。被研究对象所有元素的全体,称为论域,用 U 表示,又称全集、全域或空间。一个集合有多种表示法,而特征函数是表示经典集合的一种重要方法。

定义 2.1　设 A 是论域 U 中的一个子集,称映射 $\chi_A: U\to\{0,1\}$ 为集合 A 的特征函数,即

$$\chi_A(x)=\begin{cases}1 & x\in A\\ 0 & x\notin A\end{cases} \tag{2.1}$$

通过如图 2.1 所示的特征函数可以表示一个集合。

一个意义明确的可以分辨真假的句子称为命题,一个命题的真或假可分别记为“1”或“0”。显然,经典集合 A 的特征函数取值为“1”表示元素 x 属于集合 A 为真,而取“0”表示元素 x 属于集合 A 为假(或称 x 不属于 A 为真)。按照上述的思维规律,经典集合内的元素,要么属于该集合,要么不属于,两者必居其一。可见,特征函数的值域为{0,1},由特征函数描述的经典集合对应的逻辑是二值逻辑(布尔逻辑)。

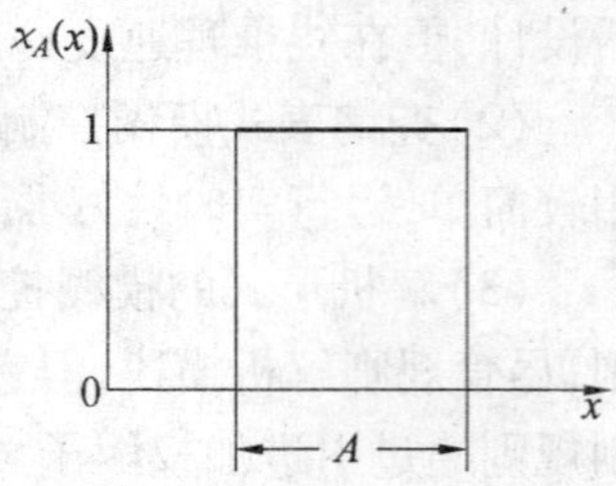

图 2.1 集合的特征函数

2.2.2 模糊集合与模糊概念

经典集合适合描述非此即彼、属性分明的事物,没有模棱两可的情况。然而客观存在着大量的属性不分明、亦此亦彼的事物、现象、概念,如天气晴、阴、冷、热等都缺少明确的边界,难以用经典集合加以描述。概念是人们刻画客观事物本质属性的一种思维形式,概念有内涵和外延。从集合论的角度看,概念的内涵就是集合的定义,而外延则是组成该集合的所有元素。在人们的思维中,有许多没有明确外延的概念,称为模糊概念,如描述身高的“高”、“矮”等。

经典集合不能描述模糊概念,是因为模糊概念不能区别绝对的“属于”或“不属于”,不能用“0”或“1”两个值来描述。那么,如何来描述介于“0”(不属于)和“1”(属于)之间元素属性的程度呢?为此,1965 年 Zadeh 定义了模糊集合(Fuzzy set)用于描述模糊概念。

定义 2.2 从给定论域 U 到闭区间[0,1]的任意映射 $\mu_{\underset{\sim}{A}}:\rightarrow[0,1]$,或 $\mu_{\underset{\sim}{A}}:u\rightarrow\mu_{A}(u)$ 都确定一个模糊子集 $\underset{\sim}{A}$,$\mu_{\underset{\sim}{A}}$ 称为模糊集合 $\underset{\sim}{A}$ 的隶属函数,$\mu_{\underset{\sim}{A}}(u)$ 称为论域 U 内元素 u 隶属于模糊集合 $\underset{\sim}{A}$ 的隶属度,简记为 $\underset{\sim}{A}(u)$。

上述定义表明,论域 U 内的元素隶属于模糊集合的程度是通过隶属度 $\mu_{\underset{\sim}{A}}(u)$ 来表征的。因为隶属度 $\mu_{\underset{\sim}{A}}(u)$ 的值域为[0,1],所以模糊集合实际上是通过介于 0 和 1 闭区间中的一个数来表示属性的程度。因此,模糊集合取值对应着 0 到 1 之间的连续值逻辑,又称为模糊逻辑。Zadeh在 1994 年曾指出:“模糊逻辑的实质是一切事物都和程度有关。”这就意味着,用模糊集合描述模糊事物、模糊概念时,其程度即为隶属度,也就是其模糊逻辑的真值。

不难看出,模糊集合是对经典集合的推广,经典集合是模糊集合的特例。通过引进截集的概念,分解定理将一个模糊集合分解成若干个经典集合的并集,建立了模糊集合与经典集合的联系。

2.2.3　模糊集合的表示及其运算

1. 模糊集合的表示

由于常用计算机采样获取数据,故这里只考虑论域 $U=\{u_1,u_2,\cdots,u_n\}$ 为离散有限集的情况时,模糊集合的三种表示法。

(1)Zadeh 表示法

$$\underset{\sim}{A}=\frac{\underset{\sim}{A}(u_1)}{u_1}+\frac{\underset{\sim}{A}(u_2)}{u_2}+\cdots+\frac{\underset{\sim}{A}(u_n)}{u_n} \tag{2.2}$$

(2)序偶法

$$\underset{\sim}{A}=\{(u_1,\underset{\sim}{A}(u_1)),(u_2,\underset{\sim}{A}(u_2)),\cdots,(u_n,\underset{\sim}{A}(u_n))\} \tag{2.3}$$

(3)向量法

$$\underset{\sim}{A}=\{\underset{\sim}{A}(u_1),\underset{\sim}{A}(u_2),\cdots,\underset{\sim}{A}(u_n)\} \tag{2.4}$$

其中,式(2.2)中 $\underset{\sim}{A}(u_1)$ 与 u_1 之间的分数线不表示除,而表示元素与隶属度的对应关系,“+”号也不表示求和,而表示 U 上元素组成集合的总体。

例 2.1　在由整数 1,2,3,4,5 组成论域 $U=\{1,2,3,4,5\}$ 内,定义模糊集合 $\underset{\sim}{A}$、$\underset{\sim}{B}$、$\underset{\sim}{C}$ 分别表示小、中、大三个模糊概念。

这一问题实际上是在{1,2,3,4,5}范围内,刻画大、中、小三个模糊概念。显然,在论域 U 内 5 完全属于大,而 1 完全属于小,而 3 属于中等,于是定义

$$\underset{\sim}{A}\triangleq[小]=\frac{1}{1}+\frac{0.5}{2}+\frac{0}{3}+\frac{0}{4}+\frac{0}{5}$$

$$\underset{\sim}{B}\triangleq[中]=\frac{0}{1}+\frac{0.5}{2}+\frac{1}{3}+\frac{0.5}{4}+\frac{0}{5}$$

$$\underset{\sim}{C}\triangleq[大]=\frac{0}{1}+\frac{0}{2}+\frac{0}{3}+\frac{0.5}{4}+\frac{1}{5}$$

它们的隶属函数曲线如图 2.2 所示。

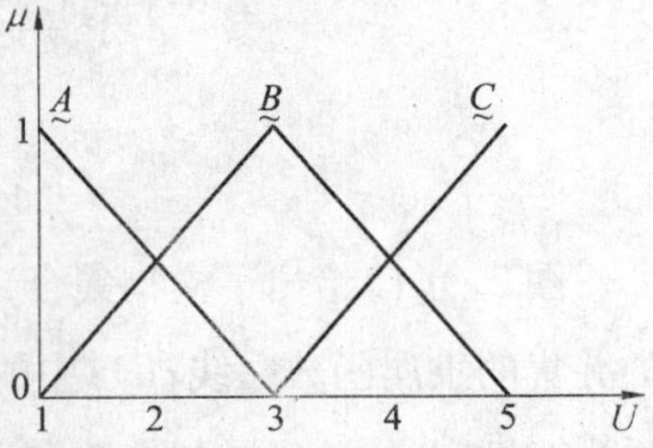

图 2.2　模糊集合的隶属函数曲线

综上可看出,为了用一个模糊集合描述一个模糊概念,需要三要素:一是确定论域,即为研究问题的有意义的范围;二是确定论域的元素,即是对论域细化的程度;三是确定隶属度,即给出论域内每一个因素隶属于模糊概念的程度。如果用向量来表示模糊集合时,所有元素的隶属度为有序的一组数。这就意味着,经典集合是用一个精确的数来表示一个清晰的概念,而模糊集合是用一组数来表示一

个模糊概念。

2. 模糊集合的并、交、补运算

模糊集合的基本运算是并、交、补运算，其中并、交运算是通过对表征模糊集合的隶属函数中相应元素隶属度取大、取小运算进行的，而模糊集合的补集是通过对隶属函数中相应元素隶属度取补运算进行的。

定义 2.3 设 $\underset{\sim}{A}$ 和 $\underset{\sim}{B}$ 为论域 U 上的模糊集合，$x \in U$，$\underset{\sim}{A}$ 和 $\underset{\sim}{B}$ 的并集（逻辑或）、交集（逻辑与）分别记为 $\underset{\sim}{A} \cup \underset{\sim}{B}$ 和 $\underset{\sim}{A} \cap \underset{\sim}{B}$，它们的隶属函数分别定义为

$$\mu_{\underset{\sim}{A} \cup \underset{\sim}{B}}(x) = \max(\mu_{\underset{\sim}{A}}(x), \mu_{\underset{\sim}{B}}(x)) = \vee [\mu_{\underset{\sim}{A}}(x), \mu_{\underset{\sim}{B}}(x)] \tag{2.5}$$

$$\mu_{\underset{\sim}{A} \cap \underset{\sim}{B}}(x) = \min(\mu_{\underset{\sim}{A}}(x), \mu_{\underset{\sim}{B}}(x)) = \wedge [\mu_{\underset{\sim}{A}}(x), \mu_{\underset{\sim}{B}}(x)] \tag{2.6}$$

其中，符号"$\vee$"和"$\wedge$"称为 Zadeh 算子，分别表示取大和取小运算。

模糊集合的 $\underset{\sim}{A}$ 补集记为 $\underset{\sim}{A}^c$，其隶属函数定义为

$$\mu_{\underset{\sim}{A}^c}(x) = 1 - \mu_{\underset{\sim}{A}}(x) \tag{2.7}$$

例 2.2 设论域 $U = \{1,2,3,4,5\}$ 上的两个模糊集合 $\underset{\sim}{A}$ 和 $\underset{\sim}{B}$ 分别为

$$\underset{\sim}{A} = \frac{0}{1} + \frac{0.25}{2} + \frac{0.5}{3} + \frac{0.75}{4} + \frac{1}{5} \qquad \underset{\sim}{B} = \frac{1}{1} + \frac{0.75}{2} + \frac{0.5}{3} + \frac{0.25}{4} + \frac{0}{5}$$

$$\underset{\sim}{A} \cup \underset{\sim}{B} = \frac{0 \vee 1}{1} + \frac{0.25 \vee 0.75}{2} + \frac{0.5 \vee 0.5}{3} + \frac{0.75 \vee 0.25}{4} + \frac{1 \vee 0}{5} =$$

$$\frac{1}{1} + \frac{0.75}{2} + \frac{0.5}{3} + \frac{0.75}{4} + \frac{1}{5}$$

$$\underset{\sim}{A} \cap \underset{\sim}{B} = \frac{0 \wedge 1}{1} + \frac{0.25 \wedge 0.75}{2} + \frac{0.5 \wedge 0.5}{3} + \frac{0.75 \wedge 0.25}{4} + \frac{1 \wedge 0}{5} =$$

$$\frac{0}{1} + \frac{0.25}{2} + \frac{0.5}{3} + \frac{0.25}{4} + \frac{0}{5}$$

$$\underset{\sim}{A}^c = \frac{1-0}{1} + \frac{1-0.25}{2} + \frac{1-0.5}{3} + \frac{1-0.75}{4} + \frac{1-1}{5} =$$

$$\frac{1}{1} + \frac{0.75}{2} + \frac{0.5}{3} + \frac{0.25}{4} + \frac{0}{5}$$

图 2.3(1)给出了模糊集合 $\underset{\sim}{A}$ 和 $\underset{\sim}{B}$ 的隶属函数曲线；(2)中的实线示出了模糊集合 $\underset{\sim}{A}$ 和 $\underset{\sim}{B}$ 的并集的隶属函数曲线；(3)中的实线示出了模糊集合 $\underset{\sim}{A}$ 和 $\underset{\sim}{B}$ 的交集的隶属函数曲线。不难看出，$\underset{\sim}{A}$ 和 $\underset{\sim}{B}$ 的并集是包含 $\underset{\sim}{A}$ 和 $\underset{\sim}{B}$ 的"最小"的模糊集合，而 $\underset{\sim}{A}$ 和 $\underset{\sim}{B}$ 的交集是包含 $\underset{\sim}{A}$ 和 $\underset{\sim}{B}$ 的"最大"的模糊集合。

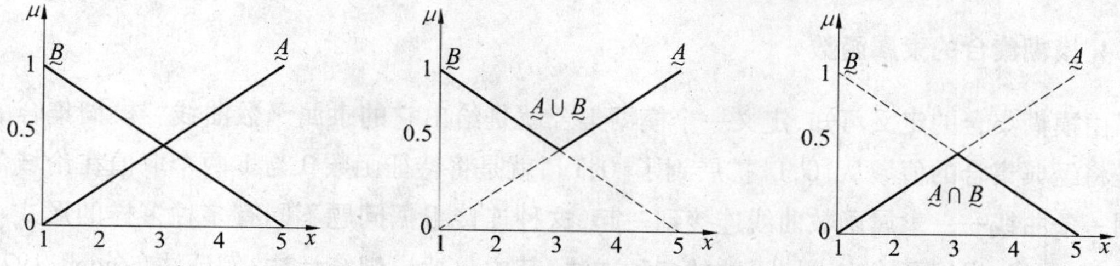

(1) $\underset{\sim}{A}$与$\underset{\sim}{B}$　　(2) $\underset{\sim}{A}$与$\underset{\sim}{B}$的并集　　(3) $\underset{\sim}{A}$与$\underset{\sim}{B}$的交集

图 2.3　模糊集合 $\underset{\sim}{A}$ 和 $\underset{\sim}{B}$ 的并集、交集的隶属函数曲线

3. 模糊集合的运算性质

模糊集合的运算性质除了不满足互补律外，其余的运算性质和经典集合的运算性质完全相同，对比情况如表 2.1 所示。

表 2.1　模糊集合和经典集合运算性质的对比

运算性质	经典集合	模糊集合
幂等律	$A\cup A=A\quad A\cap A=A$	$\underset{\sim}{A}\cup\underset{\sim}{A}=\underset{\sim}{A}\quad \underset{\sim}{A}\cap\underset{\sim}{A}=\underset{\sim}{A}$
交换律	$A\cup B=B\cup A$ $A\cap B=B\cap A$	$\underset{\sim}{A}\cup\underset{\sim}{B}=\underset{\sim}{B}\cup\underset{\sim}{A}$ $\underset{\sim}{A}\cap\underset{\sim}{B}=\underset{\sim}{B}\cap\underset{\sim}{A}$
结合律	$(A\cup B)\cup C=A\cup(B\cup C)$ $(A\cap B)\cap C=A\cap(B\cap C)$	$(\underset{\sim}{A}\cup\underset{\sim}{B})\cup\underset{\sim}{C}=\underset{\sim}{A}\cup(\underset{\sim}{B}\cup\underset{\sim}{C})$ $(\underset{\sim}{A}\cap\underset{\sim}{B})\cap\underset{\sim}{C}=\underset{\sim}{A}\cap(\underset{\sim}{B}\cap\underset{\sim}{C})$
分配律	$A\cap(B\cup C)=(A\cap B)\cup(A\cap C)$ $A\cup(B\cap C)=(A\cup B)\cap(A\cup C)$	$\underset{\sim}{A}\cap(\underset{\sim}{B}\cup\underset{\sim}{C})=(\underset{\sim}{A}\cap\underset{\sim}{B})\cup(\underset{\sim}{A}\cap\underset{\sim}{C})$ $\underset{\sim}{A}\cup(\underset{\sim}{B}\cap\underset{\sim}{C})=(\underset{\sim}{A}\cup\underset{\sim}{B})\cap(\underset{\sim}{A}\cup\underset{\sim}{C})$
吸收律	$A\cap(A\cup B)=A$ $A\cup(A\cap B)=A$	$\underset{\sim}{A}\cap(\underset{\sim}{A}\cup\underset{\sim}{B})=\underset{\sim}{A}$ $\underset{\sim}{A}\cup(\underset{\sim}{A}\cap\underset{\sim}{B})=\underset{\sim}{A}$
同一律	$A\cup U=U\quad A\cap U=A$	$\underset{\sim}{A}\cup\underset{\sim}{U}=\underset{\sim}{U}\quad \underset{\sim}{A}\cap\underset{\sim}{U}=\underset{\sim}{A}$
复原律	$(A^c)^c=A$	$(\underset{\sim}{A}^c)^c=\underset{\sim}{A}$
对偶律	$(A\cup B)^c=A^c\cap B^c$ $(A\cap B)^c=A^c\cup B^c$	$(\underset{\sim}{A}\cup\underset{\sim}{B})^c=\underset{\sim}{A}^c\cap\underset{\sim}{B}^c$ $(\underset{\sim}{A}\cap\underset{\sim}{B})^c=\underset{\sim}{A}^c\cup\underset{\sim}{B}^c$
互补律	$A\cup A^c=U\quad A\cap A^c=\Phi$	不满足互补律

4. 模糊集合的隶属函数

由模糊集合的定义可知,定义一个模糊集合就是给出它的隶属函数曲线。模糊集合的值域是将经典集合的值域从{0,1}扩展到了[0,1],就是将特征函数0与1两个取值在论域范围内用一条曲线——隶属函数曲线连接到一起,这种连接根据问题不同有多种多样的形式。20世纪70年代,提出了确定隶属函数的多种方法,其中包括模糊统计法;例证法(Zadeh,1972);专家经验法;二元对比排序法;子集比较法(1974,K. S. Fu 等);蕴含解析法(1976,M. Kochen)和滤波函数法(1978,P. J. Maevicar)等。1975年,法国考夫曼(A. Kaufmann)教授收集的隶属函数达28种,具有典型性。

1981年,龙升照通过对人进行控制活动时的模糊概念大量测试实验结果表明,采用具有正态分布形式隶属函数的模糊集合来描述是适宜的。这种结果与人们对产品质量的评价、实验误差大量测试结果大多服从正态分布的结论是吻合的。

1988年,日本 Omron 公司对生产的模糊控制芯片,经过反复实验、仿真及评价性能的研究结果认为,在模糊控制工程中隶属函数常用如图2.4所示的6种标准形式。

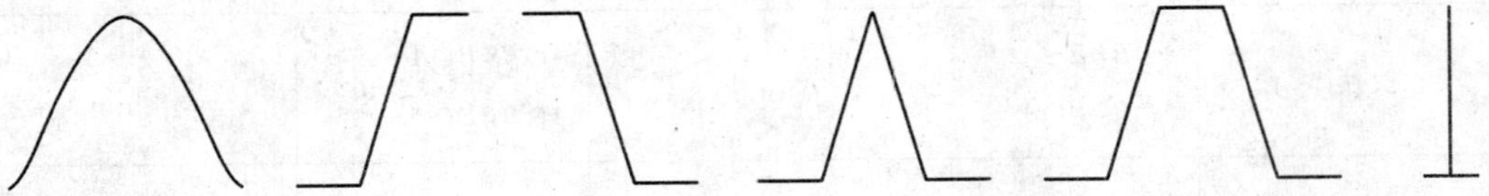

图 2.4 常用隶属函数的标准形式

上述6种隶属函数形状除了正态型外,其余5种都是对一个标准正态分布曲线的近似和线性化结果。∧型和∏型隶属函数曲线分别是对较窄及较宽正态分布曲线的近似,而S型和Z型又分别是∏型的左半部和右半部,1型(1字形,单值,单线型)是∧型面积为零的特殊情况。目前在模糊控制工程应用中广泛地采用上述5种隶属函数形式。根据需要,有时隶属函数曲线也选用正态型及钟形。确定隶属函数的现代方法,可以通过实验数据采用遗传优化算法或神经网络优化等智能优化方法来确定。在模糊控制中定义和应用的模糊集合的隶属函数均为单峰的凸模糊集。

除了模糊集合的定义外,还有其他一些相关重要概念,为清晰方便起见,一并列入表2.2。

表 2.2　模糊集合 $\underset{\sim}{A}$ 的相关重要概念简表

模糊集合 $\underset{\sim}{A}$	定义（设 $\underset{\sim}{A}$ 为论域 U 上的模糊集合，$x\in U$）
支集	$A_s=\{x\mid\mu_{\underset{\sim}{A}}(x)>0\}$，由 $\underset{\sim}{A}$ 中隶属度大于零的元素构成的集合称为 $\underset{\sim}{A}$ 的支集 As，它是一个经典集合，又称台集
α 截集	$A_\alpha=\{x\mid\mu_{\underset{\sim}{A}}(x)\geqslant\alpha\}$，由 $\underset{\sim}{A}$ 中隶属度 $\geqslant\alpha$ 的元素构成的集合称 $\underset{\sim}{A}$ 的 α 截集，它是一个经典集合
核	$A=\{x\mid\mu_{\underset{\sim}{A}}(x)=1\}$，由 $\underset{\sim}{A}$ 中隶属度为 1 的元素构成的集合
高度	$\underset{\sim}{A}$ 中元素隶属度的最大值，称 $\underset{\sim}{A}$ 的高度
正则模糊集	模糊集合 $\underset{\sim}{A}$ 的高度为 1，称 $\underset{\sim}{A}$ 为正则（标准）模糊集
单点模糊集	模糊集合 $\underset{\sim}{A}$ 的支集只含有一个元素且高度为 1，称为单点模糊集
交叉点	满足 $\mu_{\underset{\sim}{A}}(x)=0.5$ 的点 x 称为 $\underset{\sim}{A}$ 的交叉点
凸模糊集	$\mu_{\underset{\sim}{A}}[\lambda x_1+(1-\lambda)x_2]\geqslant\min[\mu_{\underset{\sim}{A}}(x_1),\mu_{\underset{\sim}{A}}(x_2)]$，$x_1,x_2\in U,\lambda\in[0,1]$，将隶属函数具有单峰的模糊集称为凸模糊集。
模糊数	将实数域上正则的凸模糊集称为模糊数
柱状模糊集	以 $\underset{\sim}{A}$ 为底的柱状模糊集合，用 $\underline{A}$ 表示

模糊控制区别于传统控制的一个重要特点在于，传统控制采用数值变量，而模糊控制采用以自然或人工语言中的字或句作为变量的语言变量。图 2.5 的数值变量 1，2，3，4，5，下方表示分别对应上述数值变量的 5 个模糊集合描述的模糊变量。因为语言是人思维的外壳、思维的内容，语言变量是人类知识表达的基本单元。人类语言具有模糊性，用语言变量可以善于表征那些十分复杂或具有模糊性，而又无法用通常的精确数值变量或精确术语描述的现象，通过模糊集合表示语言变量进行运算，就为模拟人的模糊逻辑思维推理创造了条件。

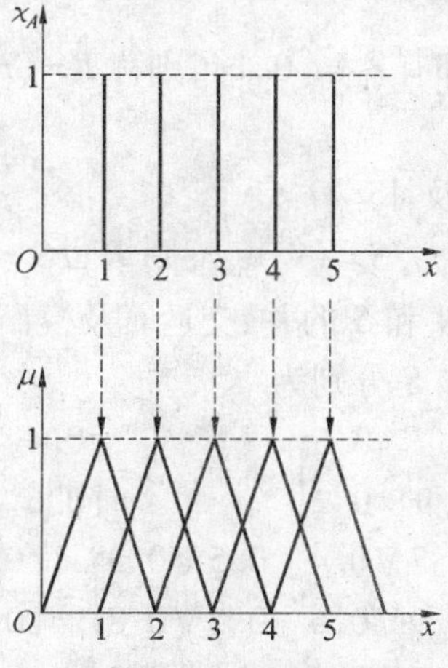

图 2.5　精确数值变量到模糊语言变量

Zadeh 提出语言变量用一个五元组$(X,T(X),U,G,M)$来表征。其中 X 是语言变量的名称;$T(X)$为语言变量值的集合;U 为语言变量取值的论域;G 是由语言变量名称形成语言变量值集合的语法规则;M 是确定论域内元素对各语言变量值隶属度的语义规则。

在模糊控制中以误差作为语言变量 X,选取论域 $U=\{-3,-2,-1,0,1,2,3\}$,误差语言值名称集合 $T(X)=\{$负大,负小,零,正小,正大$\}$,图 2.6 表示误差语言变量的五个元的组成及其关联情况。

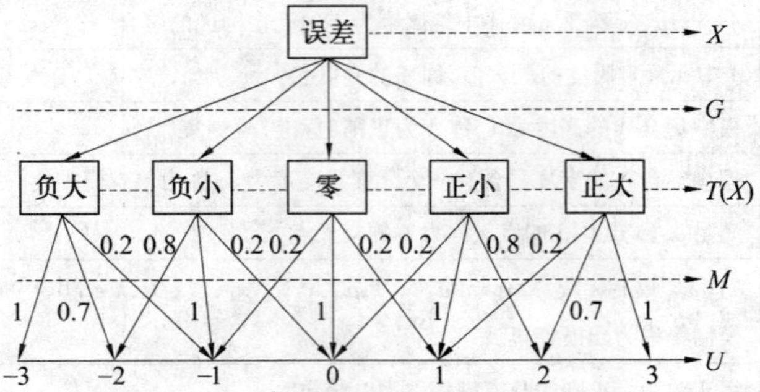

图 2.6 误差语言变量的五元组

2.2.4 模糊矩阵

关系是描述客观事物联系的一种数学模型,而客观事物往往具有模糊性,模糊关系是描述客观事物联系模糊性的一种数学模型。当论域是离散有限集时,模糊关系可以用矩阵来表达。

1. 模糊矩阵

如果对任意的 $i\leqslant n$ 及 $j\leqslant m$,都有 $r_{ij}\in[0,1]$,则称 $\boldsymbol{R}=(r_{ij})_{n\times m}$为模糊矩阵。通常以 $\boldsymbol{M}_{n\times m}$表示全体 n 行 m 列的模糊矩阵。

定义 2.4 模糊矩阵的并、交及补运算

对任意 $\boldsymbol{R}$、$\boldsymbol{S}\in\boldsymbol{M}_{n\times m}$,$\boldsymbol{R}=(r_{ij})_{n\times m}$,$\boldsymbol{S}=(s_{ij})_{n\times m}$,则 $\boldsymbol{R}\cup\boldsymbol{S}=(r_{ij}\vee s_{ij})_{n\times m}$,$\boldsymbol{R}\cap\boldsymbol{S}=(r_{ij}\wedge s_{ij})_{n\times m}$,$\boldsymbol{R}^{c}=(1-r_{ij})_{n\times m}$分别称为模糊矩阵 $\boldsymbol{R}$ 和 $\boldsymbol{S}$ 的并、交运算及模糊矩阵 $\boldsymbol{R}$ 的求补运算。

例 2.3 设两个模糊矩阵 $\boldsymbol{R}$ 和 $\boldsymbol{S}$ 分别为

$$\boldsymbol{R}=\begin{bmatrix}0.7 & 0.5\\0.9 & 0.2\end{bmatrix}\qquad \boldsymbol{S}=\begin{bmatrix}0.4 & 0.3\\0.6 & 0.8\end{bmatrix}$$

则

$$\boldsymbol{R}\cup\boldsymbol{S}=\begin{bmatrix}0.7\vee 0.4 & 0.5\vee 0.3\\0.9\vee 0.6 & 0.2\vee 0.8\end{bmatrix}=\begin{bmatrix}0.7 & 0.5\\0.9 & 0.8\end{bmatrix}$$

$$\boldsymbol{R}\cap\boldsymbol{S}=\begin{bmatrix}0.7\wedge 0.4 & 0.5\wedge 0.3\\0.9\wedge 0.6 & 0.2\wedge 0.8\end{bmatrix}=\begin{bmatrix}0.4 & 0.3\\0.6 & 0.2\end{bmatrix}$$

$$\boldsymbol{R}^{c}=\begin{bmatrix}1-0.7 & 1-0.5\\1-0.9 & 1-0.2\end{bmatrix}=\begin{bmatrix}0.3 & 0.5\\0.1 & 0.8\end{bmatrix}$$

2. 模糊矩阵的并、交、补运算性质

模糊矩阵的并、交、补运算满足幂等律、交换律、结合律、分配律、吸收律、复原律和对偶律。但一般 $\boldsymbol{R}\cup\boldsymbol{R}^{c}\neq\boldsymbol{E}$，$\boldsymbol{R}\cap\boldsymbol{R}^{c}\neq\boldsymbol{O}$，因此模糊矩阵的并、交运算不满足互补律。

模糊矩阵的并、交运算可推广到多个矩阵情形，设有任意指标集 T，$\boldsymbol{R}^{(t)}\in\boldsymbol{M}_{n\times m}(t\in T)$，则可定义它们的并与交分别为

$$\bigcup_{t\in T}\boldsymbol{R}^{(t)}\triangleq\left(\bigvee_{t\in T}r_{ij}^{(t)}\right)_{n\times m}\tag{2.8}$$

$$\bigcap_{t\in T}\boldsymbol{R}^{(t)}\triangleq\left(\bigwedge_{t\in T}r_{ij}^{(t)}\right)_{n\times m}\tag{2.9}$$

3. 模糊矩阵的合成运算

定义 2.5　设 $\boldsymbol{Q}=(q_{ij})_{n\times m}$，$\boldsymbol{R}=(r_{jk})_{m\times l}$ 是两个模糊矩阵，它们的合成 $\boldsymbol{Q}\circ\boldsymbol{R}$ 指的是一个 n 行 l 列的模糊矩阵 $\boldsymbol{S}$，它的第 i 行第 k 列的元素 s_{jk} 等于 $\boldsymbol{Q}$ 的第 i 行元素与 $\boldsymbol{R}$ 的第 k 列对应元素两两先取较小者，然后在所得的结果中取较大者，即

$$s_{ik}=\bigvee_{j=1}^{m}(q_{ij}\wedge r_{jk}),1\leqslant i\leqslant n,1\leqslant k\leqslant l\tag{2.10}$$

模糊矩阵 $\boldsymbol{Q}$ 与 $\boldsymbol{R}$ 的合成 $\boldsymbol{Q}\circ\boldsymbol{R}$ 又称为 $\boldsymbol{Q}$ 对 $\boldsymbol{R}$ 的模糊乘积，或称模糊矩阵的乘法。

例 2.4　设两模糊矩阵

$$\boldsymbol{Q}=\begin{bmatrix}0.2 & 0.5 & 1\\0.7 & 0.1 & 0.8\end{bmatrix}\qquad\boldsymbol{R}=\begin{bmatrix}0.6 & 0.5\\0.4 & 1\\0.1 & 0.9\end{bmatrix}$$

则

$$\boldsymbol{Q}\circ\boldsymbol{R}=\begin{bmatrix}0.2 & 0.5 & 1\\0.7 & 0.1 & 0.8\end{bmatrix}\circ\begin{bmatrix}0.6 & 0.5\\0.4 & 0.1\\0.1 & 0.9\end{bmatrix}=$$

$$\begin{bmatrix}(0.2\wedge0.6)\vee(0.5\wedge0.4)\vee(1\wedge0.1) & (0.2\wedge0.5)\vee(0.5\wedge0.1)\vee(1\wedge0.9)\\(0.7\wedge0.6)\vee(0.1\wedge0.4)\vee(0.8\wedge0.1) & (0.7\wedge0.5)\vee(0.1\wedge0.1)\vee(0.8\wedge0.9)\end{bmatrix}=$$

$$\begin{bmatrix}0.2\vee0.4\vee0.1 & 0.2\vee0.5\vee0.9\\0.6\vee0.1\vee0.1 & 0.5\vee0.1\vee0.8\end{bmatrix}=\begin{bmatrix}0.4 & 0.9\\0.6 & 0.8\end{bmatrix}$$

模糊矩阵合成运算结果仍是一个模糊矩阵，其运算方法与普通矩阵的乘法运算过程相似，只需将普通矩阵的乘法运算改为取小运算“∧”，加法运算改为取大运算“∨”。

4. 模糊矩阵合成运算性质

模糊矩阵合成运算满足结合律，对并运算满足分配律，对交运算不满足分配律。但模糊矩

阵的合成运算不满足交换律 $\boldsymbol{Q}\circ\boldsymbol{R}\neq\boldsymbol{R}\circ\boldsymbol{Q}$。

5. 模糊向量及其运算

模糊向量可视为特殊形式的模糊关系，进而给出模糊向量的笛卡儿乘积和内积、外积的概念。

定义 2.6 模糊向量

如果对任意的 $i(i=1,2,\cdots,n)$，都有 $a_i\in[0,1]$，则称向量 $\boldsymbol{a}=(a_1,a_2,\cdots,a_n)$ 为模糊向量。$\boldsymbol{a}$ 的转置 $\boldsymbol{a}^{\mathrm{T}}$ 称为列向量，即

$$\boldsymbol{a}^{\mathrm{T}}=\begin{bmatrix}a_1\\a_2\\\vdots\\a_n\end{bmatrix}\tag{2.11}$$

定义 2.7 模糊向量的笛卡儿乘积

设有两个模糊向量 $\boldsymbol{a}\in M_{1\times n}$，$\boldsymbol{b}\in M_{1\times m}$，定义运算 $\boldsymbol{a}\times\boldsymbol{b}=\boldsymbol{a}^{\mathrm{T}}\circ\boldsymbol{b}$ 为模糊向量的笛卡儿乘积。

例 2.5 已知两个模糊向量分别为 $\boldsymbol{a}=(0.8,0.6,0.2)$，$\boldsymbol{b}=(0.2,0.4,0.7,1)$，试计算它们的笛卡儿乘积。

解

$$\boldsymbol{a}\times\boldsymbol{b}=\boldsymbol{a}^{\mathrm{T}}\circ\boldsymbol{b}=\begin{bmatrix}0.8\\0.6\\0.2\end{bmatrix}\circ(0.2,0.4,0.7,1)=$$

$$\begin{bmatrix}0.8\wedge0.2 & 0.8\wedge0.4 & 0.8\wedge0.7 & 0.8\wedge1\\0.6\wedge0.2 & 0.6\wedge0.4 & 0.6\wedge0.7 & 0.6\wedge1\\0.2\wedge0.2 & 0.2\wedge0.4 & 0.2\wedge0.7 & 0.2\wedge1\end{bmatrix}=$$

$$\begin{bmatrix}0.2 & 0.4 & 0.7 & 0.8\\0.2 & 0.4 & 0.6 & 0.6\\0.2 & 0.2 & 0.2 & 0.2\end{bmatrix}$$

定义 2.8 模糊向量的内积与外积

设有两个模糊向量 $\boldsymbol{a}\in M_{1\times n}$，$\boldsymbol{b}\in M_{1\times n}$，定义运算 $\boldsymbol{a}\cdot\boldsymbol{b}=\boldsymbol{a}\circ\boldsymbol{b}^{\mathrm{T}}$ 为模糊向量 $\boldsymbol{a}$、$\boldsymbol{b}$ 的内积。由 $\boldsymbol{a}$、$\boldsymbol{b}$ 模糊向量的内积定义，容易得出 $\boldsymbol{a}\cdot\boldsymbol{b}=\bigvee\limits_{i=1}^{n}(a_i\wedge b_j)$。

与内积的对偶运算称为外积，其定义如下：设有 $\boldsymbol{a},\boldsymbol{b}\in M_{1\times n}$，则 $\boldsymbol{a}\odot\boldsymbol{b}=\bigwedge\limits_{i=1}^{n}(a_i\vee b_j)$ 称为 $\boldsymbol{a}$ 与 $\boldsymbol{b}$ 的外积。容易证明，$\boldsymbol{a}$ 与 $\boldsymbol{b}$ 的内积和外积之间存在对偶性质。

例 2.6 设两个模糊向量分别为 $\boldsymbol{a}=(0.2,0.4,0.8,0.6)$，$\boldsymbol{b}=(0.3,0.7,0.8,0.5)$，则

$$\boldsymbol{a}\cdot\boldsymbol{b}=\boldsymbol{a}\circ\boldsymbol{b}^{\mathrm{T}}=(0.2,0.4,0.8,0.6)\circ\begin{bmatrix}0.3\\0.7\\0.8\\0.5\end{bmatrix}=0.8$$

从 $\boldsymbol{a}$、$\boldsymbol{b}$ 内积计算结果 0.8 可以看出，在同一论域 U 上的由 $\boldsymbol{a}$、$\boldsymbol{b}$ 对应的两个模糊概念之间的相关性较强。

2.2.5 模糊关系

1. 模糊关系的定义

设 X、Y 是两个非空集合，则直积 $X\times Y=\{(x,y)\mid x\in X,y\in Y\}$ 中的一个模糊子集 $\underset{\sim}{R}$ 称为从 X 到 Y 的一个模糊关系。其隶属函数 $\mu_{\underset{\sim}{R}}:X\times Y\to[0,1]$，序偶 (x,y) 的隶属度为 $\mu_{\underset{\sim}{R}}(x,y)$，它表明了 (x,y) 具有关系 $\underset{\sim}{R}$ 的程度。

上述定义的模糊关系，又称二元模糊关系，当 $X=Y$ 时，称为 X 上的模糊关系 $\underset{\sim}{R}$。当论域为 n 个集合的直积 $X_1\times X_2\times\cdots\times X_n$ 时，它所对应的为 n 元模糊关系 $\underset{\sim}{R}$。通常所谓的模糊关系 $\underset{\sim}{R}$ 一般是指二元模糊关系。

当论域 X、Y 都是有限集时，模糊关系 $\underset{\sim}{R}$ 可以用模糊矩阵 $\boldsymbol{R}$ 表示。

设 $X=\{x_1,x_2,\cdots,x_n\}$，$Y=\{y_1,y_2,\cdots,y_m\}$，模糊矩阵 $\boldsymbol{R}$ 的元素 r_{ij} 表示论域 X 中第 i 个元素 x_i 与论域 Y 中的第 j 个元素 y_j 对于关系 $\underset{\sim}{R}$ 的隶属程度，即 $\mu_{\underset{\sim}{R}}(x_i,y_j)=r_{ij}$

2. 模糊关系的运算

模糊关系的并、交、包含、相等、补与转置等运算与普通关系相同。模糊关系的转置又称为 $\underset{\sim}{R}$ 的倒置关系。

如果模糊关系中 $\mu(x,y)$ 恒等于 0，称为零关系。

如果模糊关系中 $\mu(x,y)$ 恒等于 1，称为全称关系。

如果模糊关系当 $x=y$ 时 $\mu(x,y)=1$，当 $x\neq y$ 时，$\mu(x,y)=0$，称为恒等关系。

3. 模糊关系的性质

(1) 自反性

一个模糊关系 $\underset{\sim}{R}$，如果对 $\forall x\in X$ 都有 $\mu_{\underset{\sim}{R}}(x,x)=1$，则称 $\underset{\sim}{R}$ 为具有自反性的模糊关系。如果 $\mu_{\underset{\sim}{R}}(x,x)=0$，即 $\boldsymbol{R}$ 对角线元素均为零，则称 $\underset{\sim}{R}$ 为具有非自反性。

(2)对称性

一个模糊关系 $\underset{\sim}{R}$,如果对 $\forall(x,y)\in X\times X$ 都有 $\mu_{\underset{\sim}{R}}(x,y)=\mu_{\underset{\sim}{R}}(y,x)$ 成立,则称 $\underset{\sim}{R}$ 为具有对称性的模糊关系,其相应的模糊矩阵满足 $\boldsymbol{R}^{\mathrm{T}}=\boldsymbol{R}$。如果

$$\mu_{\underset{\sim}{R}}(x,y)=\mu_{\underset{\sim}{R}}(y,x)\Leftrightarrow\mu_{\underset{\sim}{R}}(x,y)=\mu_{\underset{\sim}{R}}(y,x)=0 \tag{2.12}$$

则称 $\underset{\sim}{R}$ 具有反对称性,其相应的模糊矩阵满足 $\boldsymbol{R}\circ\boldsymbol{R}^{\mathrm{T}}\leqslant\boldsymbol{I}$。

(3)传递性

一个模糊关系 $\underset{\sim}{R}$,如果 $\forall(x,y),(y,z),(x,z)\in X\times X$,均有

$$\mu_{\underset{\sim}{R}}(x,z)\geqslant\bigvee_{y}\left[\mu_{\underset{\sim}{R}}(x,y)\wedge\mu_{\underset{\sim}{R}}(y,z)\right] \tag{2.13}$$

即 x 与 z 从属于模糊关系 $\underset{\sim}{R}$ 的程度不小于 x 与 y 从属于模糊关系 $\underset{\sim}{R}$ 的程度和 y 与 z 从属于模糊关系 $\underset{\sim}{R}$ 的程度中较小的那一个,则称 $\underset{\sim}{R}$ 为具有传递性的模糊关系,其相应的模糊矩阵满足 $\boldsymbol{R}\circ\boldsymbol{R}\subseteq\boldsymbol{R}$,即 $\boldsymbol{R}^2\subseteq\boldsymbol{R}$。

(4)模糊等价关系

如果论域 X 上的一个模糊关系 $\underset{\sim}{R}$ 满足自反性、对称性和传递性,则模糊关系 $\underset{\sim}{R}$ 叫做 X 上的一个等价关系。将仅满足自反性和对称性的模糊关系称为模糊等容(相似)关系。

4. 模糊关系的合成

(1)模糊关系合成的定义

模糊关系的合成是普通关系合成的推广,下面给出它的定义。

设 U、V、W 是论域,$\underset{\sim}{Q}$ 是 U 到 V 的一个模糊关系,$\underset{\sim}{R}$ 是 V 到 W 的一个模糊关系,$\underset{\sim}{Q}$ 对 $\underset{\sim}{R}$ 的合成 $\underset{\sim}{Q}\circ\underset{\sim}{R}$ 指的是 U 到 W 的一个模糊关系,它具有隶属函数

$$\mu_{\underset{\sim}{Q}\circ\underset{\sim}{R}}(u,w)=\bigvee_{v\in V}\left[\mu_{\underset{\sim}{Q}}(u,v)\wedge\mu_{\underset{\sim}{R}}(v,w)\right] \tag{2.14}$$

当 $\underset{\sim}{R}\in F(U\times U)$ 时,记 $\underset{\sim}{R}^2=\underset{\sim}{R}\circ\underset{\sim}{R}$,$\underset{\sim}{R}^n=\underset{\sim}{R}^{n-1}\circ\underset{\sim}{R}$

当论域 U、V、W 为有限时,模糊关系的合成可用模糊矩阵的合成表示。设 $\boldsymbol{Q}$、$\boldsymbol{R}$、$\boldsymbol{S}$ 三个模糊关系对应的模糊矩阵分别为 $\boldsymbol{Q}=(q_{ij})_{n\times m}$,$\boldsymbol{R}=(r_{jk})_{m\times l}$,$\boldsymbol{S}=(s_{ik})_{n\times l}$,则有 $s_{ik}=\bigvee_{j=1}^{m}(q_{ij}\wedge r_{jk})$,即用模糊矩阵的合成 $\boldsymbol{Q}\circ\boldsymbol{R}=\boldsymbol{S}$ 来表示模糊关系的合成 $\underset{\sim}{Q}\circ\underset{\sim}{R}=\underset{\sim}{S}$。

不能用模糊矩阵表达的模糊关系也可以进行合成运算,也遵照最大、最小原则。例如,设 $\underset{\sim}{R}$、$\underset{\sim}{S}$ 为 $X\times Y$ 和 $Y\times Z$ 上的模糊关系不能用矩阵表示,其隶属函数分别为 $\mu_{\underset{\sim}{R}}(x,y)$ 及 $\mu_{\underset{\sim}{S}}(y,z)$,则 $\underset{\sim}{R}\circ\underset{\sim}{S}$ 的隶属函数为

$$\mu_{\underset{\sim}{R}\circ\underset{\sim}{S}}=\bigvee_{y\in Y}\left(\mu_{\underset{\sim}{R}}(x,y)\wedge\mu_{\underset{\sim}{S}}(y,z)\right) \tag{2.15}$$

(2)模糊关系合成的运算性质

模糊关系合成的运算满足结合律,对并运算满足分配律,而对交运算不满足分配律,模糊关系合成运算可以推广到多个模糊矩阵上去。

例 2.7　设模糊集合 X、Y、Z 分别为 $X=\{x_1,x_2,x_3,x_4\}$，$Y=\{y_1,y_2,y_3\}$，$Z=\{z_1,z_2,z_3\}$，并设 $\underset{\sim}{\boldsymbol{Q}}\in X\times Y$，$\underset{\sim}{\boldsymbol{R}}\in Y\times Z$，$\underset{\sim}{\boldsymbol{S}}\in X\times Z$，$\underset{\sim}{\boldsymbol{Q}}$ 与 $\underset{\sim}{\boldsymbol{R}}$ 分别为

$$\underset{\sim}{\boldsymbol{Q}}=\begin{matrix} x_1 \\ x_2 \\ x_3 \\ x_4 \end{matrix}\overset{\begin{matrix} y_1 & \quad y_2 & \quad y_3 \end{matrix}}{\begin{bmatrix} 0.5 & 0.6 & 0.3 \\ 0.7 & 0.4 & 1 \\ 0 & 0.8 & 0 \\ 1 & 0.2 & 0.9 \end{bmatrix}} \qquad \underset{\sim}{\boldsymbol{R}}=\begin{matrix} y_1 \\ y_2 \\ y_3 \end{matrix}\overset{\begin{matrix} z_1 & \quad z_2 \end{matrix}}{\begin{bmatrix} 0.2 & 1 \\ 0.8 & 0.4 \\ 0.5 & 0.3 \end{bmatrix}}$$

则可得模糊关系 $\underset{\sim}{\boldsymbol{Q}}$ 对 $\underset{\sim}{\boldsymbol{R}}$ 的合成为

$$\underset{\sim}{\boldsymbol{S}}=\underset{\sim}{\boldsymbol{Q}}\circ\underset{\sim}{\boldsymbol{R}}=(s_{ij})_{4\times 2}=\bigvee_{k=1}^{3}(q_{ik}\wedge r_{kj})=$$

$$\begin{bmatrix} 0.5 & 0.6 & 0.3 \\ 0.7 & 0.4 & 1 \\ 0 & 0.8 & 0 \\ 1 & 0.2 & 0.9 \end{bmatrix}\circ\begin{bmatrix} 0.2 & 1 \\ 0.8 & 0.4 \\ 0.5 & 0.3 \end{bmatrix}=\begin{matrix} x_1 \\ x_2 \\ x_3 \\ x_4 \end{matrix}\overset{\begin{matrix} z_1 & \quad z_2 \end{matrix}}{\begin{bmatrix} 0.6 & 0.5 \\ 0.5 & 0.7 \\ 0.8 & 0.4 \\ 0.5 & 1 \end{bmatrix}}$$

2.2.6　模糊逻辑推理

逻辑学是研究人的思维形式及思维过程推理方法与规律的学科。思维形式就是概念、判断和推理。人们认识事物先是通过建立概念来刻画事物的本质属性，然后由概念和概念的联合构成判断（命题），再由两个判断联合得到一个新的判断（命题），这一过程便是推理。

命题是一个意义明确可以分辨真假的陈述句。一个命题的真或假，叫它的真值。含有模糊概念的命题，称为模糊命题。研究模糊命题的逻辑称为模糊逻辑。

模糊逻辑的最终目标是为不精确推理提供理论基础，这种推理又称为近似推理。所谓不精确推理不是要使得推理变得不精确，而是在采用精确推理方式无法进行推理的情况下，提供了一种推理方式，以便得到更加精确的推理结论。

在初等数学中，$y=2x$ 表示了 y 与 x 之间的一个函数关系，如果给定一个 x_1 的值，就有一个 y_1 值与之对应，这一过程可以看做一种三段论的演绎推理。在模糊数学中，$\underset{\sim}{R}=\underset{\sim}{A}\rightarrow\underset{\sim}{B}$ 表示“若 $\underset{\sim}{A}$，则 $\underset{\sim}{B}$”确定的一个模糊关系，如果给定一个 $\underset{\sim}{A_1}$，就有一个 $\underset{\sim}{B_1}$ 与之对应，这就是使用模糊集合理论将输入 $\underset{\sim}{A_1}$ 映射到输出 $\underset{\sim}{B_1}$ 的模糊推理过程。用模糊集合方法模拟人的模糊思维过程的推理称为模糊推理。

为实现模糊推理算法，需要解决两个问题：一是要给出“若 $\underset{\sim}{A}$，则 $\underset{\sim}{B}$”生成模糊关系规则，二是要解决推理的合成规则。

1. 模糊推理句“若 $\underset{\sim}{A}$ 则 $\underset{\sim}{B}$”

设 $\underset{\sim}{A}$ 和 $\underset{\sim}{B}$ 分别为论域 X 和 Y 上的两个模糊集，它们的隶属函数分别为 $\mu_{\underset{\sim}{A}}(x)$ 和 $\mu_{\underset{\sim}{B}}(y)$，模糊推理句“若 $\underset{\sim}{A}$ 则 $\underset{\sim}{B}$”可表示为从 X 到 Y 的一个模糊关系，它是 $X\times Y$ 直积上的一个模糊子集，记为 $\underset{\sim}{A}\to\underset{\sim}{B}$，它的隶属函数定义为

$$\mu_{\underset{\sim}{A}\to\underset{\sim}{B}}(x,y)=[\mu_{\underset{\sim}{A}}(x)\wedge\mu_{\underset{\sim}{B}}(y)]\vee[1-\mu_{\underset{\sim}{A}}(x)] \tag{2.16}$$

将隶属函数 μ 省略，可简写为

$$(\underset{\sim}{A}\to\underset{\sim}{B})(x,y)=[\underset{\sim}{A}(x)\wedge\underset{\sim}{B}(y)]\vee[1-\underset{\sim}{A}(x)] \tag{2.17}$$

再进一步省略 x,y，可写为

$$\underset{\sim}{A}\to\underset{\sim}{B}=(\underset{\sim}{A}\wedge\underset{\sim}{B})\vee(1-\underset{\sim}{A}) \tag{2.18}$$

2. 模糊推理句“若 $\underset{\sim}{A}$ 则 $\underset{\sim}{B}$ 否则 $\underset{\sim}{C}$”

设 $\underset{\sim}{A}$ 为论域 X 上的一个模糊子集，$\underset{\sim}{B}$ 和 $\underset{\sim}{C}$ 分别是论域 Y 上的两个模糊子集，如图 2.7 所示。“若 $\underset{\sim}{A}$ 则 $\underset{\sim}{B}$ 否则 $\underset{\sim}{C}$”是 $X\times Y$ 直积上的一个模糊子集 $\underset{\sim}{R}$，即 $\underset{\sim}{R}$ 是一种模糊关系，它的隶属函数为

$$\mu_{(\underset{\sim}{A}\to\underset{\sim}{B})\vee(\underset{\sim}{A}^{c}\to\underset{\sim}{C})}(x,y)=[\mu_{\underset{\sim}{A}}(x)\wedge\mu_{\underset{\sim}{B}}(y)]\vee[(1-\mu_{\underset{\sim}{A}}(x))\wedge\mu_{\underset{\sim}{C}}(y)] \tag{2.19}$$

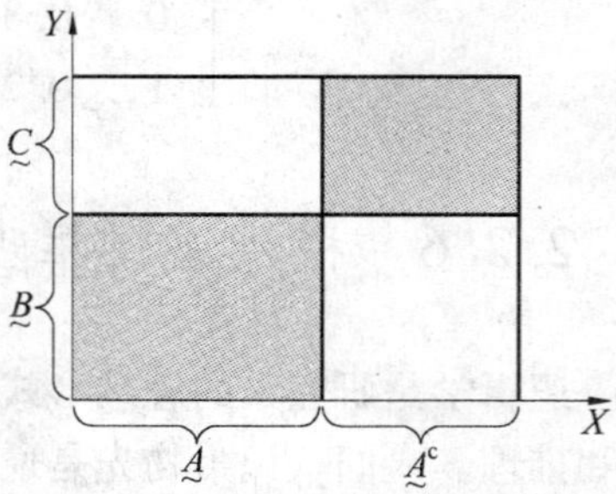

图 2.7 若 $\underset{\sim}{A}$ 则 $\underset{\sim}{B}$ 否则 $\underset{\sim}{C}$ 的真域

将上式中 μ 省略，并用 $\underset{\sim}{R}(x,y)$ 表示 $(\underset{\sim}{A}\to\underset{\sim}{B})\vee(\underset{\sim}{A}^{c}\to\underset{\sim}{C})$，则

$$\underset{\sim}{R}(x,y)=[\underset{\sim}{A}(x)\wedge\underset{\sim}{B}(y)]\vee[(1-\underset{\sim}{A}(x))\wedge\underset{\sim}{C}(y)] \tag{2.20}$$

进一步省略 x 和 y，并用模糊向量笛卡儿乘积形式，可将式(2.20)写为

$$\underset{\sim}{R}=\underset{\sim}{A}\times\underset{\sim}{B}+\underset{\sim}{A}^{c}\times\underset{\sim}{C} \tag{2.21}$$

3. 模糊条件语句“若 $\underset{\sim}{A}_1$ 则 $\underset{\sim}{B}_1$，…，若 $\underset{\sim}{A}_n$ 则 $\underset{\sim}{C}_n$”

如果 $\underset{\sim}{A}_1,\underset{\sim}{A}_2,\cdots,\underset{\sim}{A}_n$ 是论域 X 上的模糊子集，$\underset{\sim}{B}_1,\underset{\sim}{B}_2,\cdots,\underset{\sim}{B}_n$ 是论域 Y 上的模糊子集，则多重模糊条件语句“若 $\underset{\sim}{A}_1$ 则 $\underset{\sim}{B}_1$，若 $\underset{\sim}{A}_2$ 则 $\underset{\sim}{B}_2$，…，若 $\underset{\sim}{A}_n$ 则 $\underset{\sim}{C}_n$”表示从 X 到 Y 的一个模糊关系 $\underset{\sim}{R}$，即

$$\underset{\sim}{R}=\underset{\sim}{A}_1\times\underset{\sim}{B}_1+\underset{\sim}{A}_2\times\underset{\sim}{B}_2+\cdots+\underset{\sim}{A}_n\times\underset{\sim}{B}_n \tag{2.22}$$

式(2.18)所表示的模糊关系可写为

$$\underset{\sim}{R}=\underset{\sim}{A}\times\underset{\sim}{C}+\underset{\sim}{A}^{c}\times\boldsymbol{E} \tag{2.23}$$

其中，$\boldsymbol{E}$ 为与 $\underset{\sim}{A}$ 同维的单位向量。

4. 模糊推理合成规则

推理是根据一个或一些判断为前提获得一个新的判断即结论的思维方式，任何一个推理都必须包含前提和结论两个组成部分。

在科学研究中经常采用以一般的原理、原则为前提，推到某个特殊的场合做出结论的演绎推理方法。它又分为三段论推理和假言直言推理。三段论推理包含三个判断：第一个判断称为大前提，提供了一般原理、原则；第二个判断称为小前提，指出了一个特殊情况；联合这两个判断得出的第三个判断称为结论。

假言推理的大前提是指肯定或否定对象在一定条件下具有某种属性的假言判断，而小前提和结论是无条件的肯定或否定某种事物的直言判断。

为了便于理解模糊推理合成规则，可以从初等数学中函数推理过程谈起。函数 $y=f(x)$ 表示了 y 与 x 的一般关系，称为大前提。当给定 $x=a$ 时，为一个特殊情况，称为小前提，推出 y 值称为结论，这就是三段论推理过程，如表 2.3 所示。

表 2.3　精确推理和模糊推理合成规则的三段论对比

种类	函数推理	区间值函数推理	模糊推理合成规则
推理过程图示	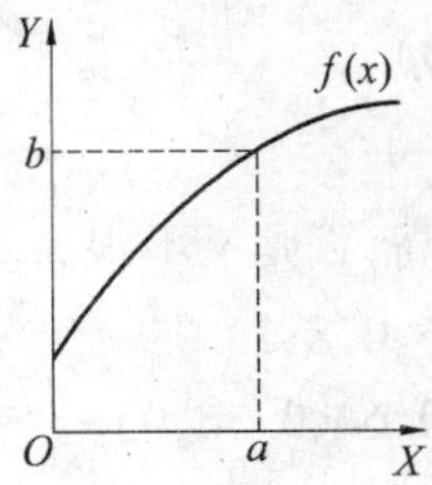	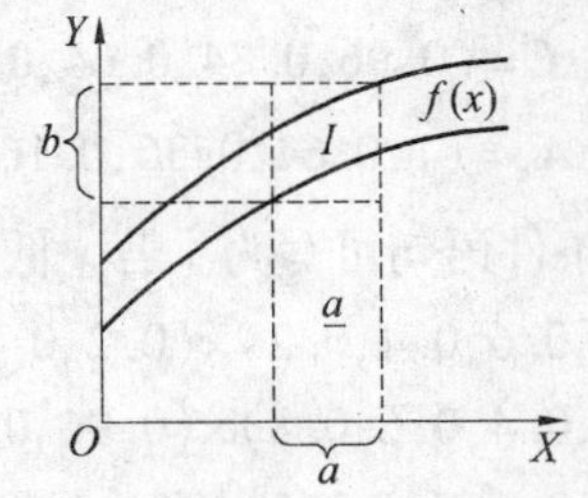	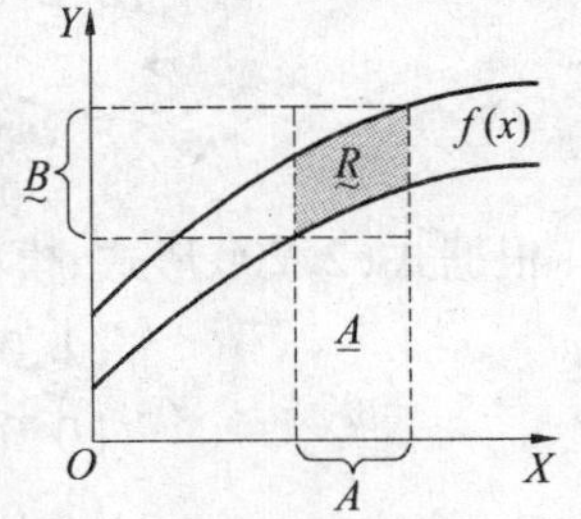
三段论推理法	大前提　$y=f(x)$	$y=f$(区间 x)	$\underset{\sim}{R}\in X\times Y$
	小前提　$x=a$	$x=$区间 a	$\underset{\sim}{A}\in X$
	结论　$y=f(a)=b$	$y=f$(区间 a)= 区间 b	$Y=\underset{\sim}{B}=\underset{\sim}{A}\circ\underset{\sim}{R}$

将上述推理中的小前提由一个点 a 取值扩展到一个区间 a 取值时，为了找出与区间 a 对应的区间 b，要构造一个以 a 为底的柱状集 $\underline{a}$，将 $\underline{a}$ 与区间值曲线的交集 I 投影到 Y 上，即可得到区间 b。

进一步推广，设 $\underset{\sim}{A}$ 为 X 上的一个模糊集，$\underset{\sim}{R}$ 是从 X 到 Y 的模糊关系，即为直积 $X\times Y$ 的一个子集。将模糊集合 $\underset{\sim}{A}$ 的柱状集 $\underline{A}$ 与模糊关系 $\underset{\sim}{R}$ 的交集 $\underline{A}\cap\underset{\sim}{R}$ 投影到 Y 上，可得到模糊集合 $\underset{\sim}{B}$。这一推理过程的表达式

$$Y=\underset{\sim}{A}\circ\underset{\sim}{R} \tag{2.24}$$

称为模糊推理的合成规则。

例 2.8　某电热烘干炉依靠人工连续调节外加电压，以便克服各种干扰达到恒温烘干的

目的。操作工人的经验是“如果炉温低,则外加电压高,否则电压不很高。”如果炉温很低,试确定外加电压应该如何调节?

设 x 表示炉温,y 表示电压,则上述问题可叙述为“如果 x 低,则 y 高,否则不很高。” 如果 x 很低,试问 y 如何?

设定论域 $X=Y=\{1,2,3,4,5\}$,定义模糊集合

$$\underset{\sim}{A}=[\text{低}]=\frac{1}{1}+\frac{0.8}{2}+\frac{0.6}{3}+\frac{0.4}{4}+\frac{0.2}{5}$$

$$\underset{\sim}{C}=[\text{高}]=\frac{0.2}{1}+\frac{0.4}{2}+\frac{0.6}{3}+\frac{0.8}{4}+\frac{1}{5}$$

$$\underset{\sim}{C}=[\text{不很高}]=\frac{0.96}{1}+\frac{0.84}{2}+\frac{0.64}{3}+\frac{0.36}{4}+\frac{0}{5}$$

$$\underset{\sim}{A_1}=[\text{很低}]=H_2[\text{低}]=\frac{1}{1}+\frac{0.64}{2}+\frac{0.36}{3}+\frac{0.16}{4}+\frac{0.04}{5}$$

为了便于计算,将上述模糊子集分别写成向量形式

$$\underset{\sim}{\boldsymbol{A}}=(1,0.8,0.6,0.4,0.2)$$

$$\underset{\sim}{\boldsymbol{C}}=(0.2,0.4,0.6,0.8,1)$$

$$\underset{\sim}{\boldsymbol{C}}=(0.96,0.84,0.64,0.36,0)$$

$$\underset{\sim}{\boldsymbol{A}_1}=(1,0.64,0.36,0.16,0.04)$$

根据式(2.20)形式,模糊条件语句可写为[若 x 低则 y 高,否则 y 不很高]$=\underset{\sim}{\boldsymbol{A}}\times\underset{\sim}{\boldsymbol{B}}+\underset{\sim}{\boldsymbol{A}}^{c}\times\underset{\sim}{\boldsymbol{C}}=$

$$(1,0.8,0.6,0.4,0.2)\times(0.2,0.4,0.6,0.8,1)+$$
$$(0,0.2,0.4,0.6,0.8)\times(0.96,0.84,0.64,0.36,0)=$$
$$(1,0.8,0.6,0.4,0.2)^{\mathrm{T}}\circ(0.2,0.4,0.6,0.8,1)+$$
$$(0,0.2,0.4,0.6,0.8)^{\mathrm{T}}\circ(0.96,0.84,0.64,0.36,0)=$$

$$\begin{bmatrix}0.2&0.4&0.6&0.8&1\\0.2&0.4&0.6&0.8&0.8\\0.2&0.4&0.6&0.6&0.6\\0.2&0.4&0.4&0.4&0.4\\0.2&0.2&0.2&0.2&0.2\end{bmatrix}+\begin{bmatrix}0&0&0&0&0\\0.2&0.2&0.2&0.2&0\\0.4&0.4&0.4&0.36&0\\0.6&0.6&0.6&0.36&0\\0.8&0.8&0.64&0.36&0\end{bmatrix}=$$

$$\begin{bmatrix}0.2&0.4&0.6&0.8&1\\0.2&0.4&0.6&0.8&0.8\\0.4&0.4&0.6&0.6&0.6\\0.6&0.6&0.6&0.4&0.4\\0.8&0.8&0.64&0.36&0.2\end{bmatrix}=\underset{\sim}{\boldsymbol{R}}$$

由式的模糊推理的合成规则可得

$$\underset{\sim}{y}=\underset{\sim}{A}_1\circ\underset{\sim}{R}=(1,0.64,0.36,0.16,0.04)\circ\begin{bmatrix}0.2 & 0.4 & 0.6 & 0.8 & 1\\ 0.2 & 0.4 & 0.6 & 0.8 & 0.8\\ 0.2 & 0.4 & 0.6 & 0.6 & 0.6\\ 0.6 & 0.6 & 0.6 & 0.4 & 0.4\\ 0.8 & 0.8 & 0.64 & 0.36 & 0.2\end{bmatrix}=$$

$$(0.36,0.4,0.6,0.8,1)$$

由此可得出 y 的模糊集为

$$y=\frac{0.36}{1}+\frac{0.4}{2}+\frac{0.6}{3}+\frac{0.8}{4}+\frac{1}{5}$$

计算结果表明“y 和高差不多”,或说“近似于高”。

2.2.7　模糊系统的万能逼近理论

模糊系统是模糊逻辑推理系统的简称,或称模糊推理系统。组成模糊系统的最小元素是模糊集合描述的语言变量,由语言变量的联合构成的“若-则”形式的模糊规则,由若干条规则构成描述系统输入输出之间的模糊关系,再加上模糊化方法,模糊推理机制和解模糊化方法,就组成了一个模糊系统。模糊系统提供一种把语言规则集合转变成非线性映射程序的方法,便于工程应用。

模糊系统具有两个重要的特点:它是一个基于知识的系统,具有智能性;它是一个非线性系统,具有很强的非线性映射能力,即具有万能逼近特性。

1. 模糊系统的逼近特性

一个模糊系统是由若干条“若-则”规则构成的从输入到输出的非线性映射。这些规则在输入输出空间$X\times Y$中具有简单的几何特征,它们在 $X\times Y$ 空间上定义了许多模糊补块,如图2.8中的椭圆形补块。若“X 为模糊集 A_1,则 Y 为模糊集 B_1”,这条规则对应输入输出空间$X\times Y$中 A_1与 B_1的笛卡儿积 $A_1\times B_1$。

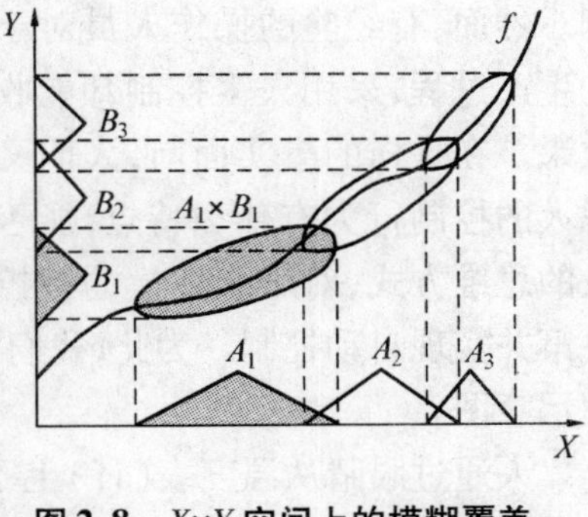

图 2.8　$X\times Y$ 空间上的模糊覆盖

若规则越模糊,则模糊补块就越大;反之,若规则越精确,则模糊补块越小。在完全精确的情况下,模糊补块 $A\times B$ 就退化为一个点。因此,可以用模糊规则构成的模糊补块的重叠来覆盖函数 $f:X\to Y$,从而达到用模糊系统 $F:X\to Y$ 去逼近函数 $f:X\to Y$ 的目的。

2. 模糊系统的万能逼近定理

模糊系统万能逼近定理有 L. X. Wang(1992)给出的代数形式和 Bark Kosko(1997)给出的几何形式。以下只给出两个定理的内容,证明从略[10]。

万能逼近定理(代数形式) 假定输入论域 U 是 R^n 上的一个紧集,则对于任意定义在 U 上的实连续函数 $g(x)$ 和任意的 $\varepsilon > 0$,一定存在一个模糊系统形式为

$$f(x)=\frac{\sum_{l=1}^{m}\bar{y}^{l}\left[\prod_{i=1}^{n}a_{i}^{l}\exp\left(-\left(\frac{x_{i}-\bar{x}_{i}^{l}}{\sigma_{i}^{l}}\right)^{2}\right)\right]}{\sum_{l=1}^{m}\left[\prod_{i=1}^{n}a_{i}^{l}\exp\left(-\left(\frac{x_{i}-\bar{x}_{i}^{l}}{\sigma_{i}^{l}}\right)^{2}\right)\right]} \tag{2.25}$$

使下式成立

$$\sup_{x\in U}|f(x)-g(x)|<\varepsilon \tag{2.26}$$

具有乘积推理、单值模糊化、中心平均解模糊化和高斯隶属函数的模糊系统是万能逼近器。

万能逼近定理(几何形式) 如果 X 是 R^n 的一个紧(闭且有界)子集向量映射 $f:X\to Y$ 是连续的,则一个可加性模糊系统 $F:X\to Y$ 一致地逼近 $f:X\to Y$。

2.3 模糊控制的基本原理

随着科学技术的发展,人们研究的被控对象日益复杂化,当对象模型难以建立或模型十分复杂以至于失去实用价值时,基于被控对象精确数学模型的传统控制理论的应用就受到了极大的限制。然而,有经验的操作人员对于难以自动控制的生产过程,采用人工控制却能收到令人满意的效果。在这样的事实面前,人们又重新研究和考虑人的控制行为有什么特点,能否让计算机模拟人的思维方式,对难于建模的被控对象进行控制决策并实现自动控制。为此,我们先来考虑一下人工控制锅炉温度的例子,图 2.9 给出了其原理示意图。

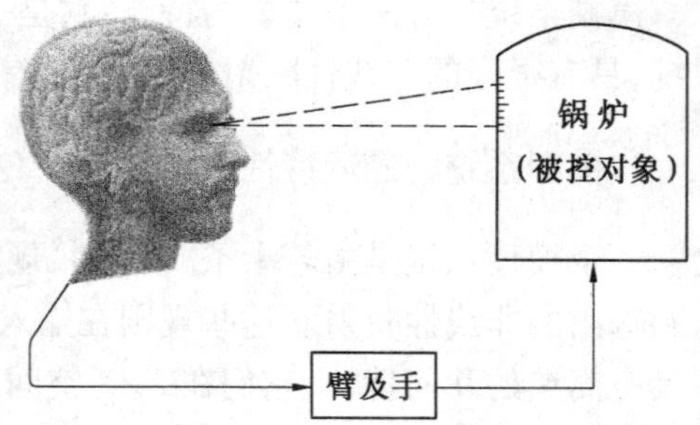

图 2.9 手动操作控制炉温的原理示意图

人通过眼睛从温度表(计)上不断地观测出炉温的精确量,经过大脑思考判断出实际炉温与期望炉温之差——误差(精确量)的大、小(模糊量),然后经过决策由臂和手实施对锅炉燃料(煤粉或燃油)输入量不断地调节,以控制炉温(高、低)满足要求。

总结上述人的控制行为,正是遵循着反馈控制的基本思想。一个经验丰富的操作人员可以把多年积累的操作经验总结成若干条规则,如"若炉温低,则多加些燃料"等,用以培训一个

年轻人员，逐渐地代替他并能胜任工作。同样地，将由操作经验总结出的若干条控制规则可以存入计算机，让它也能模仿人的控制决策行为对炉温实现自动控制。这就是实现模糊控制的基本思想。下面，具体介绍模糊控制系统的组成及工作原理。

2.3.1 模糊控制系统的组成

从形式上看，一个模糊控制系统和普通的计算机数字控制系统的组成没有多大区别，如图 2.10 所示，一个模糊控制系统可分为四个组成部分。

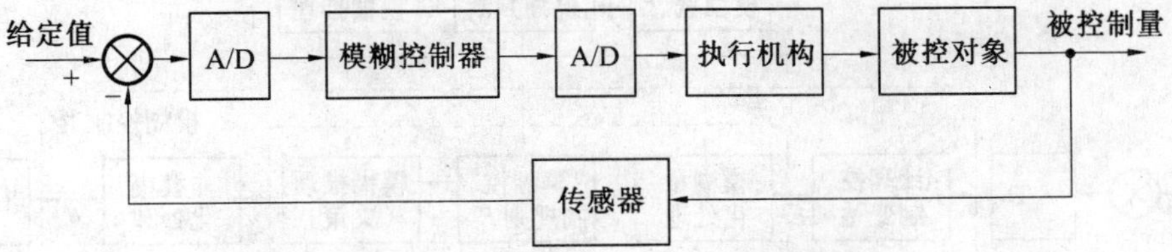

图 2.10　模糊控制系统框图

(1)模糊控制器实际上是一台微机，根据不同被控对象的特点，微机既可以选系统机，又可以选单片机或模糊控制芯片等。

(2)接口装置指图 2.10 中 A/D、D/A 转换板等，用于微机模糊控制器与系统进行数据交换。

(3)广义对象是指执行机构和被控对象合在一起的总称。

(4)传感器是用于将被控对象的被控制量转换为电信号(模拟或数字量)的一类装置(仪表)的总称。

与图 2.9 所示控制系统相对比，在上述的微机模糊控制系统中，传感器代替了人的眼睛，模糊控制器代替人脑控制决策，而执行机构代替人的臂和手的功能。

下面研究微机如何模拟人的控制决策行为完成对复杂对象的模糊自动控制。

2.3.2 模糊控制的工作原理

模糊控制决策过程是模拟人的模糊思维形式，而人脑的模糊思维包括三种基本形式：模糊概念、模糊判断和模糊推理。

在模糊控制器中，模糊概念是通过模糊集合表示的模糊语言变量，如将误差(连续域)的精确量转换为离散域，即论域上的模糊量，这一过程称为模糊量化处理，简称为模糊化。

人的操作经验可以用语言总结成若干条模糊判断句——模糊控制规则，这些规则可以用一个模糊关系矩阵来描述。它实际上是操作过程的一般原则，这些模糊条件语句又被称为被控对象(过程)的语言模型。

根据 Zadeh 提出的三段论模糊推理合成规则，操作经验的一般原则即为模糊控制规则所确定的模糊关系(矩阵)$\underset{\sim}{R}$，它作为模糊推理的大前提，而输入的模糊变量 $\underset{\sim}{A}$ 作为小前提，将已知的小前提 $\underset{\sim}{A}$ 和模糊关系 $\underset{\sim}{R}$ 经过模糊推理合成可得到结论 $\underset{\sim}{U}=\underset{\sim}{A}\circ\underset{\sim}{R}$。

图 2.11 给出了模糊控制系统的原理图，为了便于对比，将人的模糊逻辑思维形式置于图的上方，正下方的模糊控制器推理过程的三个部分正好和人的模糊逻辑思维的三种形式相对应。其中，模糊量化处理是为了得到控制变量的模糊量。

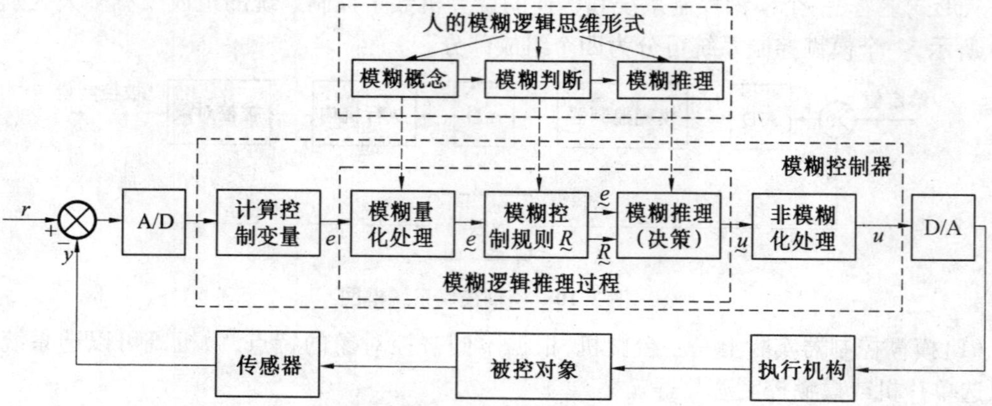

图 2.11 模糊控制系统原理图

为了简单起见，仅以误差信号 e 作为模糊控制器的输入变量，来说明模糊控制器的工作原理。微机经中断采样获取被控制量的精确值，然后将此量与给定量比较得到误差信号 e 的精确值(在此取单位反馈)，作为模糊控制器的输入量。此误差 e 的精确量经模糊量化处理变为误差的模糊量，可用相应的模糊语言集合中的一个子集 $\underset{\sim}{e}$ 表示。再由误差的模糊量 $\underset{\sim}{e}$ 和模糊控制规则确定的模糊关系 $\underset{\sim}{R}$ 进行模糊推理(决策)，得到控制量的模糊量为

$$\underset{\sim}{u}=\underset{\sim}{e}\circ\underset{\sim}{R} \tag{2.27}$$

由于控制量的模糊量并不能去直接送给执行机构对被控对象施加控制，还需要将控制量的模糊量 $\underset{\sim}{u}$ 通过非模糊化(清晰化、解模糊化)处理转换为精确量 u，经数模转换为精确的模拟量送给执行机构，对被控对象进行一步控制。然后，中断等待第二次采样，进行第二步控制……这样循环下去，不断地进行控制将使得被控对象的实际输出以一定精度逼近期望值，从而实现了被控对象的模糊控制。

不难看出，模糊控制器的输入量 e 是精确量，而它的输出控制量 u 也是精确量。因此模糊控制器的控制并不模糊，它可以实现对被控对象的精确控制。只是在模糊控制器中的推理部分采用模糊逻辑推理，其好处在于：一是这种推理决策不需要被控对象的精确数学模型；二是这种推理决策模拟人的思维过程，具有较高的智能性和高效性。

为了具体说明模糊控制系统的工作原理，介绍一个单输入单输出温度模糊控制系统。

例 2.9　某电热炉对于金属零件的热处理，按热处理工艺要求需保持炉温 600 ℃恒定不变。因为炉温受被控处理零件多少、体积大小及电网电压波动等因素影响，容易波动，所以设计模糊控制系统取代人工手动控制。

人工操作调节炉温的经验可以用语言总结成如下控制规则：

若炉温低于 600℃则升压，低的越多升压越高；

若炉温等于 600℃则保持电压不变；

若炉温高于 600℃则降压，高得越多降压越低。

为了应用上述规则实现微机模糊控温，需要进行下述工作。

1. 确定模糊控制器的输入变量和输出变量

选择炉温实际值 $t(n)$ 和设定值 t_0 之差——误差 $e(n)$ 作为输入变量，于是有

$$e(n)=t_0-t(n) \tag{2.28}$$

选择模糊控制器的输出 u 作为调节电炉温度的电压。

2. 确定输入变量及输出变量的模糊语言变量

(1) 选择输入变量及输出变量语言值的模糊子集为

{负大，负小，零，正小，正大}

并用英文缩写为

$$\{NB, NS, O, PS, PB\}$$

(2) 选择误差 e 的论域 X，并将误差在论域 X 上量化为 7 个等级，则有

$$X=\{-3,-2,-1,0,1,2,3\}$$

同样，选择控制量 u 的论域 Y，并将控制量在论域 Y 上也量化为 7 个等级，于是

$$Y=\{-3,-2,-1,0,1,2,3\}$$

(3) 确定输入、输出语言变量的隶属函数如图 2.12 所示，由此可以得到模糊变量 e 及 u 的赋值，如表 2.4 所示。

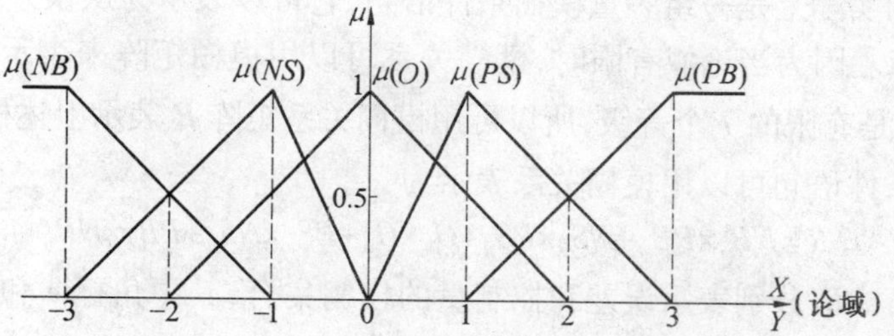

图 2.12　语言变量的隶属函数

表 2.4 模糊变量(e,u)的赋值表

隶属度 语言变量 \ 量化等级	-3	-2	-1	0	1	2	3
PB	0	0	0	0	0	0.5	1
PS	0	0	0	0	1	0.5	0
O	0	0	0.5	1	0.5	0	0
NS	0	0.5	1	0	0	0	0
NB	1	0.5	0	0	0	0	0

3. 建立模糊控制规则

将上述人工调节电压控制炉温的规则,应用误差作为输入变量,电压作为输出变量可以写成 5 条规则如下:

(1)若误差负大,则电压正大; IF $e=NB$ THEN $u=PB$.

(2)若误差负小,则电压正小; IF $e=NS$ THEN $u=PS$.

(3)若误差为零,则电压为零; IF $e=O$ THEN $u=O$.

(4)若误差正小,则电压负小; IF $e=PS$ THEN $u=NS$.

(5)若误差正大,则电压负大; IF $e=PB$ THEN $u=NB$.

上述规则中左侧是中文表述的,而右侧是用英文 if-then 形式的模糊条件语句写出的。这些规则也可以用模糊控制规则表的形式表述,如表 2.5 所示。

表 2.5 模糊控制规则表

e	*NB*	*NS*	*O*	*PS*	*PB*
u	*PB*	*PS*	*O*	*NS*	*NB*

4. 模糊控制规则的模糊矩阵表示

模糊控制规则实际上是一组多重模糊条件语句,它可以表示为从误差论域 X 到控制量论域 Y 的模糊关系 $\underset{\sim}{R}$。因为当论域有限时,模糊关系可以用模糊矩阵来表示。在炉温模糊控制中,论域 X 及 Y 均是有限的 7 个等级,所以可用模糊关系矩阵 $\underset{\sim}{\boldsymbol{R}}$ 表示上述模糊控制规则。

上述的模糊条件语句可以用模糊关系表示为

$$\underset{\sim}{R}=NB_e\times PB_u+NS_e\times PS_u+O_e\times O_u+PS_e\times NS_u+PB_e\times NB_u \tag{2.29}$$

其中语言变量 NB_e、PB_u 分别表示误差和控制量的模糊集合,其中角标 e 和 u 分别表示误差和控制量的语言变量。

下面通过模糊向量的笛卡儿乘积运算分别求出 5 个模糊控制规则对应的模糊关系矩阵:

$$\boldsymbol{NB}_e\times\boldsymbol{PB}_u=(1,0.5,0,0,0,0,0)\times(0,0,0,0,0,0.5,1)=$$

$$\begin{bmatrix} 0 & 0 & 0 & 0 & 0 & 0.5 & 1 \\ 0 & 0 & 0 & 0 & 0 & 0.5 & 0.5 \\ 0 & 0 & 0 & 0 & 0 & 0 & 0 \\ 0 & 0 & 0 & 0 & 0 & 0 & 0 \\ 0 & 0 & 0 & 0 & 0 & 0 & 0 \\ 0 & 0 & 0 & 0 & 0 & 0 & 0 \\ 0 & 0 & 0 & 0 & 0 & 0 & 0 \end{bmatrix}$$

$$\boldsymbol{NS}_e \times \boldsymbol{PS}_u = (0,0.5,1,0,0,0,0) \times (0,0,0,0,1,0.5,0) =$$

$$\begin{bmatrix} 0 & 0 & 0 & 0 & 0 & 0 & 0 \\ 0 & 0 & 0 & 0 & 0.5 & 0.5 & 0 \\ 0 & 0 & 0 & 0 & 1 & 0.5 & 0 \\ 0 & 0 & 0 & 0 & 0 & 0 & 0 \\ 0 & 0 & 0 & 0 & 0 & 0 & 0 \\ 0 & 0 & 0 & 0 & 0 & 0 & 0 \\ 0 & 0 & 0 & 0 & 0 & 0 & 0 \end{bmatrix}$$

$$\boldsymbol{O}_e \times \boldsymbol{O}_u = (0,0,0.5,1,0.5,0,0) \times (0,0,0.5,1,0.5,0,0) =$$

$$\begin{bmatrix} 0 & 0 & 0 & 0 & 0 & 0 & 0 \\ 0 & 0 & 0 & 0 & 0 & 0 & 0 \\ 0 & 0 & 0.5 & 0.5 & 0.5 & 0 & 0 \\ 0 & 0 & 0.5 & 1 & 0.5 & 0 & 0 \\ 0 & 0 & 0.5 & 0.5 & 0.5 & 0 & 0 \\ 0 & 0 & 0 & 0 & 0 & 0 & 0 \\ 0 & 0 & 0 & 0 & 0 & 0 & 0 \end{bmatrix}$$

$$\boldsymbol{PS}_e \times \boldsymbol{NS}_u = (0,0,0,0,1,0.5,0) \times (0,0.5,1,0,0,0,0) =$$

$$\begin{bmatrix} 0 & 0 & 0 & 0 & 0 & 0 & 0 \\ 0 & 0 & 0 & 0 & 0 & 0 & 0 \\ 0 & 0 & 0 & 0 & 0 & 0 & 0 \\ 0 & 0 & 0 & 0 & 0 & 0 & 0 \\ 0 & 0.5 & 1 & 0 & 0 & 0 & 0 \\ 0 & 0.5 & 0.5 & 0 & 0 & 0 & 0 \\ 0 & 0 & 0 & 0 & 0 & 0 & 0 \end{bmatrix}$$

$$\boldsymbol{PB}_e \times \boldsymbol{NB}_u = (0,0,0,0,0,0.5,1) \times (1,0.5,0,0,0,0,0) =$$

$$\begin{bmatrix} 0 & 0 & 0 & 0 & 0 & 0 & 0 \\ 0 & 0 & 0 & 0 & 0 & 0 & 0 \\ 0 & 0 & 0 & 0 & 0 & 0 & 0 \\ 0 & 0 & 0 & 0 & 0 & 0 & 0 \\ 0 & 0 & 0 & 0 & 0 & 0 & 0 \\ 0.5 & 0.5 & 0 & 0 & 0 & 0 & 0 \\ 1 & 0.5 & 0 & 0 & 0 & 0 & 0 \end{bmatrix}$$

将上述各矩阵 $\boldsymbol{NB}_e\times\boldsymbol{PB}_u$、$\boldsymbol{NS}_e\times\boldsymbol{PS}_u$、$\boldsymbol{O}_e\times\boldsymbol{O}_u$、$\boldsymbol{PS}_e\times\boldsymbol{NS}_u$、$\boldsymbol{PB}_e\times\boldsymbol{NB}_u$ 代入(2.29)中,就可求出模糊控制规则的矩阵表达式为

$$\underset{\sim}{\boldsymbol{R}}=\begin{bmatrix} 0 & 0 & 0 & 0 & 0 & 0.5 & 1 \\ 0 & 0 & 0 & 0 & 0.5 & 0.5 & 0.5 \\ 0 & 0 & 0.5 & 0.5 & 1 & 0.5 & 0 \\ 0 & 0 & 0.5 & 1 & 0.5 & 0 & 0 \\ 0 & 0.5 & 1 & 0.5 & 0.5 & 0 & 0 \\ 0.5 & 0.5 & 0.5 & 0 & 0 & 0 & 0 \\ 1 & 0.5 & 0 & 0 & 0 & 0 & 0 \end{bmatrix}$$

5. 模糊推理求出控制量的模糊量

模糊控制器的控制量 $\underset{\sim}{U}$ 等于误差的模糊向量 $\underset{\sim}{e}$ 和模糊关系 $\underset{\sim}{R}$ 的合成,当取 $\underset{\sim}{e}=PS$ 时,则有

$$\underset{\sim}{\boldsymbol{U}}=\underset{\sim}{\boldsymbol{e}}\circ\underset{\sim}{\boldsymbol{R}}=(0,0,0,0,1,0.5,0)\circ\begin{bmatrix} 0 & 0 & 0 & 0 & 0 & 0.5 & 1 \\ 0 & 0 & 0 & 0 & 0.5 & 0.5 & 0.5 \\ 0 & 0 & 0.5 & 0.5 & 1 & 0.5 & 0 \\ 0 & 0 & 0.5 & 1 & 0.5 & 0 & 0 \\ 0 & 0.5 & 1 & 0.5 & 0.5 & 0 & 0 \\ 0.5 & 0.5 & 0.5 & 0 & 0 & 0 & 0 \\ 1 & 0.5 & 0 & 0 & 0 & 0 & 0 \end{bmatrix}=$$

$$(0.5,0.5,1,0.5,0.5,0,0)$$

6. 控制量的模糊量转化为精确量

上面求得的控制量 $\underset{\sim}{U}$ 为一模糊向量,它可写成模糊子集的 Zadeh 表达式

$$\underset{\sim}{\boldsymbol{U}}=\frac{0.5}{-3}+\frac{0.5}{2}+\frac{1}{-1}+\frac{0.5}{0}+\frac{0.5}{1}+\frac{0}{2}+\frac{0}{3}$$

对上式控制量的模糊子集按照隶属度最大原则,应选取控制量为“-1”级。实际控制时,“-1”级电压要变为精确量。“-1”这个等级控制电压的精确值根据执行机构所要求的工作范

匡是容易计算得出的。通过这个精确量去控制电热炉的电压,使得炉温朝着减小误差方向变化。

7. 模糊控制器的动态响应与稳态误差

模糊控制规则可由模糊矩阵 $\underset{\sim}{R}$ 来描述,进一步分析模糊矩阵 $\underset{\sim}{R}$ 可以看出,$\underset{\sim}{R}$ 矩阵每一行正是对每个非模糊的观测结果所引起的模糊响应。为了清楚起见,再将上述求得的模糊矩阵 $\underset{\sim}{R}$ 写成如下形式。

$$
\begin{array}{c|ccccccc} X\ Y & -3 & -2 & -1 & 0 & 1 & 2 & 3 \\ \hline -3 & 0 & 0 & 0 & 0 & 0 & 0.5 & \boxed{1} \\ -2 & 0 & 0 & 0 & 0 & 0.5 & \boxed{0.5} & 0.5 \\ -1 & 0 & 0 & 0.5 & 0.5 & \boxed{1} & 0.5 & 0 \\ 0 & 0 & 0 & 0.5 & \boxed{1} & 0.5 & 0 & 0 \\ 1 & 0 & 0.5 & \boxed{1} & 0.5 & 0.5 & 0 & 0 \\ 2 & 0.5 & \boxed{0.5} & 0.5 & 0 & 0 & 0 & 0 \\ 3 & \boxed{1} & 0.5 & 0 & 0 & 0 & 0 & 0 \end{array}
$$

$$\underset{\sim}{R}=\begin{bmatrix} 0 & 0 & 0 & 0 & 0 & 0.5 & \boxed{1} \\ 0 & 0 & 0 & 0 & 0.5 & \boxed{0.5} & 0.5 \\ 0 & 0 & 0.5 & 0.5 & \boxed{1} & 0.5 & 0 \\ 0 & 0 & 0.5 & \boxed{1} & 0.5 & 0 & 0 \\ 0 & 0.5 & \boxed{1} & 0.5 & 0.5 & 0 & 0 \\ 0.5 & \boxed{0.5} & 0.5 & 0 & 0 & 0 & 0 \\ \boxed{1} & 0.5 & 0 & 0 & 0 & 0 & 0 \end{bmatrix}$$

从模糊矩阵 $\underset{\sim}{R}$ 中要获得非模糊观测结果引起的确切响应,应采取在每一行中寻找峰域中心值的方法,如 $\underset{\sim}{R}$ 中的方框中的元素所在的列对应论域 Y 中的等级,即为确切响应。例如 $\underset{\sim}{R}$ 中第五行第三列框中的元素是 1,说明它是该行峰域中心值。该元素所在的行为误差论域 X 中的 1 级,所在的列对应控制论域 Y 中的-1 级。具体地说,当观测得到的误差正好为 1 级,模糊控制器所引起的响应刚好为-1 级时,即模糊控制器给出的控制量正好是-1 级。对于每个非模糊的观测结果,均从 $\underset{\sim}{R}$ 中确定一个确切响应,可以列成表 2.6,称这样的表为模糊控制器的响应表,也叫控制表。

表 2.6　模糊控制表

e	−3	−2	−1	0	1	2	3
u	3	2	1	0	−1	−2	−3

为了进一步理解模糊控制器的动态控制过程,可参看图 2. 13。图中横坐标 X 为误差 e 的论域,而纵坐标 Y 为控制量 u 的论域,它们仍取同样的 7 个等级,即

$$X=Y=\{-3,-2,-1,0,1,2,3\}$$

图中阴影区表示模糊控制器的动态响应域,其中箭头方向指出了动态控制过程中误差的

总趋向,最终进入0等级。不难看出,模糊控制器的稳态误差与X、Y论域分档的级数有关,要提高控制精度,应适当增加分档的级数,或者采用在误差较小的区域适当增加分档级数的不均匀分档等方法。

上述电热炉温控过程的模糊控制器仅选用误差作为一个输入变量,这样的模糊控制器的控制性能还不能令人满意。举这样的例子,目的在于从一个最简单模糊控制器来说明模糊自动控制系统的基本工作原理,为深入研究更复杂更高级的模糊控制器奠定基础。

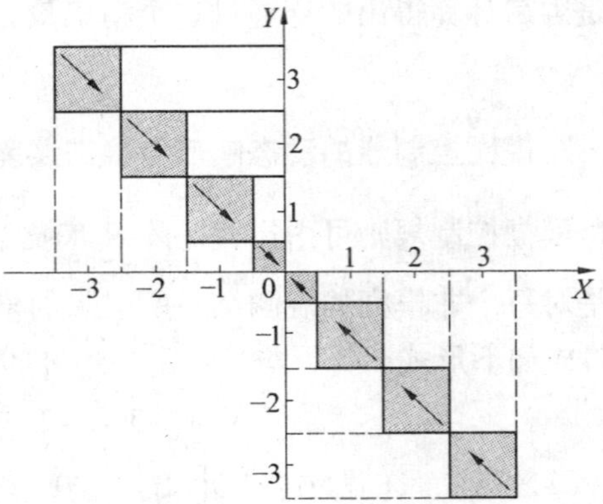

图2.13 一维模糊控制器的动态响应域

2.4 经典模糊控制器的设计

模糊控制器设计主要内容包括:(1)结构设计;(2)控制规则设计;(3)模糊推理方法的确定;(4)模糊化和清晰化方法设计;(5)控制参数设计。

2.4.1 模糊控制器的结构设计

模糊控制器的结构设计是指确定模糊控制器具体的输入变量和输出变量名称及数量。通常输出变量均为控制量,而输入采用误差作为输入变量的称为一维模糊控制器。将误差、误差变化作为输入变量,而输出为控制量的模糊控制器称为二维模糊控制器。一般情况,模糊控制都采用二维模糊控制器。如果在二维模糊控制器输入变量的基础上,再加上误差变化的变化,则称为三维模糊控制器。

设计模糊控制器输入变量的维数,取决于被控对象的动态行为特征。对于变化缓慢的一阶惯性对象,应用一维模糊控制或二维模糊控制;对于动态特性变化快的二阶或三阶被控对象,应用二维或三维模糊控制。

2.4.2 模糊控制规则的设计

模糊控制规则的设计包括:(1)选择输入、输出语言变量的词集;(2)定义模糊集合描述语言变量;(3)建立模糊控制规则。

1. 选择输入、输出语言变量的词集

模糊控制区别于传统控制的一个重要特点在于使用语言变量作为输入、输出变量。模糊控制也遵循着利用误差和误差变化进行反馈控制的基本原理。因此,误差、误差变化是语言变量的名称。在这样的名称下,它们应各自包括多少个词集呢?

通常,人们对客观事物的大小或程度的度量采用大、中、小三个等级。由于误差、误差变化有正、负之分,再加上零,所以误差语言变量词集包括 7 个词汇:{负大,负中,负小,零,正小,正中,正大},分别用英文字头缩写表示为

$$\{NB,NM,NS,O,PS,PM,PB\} \tag{2.30}$$

为了对误差变化更敏感,有时将零分为正零和负零,这样包括 8 个语言变量词集为

$$\{NB,NM,NS,NO,PO,PS,PM,PB\} \tag{2.31}$$

有时"大"和"零"也可采用 L 和 ZE 表示。选用语言变量的多少,要根据实际被控对象的具体情况而定。如控制较大范围温度变化就要选用较多的语言变量,控制油门开度较小范围的变化,就要选用较少的语言变量。

2. 定义描述语言变量的模糊集合

定义一个模糊集合需要确定它的论域、论域内的元素及其隶属度,实际上就是给出模糊集合的隶属函数曲线。隶属函数曲线应是单峰的凸模糊集。隶属函数曲线形状不同,会影响到控制性能。如图 2.14(1)所示三个形状不同的隶属曲线。较尖的模糊子集其分辨率较高,控制灵敏度也较高;相反,隶属函数曲线形状较缓,控制特性也较平缓,系统稳定性较好。因此,在选择模糊控制变量的模糊集的隶属函数时,在误差较大的区域采用低分辨率的模糊集,在误差较小的区域采用较高分辨率的模糊集,当误差接近于零时选用高分辨率的模糊集。

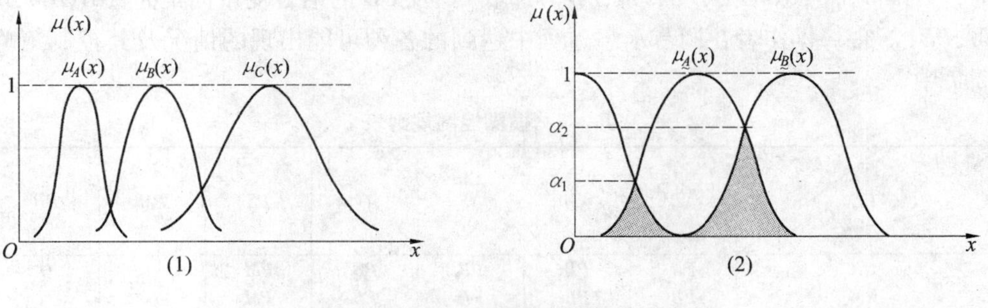

图 2.14　形状不同的隶属函数曲线

除了考虑隶属函数形状外,还要考虑在整个论域上语言变量的合理分布问题,即隶属函数曲线之间的相对位置问题。为使模糊控制在要求的范围内都能很好地进行控制,要求隶属函数之间的重叠系数 $\alpha_1 \sim \alpha_2$ 一般取 0.3～0.7,如图 2.14(2)所示。要使隶属函数曲线均匀覆盖

整个论域,一般选论域中元素总数为语言变量总数的 2~3 倍时,模糊集对论域的覆盖程度较好。要求论域内的任何元素少则属于 1 个,多则属于 2~3 个模糊子集,不能同时是 2 个模糊子集的和。例如图 2.15 给出论域 $U=\{-6,-5,-4,-3,-2,-1,0,1,2,3,4,5,6\}$,语言变量词集 $E=\{NB、NM、NS、O、PS、PM、PB\}$,三角形隶属函数曲线在全论域上均匀分布。图 2.16 给出的是论域 U 上不均匀分布的隶属函数曲线,这种设计主要为了提高控制速度。

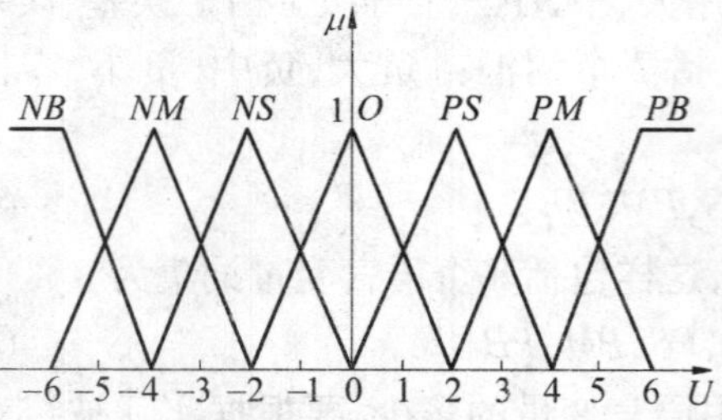

图 2.15 论域上均匀分布的隶属函数曲线

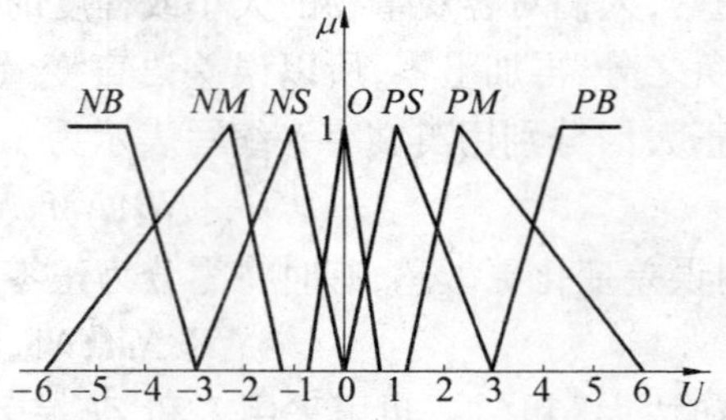

图 2.16 论域上不均匀分布的隶属函数曲线

3. 模糊控制规则设计

根据误差和误差变化来消除误差的模糊控制规则具有如下的形式:

"若误差为 $\underset{\sim}{A}_1$ 或 $\underset{\sim}{A}_2$ 且误差变化为 $\underset{\sim}{B}_1$ 或 $\underset{\sim}{B}_2$ 则控制量为 $\underset{\sim}{C}$"

或"IF $E=\underset{\sim}{A}_1$ or $\underset{\sim}{A}_2$ and $EC=\underset{\sim}{B}_1$ or $\underset{\sim}{B}_2$ THEN $U=\underset{\sim}{C}$"。

模糊控制规则是对人工控制经验的总结,它仍遵循着反馈控制的基本原理。下面以手工操作冷、热水阀门调节浴池水温为例,通过总结手动控制策略,设计出一组调节水温的模糊控制规则。

设温度的误差 E,温度误差的变化 EC,热水流量的变化 UC。假设选取 E 的语言变量的词集均为$\{NB,NM,NS,NO,PO,PS,PM,PB\}$;选取 EC 及 UC 的语言变量词集为$\{NB,NM,NS,O,PS,PM,PB\}$。现将操作者在调节水温过程中遇到的各种可能出现的情况及其控制策略汇总于表 2.7 中。

表 2.7 模糊控制规则表

UC \ EC / E	NB	NM	NS	O	PS	PM	PB
NB	PB	PB	PB	PB	PM	O	O
NM	PB	PB	PB	PB	PM	O	O
NS	PM	PM	PM	PM	O	NS	NS
NO	PM	PM	PS	O	NS	NM	NM
PO	PM	PM	PS	O	NS	NM	NM
PS	PS	PS	O	NM	NM	NM	NM
PM	O	O	NM	NB	NB	NB	NB
PB	O	O	NM	NB	NB	NB	NB

下面说明建立模糊控制规则表的基本思想。首先考虑误差为负的情况,当误差为负大时,若当误差变化为负,这时误差有增大的趋势,为尽快消除已有的负大误差并抑制误差变大,所以控制量的变化取正大。

当误差为负而误差变化为正时,系统本身已有减小误差的趋势,所以为尽快消除误差且又不超调,应取较小的控制量。由表 2.7 看出,当误差为负大且误差变化为正小时,控制量的变化取为正中。若误差变化正大或正中时,控制量不宜增加,否则造成回调会产生正误差,因此这时误差量变化取为 0 等级。

当误差为负中时,控制量的变化应该使误差尽快消除,基于这种原则,控制量的变化选取同误差为负大时相同。

当误差为负小时,系统接近稳态,若误差变化为负时,选取控制量变化为正中,以抑制误差往负方向变化;若误差变化为正时,系统本身有趋势消除负小的误差,选取控制量变化为正小即可。

误差为正时与误差为负时相类同,相应的符号都要变化,不再赘述。表 2.7 给出的控制规则是一类根据误差及误差变化消除误差的二维模糊控制规则。阶跃响应曲线上语言变量误差 e 及误差变化 $\dot{e}$ 的大中小模糊划分情况如图 2.17 所示。

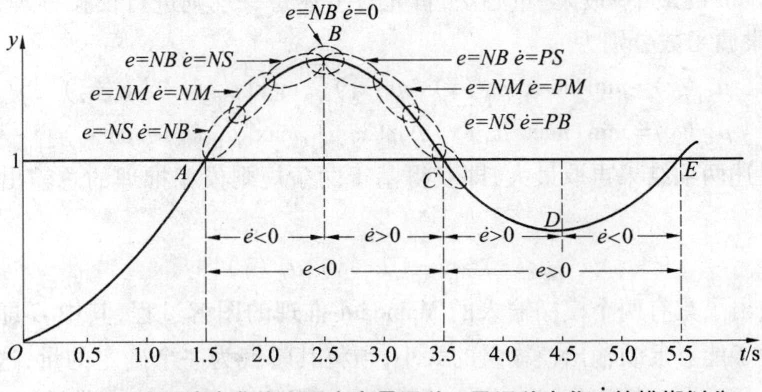

图 2.17　阶跃响应曲线上语言变量误差 e 及误差变化 $\dot{e}$ 的模糊划分

上述选取控制量变化的原则是:当误差大或较大时,选择控制量以尽快消除误差为主;而当误差较小时,选择控制量要注意防止超调,以系统的稳定性为主要出发点。

不难看出,模糊控制规则可概括为三类规则:一是对大误差的快速响应规则;二是防止超调的阻尼规则;三是维持误差在零附近变化的稳态规则。

由表 2.7 所描述的控制规则,正是一类根据系统输出的误差及误差的变化趋势来消除误差的模糊控制规则。其中典型的控制规则可以用下述模糊条件语句来描述。

(1) IF $E = NB$ or NM and $EC = NB$ or NM THEN $u = PB$.

(2) IF $E = NO$ or PO and $EC = O$ THEN $u = O$.

(3) IF $E=PB$ or PM and $EC=NB$ or NM THEN $u=O$.

表2.7给出的模糊控制规则适用于众多被控对象,例如:卫星的姿态与作用力的关系;飞机或舰船航向与偏航角的关系;工业锅炉中的压力与加热的关系等等。因此,在模糊控制规则中,误差E、误差变化EC及控制量u对于不同的被控对象有着不同的物理意义。因此,上述模糊控制规则对于根据误差和误差变化作为输入变量进行反馈控制的系统具有普适性。

2.4.3 Mamdani 模糊推理方法

因为模糊蕴含"若$\underset{\sim}{A}$则$\underset{\sim}{B}$"表示的模糊关系$\underset{\sim}{R}=\underset{\sim}{A}\to\underset{\sim}{B}$的运算有多种方法,推理复合规则也有多种形式。因此,模糊推理方法有多种。但常用的具有代表性的是英国 Mamdani 博士提出的最小-最大-重心法,又被誉为 Mamdani 推理法。

设有两条模糊控制规则分别为

规则1: IF x_1 is $\underset{\sim}{A}_1$ and x_2 is $\underset{\sim}{B}_1$ THEN y is $\underset{\sim}{C}_1$. (2.32)

规则2: IF x_1 is $\underset{\sim}{A}_2$ and x_2 is $\underset{\sim}{B}_2$ THEN y is $\underset{\sim}{C}_2$. (2.33)

按照 Mamdani 的最小-最大-重心法,首先对上述每一规则进行模糊推理,可得其相应的输出模糊集的隶属函数分别为

$$\mu_{\underset{\sim}{C}_1}(y)=\min\{\max[\mu_{\underset{\sim}{A}_1}(x)\wedge\mu(x_1)],\max[\mu_{\underset{\sim}{B}_1}(x)\wedge\mu(x_2)]\} \tag{2.34}$$

$$\mu_{\underset{\sim}{C}_2}(y)=\min\{\max[\mu_{\underset{\sim}{A}_2}(x)\wedge\mu(x_1)],\max[\mu_{\underset{\sim}{B}_2}(x)\wedge\mu(x_2)]\} \tag{2.35}$$

然后,将上述两项结果再取最大,即获得基于两条规则模糊推理的总输出模糊集$\underset{\sim}{C}$的隶属函数为

$$\mu_{\underset{\sim}{C}}(y)=\max\{\mu_{\underset{\sim}{C}_1}(y),\mu_{\underset{\sim}{C}_2}(y)\} \tag{2.36}$$

图2.18给出了具有两个模糊输入的 Mamdani 推理的图解过程,其中$\underset{\sim}{C}$即为推理要求的输出模糊集,为了能够反映输出模糊量的大小,须将其转换为一个确定的量,这一过程称为将模糊量清晰化,通常取该模糊集$\underset{\sim}{C}$与横坐标轴所围面积的重心,其大小的计算式为

$$y^*=\frac{\sum\limits_{i=1}^{n}\mu_{\underset{\sim}{C}_i}(y_i)\cdot y_i}{\sum\limits_{i=1}^{n}\mu_{\underset{\sim}{C}_i}(y_i)} \tag{2.37}$$

由式(2.37)不难看出,这是一种加权平均算法,其加权系数为$\mu_{\underset{\sim}{C}_i}(y_i)$。此外,还有一种简单的清晰化方法,就是选取该输出模糊集中隶属度最大元素作为输出量,若出现隶属度最大的元素多于一个时,取它们的平均值作为输出量。这种方法称为选取最大隶属度法。

作为模糊推理虽然有多种方法,但有不少的推理方法都是以 Mamdani 推理方法为基础改进的。例如有代数积-加法-重心法,模糊加权型推理法,函数及加权函数推理法等。模糊蕴

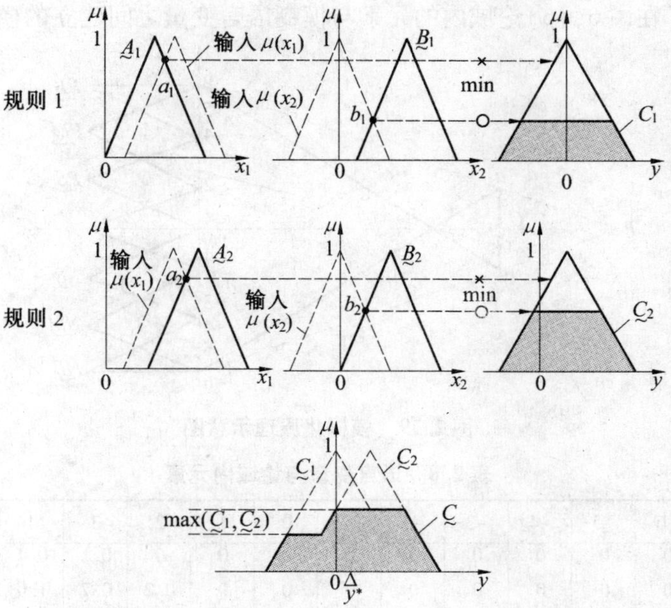

图 2.18　Mamdani 推理的最小-最大-重心法图解

含运算有多种形式,而最大-最小复合运算是较为常用的方法。

2.4.4　精确量的模糊化及量化因子

为了实现模糊控制,将采样所得到的误差 e 和误差变化 ec 的精确量转换成离散量的过程称为模糊量化,简称模糊化(fuzzification)。

1. 模糊化常用的方法

(1)精确量到语言变量的映射

将输入变量 e 及 ec 所在论域的每一精确量映射到模糊(变量)论域中的数值,再对该数值进行四舍五入的量化处理,就可以得到一个精确量对应的离散量。该离散量就可以与语言变量建立隶属关系。

例如,把$[a,b]$区间的精确量 x,转换成$[-n,+n]$区间的离散量 y,其模糊化过程如图 2.19 所示。无论是$[a,b]$区间是否对称,都可以根据三角形相似关系,易推出

$$y:[x-0.5(a+b)]=2n:(b-a)$$

故

$$Y=\mathrm{INT}\{2n[x-0.5(a+b)]/(b-a)\}$$

其中 INT 表示四舍五入取整,也记为< >,如 $Y=\mathrm{INT}(2.65)=<2.65>=3$。

表2.8给出了在[-6,+6]论域内的元素与模糊语言变量之间建立的模糊关系。

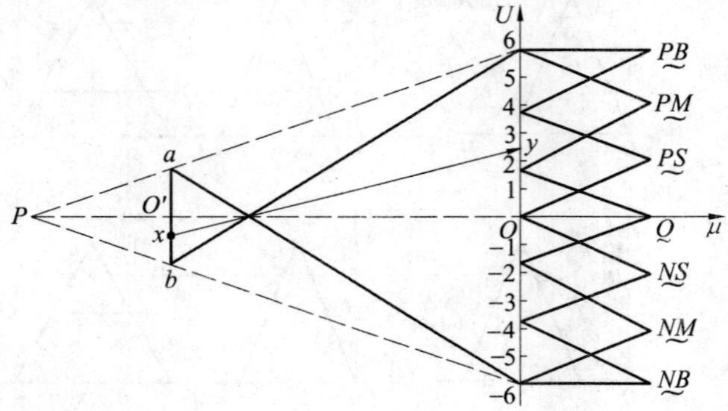

图2.19 模糊化原理示意图

表2.8 语言变量与论域内元素

	-6	-5	-4	-3	-2	-1	0	1	2	3	4	5	6
PB	0	0	0	0	0	0	0	0	0	0.1	0.4	0.8	1.0
PM	0	0	0	0	0	0	0	0	0.2	0.7	1.0	0.7	0.2
PS	0	0	0	0	0	0	0	0.9	1.0	0.7	0.2	0	0
O	0	0	0	0	0	0.5	1	0.5	0	0	0	0	0
NS	0	0	0.2	0.7	1.0	0.9	0	0	0	0	0	0	0
NM	0.2	0.7	1.0	0.7	0.2	0	0	0	0	0	0	0	0
NB	1.0	0.8	0.4	0.1	0	0	0	0	0	0	0	0	0

(2)精确量映射为一个单点模糊集

将$[a,b]$区间的精确量x模糊化成论域$[-n,+n]$上的一个模糊子集,它在点x处隶属度为1,而在其余各点的隶属度均为0。

2. 量化因子

为了能够反映从精确量所在论域到模糊量所在论域的变换幅度比值大小,定义误差和误差变化的量化因子分别为

$$K_e=n/x_e \tag{2.38}$$

$$K_{ec}=m/x_{ec} \tag{2.39}$$

其中x_e、x_{ec}与n、m分别是误差及误差变化的精确论域与模糊论域的区间大小的比值。

量化因子又称量化增益,它是衡量输入模糊变量控制作用大小的一种尺度。

2.4.5 模糊量的清晰化及比例因子

模糊控制器经模糊推理得到的是一个模糊控制量,它还不能直接用作控制量,需要将它转

换成精确量,这一过程称为清晰化,也称去模糊、解模糊。

清晰化过程与模糊化过程相反,它是将离散量映射到由执行机构所确定的精确量值范围,这一过程不需要量化,只是比例变换,相当于放大或缩小,因此称为控制量的比例因子,用 K_u 表示。设控制量的模糊论域为 $[-l,l]$,执行机构精确量论域为 $[-y_u,y_u]$,则比例因子

$$K_u=y_u/l \tag{2.40}$$

2.5 查表式模糊控制器的设计

2.5.1 二维模糊控制器的推理方法

二维模糊控制器的控制规则可写成下列条件语句形式,其中 A_i、B_j、C_{ij} 是定义在误差、误差变化和控制量论域 X、Y、Z 上的模糊集。

$$R=\bigcup_{i,j}A_i\times B_j\times C_{ij} \tag{2.41}$$

R 的隶属函数为

$$\mu_R(x,y,z)=\bigvee_{i=1;j=1}^{i=n;j=m}\mu_{A_i}(x)\wedge\mu_{B_j}(y)\wedge\mu_{C_{ij}}(z) \tag{2.42}$$

式中 $x\in X,\ y\in Y,\ z\in Z$。

当误差、误差变化分别取模糊集 A、B 时,输出的控制量的变化 U 根据模糊推理合成规则可得为

$$U=(A\times B)\circ R \tag{2.43}$$

U 的隶属函数为

$$\mu_U(z)=\bigvee_{\substack{x\in X\\ y\in Y}}\mu_R(x,y,z)\wedge\mu_A(x)\wedge\mu_B(y) \tag{2.44}$$

设论域 $\boldsymbol{X}=(x_1,x_2,\cdots,x_n)$,$\boldsymbol{Y}=(y_1,y_2,\cdots,y_m)$,$\boldsymbol{Z}=(z_1,z_2,\cdots,z_l)$,则 $\boldsymbol{X}$、$\boldsymbol{Y}$、$\boldsymbol{Z}$ 上的模糊集分别为一个 n、m 和 l 元的模糊向量,而描述控制规则的模糊关系 $\boldsymbol{R}$ 为一个 $n\times m$ 行 l 列的矩阵。

根据采用得到的误差 x_i、误差变化 y_j,可以计算出相应的控制量变化 u_{ij},对所有 $\boldsymbol{X}$、$\boldsymbol{Y}$ 中元素的所有组合全部计算出相应的控制量变化值,可写成矩阵

$$(u_{ij})_{n\times m} \tag{2.45}$$

2.5.2 查表式模糊控制器设计举例

1. 输入输出模糊变量的设计

设输入变量误差 E,误差变化 EC 及输出控制量 u 的模糊集及其论域分别定义如下:

EC 和 u 的模糊集均为{NB,NM,NS,O,PS,PM,PB}

E 的模糊集为{NB,NM,NS,NO,PO,PS,PM,PB}

E 和 EC 的论域均为{-6,-5,-4,-3,-2,-1,0,1,2,3,4,5,6}

u 的论域为{-7,-6,-5,-4,-3,-2,-1,0,1,2,3,4,5,6,7}

上述的误差模糊集选取 8 个元素,区分了 NO 和 PO,主要是着眼于提高稳态精度。

2. 建立模糊控制规则

模糊控制规则采用表 2.7 设计的 21 条规则,这些规则间是或的关系。

R_1: IF $E=NB$ or NM and $EC=NB$ or NM THEN $u=PB$.

R_2: IF $E=NB$ or NM and $EC=NS$ or O THEN $u=PB$.

R_3: IF $E=NB$ or NM and $EC=PS$ THEN $u=PM$.

R_4: IF $E=NB$ or NM and $EC=PB$ or PM THEN $u=O$.

R_5: IF $E=NS$ and $EC=NB$ or NM THEN $u=PM$.

R_6: IF $E=NS$ and $EC=NS$ or O THEN $u=PM$.

R_7: IF $E=NS$ and $EC=PS$ THEN $u=O$.

R_8: IF $E=NS$ and $EC=PM$ or PB THEN $u=NS$.

R_9: IF $E=NO$ or PO and $EC=NB$ or NM THEN $u=PM$.

R_{10}: IF $E=NO$ or PO and $EC=NS$ THEN $u=PS$.

R_{11}: IF $E=NO$ or PO and $EC=O$ THEN $u=O$.

R_{12}: IF $E=PO$ or NO and $EC=PS$ THEN $u=NS$.

R_{13}: IF $E=PO$ or NO and $EC=PB$ or PM THEN $u=NM$.

R_{14}: IF $E=PS$ and $EC=NM$ or NB THEN $u=PS$.

R_{15}: IF $E=PS$ and $EC=NS$ THEN $u=O$.

R_{16}: IF $E=PS$ and $EC=PS$ or O THEN $u=NM$.

R_{17}: IF $E=PS$ and $EC=PB$ or PM THEN $u=NM$.

R_{18}: IF $E=PB$ or PM and $EC=NB$ or NM THEN $u=O$.

R_{19}: IF $E=PB$ or PM and $EC=NS$ THEN $u=NM$.

R_{20}: IF $E=PB$ or PM and $EC=PS$ or O THEN $u=NB$.

R_{21}: IF $E=PB$ or PM and $EC=PB$ or PM THEN $u=NB$.

3. 确定模糊变量的赋值表

模糊变量误差 E、误差变化 EC 及控制量 u 的模糊集合论域确定后,需对模糊语言变量确定隶属函数,即所谓对模糊变量赋值,就是确定论域内元素对模糊语言变量的隶属度。

模糊变量 E、EC 及 u 的赋值分别如表 2.9,2.10 及 2.11 所示,它们是根据不同对象的实际情况具体确定的。

表 2.9　模糊变量 E 的赋值表

μ (E / e)	−6	−5	−4	−3	−2	−1	−0	+0	+1	+2	+3	+4	+5	+6
PB	0	0	0	0	0	0	0	0	0	0	0.1	0.4	0.8	1.0
PM	0	0	0	0	0	0	0	0	0	0.2	0.7	1.0	0.7	0.2
PS	0	0	0	0	0	0	0	0.3	0.8	1.0	0.5	0.1	0	0
PO	0	0	0	0	0	0	0	1.0	0.6	0.1	0	0	0	0
NO	0	0	0	0	0.1	0.6	1.0	0	0	0	0	0	0	0
NS	0	0	0.1	0.5	1.0	0.8	0.3	0	0	0	0	0	0	0
NM	0.2	0.7	1.0	0.7	0.2	0	0	0	0	0	0	0	0	0
NB	1.0	0.8	0.4	0.1	0	0	0	0	0	0	0	0	0	0

表 2.10　模糊变量 EC 的赋值表

μ (EC / ec)	−6	−5	−4	−3	−2	−1	0	+1	+2	+3	+4	+5	+6
PB	0	0	0	0	0	0	0	0	0	0.1	0.4	0.8	1.0
PM	0	0	0	0	0	0	0	0	0.2	0.7	1.0	0.7	0.2
PS	0	0	0	0	0	0	0	0.9	1.0	0.7	0.2	0	0
O	0	0	0	0	0	0	1.0	0.5	0	0	0	0	0
NS	0	0	0.2	0.7	1.0	0.5	0	0	0	0	0	0	0
NM	0.2	0.7	1.0	0.7	0.2	0.9	0	0	0	0	0	0	0
NB	1.0	0.8	0.4	0.1	0	0	0	0	0	0	0	0	0

表 2.11　模糊变量 u 的赋值表

μ (u / U)	−7	−6	−5	−4	−3	−2	−1	0	+1	+2	+3	+4	+5	+6	+7
PB	0	0	0	0	0	0	0	0	0	0	0	0.1	0.4	0.8	1.0
PM	0	0	0	0	0	0	0	0	0	0.2	0.7	1.0	0.7	0.2	0
PS	0	0	0	0	0	0	0	0.4	1.0	0.8	0.4	0.1	0	0	0
O	0	0	0	0	0	0	0.5	1.0	0.5	0	0	0	0	0	0
NS	0	0	0	0.1	0.4	0.8	1.0	0.4	0	0	0	0	0	0	0
NM	0	0.2	0.7	1.0	0.7	0.2	0	0	0	0	0	0	0	0	0
NB	1.0	0.8	0.4	0.1	0	0	0	0	0	0	0	0	0	0	0

4. 建立模糊控制表

上述描写模糊控制的 21 条模糊条件语句之间是或的关系，由第 1 条语句所确定的控制规则可以计算出 u_1。

由第 1 条语句所确定的模糊关系可写为

$$R=[(NB_E+NM_E)\times PB_u]\cdot[(NB_{EC}+NM_{EC})\times PB_u] \tag{2.46}$$

如果令此刻采样所得到的实际误差为 e 且误差的变化为 ec,可以算出控制量为

$$u_1=e\circ[(NB_E+NM_E)\times PB_u]\cdot ec\circ[(NB_{EC}+NM_{EC})\times PB_u] \tag{2.47}$$

将 e 及 ec 的隶属函数值对应于所量化的等级上取 1,其余均取为零值,这样可使上式简化为

$$u_1=\underset{x}{\text{mix}}\{\max[\mu_{NB_E}(i);\mu_{NM_E}(i)];\max[\mu_{NB_{EC}}(j);\mu_{NM_{EC}}(j)];\mu_{PB_u}(x)\} \tag{2.48}$$

式中,$\mu_{NB_E}(i)$、$\mu_{NM_E}(i)$是模糊集合 NB_E 和 NM_E 第 i 个元素(即令测量得到的误差为第 i 等级)的隶属度,而 $\mu_{NB_{EC}}(j)$、$\mu_{NM_{EC}}(j)$是模糊集合 NB_{EC} 和 NM_{EC} 第 j 个元素(令测量得到的误差变化为第 j 等级)的隶属度。

同理,可以由其余各条语句分别求出控制量 $u_2,\cdots,u_{21}$,则控制量的模糊集合 u 表示为

$$u=u_1+u_2+\cdots+u_{21} \tag{2.49}$$

由式(2.49)计算出的模糊控制量可以选用一种清晰化方法,如采用最大隶属度方法,将控制量由模糊量变为精确量。

利用计算机可根据不同的 i 和 j 预先计算好控制量 u,制成如表 2.12 所示的控制表,作为“文件”存储在计算机中。当进行实时控制时,便于根据输入的信息,从“文件”中查询所需采取的控制策略。因此,该控制表又称为查询表。

表 2.12 模糊控制表

E \ u \ EC	−6	−5	−4	−3	−2	−1	0	+1	+2	+3	+4	+5	+6
−6	7	6	7	6	7	7	7	4	4	2	0	0	0
−5	6	6	6	6	6	6	6	4	4	2	0	0	0
−4	7	6	7	6	7	7	7	4	4	2	0	0	0
−3	7	6	6	6	6	6	6	3	2	0	−1	−1	−1
−2	4	4	4	5	4	4	4	1	0	0	−1	−1	−1
−1	4	4	4	5	4	4	1	0	0	0	−3	−2	−1
−0	4	4	4	5	1	1	0	−1	−1	−1	−4	−4	−4
+0	4	4	4	5	1	1	0	−1	−1	−1	−4	−4	−4
+1	2	2	2	2	0	0	−1	−4	−4	−3	−4	−4	−4
+2	1	2	1	2	0	−3	−4	−4	−4	−3	−4	−4	−4
+3	0	0	0	0	−3	−3	−6	−6	−6	−6	−6	−6	−6
+4	0	0	0	−2	−4	−4	−7	−7	−7	−6	−7	−6	−7
+5	0	0	0	−2	−4	−4	−6	−6	−6	−6	−6	−6	−6
+6	0	0	0	−2	−4	−4	−7	−7	−7	−6	−7	−6	−7

3. 查表模糊控制的流程

查表式模糊控制器将模糊控制规则最终转化为一个查询表,又称控制表,存储在计算机中供在线控制时使用。这种形式的模糊控制器具有结构简单、使用方便、实时性好等特点,缺点是控制规则不便调整。

模糊控制器的控制算法是由计算机的程序实现的。这种程序一般有两种形式：一个是计算机离线计算查询表的程序，属于模糊矩阵运算；另一个是计算机在模糊控制过程中在线计算输入变量（误差、误差变化），并将它们模糊化处理后，再根据模糊量化后的误差值及误差变化值，直接查找查询表以获得控制量的变化值 u_{ij}，将 u_{ij} 乘以比例因子 K_u 即可作为输出去控制被控对象。

查询表形式的模糊控制算法流程图如图 2.20 所示。

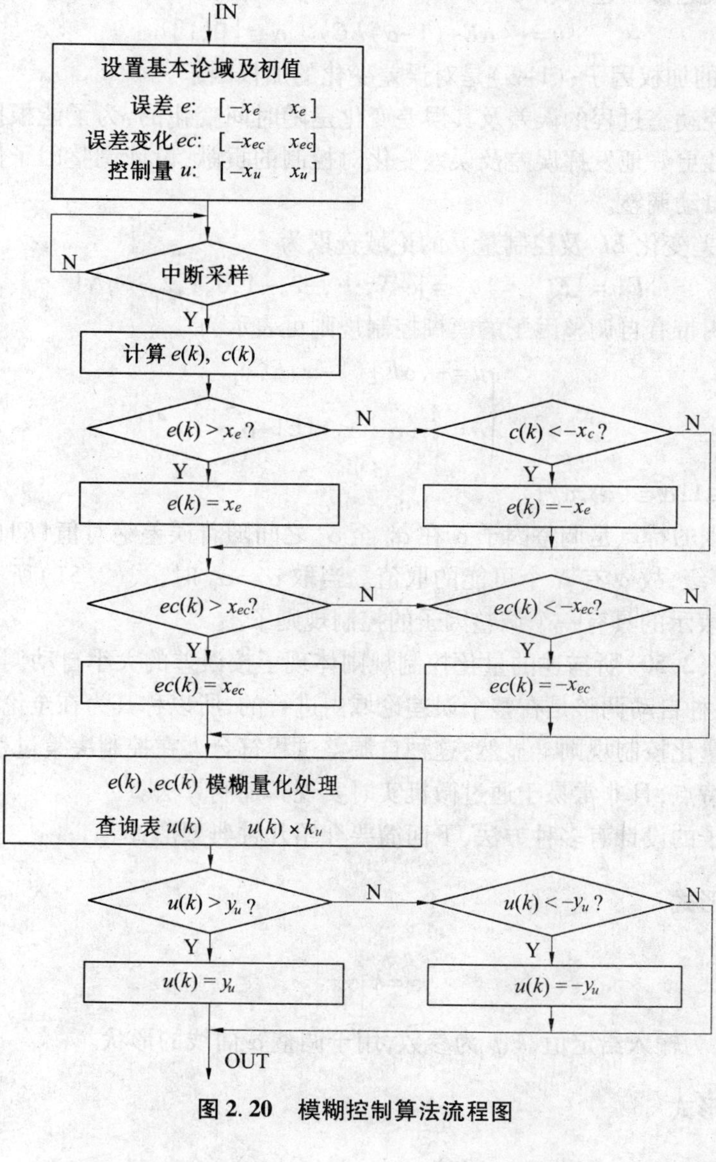

图 2.20　模糊控制算法流程图

2.6 解析式模糊控制器及其规则自调整

查表式模糊控制是离线获得控制表,控制过程中在线查表可实现实时控制,比在线推理的模糊控制要快,但事先设计好的模糊控制规则难以在线调整。所谓解析式模糊控制就是将控制表用一个解析式近似描述,其形式为

$$u=-\langle \alpha E+(1-\alpha)EC\rangle \quad \alpha\in[0,1] \tag{2.50}$$

其中,α 是对误差的加权因子;$(1-\alpha)$ 是对误差变化的加权因子。

因为一个被控动态过程的误差及其误差变化是随时间变化的,为了能根据不同的误差及误差变化动态特性更好地发挥误差及误差变化对控制的贡献,设计调整因子使之按误差的量化等级的大小来自动调整。

设误差 E、误差变化 EC 及控制量 u 的论域选取为

$$\{E\}=\{EC\}=\{u\}=\{-N,\cdots,-2,-1,0,1,2,\cdots,N\}$$

则在全论域范围内带有自调整因子的模糊控制规则可表示为

$$\begin{cases} u=-\langle \alpha E+(1-\alpha)EC\rangle \\ \alpha=\dfrac{1}{N}(\alpha_s-\alpha_0)|E|+\alpha_0 \end{cases} \tag{2.51}$$

式中,$0\leqslant\alpha_0\leqslant\alpha_s\leqslant1$;$\alpha\in[\alpha_s,\alpha_0]$。

上述控制规则的特点是调整因子 α 在 α_0 至 α_s 之间随着误差绝对值 $|E|$ 的大小呈线性变化,因 N 为量化等级,故 α 有 N 个可能的取值。当取 $\alpha_s=\alpha_0$ 时,式(2.51)所表示的控制规则就变为式(2.51)表示的具有一个调整因子的控制规则了。

不难看出,式(2.50)所描述的量化控制规则体现了按误差的大小自动调整误差对控制作用的权重,因为这种自动调整是在整个误差论域内进行的,所以称其为在全论域范围内带有自调整因子的模糊量化控制规则。显然,这种自调整过程符合人在控制决策过程中的思维特点,已经具有优化的特点,且非常易于通过微机实时实现其控制算法。

有关调整因子的设计有多种方法,下面简要介绍几种典型形式。

1. 修正函数形式

$$\alpha=k\left|\frac{e}{R}\right|^{P} \tag{2.52}$$

其中,e 为误差;R 为输入给定值;k、p 为参数,用于调整 α 曲线的形状。

2. 调整函数形式

$$\alpha(t)=\alpha(t-1)+\eta h(t) \tag{2.53}$$

其中，η 为一正的常数，称为调整率；$h(t)$ 是根据误差和误差变化确定的一个模糊变量 H 的清晰化函数。

3. 智能权函数形式

设计对误差的加权函数形式为

$$\alpha=f(e,ec)=\frac{|E|}{|E|+|EC|} \tag{2.54}$$

2.7　T–S 型模糊控制器的设计

T–S 模糊模型通过模糊规则给出非线性系统的局部线性化模型，再将这些线性模型整合成凸模糊集隶属函数来近似描述整体非线性系统。T–S 模糊模型是一种描述复杂非线性系统动态模型的重要方法，已经证明 T–S 模糊模型能够以任意精度逼近一大类非线性系统。应用 T–S模糊模型有利于应用线性系统理论和方法设计模糊控制系统，并将非线性系统的稳定性分析转化为局部线性时变系统的稳定性分析。

2.7.1　T–S 模糊模型

模糊模型是指一组描述非线性动态系统输入输出关系的模糊条件语句——模糊规则，又称为语言模型。T–S 模糊模型的第 i 条规则的形式为

$$R^i:\text{IF } x_1 \text{ is } A_1^i, x_2 \text{ is } A_2^i, \cdots, x_m \text{ is } A_m^i,\ \text{THEN } u^i=f(x) \tag{2.55}$$

其中，x_j 是第 j 个输入变量；m 为输入变量的数量；A_j^i 是一个模糊子集，其隶属函数的参数称为前提参数；u^i 是第 i 条规则的输出；$f(x)$ 是线性多项式。

式(2.55)描述的 T–S 模型的输出，当 $u^i=f(x)$ 为常数时，称为零阶 T–S 模型；当 $u=p_0+p_1x_1+p_2x_2+\cdots+p_mx_m$ 时，称式为一阶 T–S 模型。这种模型的输出结果是一个精确量，不再需要清晰化处理，因此便于应用。

2.7.2　基于 T–S 模型的模糊推理

基于 T–S 模型的模糊推理是指根据已有的 n 条模糊规则，当给定某个输入激活了 $m(<n)$ 条模糊规则后推得系统总输出的过程。设 T–S 模糊系统用 n 条模糊规则描述，给定输入模糊向量$(x_1,x_2,\cdots,x_m)$，则系统的总输出 u 由各条规则输出 $u^i(i=1,2,\cdots,n)$的加权平均求得，即

$$u=\frac{\sum_{i=1}^{n} w^i u^i}{\sum_{i=1}^{n} w^i} \tag{2.56}$$

其中，u^i 是第 i 条规则的输出；w^i 是第 i 条规则的权重；w^i 通过取小运算求得

$$w=\prod A_j^i(x_j^0) \tag{2.57}$$

其中，Π 为模糊化算子，通常采用取小运算.

例 2.10 已知某非线性系统可用四条 T–S 模糊规则描述为

R^1: IF $x_1=\underset{\sim}{A}_1^1$ THEN $u^1=1.0x_1+0.5x_2+1.0$

R^2: IF $x_1=\underset{\sim}{A}_1^2$ and $x_2=\underset{\sim}{A}_2^2$ THEN $u^2=-0.1x_1+4.0x_2+1.2$

R^3: IF $x_1=\underset{\sim}{A}_1^3$ and $x_2=\underset{\sim}{A}_2^3$ THEN $u^3=0.9x_1+0.7x_2+9.0$

R^4: IF $x_1=\underset{\sim}{A}_1^4$ and $x_2=\underset{\sim}{A}_2^4$ THEN $u^4=0.2x_1+0.1x_2+0.2$

其中，隶属函数 $\underset{\sim}{A}_1^1$，，$\underset{\sim}{A}_1^2$，$\underset{\sim}{A}_2^2$，$\underset{\sim}{A}_1^3$，$\underset{\sim}{A}_2^3$，$\underset{\sim}{A}_1^4$，$\underset{\sim}{A}_2^4$ 如表 2.13 所示。

表 2.13 T–S 模糊规则及其推理过程

规则	前提 if x_1 x_2	结论 then y	真值
R^1	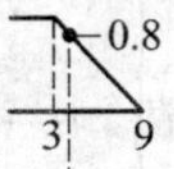	$y^1=1.0x_1+0.5x_2+1.0=5.5$	0.8
R^2	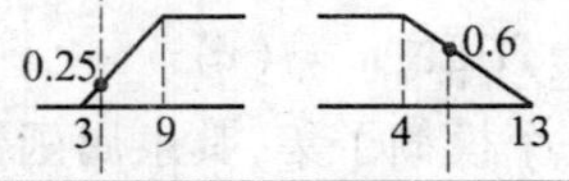	$y^2=-0.1x_1+4.0x_2+1.2=31.15$	$0.25\wedge0.6=0.25$
R^3	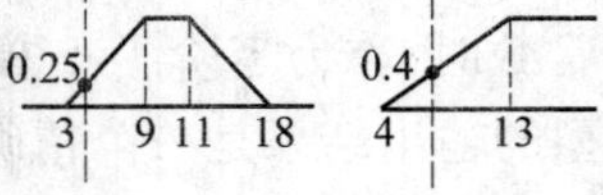	$y^3=0.9x_1+0.7x_2+9.0=18.37$	$0.25\wedge0.4=0.25$
R^4	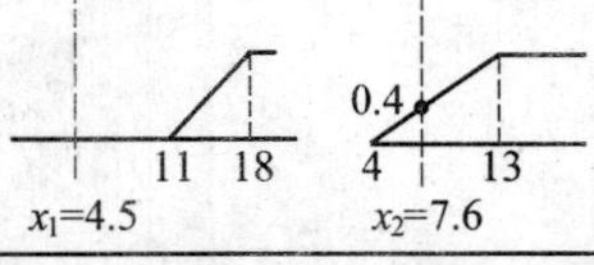	$y^4=0.2x_1+0.1x_2+0.2=1.86$	0.4

表 2.13 给出了 4 条规则 $R^1\sim R^4$ 及在 $x_1=4.5$、$x_2=7.6$ 情况下的模糊推理过程，并计算出每条规则的真值。由 4 条规则根据式(2.56)可计算出最终输出值

$$y=\frac{0.8\times5.5+0.25\times31.15+0.25\times18.37+0.4\times1.86}{0.8+0.25+0.25+0.4}=10.31$$

对于表 2.13 给出的模糊规则，把输入空间划分为四个模糊子空间，如图 2.21 所示，其中

规则 R^1 在前提中仅有一个变量 x_1，而对 x_2 未加限制。由图 2.21 中 4 条规则构成模糊控制器的输入输出关系如图 2.22 所示，虽然仅是 4 条规则，但是却能表示输入 x_1、x_2 和输出 y 之间非常复杂的非线性关系。这正体现了 Zadeh 所指出的用模糊条件语句来刻画变量间的简单关系，用模糊算法来刻画复杂关系。

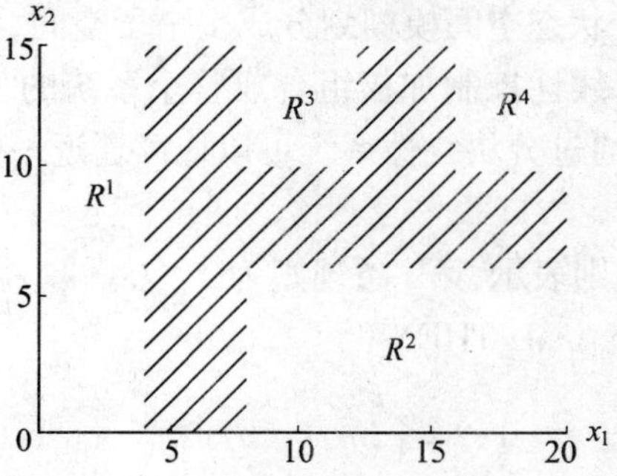

图 2.21　输入空间的模糊子空间

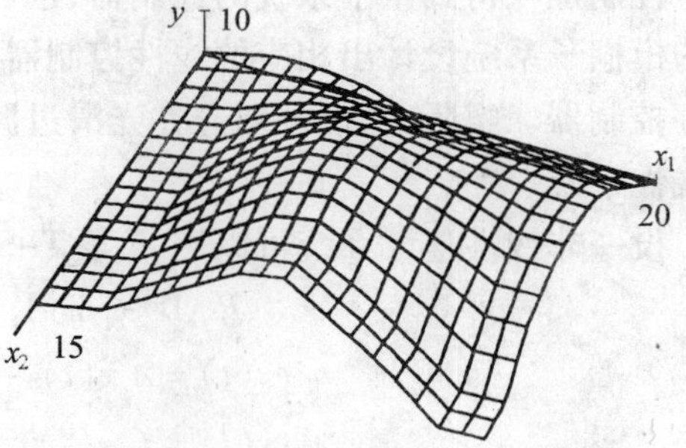

图 2.22　输入输出空间的非线性关系

2.7.3　T–S 型模糊控制器的设计

基于 T–S 型模糊模型设计模糊控制器的工作，实际上就是根据被控系统的大量输入–输出时间序列数据进行系统辨识，建立起该被控系统的 T–S 模糊模型的过程。

T–S 模糊模型不仅可以用于描述非线性被控对象的模型，也可以通过系统辨识出这样的模型设计控制器。此外，T–S 模型还可以用来表示整个闭环系统，进而分析系统的稳定性问题。

1. 二维 T–S 型模糊控制器设计

二维 T–S 型模糊控制器的第 i 条模糊规则形式为

$$R^i: \text{IF } E \text{ is } \underset{\sim}{A}^i \text{ and } EC \text{ is } \underset{\sim}{B}^i \text{ THEN } u^i = P_0^i + P_1^i E + P_2^i EC \tag{2.58}$$

其中，E 和 EC 分别表示前件的误差及误差变化的模糊变量；u 表示后件的输出模糊变量。

由于二维 T–S 型模糊控制器决定了它是双输入单输出的结构，因此，设计工作就是要根据大量输入–输出时间序列数据，通过计算机辨识前件参数 $\underset{\sim}{A}$ 和 $\underset{\sim}{B}$ 的隶属函数以及后件的参数 P_0、P_1 和 P_2。

模糊规则前件的模糊子集隶属函数通常选取三角形或梯形等标准形式，因此前件参数设计工作较为容易，而后件参数的辨识工作是设计的重点。这部分工作属于系统辨识的内容，在此不再深入讨论。

T–S 型模糊控制所获得的输出控制量本身已为精确量，不需要像 Mamdani 型模糊控制器再对输出量进行清晰化处理。

2. T–S 型模糊控制器设计的 PDC 方法

T–S 型模糊控制器的设计一般较多采用 PDC(parallel distributed compensation)的设计方法。其基本思想是对每一条 T–S 型模糊规则对应的线性子系统应用状态反馈控制律,再对每个子控制加权得到整个系统的控制器,也可以将整个状态空间模糊划分成多个子空间,先对局部的模糊子系统设计出相应的线性控制器,再将局部线性控制加权组合成整个系统的 T–S 型模糊控制器。实际上,模糊划分在光滑过渡情况下,通过分块线性系统可以连续逼近一个任意非线性系统。

设一非线性连续系统可以用 m 条 T–S 型模糊规则表示,第 i 条规则为

$$R^i\text{: IF } x_1 \text{ is } A_1^i \text{ and}, \cdots, x_n \text{ is } A_n^i \text{ THEN}$$

$$\begin{cases}\dot{x}(t) = A_i x(t) + B_i u(t) \\ y(t) = C_i x(t)\end{cases} \qquad i = 1,2,\cdots,m \tag{2.59}$$

通过单点模糊化、乘积推理、中心平均解模糊化可以得到全局系统的描述为

$$\begin{cases}\dot{x}(t) = Ax(t) + Bu(t) \\ y(t) = Cx(t)\end{cases} \tag{2.60}$$

其中
$$A = \sum_{i=1}^{m} \varepsilon_i(x(t))A_i,\ B = \sum_{i=1}^{m} \varepsilon_i(x(t))B_i,\ C = \sum_{i=1}^{m} \varepsilon_i(x(t))C_i,$$

$$\varepsilon_i(x(t)) = w^i(x(t)) / \sum_{i=1}^{m} w^i(x(t)), w^i(x(t)) = \prod_{j=1}^{n} \mu_{A_j^i}(x(t)) \tag{2.61}$$

$\mu_{A_j^i}(x(t))$ 表示模糊集 A_j^i 的隶属函数;$\varepsilon_i(x(t))$ 满足 $0 \leqslant \varepsilon_i(x(t)) \leqslant 1$ 且 $\sum_{i=1}^{m} \varepsilon_i(x(t)) = 1$。

对每一个子系统设计一个局部线性状态反馈控制器

$$R^i\text{: if } x \text{ is } M^i \text{ then } u = -K_i x \tag{2.62}$$

对由 m 个子系统加权组合成全局系统

$$K = \sum_{i=1}^{m} \varepsilon_i K_i \tag{2.63}$$

由式(2.59) ~ (2.63),可得到全局闭环系统模型

$$\dot{x}(t) = Ax(t) + Bu(t) = Ax(t) - BKx(t) = (A - BK)x(t) =$$
$$\sum_{i=1}^{m} \varepsilon_i(x(t))(A_i - B_i K_i)x(t) \tag{2.64}$$

可以证明,由式(2.64) 所描述的系统,若在平衡态 x_ε 邻域内线性化后得到的线性系统是渐进稳定的,则该系统一定是渐进稳定的。

还应指出,T–S 模糊模型在满足一定的条件下,这也可以做为非线性系统模型的通用逼近器,即它能以足够的精度逼近一个非线性系统的模型。

2.8　模糊系统辨识

由模糊规则描述的模糊系统包括两种形式:Mamdani 型模糊系统和 T-S 型模糊系统。因此,通过模糊系统辨识也有两种形式:基于模糊关系模型的系统辨识和基于 T-S 模型的模糊系统辨识。模糊系统辨识又称为模糊系统建模,即建立系统的模糊语言模型。

2.8.1　基于模糊关系模型的系统描述

1. 模糊关系模型的概念

一个模糊关系模型可以表示为

$$M(A,Y,U,F) \tag{2.65}$$

其中,A 表示模糊算法;Y 表示过程的有限离散输出空间;U 表示过程的有限离散输入空间;F 表示过程的有限离散输入输出空间中所定义的所有基本模糊子集的集合。

为了简单起见,只考虑单输入单输出系统。设系统的输入空间 U 和输出空间 Y 分别由 M 个点 $u_1,u_2,\cdots,u_M$ 和 N 个点 $y_1,y_2,\cdots,y_N$ 构成;$B_1,B_2,\cdots,B_m$ 和 $C_1,C_2,\cdots,C_n$ 分别是 U 和 Y 中的模糊集合。所谓的模糊模型是指描述系统特性的一组模糊条件语句,即

$$\text{IF } u(t-k)=A \text{ or } B \text{ and } y(t-l)=C \text{ or } D \text{ THEN } y(t)=E \tag{2.66}$$

$$\cdots\cdots \qquad \cdots\cdots$$

其中,A 和 B 为 U 中的模糊集合,C、D 和 E 为 Y 中的模糊集合。称式(2.66)中的每一条模糊条件语句为一条规则,而将一组描述系统动态特性的模糊条件语句称为模糊模型。

在式(2.66)中,如果取 $k=l=1$,则该式表达的意义是根据$(t-1)$时刻的输入、输出的量测值来预测 t 时刻输出的量测值。量测值一般又称为测量值、观测值。

式(2.66)中的每一条规则,可以根据模糊集合运算规则写成如下形式

$$E=u(t-k)\circ[(A+B)\times E]\cdot y(t-l)\circ[(C+D)\times E] \tag{2.67}$$

根据每一条规则以及已知的 $u(t-k)$ 和 $y(t-l)$,可计算出相应的一个 E。若系统的特性由 p_1 条规则描述,则模糊变量 $y(t)$ 的值可以写为

$$y(t)=E_1+E_2+\cdots+E_{p_1} \tag{2.68}$$

式(2.67)及(2.68)中的符号“。”、“+”、“×”、“·”分别表示模糊集合的“合成”、“并”、“直积”及“交”运算。

若式(2.67)中的系统输入和系统输出的量测值分别为 $u(t-k)=u_i$ 和 $y(t-l)=y_j$,则它们的隶属函数值为

$$
\begin{cases}
\mu_{u(t-k)}=(0,\cdots,0,1,0,\cdots,0) \\
\qquad\qquad\quad \cdots\ i\ \cdots \\
\mu_{y(t-l)}=(0,\cdots,0,1,0,\cdots,0) \\
\qquad\qquad\quad \cdots\ j\ \cdots
\end{cases}
\tag{2.69}
$$

利用式(2.69)可将式(2.67)加以简化,即

$$
E=\min\{\max[\mu_A(i),\mu_B(i)];\max[\mu_C(j),\mu_D(j)];\mu_E\}
\tag{2.70}
$$

式中,$\mu(i)$、$\mu(j)$分别表示第 i 和第 j 个元素的隶属函数的值。

由式(2.68)计算得到的 $y(t)$ 是一个模糊集合,从 $y(t)$ 中选择确切的预测值一般有两种方法:

(1)选择 $y(t)$ 的隶属函数曲线下所围面积的平分点,称为面积中心法(记为 COA);

(2)选择 $y(t)$ 的隶属函数最大值的平均值,称为最大值平分法(记为 MOM)。

2. 模糊关系模型的品质指标

衡量模糊模型的品质指标有两条:

(1)建立模糊模型规则条数的多少反映了模糊算法的复杂程度。因此,式(2.68)中的规则条数 p_1 作为衡量模糊模型复杂程度的一个品质指标。显然,规则条数越少,计算越简单;反之,条数越多,运算越复杂。

(2)衡量模糊模型精确性的指标,可选取量测值 $y(t)$ 与输出预测值 $\hat{y}$ 之差的均方值,即

$$
p_2=\frac{1}{L}\sum_{t=1}^{L}[y(t)-\hat{y}(t)]^2
\tag{2.71}
$$

式中,L 为总的量测次数。

上述两条品质指标之间存在一定的矛盾,如选取规则条数多,精确性好,但运算复杂。因此,选取规则条数的多少要根据实际问题适当选取。

2.8.2 基于模糊关系模型的系统辨识方法

通过系统辨识建立模糊关系模型包括如下三方面的工作:

第一,对系统输入输出量测值进行量化处理,建立输入和输出空间 U 和 Y,选择 U 和 Y 中的模糊集合 B_i 和 C_i,而 B_i 和 C_i 的隶属函数值主要由系统输入和输出量测值变化的特性确定。

若 $U=Y=R$(实数值),且 B_i 与 C_i 的隶属函数的形式均为

$$
\mu(x)=e^{-\left(\frac{x-a}{b}\right)^2}
\tag{2.72}
$$

则称 B_i 和 C_i 为正态型模糊集合,式中参数 a 和 b 可用统计方法求得。

量化等级与模型精度的要求有关,因此量化等级应根据对模型的精确性要求适当选取。

第二,确定模糊关系模型的结构$[u(t-k),y(t-l),y(t)]$,即确定 k 和 l。

为了确定模糊模型的结构,首先必须将输入和输出数据进行模糊化处理,构成输入和输出量测值的模糊集合。

设输入的量测值 $u(t-k)$ 满足

$$\mu_{B_i}(u)=\max[\mu_{B_1}(u),u_{B_2}(u),\cdots,\mu_{B_m}(u)] \tag{2.73}$$

则模糊变量 $u(t-k)$ 的值取为 B_i。

若输出量测值 $y(t-l)$ 或 $y(t)$ 满足

$$\mu_{C_i}(y)=\max[\mu_{C_1}(y),\mu_{C_2}(y),\cdots,\mu_{C_n}(y)] \tag{2.74}$$

则模糊变量 $y(t-l)$ 或 $y(t)$ 的值为 C_i。于是输入、输出量测值

$$u(1),y(1);u(2),y(2);\cdots;u(i),y(i)\cdots$$

均变成模糊集合,即

$$B_{i1};C_{i1};B_{i2};C_{i2};\cdots;B_{ii};B_{ii};\cdots$$

根据上述模糊集合通过相关实验来确定模型的结构。

第三,建立模糊关系模型。设模型的结构已确定为$[u(t-k),y(t-l),y(t)]$,把模糊变量 $u(t-k)$、$y(t-l)$ 和 $y(t)$ 的值均一一对应列成表 2.14 的形式。

表 2.14　模糊模型的结构形式

$u(t-k)$	$y(t-l)$	$y(t)$
B_{k1}	C_{l1}	C_{j1}
B_{k2}	C_{l2}	C_{j2}
$\vdots$	$\vdots$	$\vdots$
B_{ki}	C_{li}	C_{ji}
$\vdots$	$\vdots$	$\vdots$

表 2.14 中的每一行实际上对应着一条规则,即

$$\text{IF } u(t-k)=B_{k1} \text{ and } y(t-l)=C_{l1} \text{ THEN } y(t)=C_{j1}$$
$$\text{IF } u(t-k)=B_{k2} \text{ and } y(t-l)=C_{l2} \text{ THEN } y(t)=C_{j2}$$
$$\cdots\cdots \qquad \cdots\cdots$$
$$\text{IF } u(t-k)=B_{ki} \text{ and } y(t-l)=C_{li} \text{ THEN } y(t)=C_{ji} \tag{2.75}$$

因为式(2.75)描述的规则可能有一些是重复的或是相互矛盾的,所以一般要经过必要的简化处理。对重复的规则保留一条,删除重复的规则;对既不完全相同又不相矛盾的规则做适当的合并处理;对于相互矛盾的规则要根据不同情况分别采取相应的处理方法。例如,有 3 条相互矛盾的规则,如果规则①的出现次数比②和③出现的次数都多得多,则可以把规则②和③忽略不计,只选取①作为模型的一条规则;如果上述 3 条规则出现的次数基本相同,忽略其中任何一条都会影响模糊的精度,这时可将 3 条规则合并处理。

输入空间 U 和输出空间 Y 中的模糊集合的总数分别为 m 和 n,可以把全部输入输出量测值转换成 p_1 条规则,所以一般有 $p_1\leqslant m\times n$。经简化处理得到的 p_1 条规则即为系统的预测模糊

模型。

根据输入输出量测值，可以由 p_1 条规则按式(2.68)和(2.70)计算出预测值 $y(t)$。如果事先对输入空间 U 和输出空间 Y 的不同点 u_i 和 y_i 用计算机计算出由 $u(t-k)$ 和 $y(t-l)$ 的量测值来预测 $y(t)$ 的表格，则可以把预测值的计算过程转化为查表过程。

2.8.3 基于模糊关系模型的自适应模糊建模

通过对一个加热炉的 296 对典型的输入(煤气流量)和输出(二氧化碳浓度)数据，采用 2.8.1节介绍的方法建立模糊模型。输入输出空间 U 和 Y 的模糊集合分别为 B_i 和 C_i。根据所要求的模糊模型结构 $[u(t-4), y(t-1), y(t)]$，对所获得的规则进行化简处理，最后归结为 16 条控制规则，即

(1) IF $u(t-4)=B_7$ and $y(t-1)=C_1$ or C_2 THEN $y(t)=C_1$

(2) IF $u(t-4)=B_6$ and $y(t-1)=C_1$ THEN $y(t)=C_1$

(3) IF $u(t-4)=B_6$ and $y(t-1)=C_2$ or C_3 THEN $y(t)=C_2$

⋮ ⋮

(15) IF $u(t-4)=B_2$ and $y(t-1)=C_6$ THEN $y(t)=C_6$

(16) IF $u(t-4)=B_1$ and $y(t-1)=C_5$ or C_6 THEN $y(t)=C_6$

上述控制规则可以用表 2.15 表示。

表 2.15 $[u(t-4), y(t-1), y(t)]$的控制规则

$y(t-1)$ / $y(t)$ / $u(t-4)$	C_1	C_2	C_3	C_4	C_5	C_6
B_1					C_6	C_6
B_2			C_4	C_5	C_5	C_6
B_3		C_3	C_4	C_4	C_5	C_5
B_4		C_3	C_3	C_4	C_4	C_5
B_5		C_2	C_3	C_3	C_4	C_5
B_6	C_1	C_2	C_2	C_3		
B_7	C_1	C_1				

由上述建立模糊模型的过程不难看出，一个模型是根据某一段时间的输入输出信息来建立的，而实际系统由于各种因素所致，工作条件是不断变化的，因此用一个固定不变的表格来求预测值，就显得不够精确。于是可以用输出的量测值对表 2.15 进行不断的修正，再根据不断修正的预测表来求预测值，这样得到的模型称为自适应预测模型。

修正预测表的原理可用图 2.23 来说明。如果由预测表得到的预测值 $\hat{y}(t)$ 不等于输出量的量测值 $y(t)$，则根据二者之差

$$e(t)=y(t)-\hat{y}(t) \tag{2.76}$$

对预测表进行修正。例如,根据表 2.15 给出的控制规则,用式(2.68)和(2.70)计算并由 $u(t-4)$ 和 $y(t-1)$ 来预测 $y(t)$,可以得到如表 2.16 所示的预测表。通过已知 $u(t-4)$ 和 $y(t-1)$ 的量测值,可由表 2.16 查到预测值 $\hat{y}(t)$,利用 COA 方法,对 296 对数据进行检验,得到总的均方差为 $P_2=0.899$。

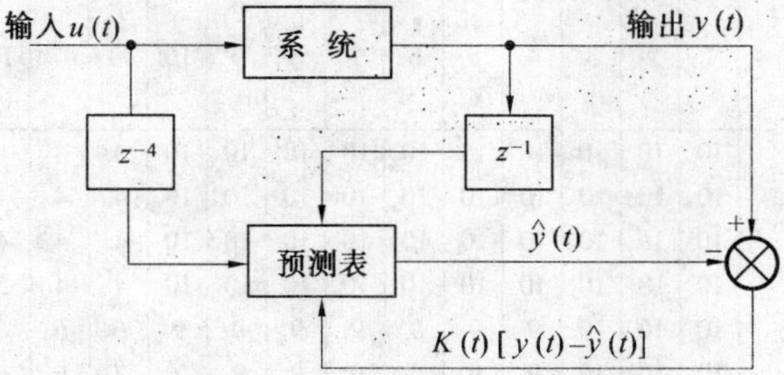

图 2.23 自适应修正预测表的原理图

采用对预测表进行修正的方法,利用 200 个输出量测值对表 2.16 进行修正,修正时 $K(t)$ 取 1,即当 $\hat{y}$ 不等于 $y(t)$ 时,用 $y(t)$ 取代 $\hat{y}(t)$。经修正后的预测表如表 2.17 所示。

表 2.16 根据表 2.15 的模糊模型计算的 $y(t)$ 预测表

$y(t-1)$ \ $\hat{y}(t)$ \ $u(t-4)$	1	2	3	4	5	6	7	8	9	10	11	12	13	14	15	16	17
1	10	10	10	10	10	10	10	10	10	10	4	4	4	4	4	4	4
2	10	10	10	10	10	10	10	10	10	10	4	4	4	4	4	4	4
3	10	10	10	10	10	10	10	10	10	10	4	4	4	4	4	4	4
4	10	10	10	10	10	10	10	10	10	10	4	4	4	4	4	4	4
5	10	10	10	9	9	9	9	9	9	9	6	6	6	6	5	4	4
6	10	10	10	9	9	9	9	9	9	9	8	8	8	7	5	4	4
7	10	10	11	10	9	9	9	9	9	9	8	8	8	7	5	4	4
8	10	10	11	10	10	10	10	9	9	9	8	8	8	7	5	4	4
9	10	10	12	11	11	11	11	10	10	9	9	8	8	7	7	4	4
10	16	16	13	13	12	12	11	10	10	10	9	9	9	9	8	10	10
11	16	16	15	13	12	12	12	11	10	10	10	10	10	9	9	10	10
12	16	16	15	13	12	12	12	11	10	10	10	10	10	10	9	10	10
13	16	16	15	13	12	12	12	11	11	11	11	11	11	11	10	10	10
14	16	16	14	14	14	14	13	11	11	11	11	11	11	11	10	10	10
15	16	16	16	16	15	15	13	12	12	12	12	12	12	12	10	10	10
16	16	16	16	16	15	14	13	12	12	12	12	12	12	12	10	10	10
17	16	16	16	16	15	14	13	12	12	12	12	12	12	12	10	10	10
18	16	16	16	15	14	14	14	12	12	12	12	12	12	12	10	10	10

利用修正后的表 2.17 进行预测,总的均方差为 $P_2=0.470$。从表 2.16 出发,用图 2.23 修正方法对表 2.16 进行反复修正,可进一步提高预测精度。表 2.18 给出了反复修正后的均方

差减小的结果。

用通常方法得到的精确数学模型的均方差 $P_2=0.481$，可见，自适应模糊预测模型的精度是令人满意的。

表 2.17 对表 2.16 修正后的预测表

$u(t-4)$ / $\hat{y}(t)$ / $y(t-1)$	1	2	3	4	5	6	7	8	9	10	11	12	13	14	15	16	17
1	10	10	10	10	10	10	10	10	10	10	4	4	4	4	4	4	4
2	10	10	10	10	10	10	10	10	10	10	4	4	4	4	3	2	4
3	10	10	10	10	10	10	10	10	10	10	4	4	4	3	4	4	4
4	10	10	10	10	10	10	10	10	10	10	4	4	5	5	4	2	4
5	10	10	10	9	9	9	9	9	9	9	6	6	5	5	5	4	4
6	10	10	10	9	9	9	9	9	9	7	7	6	6	5	5	4	4
7	10	10	11	10	9	9	8	9	8	8	9	7	7	6	5	4	4
8	10	10	11	10	10	10	9	9	9	8	8	7	7	7	5	4	4
9	10	10	12	11	11	10	10	10	10	9	9	8	8	7	7	4	4
10	16	16	13	13	11	12	11	10	10	9	10	9	9	9	8	10	10
11	16	16	15	13	12	13	11	10	10	10	12	10	9	9	9	10	10
12	16	16	15	13	13	12	12	11	12	11	10	11	10	10	9	10	10
13	16	16	15	14	13	14	13	12	12	12	11	11	11	11	10	10	10
14	16	16	15	15	14	15	13	13	11	14	14	11	11	12	10	10	10
15	16	16	16	15	15	15	15	12	15	12	14	12	12	12	10	10	10
16	16	17	17	16	16	14	13	12	12	12	12	12	12	12	10	10	10
17	16	17	17	16	15	14	13	12	12	12	12	12	12	12	10	10	10
18	16	16	16	15	14	14	14	12	12	12	12	12	12	12	10	10	10

表 2.18 对表 2.16 反复修正后的均方差值 P_2

方法	第一次修正	第二次修正	第三次修正
COA	0.681	0.440	0.440
MOM	0.932	0.440	0.440

2.8.4 基于 T–S 模型的模糊系统辨识

应用 T–S 模型对被控对象动态模型进行系统辨识过程分为结构辨识和参数辨识，而结构辨识指前提结构辨识，结论结构同前提结构相同，参数辨识也分别为前提参数辨识和结论参数辨识。辨识过程流程如图 2.24 所示。

1. T–S 模糊模型描述

1985 年，日本学者 Takagi 和 Sugeno 提出了一种动态系统的模糊模型辨识方法，这种模型简称为 T–S 模型。这种基于语言规则描述的模型第 i 条规则形式为

$$R^i:\text{IF } x_1 \text{ is } A_1^i, x_2 \text{ is } A_2^i, \cdots, x_m \text{ is } A_m^i,$$

$$\text{THEN } y^i = P_0^i + P_1^i x_1 + P_2^i x_2 + \cdots + P_m^i x_m \tag{2.77}$$

其中 x_j 是第 j 个输入变量，m 为输入变量的数量，A_j^i 是一个模糊子集，其隶属函数中的参数称为前提参数；y^i 是第 i 条规则的输出，P_j^i 为结论参数。模糊子集的隶属函数取作分段线性构成的凸模糊集。

如果给定输入模糊向量 $(x_1^0, x_2^0, \cdots, x_m^0)$，那么输出 $y^i(i=1,2,\cdots,n)$ 由各条规则输出的加权平均求得为

$$\hat{y} = \sum_{i=1}^{n} G^i y^i \Big/ \sum_{i=1}^{n} G^i \tag{2.78}$$

其中，n 为模糊规则的数量；y^i 由第 i 条规则的结论方程式计算，G^i 为第 i 条规则的真值，计算式为

$$G^i = \prod_{j=1}^{m} A_j^i(x_j^0) \tag{2.79}$$

其中，$\prod$ 为模糊化算子，通常采用取小运算。

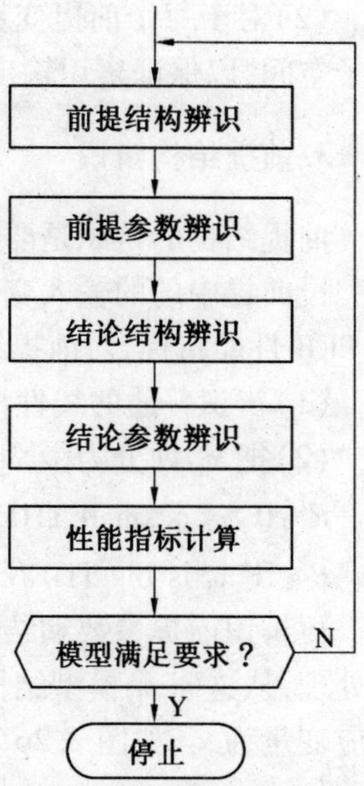

图 2.24　T-S 模型辨识过程流程图

2. 前提参数辨识

前提参数的辨识是指对给定的一组输入输出数据，求取使性能指标达到最小值的前提参数。对于模糊集合选用[小]、[中]、[大]三个子集，它们的隶属函数如图 2.25 所示，均由分段直线所构成，其中直线的转折点 $p_1, p_2, \cdots, p_8$ 均为前提参数。

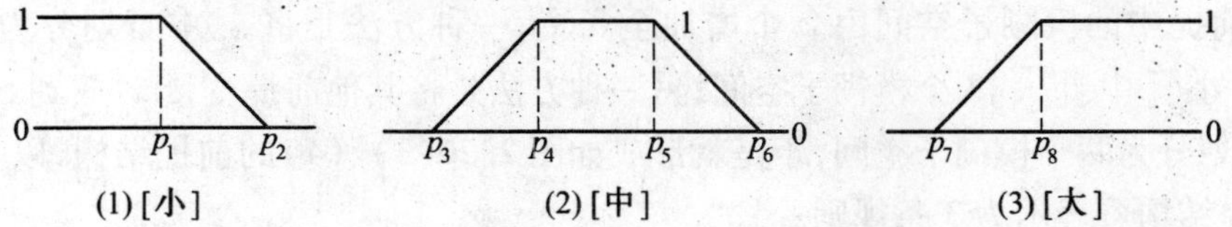

图 2.25　前提的模糊子集及前提参数

前提参数的辨识可采用解非线性规划问题的复合型方法寻求最优参数。性能指标选取误差平方的均方值，即

$$\text{PER} = \left[\frac{1}{N} \sum_{k=1}^{N} (y(k) - \hat{y}(k))^2 \right]^{\frac{1}{2}} \tag{2.80}$$

其中，$\hat{y}(k)$ 为由辨识模糊模型计算出的第 k 个采样时刻的输出值；N 为总的采样次数。在辨识过程中，要注意以下两点：

(1) 每个前提参数要满足相应前提变量的定义域要求；

(2)对于每个前提变量范围的划分,要满足在定义域上的任何前提变量都能有对应的模糊子空间,以保证辨识输出结果的确定性。

3. 前提结构辨识

前提结构的辨识是要确定前提中的具体输入变量数目,并对输入空间进行最优划分。

设前提中的的输入变量为 $x_1, x_2, \cdots, x_m$,每一条规则表示的仅是一种局部输入输出关系,用 PER 性能指标,对前提结构的辨识算法如下:

(1)辨识普通的线性模型,计算它的性能指标 PER(1)

(2)把 x_1 划分为[小]和[大]两个模糊子空间,前提结构表示成两条规则

R^1: IF x_1 is small THEN …

R^2: IF x_1 is big THEN …

再辨识前提参数和结论参数,计算出相应的 PER。然后,对 $x_2, x_3, \cdots, x_m$ 变量也做上述类似处理,从这 m 个模型结构中,确定出最小的 PER(2)及对应的结构 STR(2),并设 STR(2)的对应变量为 x_i,如图 2.26(1)所示。

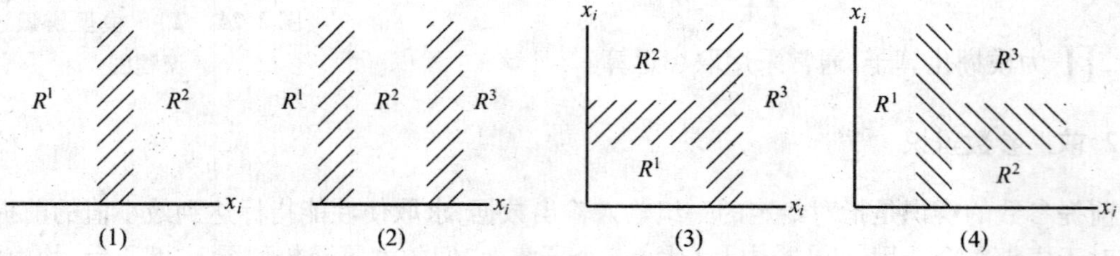

图 2.26 前提结构中的模糊空间划分

(3)将前提中的模糊子空间由 2 个增加至 3 个,一种方法是将 x_i 本身划分为如图 2.26(2)所示的[小][中][大]3 个模糊子空间;另一种方法是将其他前提变量 x_j 放到 STR(2)中,并将其范围划分为两个模糊子空间,于是就形成如图 2.26(3)、(4)的前提结构,以其中(3)为例,它的前提结构可表示为 3 条规则:

R^1: IF x_1 is small and x_2 is small THEN…

R^2: IF x_1 is small and x_2 is big THEN …

R^3: IF x_1 is big THEN …

根据所构成的每个前提结构,辨识有关参数,计算并选出最小的 PER 作为 PER(3)和 STR(3)。

(4)类似于第(3)步,将新的前提结构模糊规则数量由(i−1)个增加到 i 个(i>3),同样用两种方法构造新的前提结构,一是将 STR(i−1)的前提变量类似于图 2.26 (2)划分为两个模糊子空间;二是在其中的某个子空间与所有输入变量不关联的情况下,再增加一个新的变量,

并将该模糊子空间类似于图 2.26(3)、(4)划分为两个子空间。对于构成的每个前提结构,类似第(3)步,求得最小的 PER(i)和对应的 STR(i)。

(5)检验辨识结果是否满足如下某项指标:

①PER(i)小于预定值;

②规则数目达到预定数;

③$|[\mathrm{PER}(i)-\mathrm{PER}(i-1)]/\mathrm{PER}(i)|<\varepsilon$,$\varepsilon$ 是给定的小数。

如果满足要求,可得到最优性能指标为 PER(i),最佳结构为 STR(i),并获得相应的前提结构参数,辨识过程结束,否则返回(4)。

4. 结论参数的辨识

结论参数辨识目的是确定每条规则的结论方程式中的各项系数。在式(2.78)中,模型输出 $\hat{y}$ 可以写为

$$\hat{y}=P_0^1W^1+P_1^1W^1x_1+\cdots+P_m^1W^1x_m+P_0^2W^2+P_1^2W^2x_1+\cdots+P_m^2W^2x_m+\cdots+ P_0^nW^n+P_1^nW^nx_1+\cdots+P_m^nW^nx_m \tag{2.81}$$

其中,$W^i=G^i/\sum\limits_{i=1}^{n}G^i$,$G^i$ 由式(2.79)加以计算。

为方便起见,式(2.81)可写为

$$\hat{y}=\boldsymbol{H}\cdot\boldsymbol{\theta}^{\mathrm{T}} \tag{2.82}$$

其中

$$\boldsymbol{H}=(W^1,W^1x_1,\cdots,W^1x_m,W^2,W^2x_1,\cdots,W^2x_m,\cdots,W^n,W^nx_1,\cdots,W^nx_m) \tag{2.83}$$

$$\boldsymbol{\theta}^T=(P_0^1,P_1^1,\cdots,P_m^1,P_0^2,P_1^2,\cdots,P_m^2,\cdots,P_0^n,P_1^n,\cdots,P_m^n)^{\mathrm{T}} \tag{2.84}$$

称 $\boldsymbol{H}$ 为数据行向量,$\boldsymbol{\theta}$ 为待辨识的参数向量,上角标 T 表示转置。

当给定一组输入输出数据后,可以应用最小二乘法或其他辨识方法对参数 $\boldsymbol{\theta}$ 进行辨识,以确定最佳的结论参数。

5. 结论结构的辨识

结论结构的辨识目的是确定结论中的最佳输入变量,为此,将式(2.81)写成一般形式

$$\hat{y}=b_1x_1+b_2x_2+\cdots b_tx_t \tag{2.85}$$

其中,$p_0^1,\cdots,b_t=p_m^n$;$x_1=W^1$,$x_2=W^2$,$\cdots$,$x_t=W^n$,W^i 的意义同前。

假设在 $t_{k-L-1},\cdots,t_{k-1},t_k$ 离散时刻上测得 L 组输入输出数据($x_{k1},x_{k2},\cdots,x_{kt},y_k,k=1,2,\cdots,L$),应用多元线性逐步回归原理,对所有自变量分别进行 F 检验,就确定了结论的结构。

2.9 自适应模糊控制

2.9.1 自适应控制的基本概念

20世纪50~60年代,由于经典控制难以满足飞机、火箭及卫星高控制性能的要求,需要一种能自动地适应受控对象变化特性的高性能控制器——自适应控制器。

为了使被控制对象按预定规则运行,采用了负反馈控制。一个自然的想法是,当控制器的控制性能不满足要求时,也采用负反馈控制思想对控制器自身进行控制,以改善提高控制性能,这就是自适应控制的基本思想。因此,自适应控制器必须同时具备两个功能:

(1)根据被控过程的运行状态给出合适的控制量,即控制功能;

(2)根据给出的控制量的控制效果,对控制器的控制决策进一步改进,以获得更好的控制效果,即学习功能。

显然,自适应控制器是同时执行系统辨识和控制任务的。自适应模糊控制器的本质是通过对控制器性能的观察,作出控制决策,并用语言形式描述策略。自适应控制有两种类型:直接自适应控制与间接自适应控制。直接自适应控制原理如图2.27所示,它在基本反馈控制系统基础上增加一个自适应机构,它从原控制系统获取信号,在控制性能变化时能够自适应修改控制器参数使控制性能保持不变。间接自适应控制原理如图2.28所示,它通过在线辨识对象的参数,进而利用辨识后的参数通过参数校正器调整控制参数,以不断改善和提高控制性能。

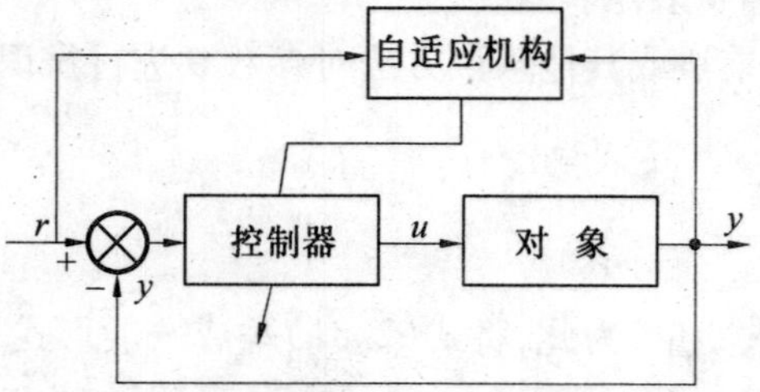

图2.27 直接自适应控制的结构

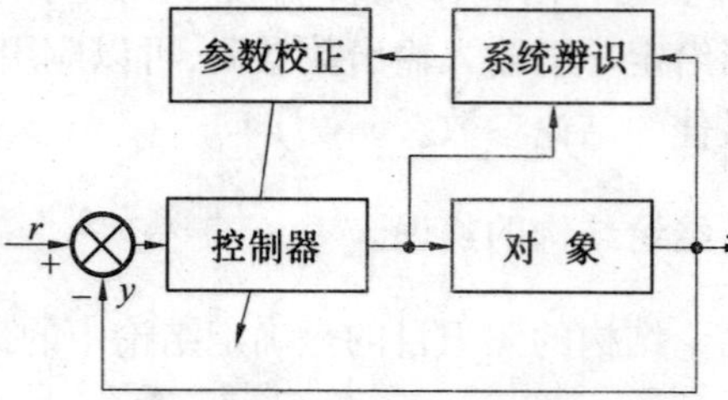

图2.28 间接自适应控制的结构

上述的直接自适应控制通常称为模型参考自适应控制(MRAC),而间接自适应控制又称为自校正控制(STC)。在模型参考自适应控制方面,法国格勒诺布尔理工学院朗道(I. D. Landau)教授作出了重要贡献。朗道认为,模型参考自适应系统起源于把人类行为的自适应反应以及因果律模型的概念移植到控制领域。在自校正控制方面,瑞典隆德工学院奥斯特隆姆(K. J. Åström)教授作出了重要贡献。模糊参考自适应控制的绝大多数工作都是针对确定性系统的,而自校正控制主要集中在随机系统方面。

2.9.2　自适应模糊控制的基本原理

1. 自适应模糊控制器的结构

自适应模糊控制器是在基本模糊控制器的基础上增加了一个自适应机构，如图 2. 29 所示，图中虚线框内的自适应机构包括三个功能块，它们分别是：

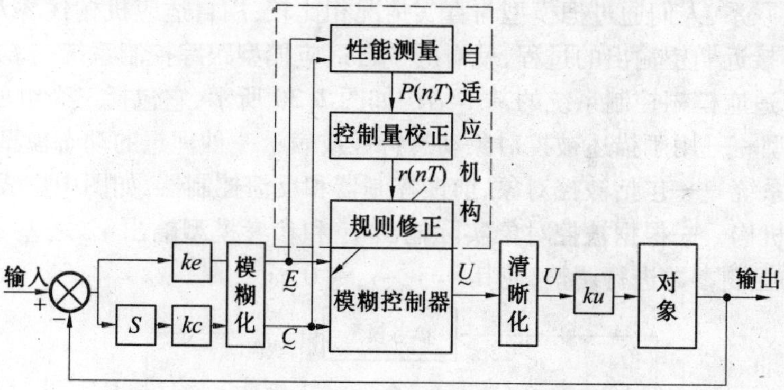

图 2. 29　自适应模糊控制器的结构

(1)性能测量——用于测量实际输出特性与期望特性的偏差，以便为控制规则的修正提供信息，即确定输出响应的校正量 P。

(2)控制量校正——将输出响应的校正量转换为对控制量的校正量 R。

(3)控制规则修正——对控制量的校正通过修改控制规则来实现。

2. 自适应模糊控制器的原理

自适应模糊控制器在控制被控对象的同时，还要了解被控对象的参数变化情况，因此，它实际上是将模糊系统辨识和模糊控制结合起来的一种控制方式。通过辨识才能更好地"了解"被控对象，以便使控制器能"跟上"对象和环境的变化。这样一来，控制器本身就具有一定的适应变化的能力，或者说自适应模糊控制器具有了更高的智能。

自适应模糊控制器所增加的三个功能块都是通过软件来实现各自的功能。自适应环节可以理解为在模糊控制器内部引进了一个"软反馈"，即由软件实现的对控制器自身性能的反馈，通过这个反馈不断地调整和改善控制器的控制性能，以使对被控过程的控制效果达到最佳的状态。

上述方法对于单输入单输出且对计算时间并不苛求的系统还是可行的。对于多输入多输出系统关系矩阵太大，计算机难以存储及运算。

2.9.3 模型参考自适应模糊控制

1. 模型参考自适应模糊控制原理

模型参考自适应系统的起源在于把人类行为的自适应以及因果律模型的概念移植到控制领域。因果律模型清楚地表现人自适应特性的推理过程的一般模式。因果律模型表征了原因与结果之间定性联系,人们通过把模型与真实情况相比较,用自适应机构代替人去修改参数或控制策略以获得接近期望输出的过程,就对应于自适应模型跟踪控制系统。

模型参考自适应模糊控制系统的基本结构如图 2.30 所示,它包括三个组成部分:

(1)参考模型——用于描述被控对象动态特性或表示一种理想的动态模型。

(2)被控子系统——包括被控对象、前馈控制器和反馈控制器,如图中虚线框部分。

(3)自适应机构——根据被控对象实际输出 y_p 和参考模型输出 y_m 之差 e 及其变化 $\dot{e}$ 来对前馈控制器的控制参数进行调整,使其 $e=y_m-y_p\to 0$。

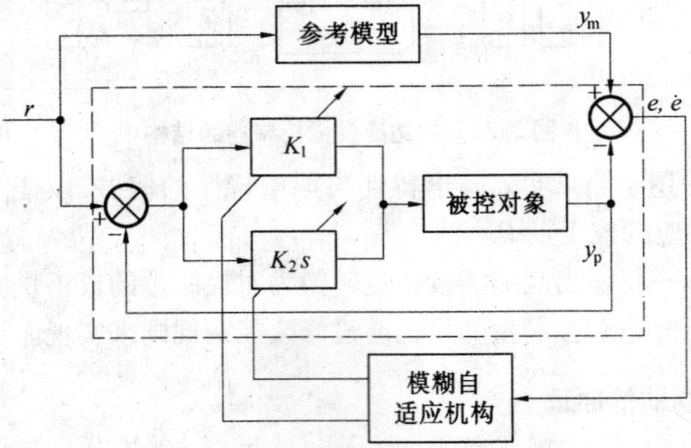

图 2.30 模型参考自适应模糊控制器的结构

2. 模糊自适应机构设计方法

模糊自适应机构的设计一般有如下两种形式:

(1)基于模糊关系模型设计模糊自身自适应机构

基于模糊关系模型的设计过程类似于模糊控制查询表的步骤,不再赘述。

(2)基于 T–S 模糊模型设计模糊自适应机构

模型参考模糊自适应系统的一般结构可表示为图 2.31 的形式,其中被控子系统是一个包含被控对象在内的闭环子系统。模糊自适应机构根据参考模型输出与被控子系统输出之差及其变化,产生一个模糊自适应信号,控制被控子系统的输出趋于参考模型的输出。

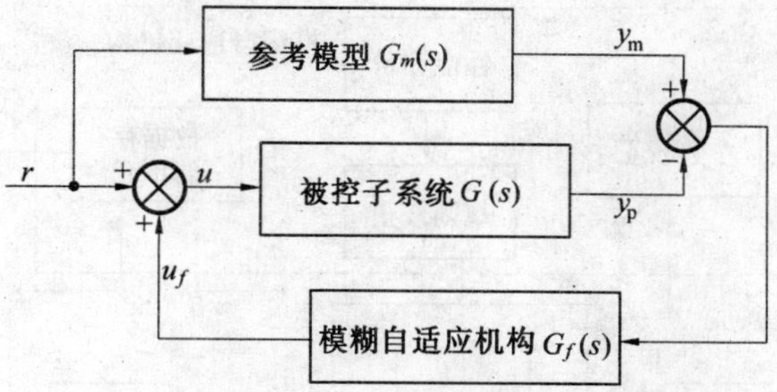

图 2.31　模型参考自适应模糊控制器的一般结构

2.9.4　自校正模糊控制

自校正控制器是一种间接自适应控制形式。如图 2.28 所示，自校正控制器是由参数估计、参数校正和控制器三个基本环节组成。这种控制形式是将对被控对象参数的在线辨识与对控制器参数的在线校正相结合。参数估计器是利用递推最小二乘在线估计被控对象的模型参数；参数校正环节是根据估计参数进行控制器参数计算；控制器根据校正后新的控制参数进行控制。自校正控制系统的运行过程，就是自校正控制器不断地进行采样、估计、校正和控制，直至系统达到并保持期望的控制性能指标。

一个三维自校正模糊控制系统的原理如图 2.32 所示，其中下边虚线框中的部分为一个三维模糊控制器。此外，还包括数据存储单元、性能评价、规则修正和参数校正 4 个环节。其中，数据存储单元用于存储评价控制系统性能的各种数据等。性能评价环节根据系统提供的信息对控制效果进行评价，其结果送入规则修正环节和参数校正环节，分别作为修改控制规则和校正参数的依据。总之，上述 4 个环节相当于图 2.28 所示自校正控制系统的外环，构成了对控制规则和控制参数的自校正回路。

(1) 三维模糊控制规则

三维模糊控制器的输入变量分别为 e、Δe 及 $\Delta^2 e$，它们的语言变量均选为 $\{N,O,P\}$ 且论域归一化为 $[-1,1]$。输出变量 Δu 的语言变量选为 $\{NB,NM,NS,O,PS,PM,PB\}$，其论域归一化为 $[-1,1]$。根据上述三维模糊控制器的结构及输入、输出语言变量，可建立 27 条模糊控制规则如下：

$$R_1\text{: IF } e=P \text{ and } \Delta e=P \text{ and } \Delta^2 e=P \text{ THEN } \Delta u=NB.$$

$$R_2\text{: IF } e=P \text{ and } \Delta e=P \text{ and } \Delta^2 e=O \text{ THEN } \Delta u=NB.$$

……

$$R_{27}\text{: IF } e=N \text{ and } \Delta e=N \text{ and } \Delta^2 e=N \text{ THEN } \Delta u=PB.$$

(2) 控制性能评价指标

通过系统典型的阶跃响应特性，定义模糊性能指标为

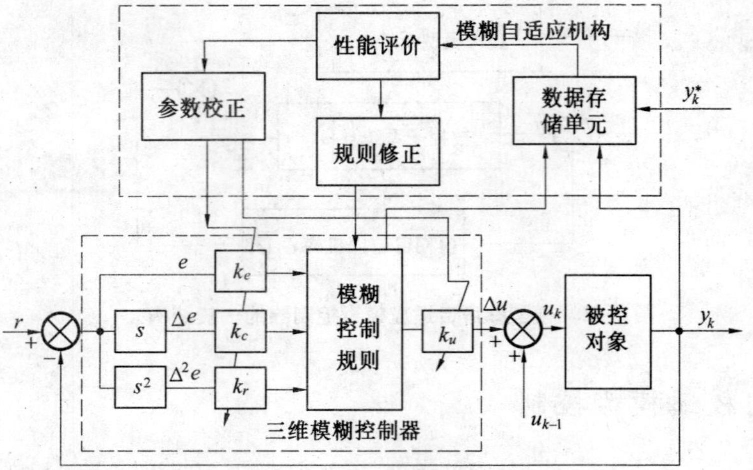

图 2.32　三维自校正模糊控制系统的原理

$$FP=\min\{\mu_{OV}(e_{OV}),\mu_{RT}(e_{RT}),\mu_{AM}(e_{AM})\} \tag{2.86}$$

其中，OV、RT 和 AM 分别是响应的超调、上升时间和振幅；$\mu_{OV}(e_{OV})$，$\mu_{RT}(e_{RT})$，$\mu_{AM}(e_{AM})$ 分别表示它们隶属于理想阶跃响应的隶属度。

(3) 控制系数的调整

三维模糊控制器有 4 个控制参数 k_e、k_c、k_r 及 k_u 在控制过程中根据比例系数调节规则进行调整，它们分别为误差、误差变化、误差的二次差分的量化因子及输出比例因子。根据模糊性能指标决定对参数是否进行继续调整。如果 *FP* 优于给定的性能指标，或控制系统误差绝对值的累加值收敛某允许的较小值，参数校正结束。

(4) 模糊控制规则的修正

为了通过实时学习算法改善控制性能，修改规则要根据期望的系统阶跃响应特性评价每个采样时刻控制响应好坏的程度。具体修改举例：

$$\text{IF } e_R^* = N \text{ and } \Delta e_R^* = N \text{ and THEN } \Delta b = NB$$

其中，e_R^*、Δe_R^* 分别为系统响应误差及其变化；Δb 为参数 b 的调整值。可见，修改控制规则是在每一个采样点修改控制规则的结论项的实数 $b_i(i=1,2,\cdots,27)$。

(5) 自校正模糊控制系统的校正算法实现步骤如下：

Step1：设置模糊控制器的初始参数。

Step2：比例系数调整。

Step3：控制规则修改。

Step4：评价控制性能，如果满足给定的性能指标，则转向 Step5，否则返回 Step2。

Step5：学习算法结束。

第3章 神经控制

神经网络系统是模拟人脑右半球形象思维和神经推理功能的神经计算模型,它在联结机制上实现对人脑智能的模拟。神经元是构成神经网络的最小单元,它在细胞水平上模拟智能。神经元模型、神经网络模型和学习算法构成了神经网络的三要素。本章首先介绍神经元结构、功能及模型,神经网络结构、模型及学习算法。然后,讲述神经控制系统的结构、原理、分类。最后阐述基于神经网络的系统辨识及基于神经网络的智能控制原理及应用。

3.1 神经网络系统基础

3.1.1 神经网络研究概述

神经网络的研究起始于20世纪40年代初,研究过程可概括为三个阶段。

1. 初创期(1943年至1969年)

1943年,心理学家McCulloch和数学家Pitts首先提出了形式神经元模型(简称MP模型),把神经元作为双态开关,并应用布尔逻辑的数学工具研究客观事件的形式神经网络的模拟。1949年,心理学家Hebb提出了神经元的学习规则,使神经网络具有可塑性。至今大部神经网络的学习规则仍采用Hebb规则或它的改进型。1958年,Rosenblatt提出了感知器(Perceptron)模型,指出感知过程具有统计分离性,利用教师信号可以对感知器进行训练,试图模拟人脑感知能力和学习能力。1962年,Block用解析法证明了感知器的学习收敛性;同年Widrow提出了自适应线性元件(Adaline),它是一连续取值的神经网络,主要用于自适应系统。后来,Minsky和Paper经过对感知器模型的深入研究,在1969年发表了《感知器》一书,严格地论证了简单线性感知器功能的局限性,并且指出多层感知器还不能找到有效的计算方法。日本的中野在1969年提出一个联想记忆模型,同年,Marr提出小脑功能及其学习法则的小脑感知机模型,这是一项神经网络与神经生理学相结合的研究成果。

2. 低潮期(1970年至1986年)

自从1969年Minsky及Paper的著作发表后,使神经网络研究处于低潮期。东京大学甘利教授从1970年起,就对神经网络的性质及其局限性作了许多理论研究,取得了一定的成果。1972年芬兰Kohonen发表了一个与感知器不同的线性神经网络模型,比起非线性网络模型,它的分析要容易得多。1975 年福岛提出一个自组织识别神经网络模型。1976 年,美国波士顿大学教授 Grossberg 根据对生物学和心理学的研究,提出了几个非线性动力系统结构,对神经网络的研究起到了重要的推动作用。1980 年,芬兰 Kohonen 提出了自组织映射理论。1982 年,美国加州工学院物理学家 Hopfield 对神经网络的动态特性进行了研究,引入了能量函数的概念,给出了网络的稳定性判据,提出了用于联想记忆和优化计算的新途径。这项研究成果为神经网络的研究注入了新的活力。1984 年,多伦多大学教授 Hinton 等人把神经元的输出函数与统计力学中的玻耳兹曼分布联系起来,提出了 Boltzmann 机模型。1986 年 Rumelhart 等人提出了误差反向传播神经网络,简称 BP 网络,它是一种能朝着满足给定的输入输出关系方向进行自组织的神经网络。BP 网络目前已经成为广泛使用的网络,并以此为基础做了许多改进,发展了某些快速收敛学习算法。从 1970 年至 1986 年间,经过许多科学家长期不懈的努力和潜心研究,取得了突破性的重要成果,使得神经网络领域的研究工作摆脱了困境,并步入健康发展的新时期。

3. 发展期(1987 年至今)

1987 年 6 月在美国圣地亚哥召开了第一届世界神经网络会议,标志着神经网络研究在世界范围内形成了高潮。美国国防部预研计划管理局(DARPA)在 1987 年 8 月组织了大规模调研及论证,并于 1988 年 11 月开始一项投资数亿美元的发展神经网络及其应用研究的八年计划。此后,许多国家也制订了相应计划推动神经网络研究。

20 世纪 90 年代以来,神经网络的国际会议、国内学术会议接连不断,神经网络的国际刊物《Neural Networks》、《IEEE Transaction on Neural Networks》等相继问世,国内外出版了大量有关神经网络方面著作,在世界范围内又掀起了神经网络研究的高潮,所有这一切都促进了神经网络的研究工作步入了健康发展的道路。

3.1.2 神经细胞结构与功能

人的智能来源于大脑,大脑是由大约 $10^{10}\sim10^{11}$ 个,即一百几十亿个神经细胞构成。一个神经细胞由细胞体、树突和轴突组成,其结构如图 3-1 所示。细胞体由细胞核、细胞质和细胞膜组成。细胞体外面的一层厚为 5 ~ 10nm 的膜称为细胞膜,膜内有一个细胞核和细胞质;树突是细胞体向外伸出的许多树枝状 1mm 左右长的突起,用于接收其他神经细胞传入的神经冲动。

神经细胞在结构上具有两个重要的特征。

(1)细胞膜有选择的通透性:每个神经细胞用细胞膜和外部隔开,使细胞内、外有不同的电位。把没有输入信号的膜电位叫静止膜电位,约为-70 mV。当有输入信号时(即其他神经细胞传入的兴奋信号)使膜电位比静止膜电位高 15 mV 左右时(即它的值超过-55 mV 时),该

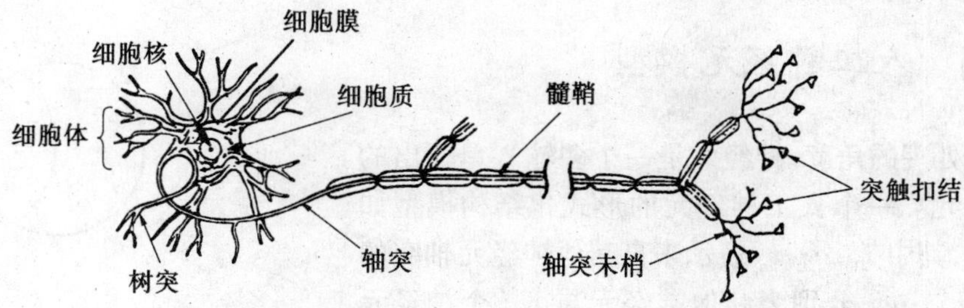

图 3.1　一个神经细胞的结构

神经细胞就被激发,在 1ms 内就达到比静止膜电位高出 100 mV 左右。细胞膜有选择的通透性使神经细胞具有阈值特性,如图 3.2 所示。

$$y=\begin{cases}\bar{y} & 当\ u\geqslant\theta\\ 0 & 当\ u<\theta\end{cases}\tag{3.1}$$

其中,θ 是一个阈值,随着神经元的兴奋而变化,神经元兴奋时发出电脉冲具有突变性和饱和性(不应期)。突变性是指神经细胞在被激发兴奋的情况下,发出幅值为 100 mV 左右的电脉冲,其宽度仅有 1 ms;兴奋的神经细胞一经发出一次脉冲,膜电位下降到比静止电位更低,然后再慢慢返回原值,即使再有强大的输入信号也不能使神经细胞兴奋,此期间称为"绝对不应期"。绝对不应期约 1 ms 结束后,神经细胞也难以兴奋,这段时间称为"相对不应期",约为几个 ms。在上述的绝对不应期和相对不应期内,神经细胞处于疲劳状态,这种疲劳特性称为神经细胞的饱和特性。

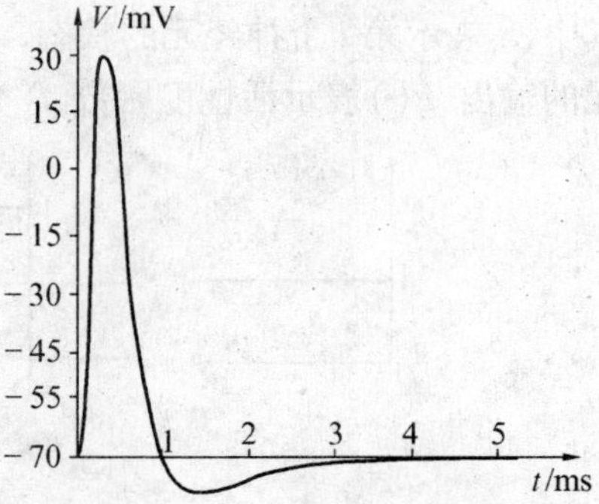

图 3.2　一个神经细胞兴奋发出的电脉冲

(2)突触连接的可塑性:神经细胞之间通过突触相连接,这种连接强度根据输入和输出信号的强弱而可塑性变化。

突触是指两个神经元之间传递信息的"接口",突触的直径约为 0.5 ~2 μm。突触实际上是指一个神经元轴突末梢和另一个神经元树突或细胞体之间微小的间隙,突触结合强度,即连接权重 w 不是一定的,根据输入和输出信号的强弱有可塑性的变化,可以认为由于这一点使神经元具有长期记忆和学习功能。

神经细胞的兴奋而发出的电脉冲传到和其他神经细胞结合的突触。轴突的末端每当脉冲到来时就放出某种化学物质,这种化学物质作用于接收脉冲信号的神经细胞的细胞膜,改变突触部分的细胞膜的膜电压。突触可分为化学突触和电突触两大类,大多数突触为化学突触。化学突触传输过程较慢,但它具有可塑性,且能反映以往的动作过程。

3.1.3 人工神经元模型

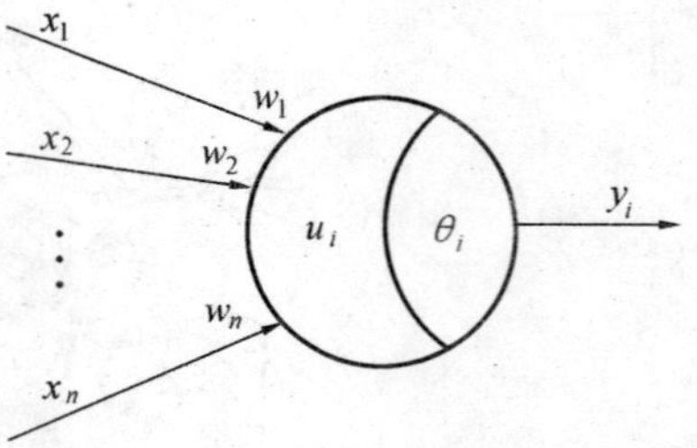

图 3.3 人工神经元的形式化结构模型

从信息处理的角度,神经元是一个多输入单输出的信息处理单元。一个人工神经元的形式化结构模型如图 3.3 所示,其中 $x_1,\cdots,x_n$ 表示来自其他神经元轴突的输出信号,$w_1,\cdots w_n$ 分别为其他神经元与第 i 个神经元的突触连接强度,θ_i 为第 i 个神经元的兴奋阈值。对于每个神经元信息处理过程可描述为

$$S_i = \sum_{j=1}^{n} w_j x_j - \theta_i \tag{3.2}$$

$$u_i = g(S_i) \tag{3.3}$$

$$y_i = f(u_i) \tag{3.4}$$

其中,S_i表示第 i 个神经元的状态,u_i为表示第 i 个神经元的膜电位的变化,y_i表示第 i 个神经元的输出,$g(\cdot)$表示活性度函数,$f(\cdot)$为输出函数。输出函数常用的有 5 种,如图 3.4 所示。

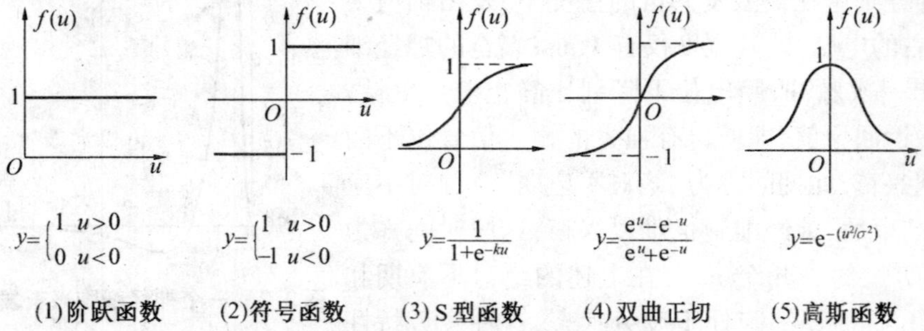

图 3.4 神经元常用的输出函数类型

上述函数具有两个显著特征:一是突变性;二是饱和性,这正是模拟神经细胞兴奋产生神经冲动性和疲劳特性。

3.1.4 神经网络的特点

大量的神经细胞通过突触连接成神经网络,而神经网络模型用于模拟人脑大量神经元活动的过程,其中包括对信息的接收、处理,存储和输出等过程,它具有如下基本特点。

(1)神经网络具有分布式存储信息的特点。它存储信息的方式与传统的计算机的思维方式是不同的,一个信息不是存在一个地方,而是分布在不同的位置。网络的某一部分也不只存储一个信息,它的信息是分布式存储的。这种分布式存储方式即使当局部网络受损时,仍具有

能够恢复原来信息的优点。

(2)神经网络对信息的处理及推理的过程具有并行的特点。每个神经元都可根据接收到的信息作独立的运算和处理,然后将结果传输出去,这体现了一种并行处理。神经网络对于一个特定的输入模式,通过前向计算产生一个输出模式,各个输出节点代表的逻辑概念被同时计算出来。在输出模式中,通过输出节点的比较和本身信号的强弱而得到特定的解,同时排出其余的解。这体现了神经网络并行推理的特点。

(3)神经网络对信息的处理具有自组织、自学习的特点。神经网络中各神经元之间的连接强度用权值大小来表示,这种权值可以事先定出,也可以为适应周围环境而不断地变化,这种过程称为神经元的学习过程。神经网络所具有的自学习过程模拟了人的形象思维方法,这是与传统符号逻辑完全不同的一种非逻辑非语言的方法。

(4)神经网络具有非常强的非线性映射能力,因而,它能以任意精度逼近任意复杂的连续函数。

下面通过一个如图 3.5 所示的简单神经网络来说明人工神经网络的主要特点。

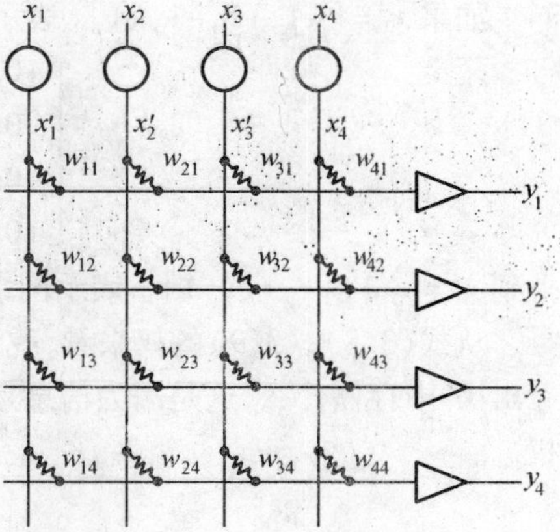

图 3.5　一个简单的神经网络结构

设 x_1,x_2,x_3,x_4 为神经网络输入,经神经元 N_1,N_2,N_3,N_4 的输出分别为 x'_1,x'_2,x'_3,x'_4,然后经过突触加权 w_{ij}连接到 y_1,y_2,y_3,y_4 的输入端,进行累加。

为简单起见,设 $\theta_i=0$,并将式(3.2)、(3.3)、(3.4)变为

$$S_i = \sum_{j=1}^{n} w_{ij}x'_j \tag{3.5}$$

$$u_i = S_i \cdot 1(\text{量纲变换}) \tag{3.6}$$

$$y_i = f(u_i) = \begin{cases} 1 & u_i \geqslant 0 \\ -1 & u_i < 0 \end{cases} \tag{3.7}$$

又设输入 $x'_j=\pm 1$ 为二值变量,且 $x'_j=x_j$,$j=1,2,3,4$。x_j是感知器输入,用矢量 $x'=(1,-1,-1,1)^{\mathrm{T}}$ 表示眼看到花,鼻嗅到花香的感知输入,从 x'到 y'可通过一个连接矩阵 $\boldsymbol{W}_1$来得到,即

$$\boldsymbol{W}_1 = \begin{bmatrix} -0.25 & +0.25 & +0.25 & -0.25 \\ -0.25 & +0.25 & +0.25 & -0.25 \\ +0.25 & -0.25 & -0.25 & +0.25 \\ +0.25 & -0.25 & -0.25 & +0.25 \end{bmatrix} \tag{3.8}$$

$$y^1 = f(\boldsymbol{W}_1 x^1)$$

经计算得

$$y^1=[-1,-1,+1,+1]^{\mathrm{T}}$$

这表示网络决策 x^1 为一朵花。

不难看出，$x^1\to y^1$ 不是串行计算得到的，因为 W_1 是可以用一个 VLSI 中电阻矩阵实现，而 $y_i=f(v_i)$ 也可以用一个简单运算放大器来模拟，不管 x^1 和 y^1 维数如何增加，整个计算只用了一个运算放大器的转换时间，网络的动作是并行的。

如果 $x^2=[-1,+1,-1,+1]^{\mathrm{T}}$ 表示眼看到苹果、鼻嗅到苹果香味的感知器输入，通过矩阵

$$W_2=\begin{bmatrix}+0.25 & -0.25 & +0.25 & -0.25\\ -0.25 & +0.25 & -0.25 & +0.25\\ -0.25 & +0.25 & -0.25 & +0.25\\ +0.25 & -0.25 & +0.25 & -0.25\end{bmatrix} \tag{3.9}$$

得到 $y^2=[-1,+1,+1,-1]^{\mathrm{T}}$，表示网络决策 x^2 为苹果。

从式(3.8)，(3.9)的权来看，我们并不知道其输出结果是什么。从局部权的分布也很难看出 W 中存储什么，这是因为信息是分布存储在权中，把式(3.8)，(3.9)相加，得到一组新的权

$$W=W_1+W_2=\begin{bmatrix}0 & 0 & 0.5 & -0.5\\ -0.5 & 0.5 & 0 & 0\\ 0 & 0 & -0.5 & 0.5\\ 0.5 & -0.5 & 0 & 0\end{bmatrix} \tag{3.10}$$

由 x^1 输入，通过权阵 W_1 运算可得到 y^1，由 x^2 输入，通过权阵 W_2 运算可得到 y^2，这说明 W 存储了两种信息，当然也可以存储多种信息。

如果感知器中某个元件损坏了一个，设第 3 个坏了，则 $x^1=(1,-1,0,1)^{\mathrm{T}}$，经 W 算得 $y^1=(-1,-1,+1,+1)^{\mathrm{T}}$，而 $x^2=(-1,+1,0,1)^{\mathrm{T}}$，经 W 算得 $y^2=(-1,1,1,-1)^{\mathrm{T}}$ 的结果和前面的一样，这说明人工神经网络具有一定的容错能力。有关人工神经网络的自学习功能后面将会进一步研究。

3.1.5 神经网络结构与模型

人脑中大量的神经细胞是通过突触形式相互联系着，构成结构与功能十分复杂的神经网络系统。人工神经网络也必须将一定数量的神经元适当地连接成网络，从而建立起多种神经网络模型。

神经网络连接方式的拓扑结构是以神经元为节点、以节点间有向连接为边的一种图，其结构大体上可分为层状和网状两大类。层状结构的神经网络是由若干层组成，每层中有一定数量的神经元，相邻层中神经元单向连接，一般的同层内的神经元不能连接；网状结构的神经网

络中，任何两个神经元之间都可能双向连接。下面介绍几种常见的神经网络结构。

1. 前向神经网络

前向网络包含输入层、隐层(一层或多层)和输出层，图 3.6 所示为一个三层网络。这种网络特点是只有前后相邻两层之间神经元相互连接，各神经元之间没有反馈。每个神经元可以从前一层接收多个输入，并只有一个输出给下一层的各神经元。

前向神经网络又称前馈神经网络；简称为前向网络、前馈网络。后面将会讲到这种网络学习是采用误差反向传播学习算法，因此，前向网络又称为 BP 网络。

2. 反馈神经网络

反馈网络指从输出层到输入层有反馈，即每一个节点同时接收外来输入和来自其他节点的反馈输入，其中也包括神经元输出信号引回到本身输入构成的自反馈，如图 3.7 所示。由于反馈神经网络有从输出层到输入层的反馈，因此研究这种网络要比前向网络复杂得多。

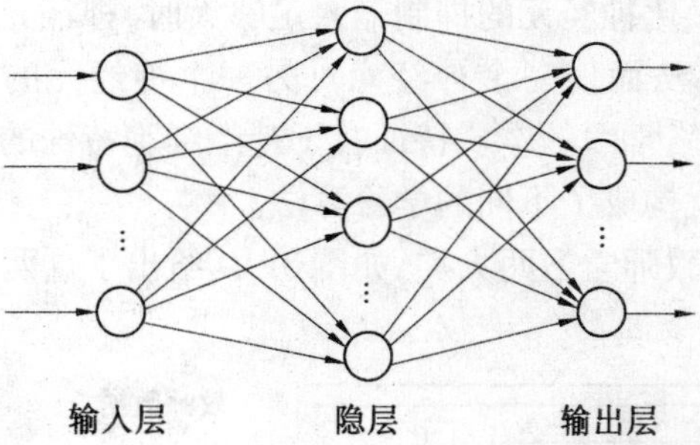

图 3.6　前向网络

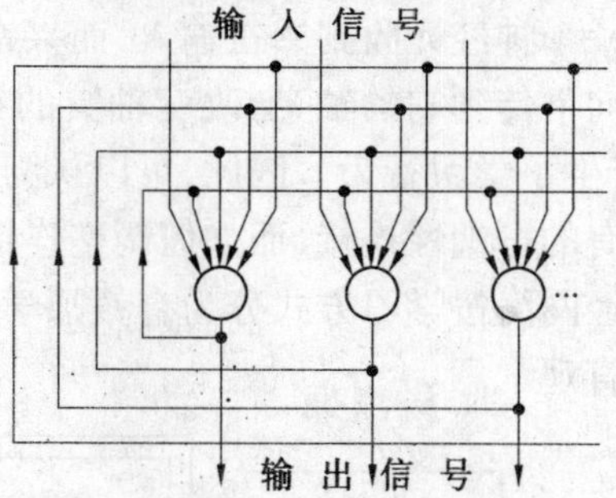

图 3.7　反馈网络

3. 相互结合型神经网络

相互结合型网络属于网状结构，如图 3.8 所示。构成网络中各个神经元都可能相互双向连接，所有神经元既作输入，也作输出。这种网络对信息处理与前向网络不一样，如果在某一时刻从神经网络外部施加一个输入，各个神经元一边相互作用，一边进行信息处理，直到使网络所有神经元的活性度或输出值，收敛于某个平均值为止信息处理才结束。

4. 混合型神经网络

如图 3.9 所示，在前向网络的同一层间神经元有互联的结构，称为混合型网络。这种在同一层内的互联，目的是为了限制同层内神经元同时兴奋或抑制的神经元数目，以完成特定的功能。

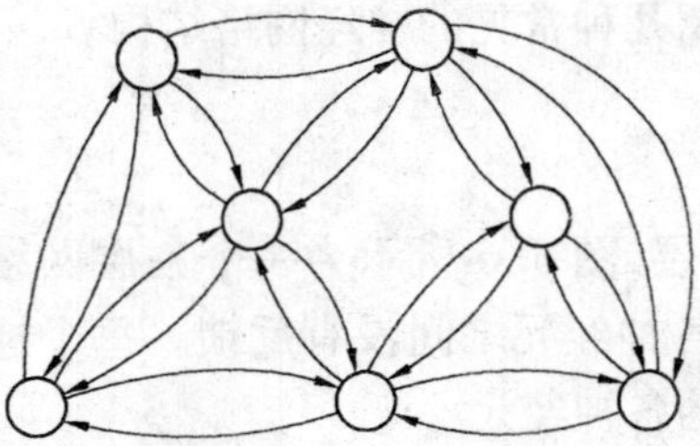

图 3.8　网状结构网络

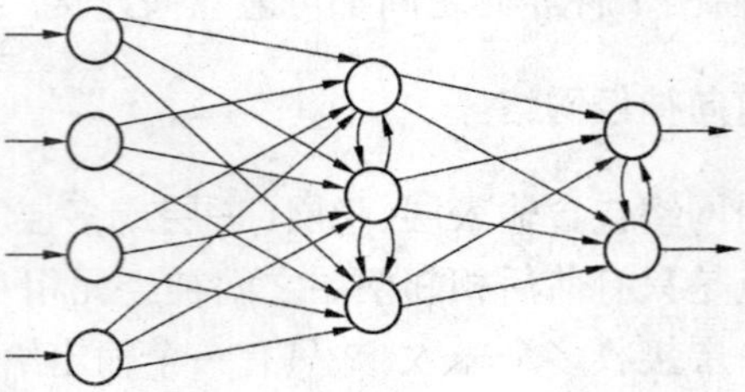

图 3.9　混合型网络

3.1.6　神经网络训练与学习

人脑中的神经元通过许多树突的精细结构，收集来自其他神经元的信息，神经元又通过轴突发出电活性脉冲。轴突分裂上千条分支，在每条分支末端，通过突触的结构把来自轴突的电活性变为电作用，从而使与之相连的各种神经元的活性受到抑制或兴奋。

当一个神经元收到兴奋输入，而兴奋输入又比神经元的抑制输入足够大时，神经元把电活性脉冲向下传到它的轴突，改变轴突的有效性，从而使一个神经元对另一个神经元的影响改变，便产生了学习行为。因此，可以认为神经网络学习的本质特征在于神经细胞特殊的突触结构所具有的可塑性连接，而如何调整连接权重就构成了不同的学习算法。

神经网络按学习方式分为有教师学习和无教师学习两大类，如图 3.10 给出了这两种学习方式的直观示意。

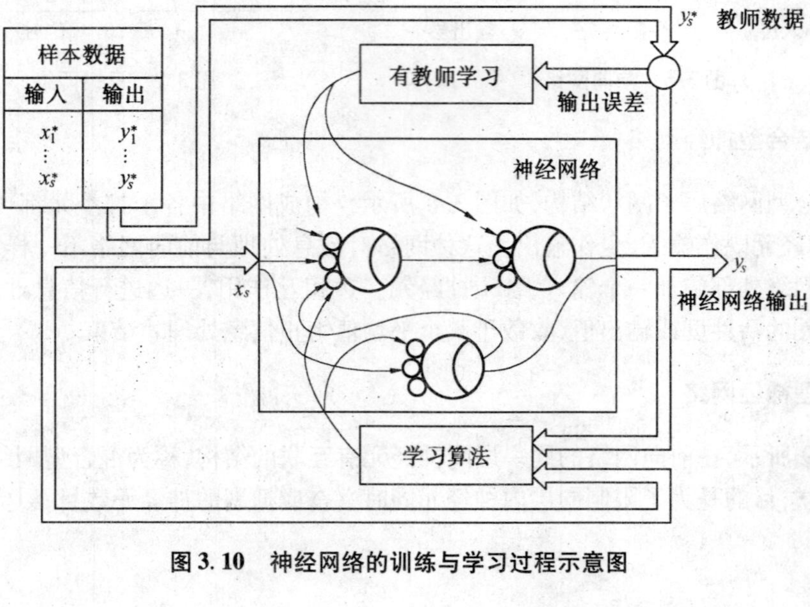

图 3.10　神经网络的训练与学习过程示意图

(1)神经网络的训练

为了应用神经网络解决工程实际问题,必须对它进行训练,就是从应用环境中选出一些样本数据,通过不断地调整权矩阵,直到神经网络得到合适的输入输出关系为止,这个过程就是对神经网络的训练。这种训练的过程需要有教师示教和监督,故这种有教师的学习,又称监督式学习。

如图 3.10 上半部分所示,在训练学习中教师提供样板数据集是指成对的输入和输出数据集$\{x_i^*, y_i^*\}$,实际上代表了实际问题输入输出关系。训练的过程就是根据输入网络的 x_i^* 和网络输出 y_i^* 的正误程度来反复调整权重的大小,直到网络的实际输出 y_i^* 全部等于期望的输出为止,训练过程便结束。

(2)神经网络的学习

神经网络的学习,即指神经网络无教师学习,如图 3.10 下半部分所示。网络只有输入数据(期望输出)和实际输出数据,网络学习的目的是根据实际输出数据和期望输出之间的误差,通过某种学习算法自动地、反复地去调整权值直到消除误差为止。实际上,要使人工神经网络具有学习能力,就是使神经网络的知识结构变化,也就是使神经元间的结合模式变化,这同把连接权重用什么方法变化是等价的。因此,神经网络可以通过一定的学习算法实现对突触结合强度的调整,使其具有记忆、识别、分类、优化等信息处理功能。

(3)神经网络的泛化能力

神经网络通过样本数据集的训练后,当输入出现了样本数据集以外的新数据时,神经网络仍能通过学习获得新的输出,并能严格保持神经网络训练后所获得的输入输出映射关系的能力,称为神经网络的泛化能力。神经网络的结构和训练样本的数量和质量都会影响未来的泛化能力。

(4)神经网络的生长与修剪

神经网络的生长与修剪是指通过改变神经网络的结构和参数,从而改变了网络的规模大小,使之更适合于某个问题的求解。例如,对于前向网络的生长算法,可以从单隐层的小网络开始,通过增加一个隐层重新训练,一直持续到在增加一个单元网络的性能不再改变为止。生长网络的另一种方法是从相对大的网络开始,然后逐渐剪去不必要的单元,直到获得满意的网络性能为止。

3.1.7　神经网络的学习规则

(1)联想式学习——Hebb 规则

1949 年 心理学家 Hebb 提出了学习行为的突触联系和神经群理论,并认为,突触前与突触后两个同时兴奋的神经元之间的连接强度将得到增强。后来研究者们将这一思想加以数学描述,被称为 Hebb 学习规则。

如图 3.11 所示，从神经元 u_j 到神经元 u_i 的连接强度，即权重变化 ΔW_{ij} 可表示为

$$\Delta W_{ij}=G[a_i(t),t_i(t)]\times H[\bar{y}_j(t),W_{ij}] \tag{3.11}$$

其中，$t_i(t)$ 是神经元 u_i 的教师信号；函数 G 是神经元 u_i 的活性度 $a_i(t)$ 和教师信号 $t_i(t)$ 的函数；H 是神经元 u_i 输出 $\bar{y}_j$ 和连接权重 ΔW_{ij} 的函数。

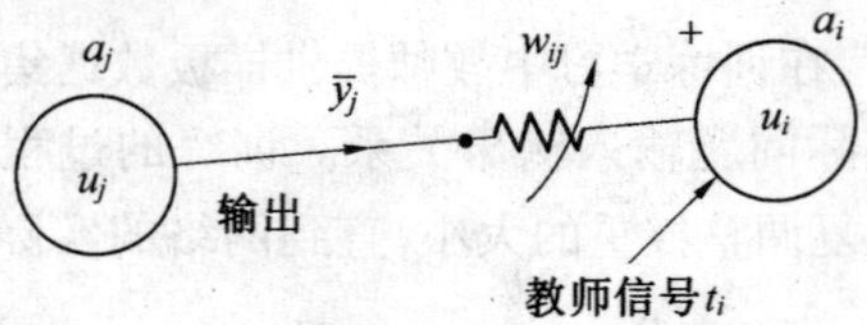

图 3.11 Hebb 学习规则

输出 $\bar{y}_j(t)$ 与活性度 $a_i(t)$ 之间满足关系为

$$\bar{y}_j(t)=f_j[a_i(t)] \tag{3.12}$$

其中，f_j 为非线性函数。

当上述的教师信号 $t_i(t)$ 没有给出时，函数 H 只与输出 $\bar{y}_j$ 成正比，于是式(3.11)可变为更简单的形式，即

$$\Delta W_{ij}=\eta a_i\bar{y}_j \tag{3.13}$$

其中，η 是学习率常数($\eta>0$)。

上式表明，对一个神经元较大的输入或该神经元活性度大的情况，它们之间的连接权重会更大。Hebb 学习规则的哲学基础是联想，在这个规则基础上发展了许多非监督式联想学习模型。

(2)误差传播式学习

前述的函数 G 是教师信号 $t_i(t)$ 和神经元 u_i 实际的活性度 $a_i(t)$ 的差值成比例，即

$$G[a_i(t),t_i(t)]=\eta_1[t_i(t)-a_i(t)] \tag{3.14}$$

其中，η_1 为正数，把差值 $[t_i(t)-a_i(t)]$ 称为 δ。

函数 H 和神经元 u_j 的输出 $\bar{y}_j(t)$ 成比例，即

$$H[\bar{y}_j(t),\Delta W_{ij}]=\eta_2\bar{y}_j(t) \tag{3.15}$$

其中，η_2 为正数。

根据 Hebb 学习规则可得

$$\begin{aligned}\Delta W_{ij}&=G[a_i(t),t_i(t)]\times H[\bar{y}_j(t),W_{ij}]=\\&\eta_1[t_i(t)-a_i(t)]\cdot\eta_2\bar{y}_j(t)=\\&\eta[t_i(t)-a_i(t)]\cdot\bar{y}_j(t)\end{aligned} \tag{3.16}$$

其中，η 为学习率常数($\eta>0$)。

在式(3.16)中,如将教师信号 $t_i(t)$ 作为期望输出 d_i,而把 $a_i(t)$ 理解为实际输出 $\bar{y}_j$,则该式变为

$$\Delta W_{ij}=\eta[d_i-\bar{y}_j]\bar{y}_j(t)=\eta\cdot\delta\cdot\bar{y}_j(t) \tag{3.17}$$

其中,$\delta=d_i-\bar{y}_j$,为期望输出与实际输出的差值,称式(3.17)为 δ 规则,又称误差修正规则。根据这个规则的学习算法,通过反复迭代运算,直至求出最佳的 ΔW_{ij} 值,使 δ 达到最小。

上述的 δ 规则只适用于线性可分函数,不适用于多层网络非线性可分函数。1986 年,Rumelhart 和 Hinton 等人系统地总结了误差传播式学习的研究成果,概括了具有普遍意义的 δ 规则,称为广义 δ 规则。根据广义 δ 规则,误差由输出层逐层反向传至输入层,而输出则是正向传播,直至给出网络的最终响应。

(3)概率式学习

从统计力学、分子热力学和概率论中关于系统稳态能量的标准出发,进行神经网络学习的方式,称概率式学习。概率式学习的典型代表是 Boltzmann 机学习规则,它是基于模拟退火的统计优化方法,因此又称模拟退火算法。

Boltzmann 机模型是一包括输入、输出和隐层的多层网络,但隐层间存在互联结构且网络层次不明显。对于这种网络训练,就是根据下述规则对神经元 i,j 间的连接权重进行调整。

$$\Delta W_{ij}=\eta(p_{ij}^{+}-p_{ij}^{-}) \tag{3.18}$$

式中,η 为学习率;p_{ij}^{+}、p_{ij}^{-}分别是第 i 个与第 j 个神经元在系统中处于 α 状态和自由运转状态时实现连接的概率。调整权重的原则是,当 $p_{ij}^{+}>p_{ij}^{-}$时,则增加权重,否则减小权重。权重调整的这种规则就是 Boltzmann 机的学习规则。

(4)竞争式学习

在神经网络的兴奋性或抑制性联结机制中引入了竞争机制的学习方式,称为竞争式学习。它的本质特征在于神经网络中高层次的神经元对低层次神经元输入模式进行竞争式识别。竞争式学习是属于无教师学习方式,它是利用不同层间的神经元发生兴奋性连接,以及同一层内距离很近的神经元间发生同样的兴奋性连接,而距离较远的神经元产生抑制性连接。

1985 年 Rumelhart 和 Zipser 提出了用于前向网络竞争式学习规则。该网络结构设计成第一层为输入层,而以后的每一层都增加许多不重叠的组块,每一组块在特征识别中只有一个竞争优胜单元兴奋,其余单元受到抑制。

设 i 为输入层某单元,j 为获胜的特征识别单元,则它们之间的连接权重变化为

$$\Delta W_{ij}=\eta(C_{ik}/nk-W_{ij}) \tag{3.19}$$

式中,η 为学习率;C_{ik}为外部刺激 k 系列中第 i 项刺激成分,nk 是刺激 k 激励输入单元的总数。这种学习方式表明,在竞争中与输入单元间连接权重变化最大的优胜单元实现每一特征识别,而失败的单元 ΔW_{ij}为零。Kohonen 提出的自组织特征映射网络就是采用竞争式学习机制的。

3.2 控制中常用的神经网络模型

3.2.1 感知器

1957 年,美国学者 Rosenblatt 提出了一种用于模式分类的神经网络模型,称为感知器(Perceptron)。它是由阈值元件组成且具有单层计算单元的神经网络,它具有学习功能。

感知器信息处理的规则为

$$y(t)=f[\sum_{i=1}^{n} W_i(t)x_i-\theta] \tag{3.20}$$

其中,$y(t)$为 t 时刻输出;x_i 为输入向量的一个分量;$W_i(t)$为 t 时刻第 i 个输入的加权;θ 为阈值;$f[\cdot]$为阶跃函数。

感知器的学习规则为

$$W_i(t+1)=W_i(t)+\eta[d_i-y(t)]x_i \tag{3.21}$$

其中,η 为学习率($0<\eta<1$);d_i 为期望输出(又称教师信号);$y(t)$是实际输出。通过不断调整权重,使得 W 对一切样本均保持稳定不变,学习过程就结束。

上述的单层感知器能够解决一阶谓词逻辑问题,如逻辑与、逻辑或问题,但不能解决像异或问题的二阶谓词逻辑问题。感知器的学习算法保证收敛的条件,要求函数是线性可分的(指输入样本函数类成员可分别位于直线分界线的两侧)。当输入函数不满足线性可分条件时,上述算法受到了限制。实际上,大量的分类问题是线性不可分的,为了克服单层感知器的局限性,在输入层和输出层之间加入隐层是有效的途径。

3.2.2 前向神经网络

前向网络如图 3.12 所示,它包含输入层、隐层及输出层,隐层可以为一层或多层,每层上的神经元称为节点或单元。前向网络的信息传播是由输入单元传到隐单元,最后传到输出单元。这种含有隐层的前向网络有一个重要特征,即隐单元可以任意构成它们自身的输入表示,输入单元和隐单元间的权值决定每个隐单元何时是活性的,因此,通过修改这些权值,可以选择一个隐单元的活性程度。

1. BP 网络误差反向传播学习算法

为了研究神经网络是怎样从经验中学习的,我们应该首先向网络提供一些训练例子,并可以通过下述方法,能教会一个三层前向网络完成某个特定的任务。其方法步骤如下:

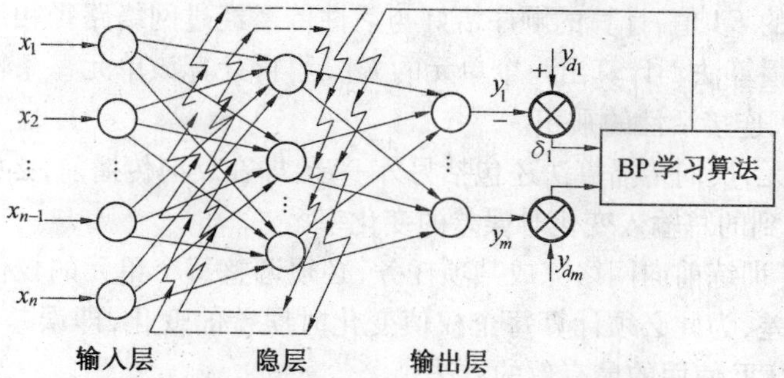

图3.12 前向网络结构及BP学习算法示意图

(1)向网络提供训练例子,包括输入单元的活性模式和期望的输出单元活性模式;

(2)确定网络的实际输出与期望输出之间允许的误差;

(3)改变网络中所有连接权值,使网络产生的输出更接近于期望的输出,直到满足确定的允许误差。

下面以网络识别手写数字为例说明上述方法。比如使用256个传感器组成传感器阵列,每个传感器记录一个数字的一小部分面积内是否有笔写的墨迹存在。因此,网络需要256个输入单元(每个传感器一个),10个输出单元(每种数字一个)和许多隐单元。为了便于传感器记录每种数字,网络应在适当的输出单元中产生高的活性,并在其他输出单元中产生低的活性。

为了训练此网络,提供一幅某个数字的图像,并把10个输出单元的实际活性和期望活性加以比较,然后计算误差,将实际活性与期望活性差值的平方定义为误差。其次,改变网络中所有连接权值以减少误差。针对每种数字的多种不同图像重复训练,直到网络能对每个手写数字正确地归类为止。

实现上述训练过程的关键是必须改变每个权值,且其变化量应正比于权值改变时误差的变化率,此量称权值的误差导数,简记为 *EW*。但是,要对 *EW* 的有效计算是十分复杂棘手的问题。如果采取稍许扰动每个权值,并观察误差如何变化,这种方法效率太低,因为要求对每一个权值都要单独加扰动。

1974年前后,正在哈佛大学攻读博士的 Werbos 发明了一种高效的计算 *EW* 的方法,即误差反向传播算法(BP算法),只因发明后多年未受到重视,也没有充分体会到它的用处,直到1985年 Rumelhart 和 Parker 两人各自再次发现该算法后才得以推广。

BP算法的实质是以梯度法求取网络误差平方和为目标函数达到最小值的算法。首先计算改变一个单元活性水平时误差的变化率 *EA*,再计算每个权值的误差导数 *EW*。对于输出单元,*EA* 只是实际输出和期望输出间的差值。为计算在输出层前面一层的一个隐单元的 *EA*,首先辨别该隐单元和与它相连的那些输出单元间的所有权值,然后把这些权值乘以这些输出单元的 *EA* 并求和,此和值即为所选定的隐单元的 *EA*。将所有隐单元的 *EA* 计算出后,可用类似的方法计算其他层的 EA 值，计算的顺序恰好与活性传播经过网络路径相反的方向逐层进行，故称为误差反向传播算法。计算出一个单元的 EA 后，再计算该单元每条输入连接的 EW，EW 是 EA 和经过该输入连接活性的乘积。

对于非线性单元，反向传播算法还包括另外一步，即在反向传播前，必须把 EA 变换为 EI，EI 是一个单元所收到的总输入变化时误差的变化率。

综上所述，为了训练前向网络完成某项任务，必须调整每个单元的权值，即减小期望输出与实际输出间的误差，为此必须计算每个权值变化时误差的变化，即误差导数 EW，而反向传播算法是一种确定 EW 使用的最有效的方法。

2. BP 算法的计算机实现步骤

(1)初始化，对所有权值赋以随机任意小值，并对阈值设定初值；

(2)给定训练数据集，即提供输入向量 $\boldsymbol{X}$ 和期望输出 y；

(3)计算实际输出 y_j

$$y_j = f\left(\sum W_{ij}x_i\right) \tag{3.22}$$

其中，f 函数为 Sigmoid 函数

$$f(x) = \frac{1}{1 + \mathrm{e}^{-(x-\theta)}} \tag{3.23}$$

(4) 调整权值，按误差反向传播方向，从输出节点开始返回到隐层按下式修正权值

$$W_{ij}(t+1) = W_{ij}(t) + \eta\delta_j y_j \tag{3.24}$$

其中，η 为大于零的增益；δ_j 为第 j 个节点的实际活性与期望活性的差值。δ_j 的计算根据第 j 个节点的形式不同，由下式分别计算

$$\delta_j = \begin{cases} y_j(1 - y_j)(\bar{y}_j - y) & \text{当 } j \text{ 为输出节点} \\ y_j(1 - y_j)\sum\limits_k \delta_k W_{jk} & \text{当 } j \text{ 为隐节点} \end{cases} \tag{3.25}$$

当使用冲量时，调整权值公式变为下式

$$W_{ij}(t+1) = W_{ij}(t) + \eta\delta_j y_j + \alpha[W_{ij}(t) - W_{ij}(t-1)] \tag{3.26}$$

其中，α 为动量因子，$0<\alpha<1$。

(5)返回(2)重复，直至误差满足要求为止。

3. BP 算法的改进算法

BP 算法实质上是把一组样本输入输出问题转化为一个非线性优化问题，并通过梯度算法利用迭代运算求解权值问题的一种学习方法。已经证明，具有 Sigmoid 非线性函数的三层神经网络能够以任意精度逼近任何连续函数。但 BP 算法尚存在以下一些缺点。

(1)由于采用非线性梯度优化算法,易形成局部极小而得不到整体最优。

(2)迭代算法次数甚多使得学习效率低,收敛速度很慢。

(3)BP网络是前向网络,无反馈连接,影响信息交换速度和效率。

(4)网络的输入节点、输出节点由问题而定,但隐节点的选取是根据经验,缺乏理论指导。

(5)在训练中学习新样本有遗忘旧样本的趋势,且要求每个样本的特征数目要相同。

针对BP算法的缺点,国内外学者提出了许多改进算法,如变步长,增加惯性因子,修改作用函数,与其他算法融合等。

3.2.3　径向基神经网络

前向网络的BP算法可以看做递归技术的应用,属于统计学中的随机逼近方法。此外,还可以把神经网络学习算法的设计看做是一个高维空间的曲线拟合问题。这样,学习等价于寻找最佳拟合数据的曲面,而泛化等价于利用该曲面对测试数据进行插值。1985年,Powell首先提出了实多变量插值的径向基函数(Radial Basis Function, RBF)方法。1988年,Broombead和Lowe将RBF用于神经网络设计,而Moody和Darken提出了具有代表性的RBF网络学习算法。

1. RBF神经网络模型

图3.13给出了一个RBF网络模型的结构。RBF网络的结构包含三层:输入层、隐层(径向基层)和输出层(线性层),其中每一层的作用各不相同。输入层由信号源节点组成,仅起到传入信号到隐层的作用,可将输入层和隐层之间看做连接权值为1的连接;隐层通过非线性优化策略对激活函数的参数进行调整,完成从输入层到隐层的非线性变换;输出层采用线性优化策略对线性权值进行调整,完成对输入层激活信号的响应。

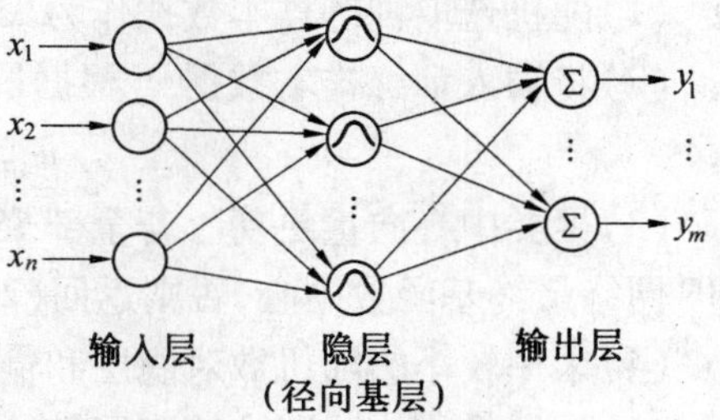

图3.13　一个RBF网络的结构

2. RBF网络的工作原理

RBF网络隐层的每个神经元实现一个径向基函数(RBF),这些函数被称为核函数,通常为高斯型核函数。当输入向量加到输入端时,隐层每一个单元都输出一个值,代表输入向量与基函数中心的接近程度。隐层的各神经元在输入向量与RBF的中心向量接近时有较大的反应,也就是说,各个RBF只对特定的输入有反应。

如果输入向量与权值向量相差很多,则径向基层的输出接近0,经过输出层线性神经元的输出也为0;如果输入向量与权值向量很接近,则径向基层的输出接近于1,经过线性神经元的输出值更靠近输出层的权值。

3. RBF 网络的学习算法

RBF 网络学习算法需要求解3个参数:基函数中心、宽度和隐层到输出层的权值。径向基函数通常采用高斯函数,根据对径向基函数中心选取方法的不同,提出了多种 RBF 网络学习算法,其中 J. Moody 和 C. J. Darken 提出的两阶段学习算法最常用。

第一阶段为非监督学习,采用 K-均值聚类法决定隐层的 RBF 中心和方差;第二阶段为监督学习,利用最小二乘法计算隐层到输出层的权值。

RBF 神经网络的激活函数通常采用的高斯函数为

$$G_j(\boldsymbol{x}-c_j)=\exp\left[-\frac{1}{2\sigma_j^2}\|\boldsymbol{x}-c_j\|^2\right] \tag{3.27}$$

其中,$\boldsymbol{x}$ 是输入向量;c_j 是第 j 个神经元的 RBF 中心向量;σ_j 是第 j 个 RBF 的宽度;$\|\cdot\|$ 表示欧氏范数。

RBF 神经网络的输出为

$$y_k(\boldsymbol{x})=\sum_{j=1}^{J}w_{kj}G_j(\boldsymbol{x}-c_j) \tag{3.28}$$

实现 RBF 网络学习算法的具体步骤如下:

(1)随机选取训练样本数据作为聚类中心向量初始化,确定 J 个初始聚类中心向量。

(2)将输入训练样本数据 x_i 根据最邻近聚类原则选择最近的聚类 j^* 。

$$w_{kj}^{\text{new}}=w_{kj}^{\text{old}}+\eta e_k G_j(x-c_j) \tag{3.29}$$

(3)聚类中心向量更新。若全部聚类中心向量不再发生变化,则所得到的聚类中心即为 RBF 网络最终基函数中心,否则返回(2)。

(4)采用较小的随机数对隐层和输出层间的权值初始化。

(5)利用最小二乘法计算隐层和输出层之间神经元的连接权值 w_{kj}。

(6)权值更新。首先求出各输出神经元中的误差

$$e_k=d_k-y_k(x) \tag{3.30}$$

其中,d_k 是输出神经元 k 的期望输出。然后,再更新权值为

$$w_{kj}^{\text{new}}=w_{kj}^{\text{old}}+\eta e_k G_j(x-c_j) \tag{3.31}$$

其中,η 是学习率。

(7)若满足终止条件,结束。否则返回(5)。

4. RBF 神经网络的特点

RBF 网络同 BP 网络一样,都能以任意精度逼近任意连续函数。由于 BP 网络的隐层节点

使用的 Sigmoid 函数值在输入空间无穷大范围内为非零值,具有全局性。而 RBF 网络隐层节点使用的高斯函数,使得 RBF 神经网络是一个局部逼近网络。

RBF 网络比 BP 网络的学习速度更快,这是因为 BP 网络必须同时学习全部权值,而 RBF 网络一般分两段学习,各自都能实现快速学习。

3.2.4　反馈神经网络

前向网络是单向连接没有反馈的静态网络,它缺乏系统动态性能。1982 年,美国物理学家 J. Hopfield 首先提出了一种由非线性元件构成的单层反馈网络系统,被称为 Hopfield 网络。将带有一个或多个反馈回路的神经网络又称为递归神经网络。从控制系统的观点看,Hopfield 网络是一个非线性动力学系统,由于非线性系统本身的复杂性,涉及随机性、稳定性、吸引子以至于混沌现象等问题,使得研究反馈网络要比前向网络复杂得多。

1. Hopfield 网络模型

Hopfield 网络是一种网状网络,可分为离散和连续两种类型。离散网络的节点仅取+1 和 -1(或 0 和 1)两个值,而连续网络取 0 和 1 之间任一实数。图 3.14 给出一种离散 Hopfield 网络的结构形式。

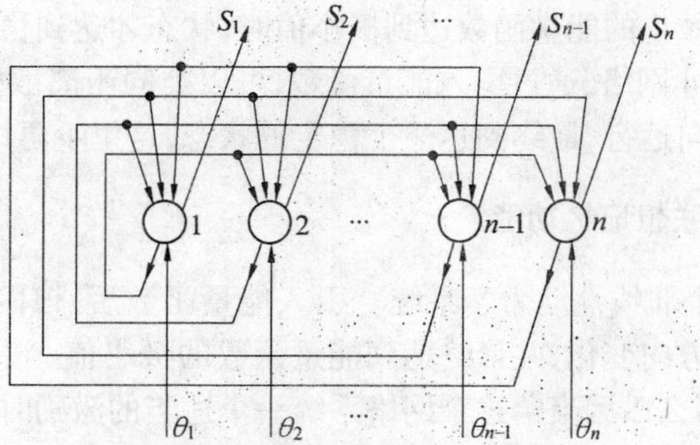

图 3.14　Hopfield 网络的结构

设此网络含有 n 个神经元,第 i 个神经元的状态 S_i 取 0 或 1,各神经元按下列规则随机地、异步地改变状态

$$S_i = \begin{cases} 1 & \text{当} \sum W_{ij} S_i + I_i - \theta_i > 0 \\ 0 & \text{当} \sum W_{ij} S_i + I_i - \theta_i < 0 \end{cases} \tag{3.32}$$

其中,W_{ij} 为第 i 个与第 j 个神经元间连接权值;I_i 为第 i 个神经元的偏流;θ_i 为 I_i 阈值。

Hopfield 根据系统动力学和统计力学的原理,在网络系统中引入能量函数的概念,给出了网络系统稳定性问题定理如下。

Hopfield 定理　设(W,S)是一个神经网络,若 $W_{ij}=W_{ji}$,且 $W_{ii}>0$,同时各神经元是随机异步地改变状态,则此网络一定能收敛到稳定的状态。

证明　在网络中引入能量函数

$$E=-\frac{1}{2}\sum_{i=1}^{n}\sum_{j=1}^{n}W_{ij}S_iS_j-\sum_{i=1}^{n}I_iS_i+\sum_{i=1}^{n}\theta_iS_i \quad i\neq j \tag{3.33}$$

能量函数 E 随状态 S_k 的变化为

$$\frac{\Delta E_k}{\Delta S_k}=-\frac{1}{2}\sum_{i=1}^{n}W_{ki}S_i-\frac{1}{2}\sum_{j=1}^{n}W_{jk}S_j-I_k+\theta_k$$

当 $W_{ik}=W_{ki}$ 时,则得

$$\Delta E_k=-\left(\sum_{j=1}^{n}W_{kj}S_j+I_k-\theta_k\right)\Delta S_k \tag{3.34}$$

若令 S_k 表示上式括号中部分,即 $S_k=\sum\limits_{j=1}^{n}W_{kj}S_j+I_k-\theta_k$,则由式(3.32)可知,$S_k$ 与 ΔS_k 同号,再从式(3.34)可以看出,S_k 与 ΔS_k 之积大于零,故 $\Delta E_k<0$。这就表明网络系统总是朝着能量减小的方向变化,最终进入稳定状态。

Hopfield 网络模型的基本原理是:只要由神经元兴奋的算法和连接权系数所决定的神经网络的状态,在适当给定的兴奋模式下尚未达到稳定状态,那么该状态就会一直变化下去,直到预先定义的一个必定减小的能量函数达到极小值时,状态才达到稳定而不再变化。

对于连续的 Hopfield 网络,通过引入能量函数,可以类同于离散模型的情况加以研究,它同样朝着能量减小的方向运行,最终到达一个稳定的状态,这里不再讨论。

2. Hopfield 网络的联想记忆功能

Hopfield 网络是一个非线性动力学系统。引入能量函数后,该网络系统在一定条件下总是朝着系统能量减小的方向变化,并最终达到能量函数的极小值。如果把这个极小值所对应的模式作为记忆模式,那么以后当给这个网络系统一个适当的激励时,它就能成为想起已记忆模式的一种联想记忆装置,即 Hopfield 网络具有联想记忆功能。

Hopfield 网络的联想记忆过程可分为学习和联想两个阶段:在给定样本的条件下,按照 Hebb 学习规则,调整连接权值使得存储的样本成为动力学的吸引子,这个过程就是学习阶段;联想是指在已调整好权值不变的情况下,给出部分不全或受了干扰的信息,按照动力学规则改变神经元的状态,使系统最终收敛到动力学的吸引子。

Hopfield 网络模型的动力学规则是指若网络节点在 $S(0)$ 初始状态下,经过 t 步运行后将按规则

$$S(t+1)=\mathrm{sgn}\left[\sum_{j=1}^{n}W_{ij}S_j(t)+I_i\right] \tag{3.35}$$

达到 $S(t+1)$ 状态。式中 sgn 为符号函数。

3. Hopfield 网络的联想记忆学习算法

在偏流 I 为零的情况下，本学习算法的具体步骤如下。

（1）按照 Hebb 规则设置权值

$$W_{ij}=\begin{cases}\sum\limits_{m=1}^{n}x_i^m x_j^m & i\neq j\quad i,j=1,2,\cdots,n\\ 0 & i=j\end{cases}\tag{3.36}$$

其中，W_{ij} 是节点 i 到节点 j 的连接权；x_i^m 表示样本集合 m 中的第 i 个元素，$x_i\in\{-1,+1\}$。

（2）对未知样本初始化

$$S_i(0)=x_i\qquad i=1,2,\cdots,n\tag{3.37}$$

其中，$S_i(t)$ 是 t 时刻节点 i 的输出；x_i 是未知样本的第 i 个元素。

（3）迭代计算

$$S_j(t+1)=\mathrm{sgn}\left[\sum_{i=1}^{n}W_{ij}S_i(t)\right]\quad j=1,2,\cdots,n\tag{3.38}$$

直至节点输出状态不改变时，迭代结束。此时节点的输出状态即为未知输入最佳匹配的样本。

（4）返回（2）继续迭代。

4. Hopfield 网络的优化计算

Hopfield 网络用于优化问题的计算与用于联想记忆的计算过程是对偶的。在解决优化问题时，权矩阵 $\boldsymbol{W}$ 已知，目的是求取最大能量 E 的稳定状态。通过将能量函数和代价函数相比较，求出能量函数中权值和偏流，并以此去调整相应的反馈权值和偏流，进行迭代计算，直到系统收敛到稳定状态为止。最后将所得到的稳定状态变换为实际优化问题的解。

旅行商问题（TSP）是给定 N 个城市，从某一城市出发走遍所有城市但不准重复，然后再回到原出发地，其间的路径必须最短。1985 年，Hopfield 本人应用 900 个神经元组成连续的 Hopfield 网络，在 0.2 秒内成功地解决了著名的旅行商 TSP 问题。此问题用普通搜索法极其费时，而采用 Hopfield 网络在极短时间内找到虽不最短，但却是接近最短的近似最优解，充分显示出这一网络的巨大潜力。因此，这一网络被人们广为研究并应用到多种领域。

3.2.5　Elman 神经网络

1990 年 J. L. Elman 提出了一种反馈网络模型，被称为 Elman 神经网络。图 3.15 给出了 Elman 神经网络的 4 层结构：输入层、隐层、承接层和输出层。输入层的神经元仅起信号传输作用。除了普通的隐层外，还有一个特别的隐层，称为承接层（上下文层、状态层），它从隐层接收反馈信号,用来记忆隐层神经元前一时刻状态的输出值,经延时和存储再反馈到隐层,使网络敏感历史数据,从而增加了处理动态信息能力。输出层为一线性层。

Elman 网络和前向网络不同在于它的隐层具有反馈连接,如果 Elman 网络只有正向连接而将反馈连接被置为常值,则 Elman 网络可视为前向网络。具有反馈的 Elman 网络比前向网络具有更强的计算能力,它能在有限时间内以任意精度逼近任意函数。隐层神经元数目越多,逼近复杂函数的精度就越高。经过训练后,它不但可以识别空间模式,也可以识别时间模式。

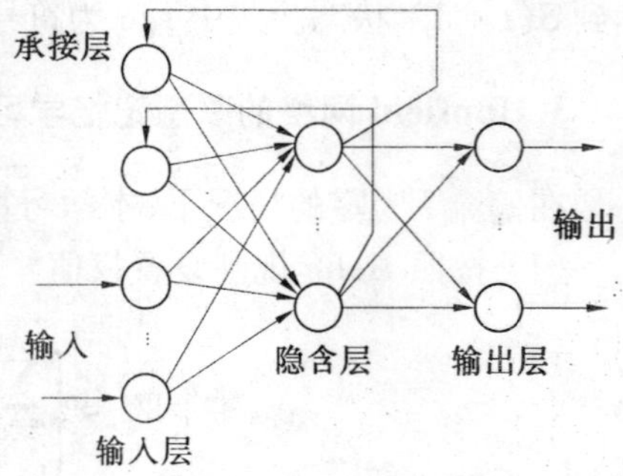

图 3.15 Elman 神经网络的结构

在图 3.15 的 Elman 神经网络中,设输入 $\boldsymbol{u}$ 为 r 维向量,输出 $\boldsymbol{y}$ 为 m 维向量,隐含层输出 $\boldsymbol{x}$ 为 n 维向量,承接层输出 $\boldsymbol{x}_c$ 为 n 维向量,隐含层到输出层、输入层到隐含层、承接层到隐含层的连接权分别为 w^1、w^2、w^3,隐层的激活函数为 $\boldsymbol{f}(\cdot)$,输出层的激活函数 $\boldsymbol{g}(\cdot)$ 是隐层输出的线性组合,则各层之间的表达式为

$$\boldsymbol{y}(k)=\boldsymbol{g}(\boldsymbol{w}^3\boldsymbol{x}(k)) \tag{3.39}$$

$$\boldsymbol{x}(k)=\boldsymbol{f}(\boldsymbol{w}^1\boldsymbol{x}_c(k)+\boldsymbol{w}^2(\boldsymbol{u}(k-1))) \tag{3.40}$$

$$\boldsymbol{x}_c(k)=\boldsymbol{x}(k-1) \tag{3.41}$$

Elman 神经网络的学习算法可以采用 BP 网络带有附加动量的梯度下降反向传播学习算法对其网络进行训练,权值的调整公式为

$$\Delta\boldsymbol{w}(k+1)=(1-m_c)\eta\nabla\boldsymbol{f}(\boldsymbol{w}(k))+m_c(\boldsymbol{w}(k)-\boldsymbol{w}(k-1)) \tag{3.42}$$

其中,$\boldsymbol{w}$ 为权值向量;k 为训练次数;$m_c(0\leqslant m_c\leqslant 1)$ 为动量因子,一般取 0.95 左右;η 为学习率;$\nabla\boldsymbol{f}(w(k))$ 为误差函数的梯度。

3.2.6 小脑模型神经网络

1975 年,J. S. Albus 根据神经生理学小脑皮层结构特点,提出了一种小脑模型关联控制器(Cerebellum Model Articulation Controller,CMAC),被称为 CMAC 网络。

1. CMAC 网络的结构

人的小脑主要管理运动功能,小脑皮层的神经系统从肌肉、四肢、关节、皮肤等接受感觉信息,并感受反馈信息,然后将这些获得的信息整合到一特定的存储区域记忆着。当需要的时候,将这些储存的信息从中取出,作为驱动和协调肌肉运动的控制指令。当感受信息和反馈信息出现差异,通过联想加以调整达到协调运动控制的目的,这一过程便是学习。CMAC 网络就是模拟小脑神经系统的协调功能而设计的,它的结构如图 3.16 所示。CMAC 的功能是通过多个映射实现的。第一个映射是从 $S \to A$ 的映射，其中 S 为输入状态空间，A 为概念存储器。映射的基本原则是：对相近的输入映射到 A 中有一定的重合，而不相近的输入在 A 中也相距较远。第二个映射是从 $A \to M$ 的映射，其中 A 为概念存储器，M 为实际存储器。由于要学习的问题不会是全部可能的输入，故 M 的存储容量要比 A 小得多，这就决定了从 A 到 M 的映射为多对一的随机映射，因此可用散列编码(hash coding)实现这种映射。

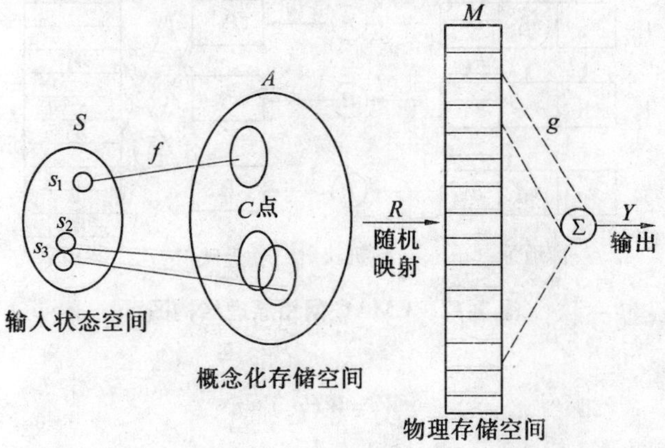

图 3.16 CMAC 网络的结构

2. CMAC 网络的工作原理

图 3.17 给出了 CMAC 网络原理结构图。图中以输入向量集合元素数等于 3 为例，输入 S_1、S_2、S_3 经过量化映射 Q 变换为 q_1、q_2、q_3，输入量的最大值 $S_{i\max}$、最小值 $S_{i\min}$ 及量化等级 $q_{i\max}$ 决定了分辨率 q_i，即

$$q_i = Q(S_i, S_{i\max}, S_{i\min}, q_{i\max}) \tag{3.43}$$

其中，输入集合数目 $i=1,2,\cdots,m$，本例中 $m=3$。由于量化等级可以根据需要而增加，因此 CMAC 网络可达到很高精度。

再对离散的输入量进行到虚地址的映射，它相当于从 $S \to A$ 的映射，映射后变为由三段合成的四个虚地址(v_1, v_2, v_3, v_4)，即每一个 V 都由三段所组成。这样的映射使得 CMAC 网络具有泛化能力，即当某一输入量化值变化一个等级时，只有一个虚地址段变化 1，而其他虚地址段都保持不变，这就保证了在相邻量化值的指示权值用的 4 个虚地址中有 3 个是相同的。这就意味着，在输入空间中相近的输入量能给出相近的输出。

对上述组合成的三段虚地址，经过一个多对一的随机映射 P 后，得到与输入向量相对应的物理地址 p_j，即

$$p_j = P(v_j) \quad j=1,2,\cdots,g \tag{3.44}$$

其中，P 为一种以散列编码形成的映射。由得到的 p_j 可以通过输出权值表获得相应的权值，

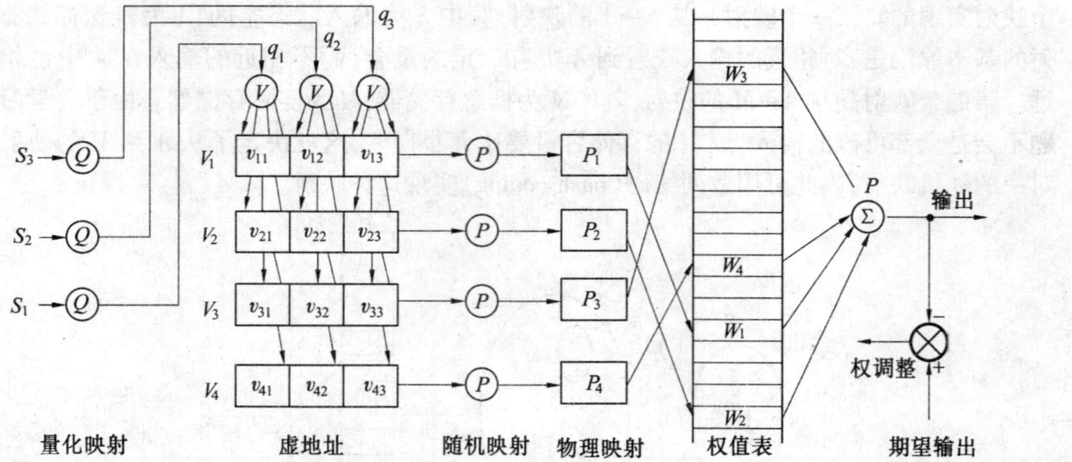

图 3.17　CMAC 网络原理结构图

即

$$W_j = W(p_j) \tag{3.45}$$

输出 y 为

$$y = \sum_{j=1}^{g} W_j \tag{3.46}$$

在训练过程中,如果网络输出 y 与期望输出 d 不同,则按式

$$W_j(K+1) = W_j(K) + \beta\left(d - \sum_{j=1}^{m} W_j\right)/g \tag{3.47}$$

修正权值。式中,β 为学习因子($\beta \leqslant 1$);g 为推广能力,其值越大,相邻输入的共同虚地址越多,即 CMAC 的泛化能力越强。

综上所述不难看出,CMAC 网络是一种通过多种映射实现联想记忆网络,这种映射实质上是一种智能查表技术,它模拟小脑皮层神经系统感受信息,获得并处理信息、存储信息,通过联想利用信息的功能。这种网络能实现无教师学习,具有在线学习能力,不仅学习速度快,而且精度高,可以处理不确定性知识。它在实时控制,尤其是在机器人实时控制领域有着广泛的应用。例如,W. T. Miller 已将该网络成功地用于机械手的实时动态轨迹跟踪。

3.2.7　大脑模型神经网络

1987 年,芬兰赫尔辛基技术大学 T. Kohonen 教授提出了一种模拟大脑神经系统自组织特征映射(Self-Organizing feature Map, SOM)功能的神经网络。它是一种竞争式学习网络,在学习中能无监督地进行自组织自学习。因此,又称为自组织神经网络,简称为 SOM 网络,或称为 Kohonen 网络。

1. Kohonen 网络原理

脑神经学研究表明，人脑中大量的神经元处于空间不同区域，有着不同的功能。它们敏感着各自的输入信息模式的不同特征，这样就形成了大脑各种不同感知路径。在大脑皮质中，神经元之间信息交互的共同特征是最邻近的两个神经元互相激励而兴奋，较远的相互抑制，更远的又是弱激励，这种局部作用的交互关系形成一个墨西哥草帽形状的分布关系，如图 3.18 所示。

Kohonen 网络如图 3.19 所示，它是一个完全相互连接的神经元组成的二维点阵结构，在网络的一定邻域内各神经元间存在交互侧向反馈作用。每个神经元的输出都是网络中其他神经元的输入，而每个神经元又都有相同的输入形式。网络中有两种连接权值，一种是神经元对外部输入反应的连接权值，另一种是神经元之间的连接权值，它的大小控制着神经元之间的交互作用的大小。

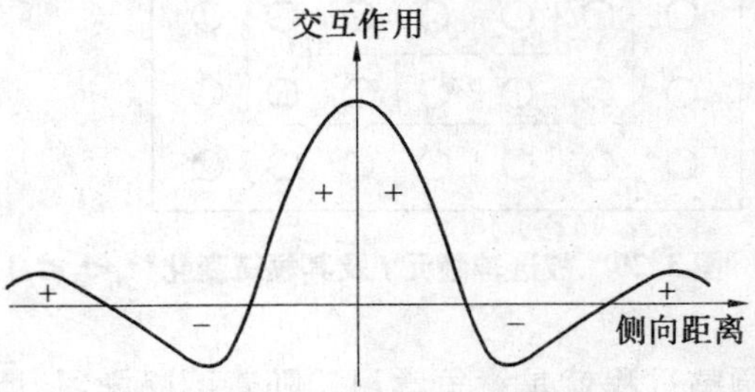

图 3.18　侧向交互作用关系

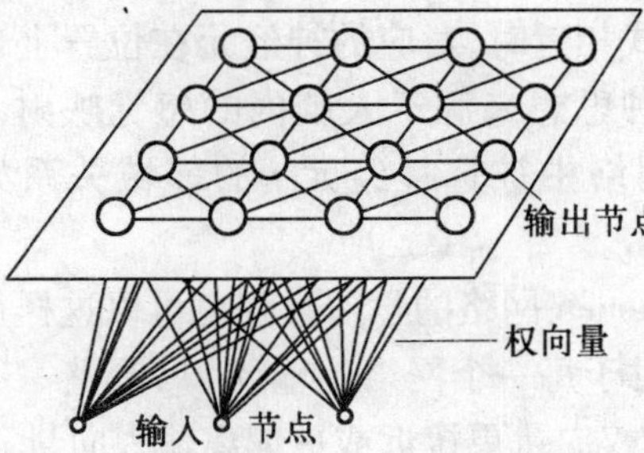

图 3.19　Kohonen 网络

Kohonen 认为，一个神经网络接受外界输入模式，将分成不同区域，各区域中邻近的神经元通过交互作用，相互竞争，自适应地形成了对输入模式的不同响应检测器，这就是 Kohonen 提出的自组织特征映射网络的基本思想。

Kohonen 网络在结构上模拟了大脑皮质中的神经元呈二维空间点阵结构，在功能上通过网络中神经元间的交互作用和相互竞争，模拟了大脑信息处理的聚类功能、自组织、自学习功能。

2. Kohonen 网络学习规则

Kohonen 网络当外部输入模式出现后，网络所有神经元都同时工作，它们之间的突触连接权向量试图模仿输入信号，实现网络自组织的目标。这一自组织学习过程包括采用竞争机制选择最佳匹配神经元和权向量自适应更新两个过程。

(1) 选择最佳匹配神经元

当输入信号 X 与神经元 i 获得最佳匹配时，它们之间的欧式距离为

$$\| X-W_c \| = \min_i \| X-W_i \| \tag{3.48}$$

其中,$\boldsymbol{X}$ 为输入空间 R^n 中的输入向量,$\boldsymbol{X}=[x_1,x_2,\cdots,x_n]^{\mathrm{T}}$;$\boldsymbol{W}_i$ 为相应的权向量,$\boldsymbol{W}_i=[W_{i1},W_{i2},\cdots,W_{in}]^{\mathrm{T}}$。$\boldsymbol{X}$ 与 $\boldsymbol{W}_i$ 的匹配度等于它们的内积 $X^{\mathrm{T}}W_i$,其最大处正是由于神经元的不断交互作用,其输出分布所形成的"气泡"(bubble)中心 C。

因为 $\boldsymbol{X}$ 与 $\boldsymbol{W}_i$ 之间内积最大,就意味着它们之间的向量差的范数 $\| X-W_i \|$ 最小,这个最小的距离确定了神经元 C 在竞争中获胜。上述式(3.48)即为匹配定律。当网络训练好之后,如果同样的输入模式出现时,某个神经元就兴奋起来,表示该神经元已经认识了这个模式。

(2)权向量的自适应更新过程

当某一输入与被选神经元 j 的权值 W_j 有差异时,除该权值修正外,被选神经元的邻域 N_j 中的其他神经元也将根据它们的误差以及按照距离的大小作适当的调整。越靠近 j 的神经元调整的就越多,这样形成的邻域关系使得输入模式相近时,对应的神经元在位置上也靠近。这种思想来源于人脑内的感觉映射,Kohonen 网络中被选神经元 j 的邻域关系如图 3.20所示。

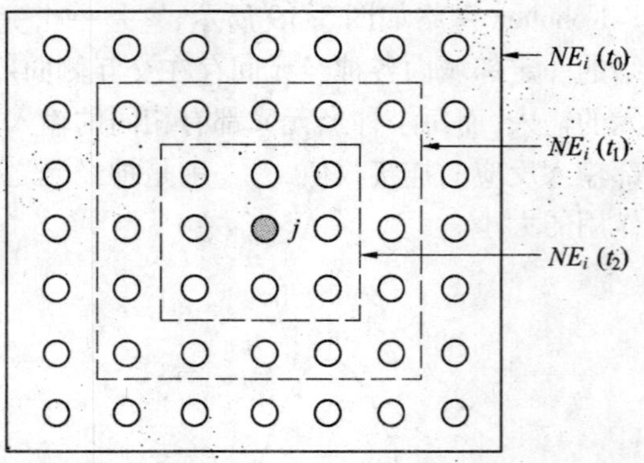

图 3.20 被选神经元 j 及其领域变化($t_0<t_1<t_2$)

Kohonen 网络的学习过程也可以这样加以描述:对于每一个网络的输入,只调整一部分权值,使权向量更接近或更偏离输入向量,这一调整过程就是竞争学习。随着不断学习,所有权向量都在输入向量空间相互分离,形成了各自代表输入空间的一类模式,这就是 Kohonen 网络的特征自动识别的聚类功能。

3. Kohonen 网络学习算法

Kohonen 网络的学习算法实现步骤如下:

(1)从 n 个输入到 m 个输出节点间的权值赋随机任意小值,并设定邻域的初始半径如图 3.19 所示。

(2)给定新的输入信号。

(3)计算输入到各输出节点 j 之间距离

$$d_j=\sum_{i=0}^{n-1}\left[x_i(t)-W_{ij}(t)\right]^2 \tag{3.49}$$

(4)选择 $d_{j^*}=\min\limits_i d_j$ 的节点 j^* 作为输出节点。

(5)对节点 j^* 和邻域内 $NE_j(t)$ 所有节点按下式更新权值,其他节点保持不变

$$W_{ij}(t+1)=W_{ij}(t)+\eta(t)\left[x_i(t)-W_{ij}(t)\right] \tag{3.50}$$

其中,$j\leqslant NE_j(t)$,$0\leqslant i\leqslant n$;$\eta(t)$是自适应学习率,它随时间缓慢减小,$0\leqslant\eta(t)<1$。

(6)返回(2)重复计算。

应该指出,Kohonen 网络是一类重要的竞争学习的自组织网络,由 Kohonen 网络和其他形式网络组合,可以形成一大类神经网络。这类网络具有无教师学习特点,可以用于智能机器人控制系统,模式识别系统,数据压缩及分类,故障诊断等系统。

3.2.8　Boltzmann 神经网络模型

1985 年,加拿大多伦多大学教授 G. E. Hinton 等人基于统计物理学和 Boltzmann 概率分布,提出了一种模拟退火过程的神经网络模型,简称为 Boltzmann 机。

模拟退火的基本思想源于统计力学,统计力学是研究一个多自由度的系统在某个温度下达到热平衡时的行为特性。金属当高温熔化时,所有原子都处于高能的自由运动状态。随着温度的降低,原子的自由运动减弱,物体能量降低。只要在凝结温度附近,使温度下降足够慢,原子排列就越来越规整,而形成结晶,这一过程称退火过程。物体的上述结晶过程可对应多变量函数的优化过程,因此模拟退火过程,可以研究多变量的优化问题。

如果在退火过程的每一步,随机地改变原子的位置,导致整个系统能量改变 ΔE,若 $\Delta E<0$,则该原子就会处于新的位置,否则,该原子的位置可能不变或可能变到新的位置,而其改变的概率按 Boltzmann 分布变化。

1. Boltzmann 机的结构

Boltzmann 机是一个相互连接的神经网络模型,其主要特点是隐节点间具有相互结合的关系。每个神经元都根据自己的能量差 ΔE_i 随机地改变自己的或为 1 或为 0 的状态,而单元 i 状态为 1 的概率为

$$P_i(\Delta E_i)=\frac{1}{1+e^{-\Delta E_i/T}} \tag{3.51}$$

其中,T 为温度参数,当 $T>0$,P_i 函数趋于阶跃函数;当 T 很大时,两种状态近于各半,而能量差为

$$\Delta E_i=E(S_i=1)-E(S_i=0) \tag{3.52}$$

假设网络的连接权是对称的,引入能量函数

$$E=-\frac{1}{2}\sum_{i\neq j}W_{ij}S_iS_j \tag{3.53}$$

其中,S_i 是包括输入层、隐层和输出层中所有单元的状态。当系统达到平衡时,能量函数达到极小值,可以证明 Boltzmann 机是收敛的。

2. Boltzmann 机的训练步骤

(1)设定初始高温并随机给定全部权值;

(2)给定一输入向量,用已有的权值计算代价函数;

(3)用 Boltzmann 分布 $P(x)=e^{-x^2/T^2}$ 随机改变每个权值;

(4)重新计算代价函数,若减小,则将权值置成常数,否则返回(3);

(5)求新的温度值

$$T(n+1)=T(0)/\log(1+n) \quad n\geqslant 1 \tag{3.54}$$

(6)重复(3)至(6)。

3. Boltzmann 机的学习算法

使用梯度下降法来计算权值 W_{ij} 的变化

$$W_{ij}=-\eta\frac{\partial G}{\partial W_{ij}}=-\eta\frac{1}{T}(P_{ij}^{+}-P_{ij}^{-}) \tag{3.55}$$

其中,P_{ij}^{+} 为网络输入、输出固定并对各种分布平均后,出现 S_i、S_j 同时为 1 的概率;P_{ij}^{-} 为网络仅固定输入时相应的概率;G 为两概率分布的测度。

经过反复调整 W_{ij},直至 $P_{ij}^{+}=P_{ij}^{-}$,即 $\Delta W_{ij}=0$ 时的 W_{ij} 即为所期望的权值。由于 Boltzmann 机模拟退火过程,虽然这种算法可以避免局部最小,但这种获得全局最小的收敛速度很慢,这是其不足。Boltzmann 机模型就是模拟退火算法的神经网络实现,可用于求解组合优化问题。

3.2.9 模糊神经网络

模糊神经网络是由将神经网络和模糊推理相结合,通过在线调整神经网络的连接权值来调整模糊控制规则中的隶属函数参数。根据模糊推理中后件形式不同,模糊神经网络的结构可分为"后件为常量、后件为模糊变量、后件为线性函数"的三种形式。

1. 模糊神经网络的结构

前向模糊神经网络是广泛使用的模糊神经网络,图 3.21 所示给出一个包含五层的前向模糊神经网络的结构。下面分别介绍每一层的具体作用。

第 1 层为输入层。通过 n 个节点直接与输入向量 $\boldsymbol{x}=(x_1,x_2,\cdots,x_n)$ 连接,将输入变量传送到下一层。

第 2 层为模糊化层。设每个输入变量均有 m 个模糊集合,该层共有 $n\times m$ 个节点,分为 n 组,每组 m 个节点。第 i 组的 m 个节点输入都是 x_i,而其输出分别是各输入量 x_i 的第 j 个模糊集合的高斯型隶属函数 $\mu_i^j(x_i)$。

第 3 层为规则层。该层每个节点表示一条规则,用于匹配模糊规则的前件,计算出每条规则适用度的公式为

$$\alpha_j=\min\{\mu_1^{i_1}(x_1),\mu_2^{i_2}(x_2),\cdots,\mu_n^{i_n}(x_n)\} \tag{3.56}$$

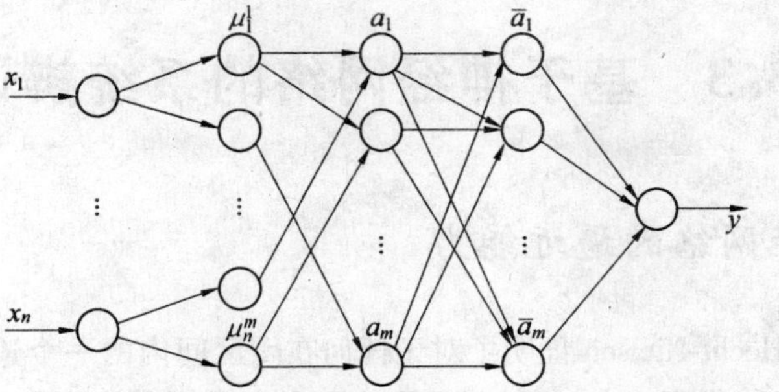

图 3.21　五层前向模糊神经网络的结构

第 4 层为去模糊层。该层实现归一化计算的公式为

$$\overline{\alpha}_j = \frac{\alpha_j}{\sum_{i=1}^{m} \alpha_i} \tag{3.57}$$

第 5 层为输出层。该层采用加权平均法实现清晰化的计算公式为

$$y = \sum_{j=1}^{m} w_j \overline{\alpha}_j \tag{3.58}$$

2. 模糊神经网络的学习算法

模糊推理学习算法一类是提取模糊规则的学习算法,即从给定的输入输出数据中发现其对应的映射关系;另一类模糊学习算法是应用模糊控制方法不断改善神经网络的性能。由于模糊神经网络的结构是多层前向网络,因此学习算法采用模糊 BP 算法。

Kosko 研究表明,神经元网络等同于模糊系统都是在单位空间内进行处理。在把神经元的激活值限定在[0,1]区间的情况下,由于可以和附加给模糊集合各元素隶属度值同等看待,所以可以比较简单地把模糊系统和神经网络合成,或把任一过程的一部分用另一过程替换。不难看出,以神经网络连接权作为参数的输入输出映射关系也是一种模糊推理运算。因此,模糊推理系统可用神经网络学习系统加以实现。

3.2.10　其他类型神经网络

除了上述介绍的智能控制中常用的神经网络模型外,还有许多种类的神经网络模型。如基于自适应共振理论(Adaptive Resonance Theory)的自组织神经网络 ART,基于非线性动力学稳定吸引子理论的双向联想记忆网络(Bidirectional Associative Memory, BAM),基于细胞自动机理论的细胞神经网络(Cellular Neural Network, CNN),小波神经网络(Wavelet Neural Network, WNN),以及混沌神经网络(Chaotic Neural Network, CNN)等,在此不再赘述。

3.3 基于神经网络的系统辨识

3.3.1 神经网络的逼近能力

1989年,Robert Hecht-Nielson证明了对于任何在闭区间内的一个连续函数都可以用一个隐层的BP网络来逼近,因而一个三层的BP网络可以完成任意的n维到m维的映射。这个定理的证明是以数学上Weierstrass的以下两个逼近定理为依据。

定理3.1 任意给定一个连续函数$g\in C(a,b)$及$\varepsilon>0$,存在一个多项式$P(x)$,使$|g(x)-P(x)|<\varepsilon$,对每个$x\in[a,b]$成立。

定理3.2 任意给定一个函数$g\in C_{2\pi}$($C_{2\pi}$是以2π为周期的连续函数)及$\varepsilon>0$,存在三角函数多项式$T(x)$,使得$|g(x)-T(x)|<\varepsilon$,对每个$x\in R$成立。

推理3.1 在n维空间中,任一向量$\boldsymbol{x}$都可以由基集$\{e_i\}$表示,$\boldsymbol{x}=C_1e_1+C_2e_2+\cdots+C_ne_n$,同样在有限区间内$\boldsymbol{x}\in[a,b]$的一个函数$g(x)$,可以用一个正交函数序列$\{\phi_i(x)\}$来表示。如果基函数可以扩展到任意大,那么

$$g(x)=C_1\phi_1(x)+C_2\phi_2(x)+\cdots+C_n\phi_n(x) \tag{3.59}$$

如果正交基函数是有限项,那么

$$g(x)=C_1\varphi_1(x)+C_2\varphi_2(x)+\cdots+C_n\varphi_n(x)+\varepsilon \tag{3.60}$$

$\{\phi_i(x)\}$是正交的,可以用傅里叶级数的三角函数展开,$C_1,\cdots,C_n$为傅里叶级数的系数。

利用推理,对于一个任意给定的一维连续函数$g(x)$,$x\in[0,1]$,可以用一个傅里叶级数来近似,即

$$g_{\mathrm{F}}(x)=\sum_k C_k\exp(2\pi ix) \tag{3.61}$$

其中

$$C_k=\int_{[0,1]} g(x)\exp(-2\pi ix)\,\mathrm{d}x \tag{3.62}$$

则有$|g(x)-g_F(x)|<\varepsilon$,对每个$x$成立。

进一步考虑x为一个n维空间的矢量,在$[0,1]^n\in R^n$进行映射$g':[0,1]^n\in R^n\to R$,如果积分$\int_{[0,1]^n}|g'(s)|^2\mathrm{d}x$存在,根据傅里叶级数理论,仍旧存在一个级数,即

$$g'_{\mathrm{F}}(x,N,g')=\sum_{k_1=-N}^{N}\sum_{k_2=-N}^{N}\cdots\sum_{k_n=-N}^{N}C_{k_1k_2\cdots k_n}\exp(2\pi i\sum_{i=1}^{n}k_ix_i)=$$
$$\sum_k C_K\exp(2\pi ik\cdot x) \tag{3.63}$$

$$C_{k_1,k_2,\cdots,k_n} = C_k = \int_{[0,1]^n} | g'(x) - g'_F(x,N,g') | \mathrm{d}x = 0$$

当 $N \to \infty$ 时，满足

$$\lim_{N\to\infty}\int_{[0,1]^n} | g(x) - g'(x,N,g') | \mathrm{d}x = 0 \tag{3.64}$$

现考虑对一个任意多维函数的映射，给定一个函数 $h(x)$，$x \in R^n$，$[0,1]^n \subset R^n \to R^m$ 其 $h(x) = [h_1(x), h_2(x), \cdots, h_m(x)]^{\mathrm{T}}$，则 h 中的每一个分量也都可以用式(3.61)中的傅里叶级数来近似，那么可以得到下面的定理。

定理3.3　(映照定理)：给定任一个 $\varepsilon > 0$，一个连续函数矢量 h，其矢量中的每个元素满足 $\int_{[0,1]^n} | h_i(x) |^2 \mathrm{d}x$ 存在，$h:[0,1]^n \subset R^n \to R^m$ 必定存在一个三层BP神经网络来逼近函数 h，使逼近误差在 ε 之内。(证明略)

3.3.2　神经网络系统辨识的原理

1. 系统辨识的定义

系统辨识是对难以通过机理方法和试验方法建模的复杂对象进行建模的一种方法。L. A. Zadeh把辨识定义为："辨识就是在系统输入和输出观测数据的基础上，从一组给定的模型中，确定一个与被识别的系统等价的模型。"这个定义指出了辨识应具有以下三要素。

(1)输入输出数据

指能够观测到的按时间顺序排列的系统输入输出数据，简称为时序数据。

(2)模型类

指要明确给定所要辨识的系统属于哪一类系统，因为属性完全不同的系统可能具有相同的模型结构。

(3)等价准则

指从一类模型中按所给定的性能等价准则，选择一个与实际系统最为接近的模型。因此，等价准则就是用以衡量模型与实际系统接近程度的标准，一般表示为误差函数的泛函。

2. 神经网络系统辨识的原理

基于神经网络的系统辨识就是选择一个适当拓扑结构的神经网络模型，使该网络从待辨识的实际动态系统不断地获得输入输出数据，网络通过学习算法自适应地调节神经元间的连接强度，从而得到利用神经网络模型逐渐逼近实际动态系统的模型(正模型)或逆模型(如果系统是可逆的)。

(1) 正模型的辨识

通过神经网络辨识实际动态系统正模型的结构如图 3.22 所示,分为并联结构和串-并联结构两种形式。以并联结构为例,神经网络输入端从被辨识的动态系统的输入 $u(k)$ 和输出 $y_p(k)$ 获得输入数据,其输出的估计值 $\hat{y}_p(k)$ 与实际输出 $y_p(k)$ 的误差 $e(k)$,用于驱动神经网络的学习算法通过调节神经元间的连接强度,使得误差的指标函数

$$J = \frac{1}{2}\sum_{k=1}^{N} [y(k) + v(k) - \hat{y}(k)]^2 \tag{3.65}$$

达到最小。其中,$v(k)$ 是作用在系统输出端的干扰和噪声。

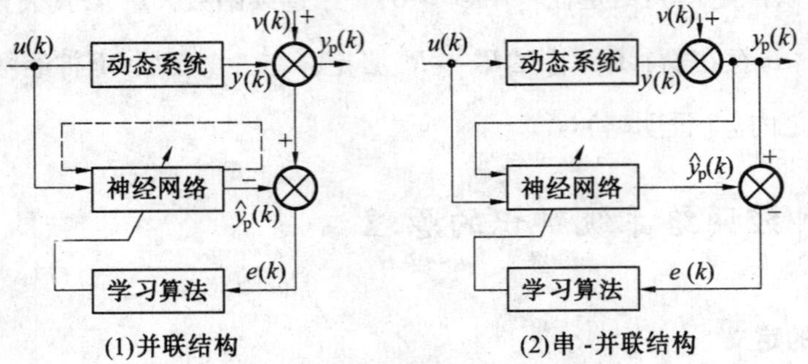

图 3.22 神经网络辨识正模型的原理

(2) 逆模型的辨识

通过神经网络辨识实际动态系统逆模型的原理如图 3.23 所示,分为一般结构和特殊结构两种形式。以一般结构为例,神经网络输入端从被辨识的动态系统的输出 $z(k)$ 获得输入数据,其输出的估计值 $\hat{u}(k)$ 与动态系统实际输入 $u(k)$ 的误差 $e(k)$,用于驱动神经网络的学习算法来调节神经元间的连接强度,使得误差的指标函数

$$J = \frac{1}{2}\sum_{k=1}^{N} [u(k) - \hat{u}(k)]^2 = \frac{1}{2}\sum_{k=1}^{N} [u(k) - \hat{P}^{-1}(y(k) + v(k))]^2 \tag{3.66}$$

达到最小。其中,$\hat{P}^{-1}(\cdot)$ 表示动态系统的逆模型,$v(k)$ 是作用在系统输出端的干扰和噪声。

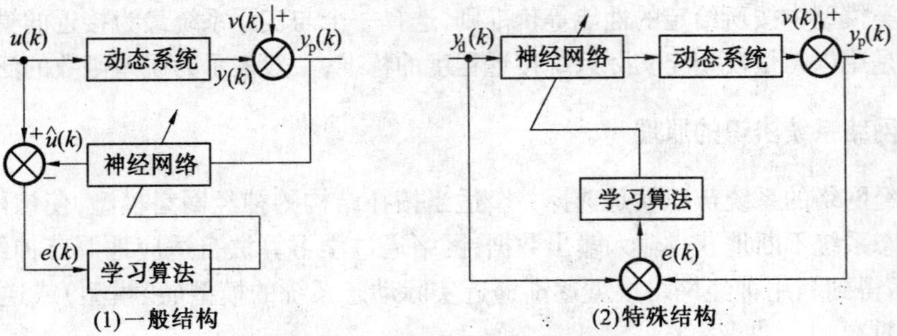

图 3.23 神经网络辨识逆模型的原理

(3) 正 - 逆模型的辨识

通过神经网络对实际动态系统进行正 - 逆模型的辨识的原理如图3.24所示,用于辨识的神经网络串联在动态系统的前面。神经网络的输入端 $y_d(k)$ 从待辨识的动态系统的期望输出获得输入数据,训练误差或者是期望输出与其动态系统实际输出 $y(k)$ 的误差 $e(k)$,或者是与已辨识的神经网络正向模型 $\hat{y}(k)$ 的误差 $e(k)$,即

$$e(k) = y_d(k) - y(k) \quad 或 \quad e(k) = y_d(k) - \hat{y}(k) \tag{3.67}$$

上述误差用于驱动神经网络的学习算法来调节神经元间的连接强度,使得误差的指标函数 $J = \frac{1}{2}\sum_{k=1}^{N}[e(k)]^2$ 达到最小。图中 $v(k)$ 是作用在系统输出端的干扰和噪声。

这种方法是利用系统已有的正向动力学模型或神经网络已辨识的正向模型,这样有利于克服使用系统输入作为训练误差所带来的问题。

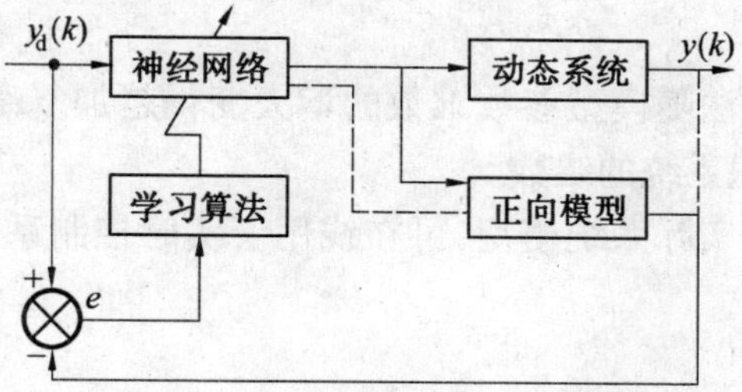

图 3.24　神经网络辨识正-逆模型的原理

(4)逆-逆模型的辨识

所谓逆-逆模型的辨识是由两个神经网络逆模型和待辨识的动态系统一起构成神经网络间接学习的控制系统结构,如图3.25所示。要求神经网络NN1和NN2两个结构完全相同,其中NN1是“前馈控制器”,其输入是期望输出信号 y_d,而输出控制信号 u 给对象;NN2是“反馈控制器”,接受对象输出 y,然后产生控制信号 v。两个网络输出信号之差 $e_2 = u - v$ 是间接的或训练的,利用这个误差来调整网络的连接权重,使这个误差 e_2 最终趋于0,使总误差 $e_1 = y_d - y$ 也趋于0。

首先只考虑NN1和对象而不考虑NN2的情况。如果目标是驱动输出 y 逼近 y_d,则最好的策略是令NN1为对象的逆动态近似。对于未知对象的动态,没有一个简便的方法确定网络的正确权值,它将由对象逆动态的近似而寻求出。

其次,只考虑反馈控制器NN2和对象的情况。如果NN2的动态近似对象的逆动态,则误差 e_2 将为0,因此,一个好的控制策略就是对于反馈控制器NN2去实现对象的逆近似。对于未知对象NN1和NN2的参数将同时调整,当满足一定条件时 e_1 接近0时,NN1和NN2将是对象逆动态的一个好的近似。

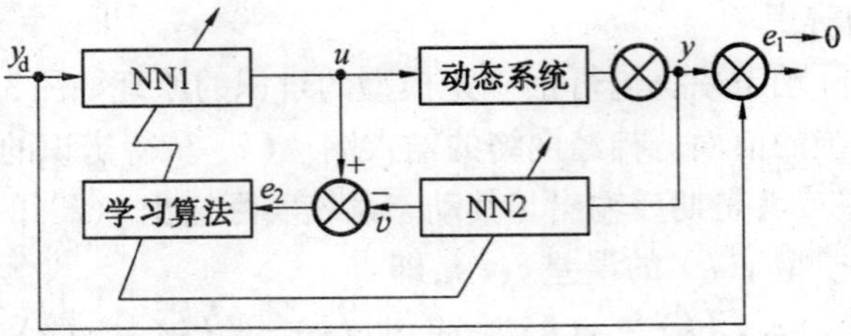

图 3.25 神经网络辨识逆-逆模型的原理

3. 神经网络辨识的特点

同传统的系统辨识算法相比,神经网络系统辨识具有下述特点:

(1)神经网络系统辨识不是算法形式的,不需要建立系统的结构模型,可以实现对本质非线性系统进行模型辨识。

(2)传统的系统辨识算法随模型参数维数的增大变得越加复杂化,而神经网络系统辨识的收敛速度不依赖于待辨识系统的维数。

(3)神经网络辨识出的实际系统模型,可在线用于实时控制系统中充当实际系统的物理模型。

3.3.3 基于 BP 网络的非线性系统模型辨识

多层前向网络是系统辨识中常用的一种网络,下面介绍基于 BP 网络的非线性动态系统模型辨识算法。

1. 前向网络的结构设计

为简单起见,考虑单输入单输出动态系统的形式为

$$y(k+1)=f[y(k),\cdots,y(k-n+1);u(k),\cdots,u(k-m+1)] \tag{3.68}$$

其中,$u(k)$、$y(k)$分别为系统的输入、输出;m、n 为输入、输出的阶次。

辨识上述系统选用三层前向网络:输入层神经元的数目为 $n_I \geqslant m+n+1$;输出层神经元的数目 n_O 应为待辨识的输出维数,在此 $n_O=1$;隐层的神经元数目 n_H 缺少理论指导,一般取 $n_H > n_I$。

如果对象的阶次 n、m 已知,那么 BP 网络的输入向量为

$$\boldsymbol{X}(k)=[x_1(k),x_2(k),\cdots,x_{n_I}(k)]^T \tag{3.69}$$

$$\boldsymbol{x}_i(k)=\begin{cases} y(k-i) & (1\leqslant i\leqslant n) \\ u(k-i-n+1) & (n+1\leqslant i\leqslant n_I) \end{cases} \tag{3.70}$$

如果对象的阶次 n、m 未知,可通过选择 n、m 的不同组合,由好的性能指标决定之。

2. 基于 BP 网络的系统辨识算法

设输入层到隐层的加权阵为$[v_{ji}]$，隐层到输出层的加权阵为$[w_i]$。对于设定的单输入单输出系统，神经网络从输入层到隐层的输入输出关系为

$$net_i(k) = \sum_{j=0}^{n_I} v_{ji} x_j(k) \tag{3.71}$$

$$I_i(k) = H[net_i(k)] \tag{3.72}$$

$$H[x] = (1 - e^{-x})/(1 + e^{-x}) \tag{3.73}$$

其中，$x_0 = 1$ 为阈值对应的状态。

从隐层到输出层的输入输出关系为

$$\hat{y}(k) = \sum_{i=0}^{n_H} W_i I_i(k) \tag{3.74}$$

其中，$I_0 = 1$ 为阈值对应的状态。

BP 网络的学习算法采用广义 δ 规则，使性能指标

$$J = \frac{1}{2}[y(k) - \hat{y}(k)]^2 \tag{3.75}$$

达到最小。为提高网络学习速度，采用带有惯性项的 δ 规则

$$\Delta W_i(k) = a_1 e(k) I_i(k) + a_2 \Delta W_i(k-1) \tag{3.76}$$

$$\Delta v_{ji}(k) = a_1 e(k) H'[net_i(k)] W_i(k) x_i(k) + a_2 \Delta v_{ji}(k-1) \tag{3.77}$$

$$e(k) = y(k) - \hat{y}(k) \tag{3.78}$$

$$H'[net_i(k)] = net_i(k)[1 - net_i(k)] \tag{3.79}$$

其中，$i=1,2,\cdots,n_H$；$j=1,2,\cdots,n_I$。

3. 基于 BP 网络的系统辨识步骤

(1) 初始化权值 $v_{ji}(0)$、$W_i(0)$ 为一小的随机值。

(2) 选择适当形式的输入信号 $u(k)$，如二进制伪随机序列，加入到系统(3.68)。

(3) 采集输出信号 $y(k)$（若为仿真时，$y(k)$ 由式(3.68)计算）。

(4) 根据式(3.69)、(3.70)构成输入向量 $\boldsymbol{X}(k)$，并计算误差 $e(k)$。

(5) 根据式(3.76)～(3.79)修改加权系数 $W_i(k)$、$v_{ji}(k)$。

(6) 将 $k \to k+1$，返回第(2)步。如果是离线辨识，需按预先给定的允许误差 ε 判断辨识算法的终止条件为

$$|e(k)| = |y(k) - \hat{y}(k)| < \varepsilon \tag{3.80}$$

3.4 基于神经网络的智能控制

基于神经网络的控制称为神经网络控制(NNC),简称神经控制(Neurocontrol,NC)。这一新词是在国际自控联杂志《自动化》(Automatica)1994 年 No.11 首次使用的,最早源于 1992 年 H. Tolle 和 E. Ersu 的专著《Neurocontrol》。基于神经网络的智能控制,也是实现智能控制的一种重要形式。

3.4.1 神经控制的基本原理

传统的基于模型的控制方式,是根据被控对象的数学模型及对控制系统要求的性能指标来设计控制器,并对控制规律加以数学解析描述;模糊控制是基于专家经验和领域知识总结出若干条模糊控制规则,构成描述具有不确定性复杂对象的模糊关系,通过被控系统输出误差及误差变化和模糊关系的推理合成获得控制量,从而对系统进行控制。这两种控制方式都具有显式表达知识的特点,而神经网络不善于显式表达知识,但是它具有很强的逼近非线性函数的能力,即非线性映射能力。把神经网络用于控制正是利用它的这个独特优点。

众所周知,控制系统的目的在于通过确定适当的控制量输入,使得系统获得期望的输出特性。图 3.26(1)给出了一般反馈控制系统的原理图,(2)采用神经网络替代(1)中的控制器,为了完成同样的控制任务,我们来分析一下神经网络是如何工作的。

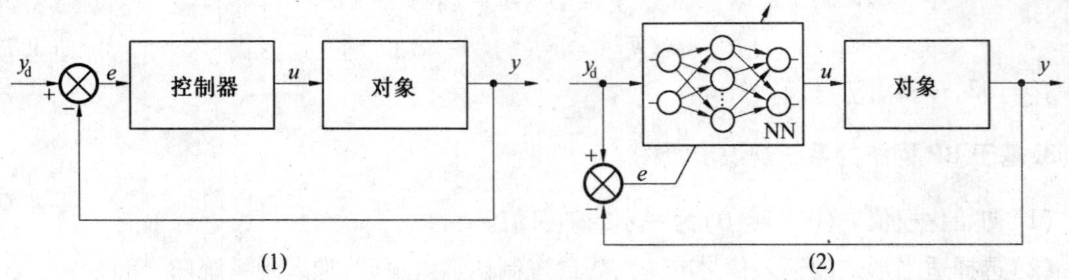

图 3.26 反馈控制与神经控制

设被控制对象的输入 u 和系统输出 y 之间满足如下非线性函数关系

$$y=g(u) \tag{3.81}$$

控制的目的是确定对象最佳的输入 u,使系统的实际输出 y 等于期望的输出 y_d。在该系统中,可把神经网络的功能看做输入-输出的某种映射,或函数变换,并设它的函数关系为

$$u=f(y_d) \tag{3.82}$$

为了满足系统输出 y 等于期望的输出 y_d,将(3.82)式代入(3.81)式,可得

$$y=g[f(y_d)] \tag{3.83}$$

显然，当 $f(\cdot)=g^{-1}(\cdot)$ 时，满足 $y=y_d$ 的要求。

由于要采用神经网络控制的被控对象一般多具有不确定性，因此非线性函数 $g(\cdot)$ 是难以建立的，可以利用神经网络具有逼近非线性函数的能力来模拟 $g(\cdot)$，尽管 $g(\cdot)$ 的形式未知，但通过系统的实际输出 y 与期望输出 y_d 之间的误差来调整神经网络中的连接权重，即通过神经网络学习算法，直至使误差

$$e=y_d-y\to 0 \tag{3.84}$$

由神经网络的学习算法实现这一求逆过程，就是神经网络实现直接控制的基本思想。

3.4.2　基于神经网络的智能控制

在控制系统中，应用神经网络的非线性映射能力可对难以精确描述的复杂非线性对象进行建模，或充当控制器，或优化计算，或进行推理，或故障诊断等，以及同时兼有上述某些功能的适当组合等。

基于神经网络的智能控制是指只由神经网络单独进行控制或由神经网络同其他智能控制方式相融合的控制的统称，前者称神经控制，后者可称为神经智能控制。属于这一大类的有以下形式。

1. 神经网络直接反馈控制

这种控制方式使神经网络直接作为控制器，利用反馈和使用遗传算法进行自学习控制。这是一种只使用神经网络实现的一种智能控制方式。

2. 神经网络专家系统控制

专家系统善于表达知识和逻辑推理，神经网络长于非线性映射和直觉推理，将二者相结合发挥各自的优势，就会获得更好的控制效果。

图 3.27 是一种神经网络专家系统的结构方案，这是一种将神经网络和知识基系统相结合用于智能机器人的控制系统结构。EC 是对动态系统 P 进行控制的基于规则的专家控制器，神经网络控制器 NC 将接受小脑模型关联控制器 CMAC 的训练，每当运行条件变化使神经控制器性能下降到某一限度时，运行监控器 EM 将调整系统工作状态，使神经网络处于学习状态，此时 EC 将保证系统的正常运行。该系统运行共有三种状态：EC 单独运行，EC 和 NC 同时运行，NC 单独运行，监控器 EM 负责管理它们之间运行的切换。

对复杂系统可采用递阶分级控制结构，如图 3.28(1) 所示，下层为 NC，上层为 EC，利用 NC 的映射能力和运算能力进行实时控制，EC 则用于知识推理、决策、规划、协调。图 3.28(2) 中表示一种分级结构，EC1 帮助 NC 进行训练等；NC 用于决策、求解问题；EC2 用来解释 NC 的输出结果并驱动执行机构对系统 P 进行控制。图 3.28(3) 是利用神经网络控制完成专家系统

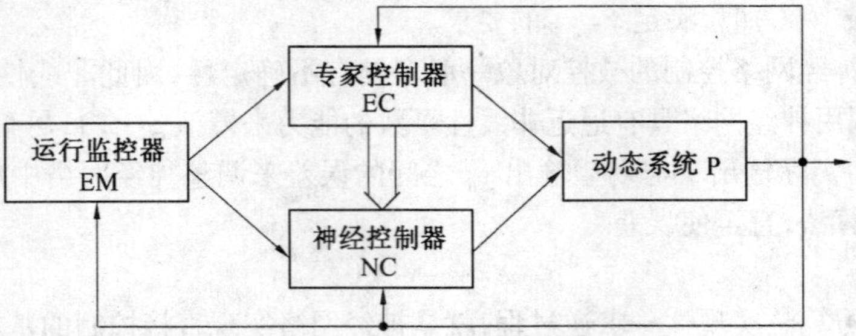

图 3.27 神经网络专家系统

中最耗费时间的模式匹配工作，以利于加速专家系统的执行。由上面结构不难看出，神经控制和专家系统的结合中具有这样的特点：在分层结构中，EC 在上层，NC 在下层；在分级结构中，EC 在前级，NC 在后级。

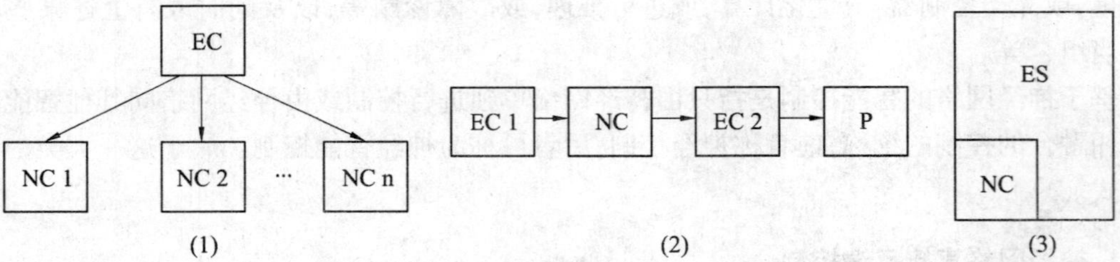

图 3.28 神经网络专家系统的递阶分级结构

3. 神经网络模糊逻辑控制

模糊逻辑具有模拟人脑抽象思维的特点，而神经网络具有模拟人脑形象思维的特点，将二者相结合将有助于从抽象和形象思维两方面模拟人脑的思维特点，是目前实现智能控制的重要形式。

模糊系统善于直接表示逻辑，适于直接表示知识，神经网络长于学习通过数据隐含表达知识。前者适于自上而下的表达，后者适于自下而上的学习过程，二者存在一定的互补、关联性。因此，它们的融合可以取长补短，可以更好地提高控制系统的智能性。神经网络和模糊逻辑相结合有以下几种方式。

(1)用神经网络驱动模糊推理的模糊控制

这种方法是利用神经网络直接设计多元的隶属函数，把神经网络作为隶属函数生成器组合在模糊控制系统中。

(2)用神经网络记忆模糊规则的控制

通过一组神经元不同程度的兴奋表达一个抽象的概念值，由此将抽象的经验规则转化成多层神经网络的输入-输出样本，通过神经网络如 BP 网络记忆这些样本，控制器以联想记忆方式使用这些经验,在一定意义上与人的联想记忆思维方式接近。

(3)用神经网络优化模糊控制器的参数

在模糊控制系统中对控制性能影响的因素除上述的隶属函数、模糊规则外,还有控制参数,如误差、误差变化的量化因子及输出的比例因子等,都可以利用神经网络的优化计算功能来优化这些参数,改善模糊控制系统的性能。

4. 神经网络滑模控制

变结构控制从本质上应该看做一种智能控制,将神经网络和滑模控制相结合就构成神经网络滑模控制。这种方法将系统的控制或状态分类,根据系统和环境的变化进行切换和选择,利用神经网络具有的学习能力,在不确定的环境下通过自学习来改进滑模开关曲线,进而改善滑模控制的效果。

3.4.3　基于传统控制理论的神经控制

将神经网络作为传统控制系统中的一个环节或多个环节,用以充当辨识器,或对象模型,或控制器,或估计器,或优化计算等。这种方式很多,常见的一些方式归纳如下。

1. 神经逆动态控制

设系统的状态观测值为 $x(t)$,它与控制信号 $u(t)$ 的关系为 $x(t)=F(u(t),x(t-1))$,F 可能是未知的,假设 F 是可逆的,即 $u(t)$ 可从 $x(t)$,$x(t-1)$ 求出,通过训练神经网络的动态响应为 $u(t)=H(x(t),x(t-1))$,H 即为 F 的逆动态。

2. 神经网络模型参考自适应控制

神经自适应控制是指在传统模型参考自适应控制系统中利用神经网络或充当对象模型,或控制器,或充当自适应机构用于优化控制参数等。

3. 神经网络自校正控制

这种控制结构的一种形式如同前面介绍的双神经网络间接学习控制结构。对于单神经网络可以有如图 3.29 所示的控制结构形式,评价函数一般取为 $e=y_d-y$,或采用下述形式:

$$e(t)=M_y[y_d(t)-y(t)]+M_u u(t) \tag{3.85}$$

其中 M_y 和 M_u 为适当维数的矩阵。该方法的有效性在水下机器人姿态控制中得到了证实。

4. 神经内模控制

在传统的内模控制结构中,用一个神经网络作为模型状态估计器,另一个神经网络作为控

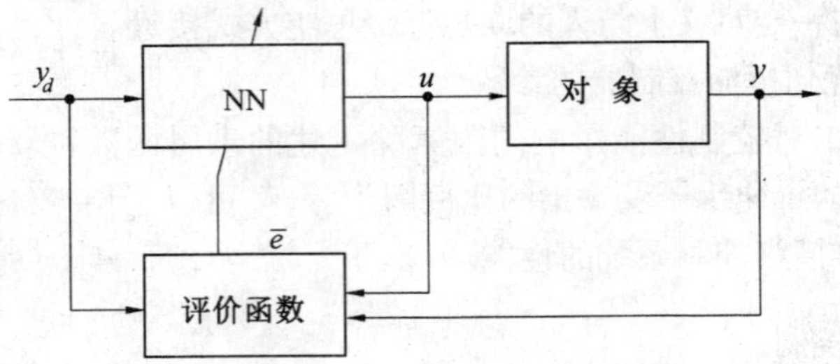

图 3.29 神经自校正控制的一种结构

制器(或仍采用常规控制器),就构成了神经内模控制的结构形式。

5. 神经预测控制

图 3.30 给出了一种神经预测控制的结构,其中 NNM 为神经网络对象响应预报器,NNC 为神经网络控制器。NNM 提供的预报数据送入优化程序,使性能目标函数在选择合适的控制信号 u'条件下达最小值,即

$$J = \frac{N_2}{j - N_1}[y_r(t+j) - y_m(t+j)]^2 + \sum_{j}^{N_2} \lambda_i [u'(t+j-1) - u'(t+j-2)]^2 \quad (3.86)$$

其中,常量 N_1、N_2 为规定跟踪误差和所考虑控制的增量;λ 是控制权值。

图 3.30 给出的结构表明,可以训练一个将来的网络来模仿优化程序的行为。NNC 被训练产生相同的控制输出,对于一给定对象输出作为优化程序(u'),这种方法的优点是当训练完成时,包含对象模型和优化的常规下的外环(虚线部分)不再需要。

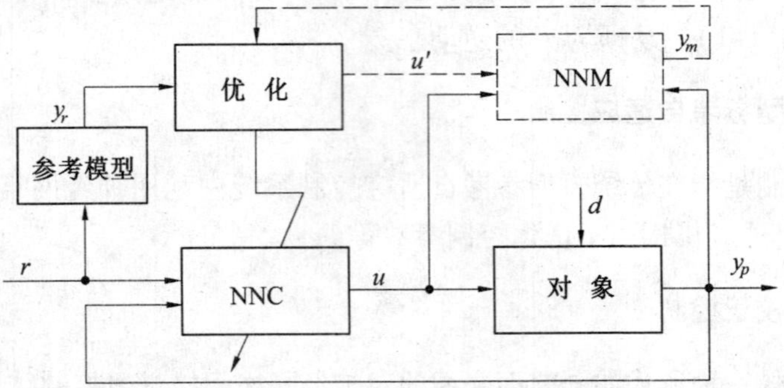

图 3.30 神经网络预测控制结构

6. 神经最优决策控制

在最优决策控制系统中,状态空间根据不同控制条件被分成特征空间区域,控制曲面的实现是通过训练过程完成的。由于时间最优曲面通常是非线性的,因此有必要使用一个能够逼近非线性的结构。一种可能的方法是将状态空间量化成基本的超立方体,在这个立方体中控

制作用是一个假设的常数。这个过程可由一个 LVQ 结构实现,那么很有必要让另一个网络充当分类器,如果需要连续信号,则可以使用标准的反向传播结构,如图 3.31 所示。

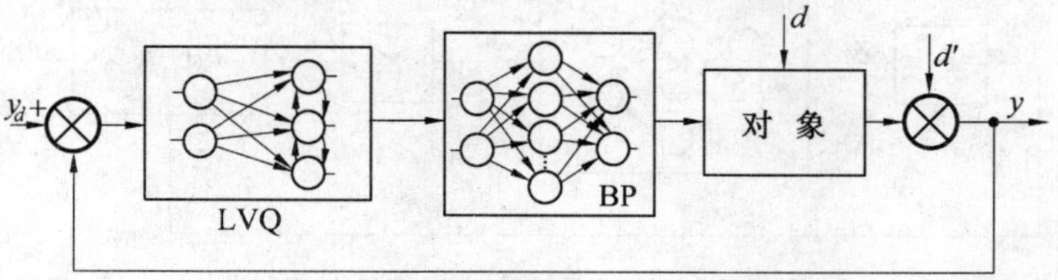

图 3.31　神经最优控制的结构

转换曲面不是已知的,而是经过在状态空间中训练点集来隐含定义,这个状态空间的最优控制作用是已知的。在训练过程中,学习算法只根据目前指示给它的训练样本向量,在它的权中与所需要的控制条件一起进行调整。训练样本向量按顺序提供给控制器,直到在训练集中所有的样本向量都被正确地分类,或者分类误差已经达到某一容许的稳态值。

7. 神经自适应线性控制

神经网络控制不仅可用做非线性控制,也可以用做线性控制系统。PID 控制是线性控制中的常用形式,其控制参数整定困难,尤其是不能自调整。采用神经网络调整 PID 控制参数就构成了神经网络 PID 控制的结构,如图 3.32 所示。

神经网络和线性控制的结合还有其他结构形式,神经网络与常规反馈控制的联合如图 3.33所示,神经网络先根据样本训练,在学习阶段采用常规控制。当学习结束后,常规控制不再起作用,由神经控制器来控制。

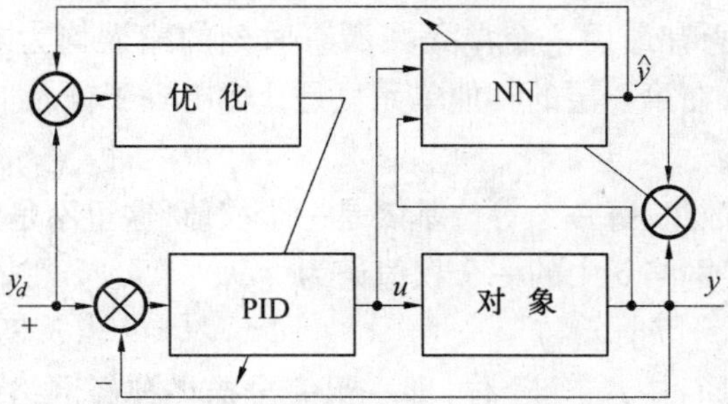

图 3.32　神经自适应 PID 控制结构

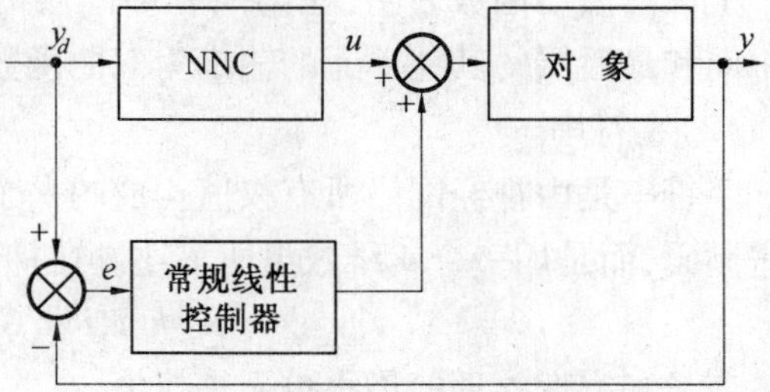

图 3.33　神经网络与常规控制结合

3.4.4　神经网络直接反馈控制

将神经网络用于直接控制,必须解决网络的无监督地自学习问题。在图 3.34 给出的反馈控制系统中,神经网络充当一个直接控制器。神经网络 NN 接收输入信号 x_n 并输出 y_n,其中

x_n 是状态向量 $\boldsymbol{X}$ 乘以一个常值增益 K_i，输出 y_n 乘以一个常值增益 K_0 后作为控制量 u。

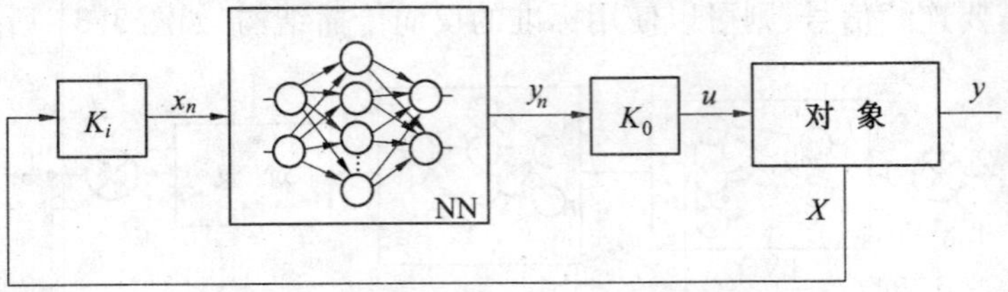

图 3.34 神经网络直接反馈控制系统

该系统在神经元前面有一个译码器，它将状态空间的所有分段区域映射为神经元的多输入，然后采用遗传算法进行自学习。

(1)神经网络

神经网络采用前向多层网络，设在 k 层上的神经元 i 的输入和输出用 $i_n[k,i]$ 和 $O_n[k,i]$ 表示，而单元和层的最后一个数用 $i_{\max}[k]$ 和 $k_{\max}$ 表示，从 k 层 i 单元到 $k+1$ 层 j 单元的连接权重为 $W[k,i,j]$，因此 j 单元的输入为

$$i_n[k+1,j]=\sum_{i=1}^{i_{\max}[k]} O_n[k,i]W[k,i,j] \tag{3.87}$$

神经网络的激活函数形式为

$$f_n(k,j,i_n)=\begin{cases} 1 & \text{当 } k<k_{\max} \text{ 时}, j<i_{\max}[k] \\ i_n & \text{当 } k<1 \text{ 时}, j<i_{\max}[1] \\ 1/(1+\exp(-i_n)) & \text{当 } k<k_{\max} \text{ 时}, j<i_{\max}[k] \\ & \text{或当 } k=k_{\max}, \text{对所有 } j \end{cases} \tag{3.88}$$

上面的激活函数表明，在第一和中间层的所有最后一个单元在所有时刻的输入均为 1。在中间和最后层的其他单元的输出为双曲函数，在第一层的其他单元只是让输出等于输入。

(2)字符串

字符串是由神经网络所有权值构成的一个数组，每一个等位基因是一个权值，这里不是用二进制码，而是用一个 4 维数组所描述。在神经网络 q 中的一个权值记为

$$W[k,i,j]=G[q][k][i][j] \tag{3.89}$$

交叉和突变处理的最小单元是权值，在数组 G 中，一个个体，即一组完全描述神经网络的权是按 q 索引的。

(3)交叉

这里不是采用一点交叉，而是在一个被选择的交叉对 q_1 和 q_2 之间采用多个等位基因的一个随机交换。等位基因交换的数量 Nc 取作一个个体具有的等位基因全部数量的一半，等位基因的位置(i,j,k 的值)是随机选择的，这些位置上的等位基因在 $G[q_1][i][j][k]$ 和 $G[q_2][i][j][k]$ 之间可互相交换。

(4)突然变异

突然变异以概率 1 发生在没有交叉的而被选择的个体上,如果被选择了的一对经历交叉的概率为 P_c,则突然变异的概率为 $1-P$。所有的等位基因以一个突然变异宽度 ΔW 增长,这个宽度是在一个事先确定的间隔内随机选择的。

(5)选择

本遗传算法中采用了两种类型的选择:一种为应用过渡操作因子选择对,另一种是选择下一代的幸存者。第一种与标准的算法相同,而第二种选择有些特殊。在过渡操作因子产生新的个体后,从二倍大小的试验群体中选择幸存者,此试验群体包括目前的和新产生的个体。在此过程中,新产生的个体被估计以获得它们的目标函数值。然后,下一代的个体以与它们适应度值成比例的概率从试验群体中被选择。有最高目标函数值的个体不论它的拟合值为多大,它都例外地被选择,通过选择试验群体的一半,保持下一代群体的大小为常数。

(6)比例(标度)

除将平均目标函数值映射适应度为 1 和将最高值映射适应度为 2 外,也使用了一个线性比例。这个数值是从最高适应度个体中产生后代的预定数,实际应用时应适当调整。因为这个比例不像标准算法那样保持平均值,所以可以得到负的函数值。

(7)共享

为检查等位基因值的多样性,在群体的所有个体之间定义一种最小距离 $d[q_1,q_2]$ 为

$$d[q_1,q_2]=\min\{\mathrm{abs}(G[q_1][i][j][k]-G[q_2][i][j][k])\} \tag{3.90}$$

其中,abs(·)代表绝对值。一个适应度值的共享是在比例后发生,使得个体 q 的适应度除以到 q 的距离小于 1 的群体中的全部个体数量(包括它本身)。

经过上述的遗传算法的改进后,将它用于解决各种控制问题,这里着重介绍对非线性对象的控制问题。在这种情况下,神经网络的激活函数定义为

$$f_n(k,j,i_n)=\begin{cases}1 & \text{当 } k<k_{\max} \text{ 时}, j<i_{\max}[k] \\ i_n & \text{当 } k<1 \text{ 时}, j<i_{\max}[1] \\ 2/(1+\exp(-i_n)) & \text{当 } k<k_{\max} \text{ 时}, j<i_{\max}[k] \\ & \text{或当 } k=k_{\max}, \text{对所有 } j\end{cases} \tag{3.91}$$

神经网络的结构如图 3.35 所示,共包括 9 个神经元,每一个都满足式(3.91)。将此网络应用于非线性对象的控制,对象的微分方程为

$$\mathrm{d}^2x/\mathrm{d}t^2=\mathrm{sgn}(x)\cdot u \tag{3.92}$$

其中,sgn(x)为符号函数,当 $x\geqslant 0$ 时,sgn(x)取 1;当 $x<0$ 时,取 -1。由于外加力的方向根据 x 的位置可以转化,在一个区域($x>0$)是稳定的反馈增益,在另一区域($x<0$)是不稳定的,这样,非线性常增益反馈总能使此系统稳定。

为了计算目标函数值 V,采用下面的计算。

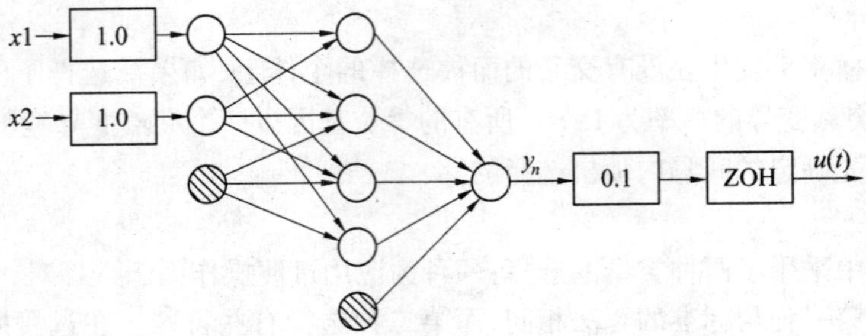

图 3.35 包含 S 型函数和常值单元的非线性神经网络的结构

$$V=-\log_2(P|_{x(0)=1.0}+P|_{x(0)=-1.0}) \tag{3.93}$$

其中

$$P=\mathrm{abs}(x_1(N_{\max}))+10\mathrm{abs}(x_2(N_{\max}))+Q \tag{3.94}$$

$$Q=\begin{cases}10^4 & \max\{\mathrm{abs}(u(n))\}<5\times10^{-2}\\ 0 & \max\{\mathrm{abs}(u(n))\}\geqslant5\times10^{-2}\end{cases} \tag{3.95}$$

为了学习二个区域的控制，每个个体的初始条件为 $x(0)=1$ 和 $x(0)=-1.0$，仿真步长 $N_{\max}$ 为 10，P 代表补偿值，它是 x_1 和 x_2 在最终采样时刻的一个绝对加权和。Q 是为了消除网络易于陷入局部最小值的一个额外的补偿。为了保持 u 恒为 0，需要 $P=1.0$，它在进化的初期并不坏。

所选用群体大小为 20，$P_c=0.7$，$N_c=8$，对于 ΔW 使用从-5 到 5 随机选择的整数。经过 100 代以后的仿真结果表明，对于从 1.0 和-1.0 开始的两个阶跃响应特性是令人满意的。

为了完成神经网络的直接反馈控制，网络必须找出一种非线性方法。此种方法由图 3.36 给出的网络输入-输出特性得以说明。由图可以清楚看出，沿 x_1 轴梯度，约在 $x_1=0$ 处位置增益改变方向。沿 x_2 轴梯度，约在 $x_2=0$ 处速度增益也改变方向。

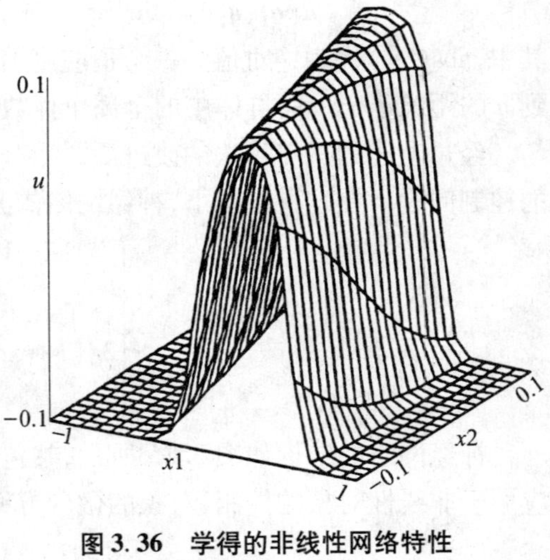

图 3.36 学得的非线性网络特性

仿真研究表明，借助于各种估计可优化网络，通过遗传算法，使网络能够通过学习独自发现非线性控制的方法，这种控制方式能接受任意目标函数，能满足具有噪声环境条件、参数变化及非线性等要求。

3.4.5　神经网络模型参考自适应控制

将神经网络同模型参考自适应控制相结合,就构成了神经网络模型参考自适应控制,其系统的结构形式和线性系统的模型参考自适应控制系统是相同的,只是通过神经网络给出被控对象的辨识模型。根据结构的不同可分为直接与间接神经网络模型参考自适应控制两种类型,分别如图3.37中(1)和(2)所示。间接方式比直接方式中多采用一个神经网络辨识器,其余部分完全相同。

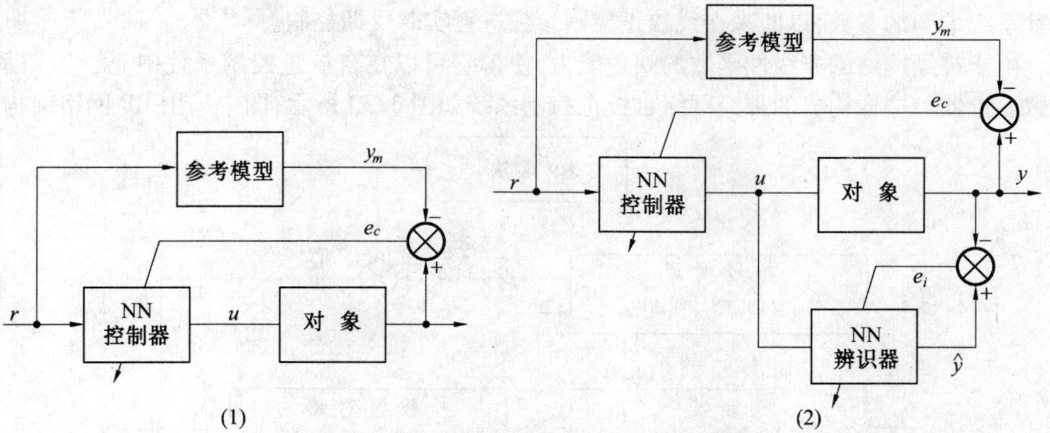

图3.37　神经网络模型参考自适应控制的结构

NN控制器的权重修正目标是使输出误差 $e_c=y_m-y\to 0$ 或二次型指标最小。对于直接方式,由于未知的非线性对象处于 e_c 和NN控制器的中间位置,给参数修正造成困难。为了避免这一问题,增加NN辨识器,变为间接方式,此种方式其权重修正目标是使 $e_i=\hat{y}-y\to 0$。

1990年Narendra等人提出了用于非线性系统的神经网络模型参考自适应控制系统,如图3.38所示。

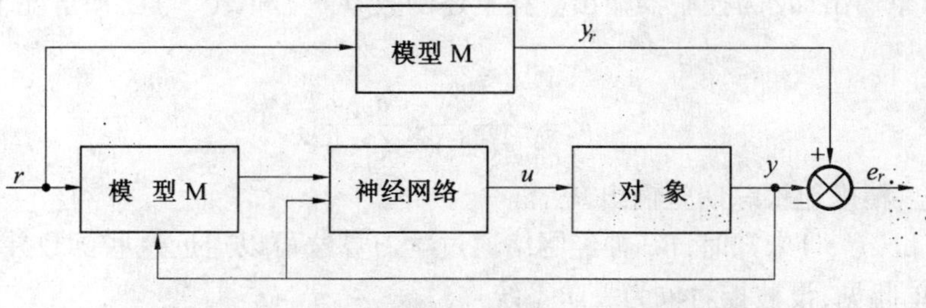

图3.38　神经网络非线性模型参考自适应控制

该闭环系统期望特性通过一个隐参考模型M详细描述,模型M通过其输入输出序列

$\{r(t),y_r(t)\}$来定义。控制系统试图使对象输出 $y(t)$ 渐近地与参考模型输出匹配,即

$$\lim_{t\to\infty}\|y_r(t)-y(t)\| \tag{3.96}$$

其中,ε 为一指定常量,$\varepsilon\geqslant 0$。利用这样定义的误差用于训练网络成为一个控制器。

3.4.6 神经网络自校正控制

自校正控制和模型参考自适应控制是自适应控制中的两种重要形式,它们有相似的特点,但也有不同之处。主要区别在于自校正控制没有参考模型,而依靠在线递推辨识(参数估计)估计系统未知的参数,以此来在线校正控制参数进行实时反馈控制。

由于神经网络的非线性函数的映射能力,使得它可以在自校正控制系统中充当未知系统函数逼近器。这样构成的神经网络自校正控制系统如图 3.39 所示,图中采用 BP 网络结构。

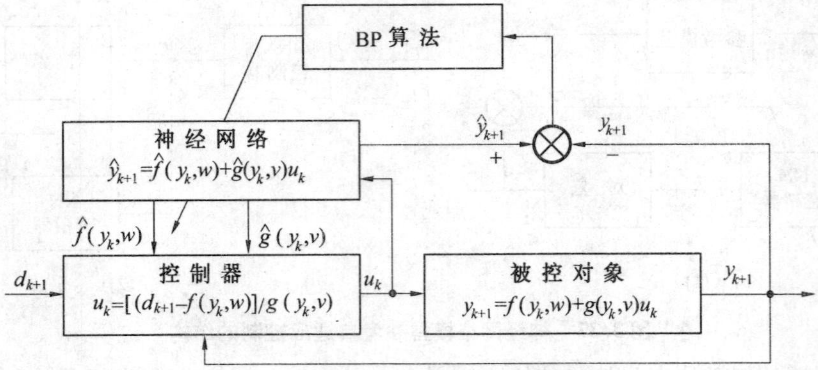

图 3.39 神经网络自校正控制系统

设单输入单输出线性系统为

$$y_{k+1}=f(y_k,y_{k-1},\cdots,y_{k-p},u_{k-1},u_{k-2},\cdots,u_{k-p})+ \\ g(y_k,y_{k-1},\cdots,y_{k-p},u_{k-1},u_{k-2},\cdots,u_{k-p})u_k \tag{3.97}$$

其中,y_{k+1} 为对象输出;u_k 为控制器输出。在上述函数 $f(\cdot)$ 和 $g(\cdot)$ 已知情况下,可以采用下述控制

$$u_k=-\frac{f(\cdot)}{g(\cdot)}+\frac{d_{k+1}}{g(\cdot)} \tag{3.98}$$

使系统输出 y_{k+1} 精确地跟踪期望输出 d_{k+1}。

当 $f(\cdot)$ 和 $g(\cdot)$ 未知时,BP 神经网络通过学习算法可以逼近这些函数并重新自校正控制规律,为简单起见,设被控对象为一阶系统

$$y_{k+1}=f(y_k)+g(y_k)u_k \tag{3.99}$$

通过神经网络利用模型

$$\hat{y}_{k+1}=\hat{f}[y_k,W(k)]+\hat{g}[y_k,V(k)]u_k \tag{3.100}$$

去逼近对象模型，其中 $W=[W_0,W_1,\cdots,W_{2p}]$，$V=[V_0,V_1,\cdots,V_{2q}]$。且有

$$\hat{f}(0,W)=W_0,\ \hat{g}(0,V)=V_0$$

相应的控制规律为

$$u_k=-\frac{\hat{f}[y_k,W(k)]}{\hat{g}[y_k,V(k)]}+\frac{d_{k+1}}{\hat{g}[y_k,V(k)]} \tag{3.101}$$

将式(3.100)代入式(3.99)可得

$$y_{k+1}=f(y_k)+g(y_k)\left\{-\frac{\hat{f}[y_k,W(k)]}{\hat{g}[y_k,V(k)]}+\frac{d_{k+1}}{\hat{g}[y_k,V(k)]}\right\}$$

使得定义的输出误差

$$E_k=\frac{1}{2}(d_{k+1}-y_{k+1})^2=\frac{1}{2}e_{k+1}^2$$

为最小，于是有

$$\begin{cases}\dfrac{\partial E_k}{\partial W^i(k)}=\dfrac{g(y_k)}{\hat{g}[y_k,V(k)]}\cdot\left\{\dfrac{\partial\hat{f}[y_k,W(k)]}{\partial W^i(k)}\right\}e_{k+1}\\[2ex] \dfrac{\partial E_k}{\partial V^j(k)}=\dfrac{g(y_k)}{\hat{g}[y_k,V(k)]}\cdot\left\{\dfrac{\partial\hat{g}[y_k,W(k)]}{\partial V^j(k)}\right\}u_ke_{k+1}\end{cases} \tag{3.102}$$

对于 $\dfrac{\partial\hat{f}[y_k,W(k)]}{\partial W^i(k)}$，$\dfrac{\partial\hat{g}[y_k,W(k)]}{\partial V^j(k)}$ 可仿照推导 BP 算法过程计算，虽然 $g(y_k)$ 未知，但其符号已知，可用 $\mathrm{sgn}[g(y_k)]$ 代替 $g(y_k)$，这样就可以得到调整 $W(k)$ 和 $V(k)$ 的学习规则

$$\begin{cases}W^i(k+1)=W^i(k)-\eta_k\dfrac{\mathrm{sgn}[g(y_k)]}{\hat{g}[y_k,V(k)]}\cdot\left\{\dfrac{\partial\hat{f}[y_k,W(k)]}{\partial W^i(k)}\right\}e_{k+1}\\[2ex] V^j(k+1)=V^j(k)-\mu_k\dfrac{\mathrm{sgn}[g(y_k)]}{\hat{g}[y_k,V(k)]}\cdot\left\{\dfrac{\partial\hat{g}[y_k,W(k)]}{\partial V^j(k)}\right\}u_ke_{k+1}\end{cases} \tag{3.103}$$

其中 η_k，μ_k 为学习速率。

上述修正权值学习算法收敛时，所获得的控制规律即为最佳的控制规律。

3.4.7　神经网络内模控制

1. 内模控制

内模控制(Internal Model Control，IMC)是由 E. Carlos 等人于 1982 年提出的一种新型调节系统，这种控制属于模型预测控制(MPC)的一种形式。提出 IMC 的目的是希望综合各种不同的非约束 MPC 设计的优点，同时避免其缺点，即调节具有明显物理意义的参数，可使在线整定

比较方便,而且不影响闭环的稳定性;系统品质好,采样间隔不出现纹波;能处理除阶跃外的其他输入信号。IMC 控制系统适用于纯滞后、多变量、非线性等系统。IMC 系统结构如图 3.40 所示。图中 $G_0(s)$ 为被控对象,$\tilde{G}_0(s)$ 是对象模型,$G_c(s)$ 为控制器,F 为干扰。该系统同时具备开环系统和闭环系统的特征,当 $\tilde{G}_0(s)=G_0(s)$ 且干扰 $F=0$ 时,反馈信号 d 为零,因而系统呈开环特性,对外来干扰和对象特性变化系统又呈闭环特性。经闭环传递函数推导可以得到 IMC 系统的下述三个特性。

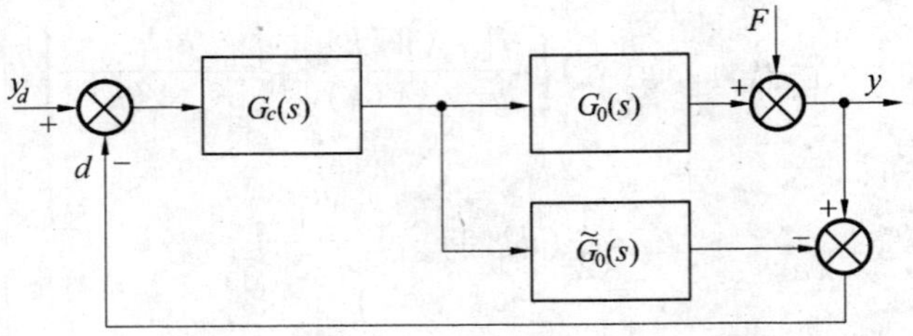

图 3.40 IMC 系统结构

(1) 只要对象 $G_0(s)$ 和控制器 $G_c(s)$ 是稳定的,则系统稳定。

(2) 当控制器设计为 $G_c=\tilde{G}_0^{-1}(s)$ 时,在所有时间内对给定 y_d 或干扰 F 系统的误差都为零。

(3) 当控制器静态增益满足 $G_c(s)=[\tilde{G}_0(s)]^{-1}$ 时,则系统为一阶无差系统。当控制器静态增益满足

$$\frac{\mathrm{d}}{\mathrm{d}s}[\tilde{G}_0(s)G_c(s)]_{s=0}=0 \tag{3.104}$$

时,系统为二阶无差系统。这一特性表明 IMC 系统本身具有误差积分作用。

2. 神经网络内模控制

神经网络内模控制系统如图 3.41 所示。它是分别用两个神经网络取代图 3.40 中的 G_c 和 G_0,前者为神经网络控制器,后者为神经网络状态估计器,在神经网络控制器前串有一线性滤波器。神经网络状态估计器用于充分逼近被控对象的动态模型,神经网络控制器不是直接学习被控对象的逆动态模型,而是以充当状态估计器的神经网络模型(内部模型)作为训练对象,间接地学习被控对象的逆动态特性。这样就回避了要估计 $\partial y(k+1)/\partial u(k)$ 而造成的困难。在上述系统中,NN 状态估计器作为被控对象的近似模型与实际对象并行设置,它们的差值用于反馈作用,同期望的给定值之差经一线性滤波器处理后,送给 NN 控制器,经过多次训练,它将间接地学习到对象的逆动态特性,此时,系统误差将趋于零。

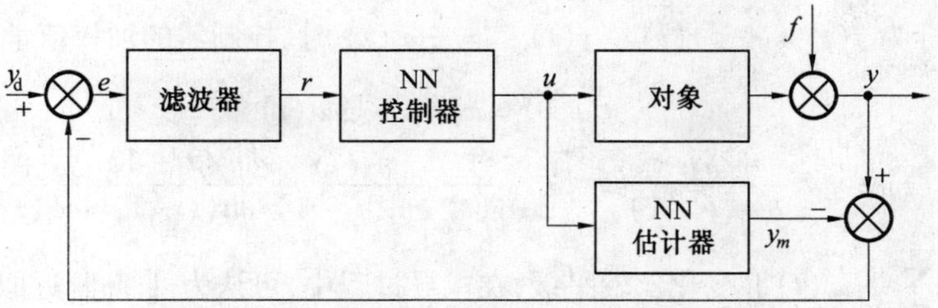

图3.41　神经网络内模控制系统

3.4.8　神经元自适应PID控制

由于神经网络结构较复杂,且学习算法较慢,而单个神经元也具有多输入和单输出的智能信息处理能力,因此将其和PID控制相结合,就形成了基于单个神经元的直接PID控制。

1. 基于单个神经元的直接PID控制

基于单个神经元的PID控制系统如图3.42所示。此时,神经元输入的三个状态量 $x_i(t)$ $(i=1,2,3)$ 分别为

$$\begin{cases}x_1(t)=e(t)\\x_2(t)=\sum_{i=0}^{t}e(i)T\\x_3(t)=\Delta e(t)/T\end{cases}\tag{3.105}$$

控制器输出为

$$u(t)=K\sum_{i=1}^{3}w_i(t)x_i(t)/\|W\|\tag{3.106}$$

$$u_g(t)=U_{\max}\frac{1-e^{-u(t)}}{1+e^{-u(t)}}\tag{3.107}$$

式中,$U_{\max}$ 为最大控制量。

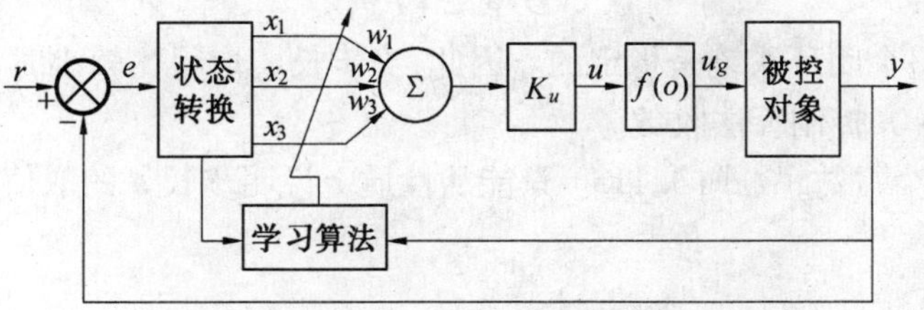

图3.42　单个神经元PID控制系统

在性能指标为 $J(t)=\frac{1}{2}[r(t)-y(t)]^2=\frac{1}{2}e^2(t)$ 时，控制器的加权值学习算法为

$$w_i(t+1)=w_i(t)+\Delta w_i(t) \tag{3.108}$$

$$\Delta w_i(t)=-d_i\frac{\partial J}{\partial w_i(t-1)}=-d_i\frac{\partial J}{\partial y(t)}\frac{\partial y(t)}{\partial u_g(t-1)}\frac{\partial u_g(t-1)}{\partial u(t-1)}\frac{\partial u(t-1)}{\partial w_i(t-1)} \tag{3.109}$$

由于 $\|W\|=\sum_{i=1}^{3}|w_i(t)|$ 变化比较平缓，在求导过程中，可认为 $\|W\|$ 近似为一常数，故有

$$\Delta w_i(t)=d_iU_{\max}[1-U_g^2(t-1)/U_{\max}^2]\times e(t-1)x_i(t-1)\frac{\partial y(t)}{\partial u_g(t-1)} \tag{3.110}$$

在对象 $\partial y(t)/\partial u_g(t-1)$ 未知时，有两种近似处理方法：一是利用符号信息 $\mathrm{sgn}[\partial y(t)/\partial u_g(t-1)]$ 近似 $\partial y(t)/\partial u_g(t-1)$；另一个方法是利用差分近似导数

$$\frac{\partial y(t)}{\partial u_g(t-1)}\approx\frac{y(t)-y(t-1)}{u_g(t-1)-u_g(t-2)} \tag{3.111}$$

假定 $\mathrm{sgn}[\partial y(t)/\partial u_g(t-1)]=1$，下面分析一下闭环系统的稳定性。取 Lyapunov 函数为 $V(t)=1/2e^2(t)$，则

$$\Delta V(t)=\frac{1}{2}e^2(t+1)-\frac{1}{2}e^2(t) \tag{3.112}$$

$$e(t+1)=e(t)+\frac{\partial e(t)}{\partial W}\Delta W^{\mathrm{T}}=e(t)+\Delta e(t) \tag{3.113}$$

将上式代入式(3.112)，可得

$$\Delta V(t)=\frac{1}{2}[2e(t)\Delta e(t)+\Delta^2e(t)] \tag{3.114}$$

设 $\boldsymbol{P}=[\partial e(t)/\partial w_1,\partial e(t)/\partial w_2,\partial e(t)/\partial w_3]^{\mathrm{T}}$，$\boldsymbol{D}=\mathrm{diag}\{d_1,d_2,d_3\}$，则有

$$\Delta e(t)=-e(t)\boldsymbol{P}^{\mathrm{T}}\boldsymbol{DP} \tag{3.115}$$

于是有

$$\Delta V(t)=-\frac{1}{2}[e(t)\boldsymbol{P}]^{\mathrm{T}}(2D-\boldsymbol{DPP}^{\mathrm{T}}\boldsymbol{D})[e(t)\boldsymbol{P}] \tag{3.116}$$

当满足

$$0<\boldsymbol{D}<2(\boldsymbol{PP}^{\mathrm{T}})^{-1} \tag{3.117}$$

时，有 $\Delta V(t)<0$，整个闭环系统是稳定的。因此，当步长 d_i 取得比较小时，有 $\Delta V(t)<0$，这表明随 t 增大，$e(t)\to 0$，控制算法收敛。

由于 $\boldsymbol{P}$ 不是一个常数，故式(3.113)只能从性质上说明步长 d 的取值范围，实际步长可从实验中确定。

2. 单个自适应神经元的控制学习算法

自适应神经元控制学习算法为

$$\begin{cases} u(t)=k\sum_{i=1}^{n}w_i(t)x_i(t) \\ w_i(t+1)=w_i(t)+d(r(t)-y(t))x_i(t) \end{cases} \tag{3.118}$$

式中，k,d 是待取定的常数；加权值也可以由式

$$w_i(t+1)=w_i(t)+d(r(t)-y(t))u(t)x_i(t) \tag{3.119}$$

确定；状态 $x_i(t)(i=1,2,\cdots,n)$ 可选为$(n=3)$

$$x_1(t)=r(t),x_2(t)=r(t)-y(t),x_3(t)=\Delta x_2(t) \tag{3.120}$$

为确保递进式学习的收敛性，对式(3.118)进行规范化得到

$$\begin{cases} u(t)=k\left[\sum_{i=1}^{n}w_i(t)x_i(t)\right]/\left[\sum_{i=1}^{n}w_i(t)\right] \\ w_i(t+1)=w_i(t)+d(r(t)-y(t))x_i(t) \end{cases} \tag{3.121}$$

一般来说，d 作为学习速率，希望取大一些；作为比例系数 k 可取 $k=1$ 或一较小的数值，根据学习控制效果再确定 k 值。

从控制角度做定性分析，由图 3.43 可知，自适应神经元产生的控制信号由三部分组成：前馈比例控制 $u_1(t)$，反馈比例控制 $u_2(t)$，反馈微分控制 $u_3(t)$。即

$$u(t)=k(u_1(t)+u_2(t)+u_3(t)) \tag{3.122}$$

式中，$u_1(t)=w'_1(t)r(t)$；$u_2(t)=w'_2(t)e(t)\doteq w'_2(t)(r(t)-y(t))$；$u_3(t)=w'_3(t)\Delta e(t)$

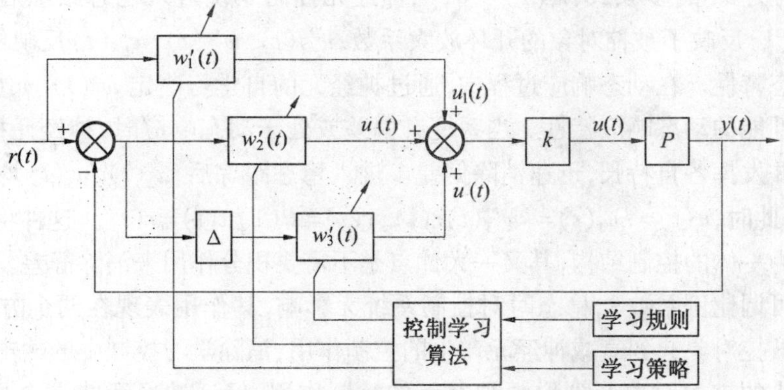

图 3.43　神经元控制系统的一种结构图

这是一种多层次多模式的控制结构，集前馈与反馈、开环与闭环为一体，互为关联，互为补偿。神经元系统控制作用的分离如图 3.44 所示。图 3.44(1)中虚线表示 $e(t)\neq 0$ 时是关联的，并设其传递系数为 1。由图 3.44(1)所示的结构有 $y(t)=kP(1+w'_1(t))r(t)/(1+kP)$，可知前馈控制将设定信号通过控制执行元件直接作用于被控对象，不影响系统的稳定性，不会引起超调和振荡。图 3.44(2)所示的结构是反馈比例加微分控制，有

$$y(t)=kP(w'_2(t)+\Delta w'_3(t))r(t)/[1+kP(w'_2(t)+\Delta w'_3(t))] \tag{3.123}$$

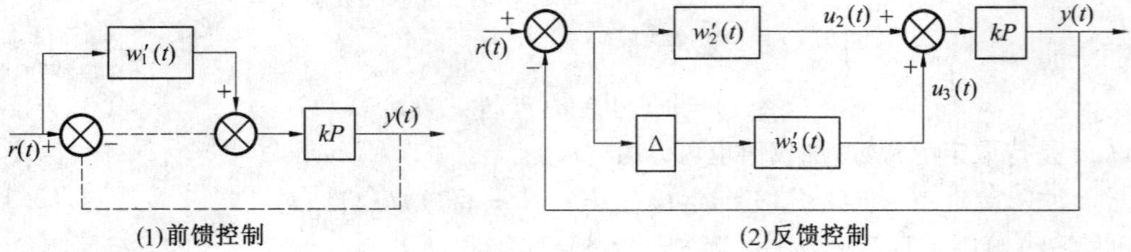

图 3.44 神经元系统控制作用分离

这将改变系统的闭环特性。反馈比例控制能迅速减小跟踪偏差;反馈微分控制能改善系统响应进入渐进跟踪给定信号时的动态特性,控制偏差向任何方向变化,神经元控制系统将这三种控制作用集合在一起,可使前馈控制抗扰动和适应参数变化能力增强,并可克服反馈比例控制引起的超调与振荡以及反馈微分控制对高频动态敏感等缺点。自适应神经元使用由某种学习规则和某种学习策略构成的学习算法,通过关联搜索进行递进式学习和自组织处理外部信息来确定其加权值 $w_i(t)$,即相应于这三种控制作用的比例系数 $w_i(t)(i=1,2,3)$,产生控制信号 $u(t)$,并沿着 $\varepsilon\{[r(t)-y(t)]^2\}/2$ 相应于 $w_i(t)$ 的负梯度方向使误差减小来修正 $w_i(t)$,直到偏差达到最小值零值,$\varepsilon\{\cdot\}$ 是数学期望,它无需积分作用来消除静差。

实际上,神经元本身建立了被控对象和过程响应的某种形式的内部模型,假定 $P=B/A$,式中 A、B 互质,均为 z^{-1} 的多项式,$P(1)\neq 0$,则神经元控制系统进入稳态跟踪后,有 $w'_1(t)=1/(kP(1))$,$P(1)$ 反映了被控对象的开环放大系数;$w'_1(t)$、$w'_2(t)$、$w'_3(t)$ 反映了被控对象和过程响应的动态特性。在动态响应过程中,通过神经元的自学习决定 $w_1(t)$、$w_2(t)$、$w_3(t)$,使系统获得某种性能的动态响应特性。当系统有偏差或处于动态响应时,神经元控制器使三种控制作用关联并发挥各自特长,迅速消除偏差。进入稳态跟踪后,$u_2(t)$,$u_3(t)$ 均为零值,系统处于开环控制,此时,$u(t)=ku_1(t)=kw'_1(t)r(t)$,$y(t)=P(1)u(t)=r(t)$。这种将开环和闭环、前馈和反馈集为一体的控制结构,其又一大优点是不需要积分作用来消除静差。

神经元的可调比例系数 k,稳态时对控制系统无影响,其作用表现在两个方面:对开环放大系数较大的被控对象起到衰减神经元产生的控制作用,消除学习控制中的冲击与超调;对开环放大系数较小的被控对象起到增强神经元的控制作用,保证神经元能在全局范围内搜索 $\varepsilon\{[r(t)-y(t)]^2\}/2$ 的最小值。这使得复杂系统的控制器设计变成了单参数控制器设计,而且神经元系统对 k 的取值要求不严格。对于神经元的学习速率 d,取较大的值意味着学习速度加快,取较小的值意味着收敛速度加快,实际上规范化后 d 取值的范围相当大,仿真实验表明 d 的取值对神经元系统品质影响不大。加权值 $w_i(t)(i=1,2,3)$ 的初值 $w_i(0)$ 只要求其中一个分量非零即可。

从系统的结构看,这种新颖而且非常简单的控制方法——自适应神经元控制,其显著的特点是不需要知道被控对象的结构和参数,即控制器的设计无需进行系统建模。

3.4.9 神经元自适应PSD控制

对于复杂且参数慢时变并受随机干扰影响的系统，常规的PID控制的参数不易在线自调整，使其应用受到限制，而采用自适应控制算法，需要在线辨识过程或控制器参数，难以在线实时实现。Marsik和Strejc(1983)根据控制过程误差的几何特性建立性能指标，提出了无需辨识的自适应PSD(比例、求和、微分)控制规律。这种方法不需辨识对象的参数，只要在线检测对象的实际输出与期望输出，就可以形成自适应闭环控制系统。

1. PSD控制

类似于增量式PID控制规律，PSD控制规律为

$$\Delta u(t)=K(t)\left[e(t)+r_0(t)\Delta e(t)+r_1(t)\Delta^2 e(t)\right] \tag{3.124}$$

式中，$u(t)$是控制输入；$r_0(t)$、$r_1(t)$分别为比例、微分系数；$e(t)$、$\Delta e(t)$和$\Delta^2 e(t)$分别是控制过程误差、误差的一次和二次差分。它们构成了控制器的输入信号，且分别为

$$\begin{cases}e(t)=r(t)-y(t)\\ \Delta e(t)=e(t)-e(t-1)\\ \Delta^2 e(t)=e(t)-2e(t-1)+e(t-2)\end{cases}$$

其中，$r(t)$和$y(t)$分别为期望输出和对象的实际输出。PSD增量控制规律设计成保证比例、求和、微分三项绝对平均值满足相等关系

$$\overline{|e(t)|}=r_0(t)\overline{|\Delta e(t)|}=r_1(t)\overline{|\Delta^2 e(t)|} \tag{3.125}$$

由式(3.125)可推得

$$r_0(t)=\frac{\overline{|e(t)|}}{\overline{|\Delta e(t)|}},\quad r_1(t)=\frac{\overline{|e(t)|}}{\overline{|\Delta^2 e(t)|}} \tag{3.126}$$

若设$Te(t)=\dfrac{\overline{|e(t)|}}{\overline{|\Delta e(t)|}}$，$Tv(t)=\dfrac{\overline{|e(t)|}}{\overline{|\Delta^2 e(t)|}}$则有

$$r_0(t)=Te(t),\quad r_1(t)=\frac{\overline{|e(t)|}}{\overline{|\Delta^2 e(t)|}}=\frac{\overline{|e(t)|}}{\overline{|\Delta e(t)|}}\cdot\frac{\overline{|\Delta e(t)|}}{\overline{|\Delta^2 e(t)|}}=Te(t)Tv(t) \tag{3.127}$$

Marsik，Strejc推导出增量$\Delta Te(t)$、$\Delta Tv(t)$的迭代算法分别为

$$\Delta Te(t)=L^*\operatorname{sgn}\left[|e(t)|-Te(t-1)|\Delta e(t)|\right] \tag{3.128}$$

$$\Delta Tv(t)=L^*\operatorname{sgn}\left[|\Delta e(t)|-Tv(t-1)|\Delta^2 e(t)|\right] \tag{3.129}$$

其中，$0.05\leqslant L^*\leqslant 0.1$。

$Tv(t)$和$Te(t)$的最优比例值为0.5，即$Te(t)=2Tv(t)$，因此控制律变为

$$\Delta u(t)=K(t)[e(t)+2Tv(t)\Delta e(t)+2Tv^2(t)\Delta^2 e(t)] \tag{3.130}$$

Marsik, Strejc 给出增益的各种迭代算法：

(1) $\Delta K(t)=\dfrac{1}{Tv(t-1)}CK(t-1)$。其中，$0.025\leqslant C\leqslant 0.05$，这样 $K(t)$ 只能单调增加，因此，当 $\mathrm{sgn}[e(t)]\neq \mathrm{sgn}[e(t-1)]$ 时，取 $K(t)=0.75K(t-1)$，即 $K(t)$ 的增加速率反比例于 $Tv(t)$，但当控制误差变号时，下降到上一时刻的 75%。

(2) $\Delta K(t)=\dfrac{0.1}{Tv(t-1)}K(t-1)\{\mathrm{sgn}[e(t-2)]\mathrm{sgn}[e(t)-2e(t-2)+e(t-4)]+0.3\}$

(3) $\Delta K(t)=\dfrac{0.1}{Tv(t-1)}K(t-1)\{|\mathrm{sgn}[e(t)]+\mathrm{sgn}[e^2(t)]|-0.6\}$

(4) $\Delta K(t)=\dfrac{-0.1}{Tv(t-1)}K(t-1)\{\mathrm{sgn}[e(t)]\mathrm{sgn}[\Delta e(t)]+0.3\}$

2. 神经元自适应 PSD 控制算法

由单神经元构成的自适应 PSD 控制系统如图 3.45 所示，神经元 PSD 控制器的输出可表示为

$$\Delta u(t)=w_1(t)x_1(t)+w_2(t)x_2(t)+w_3(t)x_3(t) \tag{3.131}$$

其中，$x_i(t)(i=1,2,3)$ 为神经元输入信号，分别为 $x_1(t)=e(t)$，$x_2(t)=\Delta e(t)$，$x_3(t)=\Delta^2 e(t)$；$w_i(t)(i=1,2,3)$ 为对应于 $x_i(t)$ 输入的加权系数。

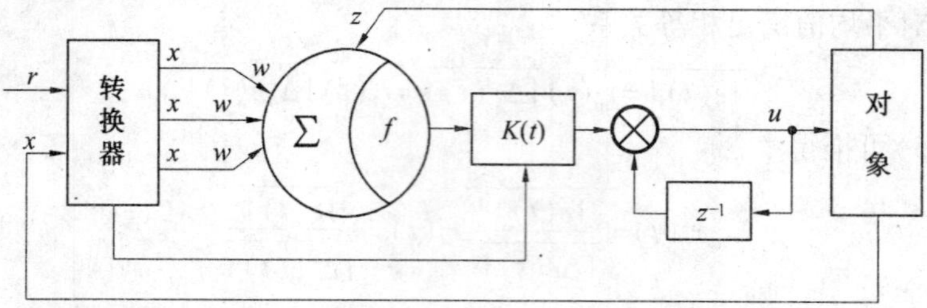

图 3.45 神经元 PSD 控制系统

在神经元学习过程中权系数 $w_i(t)$ 正比于递进信号 $r_i(t)$，同时缓慢衰减，其学习规则为

$$w_i(t+1)=(1-m)w_i(t)+dr_i(t) \tag{3.132}$$

其中，$m,d>0$，d 是学习速率，而 $r_i(t)$ 是递进信号并取为

$$r_i(t)=z(t)u(t)[e(t)+\Delta e(t)] \tag{3.133}$$

其中，$z(t)$ 是教师信号，这里取作 $e(t)$。

应用随机逼近理论，可以证明当 m 很小时，$w_i(t)$ 收敛到某一稳定值 w^*，使 w^* 与期望值的偏差达到允许的范围。实际应用中可取 m 为 0。

为保证学习算法的收敛性和控制的鲁棒性，采用规范化学习算法以构成单神经元 PSD 控

制律

$$\Delta u(t) = K \sum_{i=1}^{3} w'_i(t) x_i(t) \tag{3.134}$$

其中

$$w'_i(t) = w_i(t) / \sum_{i=1}^{3} | w_i(t) | \tag{3.135}$$

$$\begin{cases} w_1(t+1) = w_1(t) + d_I z(t) u(t)[e(t) + \Delta e(t)] \\ w_2(t+1) = w_2(t) + d_P z(t) u(t)[e(t) + \Delta e(t)] \\ w_3(t+1) = w_3(t) + d_D z(t) u(t)[e(t) + \Delta e(t)] \end{cases} \tag{3.136}$$

若 $\mathrm{sgn}[e(t)] = \mathrm{sgn}[e(t-1)]$，则 $K(t) = K(t-1) + CK(t-1)/Tv(t-1)$，否则 $Tv(t) = Tv(t-1) + L^* \mathrm{sgn}[|\Delta e(t)| - Tv(t-1)|\Delta^2 e(t)|]$，这里 $K(t)$ 选择了第一种迭代算法，其中 $0.05 \leqslant L^* \leqslant 0.1$，$0.025 \leqslant C \leqslant 0.05$。

调整参数 d_P、d_I、d_D 采用下述规则：

① 若被控对象响应特性出现上升时间短，超调过大，应减小 d_I，而 d_P 和 d_D 不变，反之上升时间长，无超调，应增加 d_I，而 d_P 和 d_D 不变。

② 对阶跃输入，若被控对象输出产生多次正弦衰减现象，应减小 d_P，而 d_I 和 d_D 不变。

③ 若被控对象输出响应上升时间长，增大 d_I 又导致超调过大，可适当增大 d_P，而 d_I 和 d_D 不变。

④ 若开始调整时，d_D 选择较小值，当调整 d_P、d_I 使被控对象具有良好的动、稳态性能后，再逐渐增大 d_D，而 d_P 和 d_I 不变，使系统输出基本无纹波。

上述神经元 PSD 控制算法经过在电加热炉温度控制系统的实际应用，获得了令人满意的控制效果。

3.4.10　基于神经网络的模糊逻辑控制

神经网络和模糊逻辑系统相结合，通过样本训练神经网络不仅可以构造模糊控制规则，还能优化输入输出隶属函数。通过自组织和监督学习方法相结合可以使这样的系统具有较快的收敛速度。

1. 基于神经网络的模糊控制和决策

图 3.46 是基于神经网络的模糊控制和决策系统，共有 5 层，第 1 层的节点是输入节点，代表输入语言变量。第 5 层是输出层，每个输出节点有两个语言节点，一个用来训练数据（期望输出）馈入网络，另一个用来将决策信号由网络输出。第 2 层和第 4 层的节点是词集节点，用以表示各自语言变量定义的隶属函数，实际上一个第二层的节点或者是一个单独节点，用以执

行一个简单的隶属函数(例如三角形或钟形),或者是由多层节点复合而成以执行一复杂的隶属函数,于是,这样的网络总层数可能超过5层。

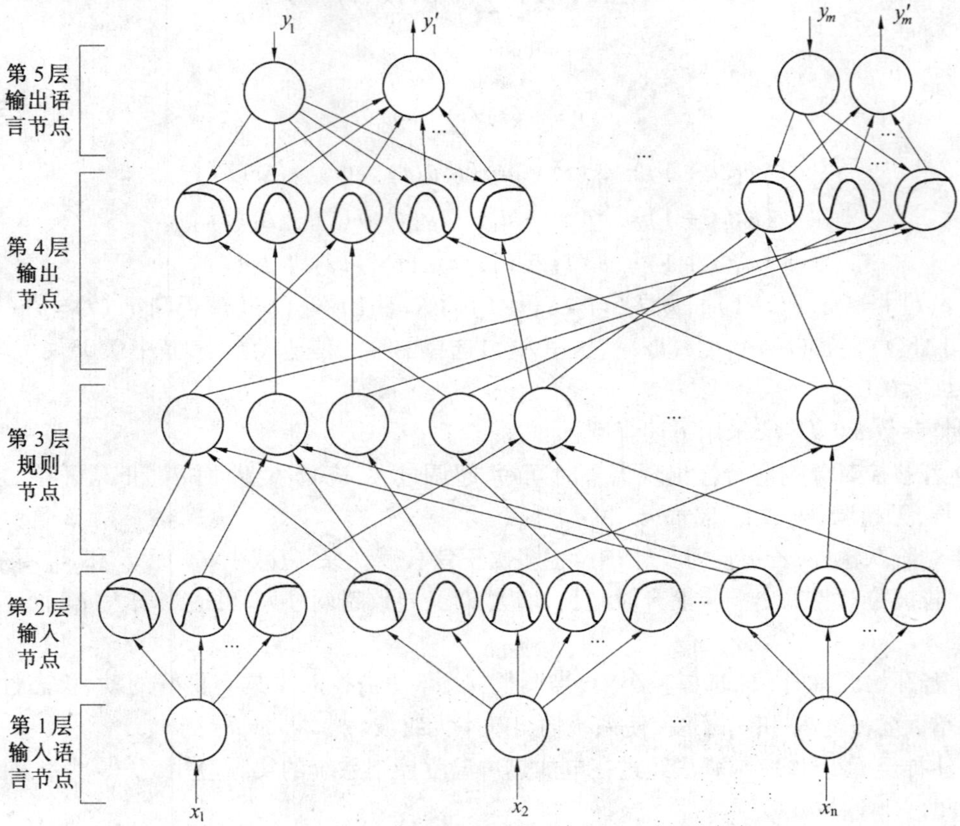

图3.46 基于神经网络的模糊逻辑控制系统

第3层的每个节点是规则节点,用来代表模糊规则,所有第3层节点形成模糊规则基。3、4层间的连线起到连接机制的推理作用,以避免规则匹配过程,第3层连线规定规则节点的前提条件,第4层连线规定规则节点的结论。因此,对于每个节点最多有一条(可能没有)连线来自语言节点的一些词集节点。第3层第4层的连线都是如此。第2层第5层在语言节点和它们对应的词集节点之间完全相联系,连线的箭头指明了流程方向,此方向将作为信号传输方向。

有了上述网络模型,可以定义一个节点的基本功能,一个典型网络由一组节点合成,有从其他组来加上加权量而扇入的节点,有扇出的节点,如图3.47所示。与一组扇入相联系的是一整合函数f,用以连接从其他节点来的信息:活性或数据,这个函数为此节点提供网络输入

$$\text{net-input}=f(u_1^k,u_2^k,\cdots,u_p^k;w_1^k,w_2^k,\cdots,w_n^k) \tag{3.137}$$

其中上角标代表层数(以下同)。每个节点的第二个作用是输出活性值作为此节点的网络输

出

$$O_i^k = a(f) \tag{3.138}$$

其中 $a(\cdot)$ 表示活性函数(激活函数),例如标准形式为

$$f = \sum_{i=1}^{p} w_i^k u_i^k, a = \frac{1}{1 + e^{-f}} \tag{3.139}$$

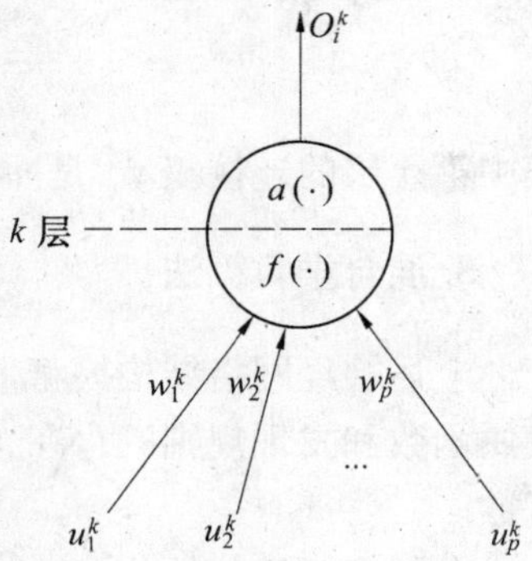

图 3.47　神经网络节点的基本结构

2. 神经网络每层节点的函数功能

第 1 层:起传输信号到下一层的作用,即

$$f = u_i^1, a = f \tag{3.140}$$

由上述等式可以看出,第 1 层的连接权 w_i^1 是一个单纯量。

第 2 层:如果我们以单个节点构成一个简单的隶属函数,则这个节点的输出函数将是这个隶属函数,例如,一个钟形函数

$$f = M_{x_i}^j(m_{ij}, \sigma_{ij}) = -\frac{(u_i^2 - m_{ij})^2}{\sigma_{ij}^2}, a = e^f \tag{3.141}$$

其中,m_{ij} 和 σ_{ij} 分别是钟形函数的中心值和宽度,对应第 i 个输入语言变量 x_i 的第 j 个词。因此,第2层的连接权 w_{ij}^2 可被解释成 m_{ij},如果使用一组节点来构成一个隶属函数,那么每个节点的函数会是一标准形式,整个子网络通过标准的学习算法可以进行离线训练,从而构成一个期望的隶属函数。

第 3 层:这一层中的连线用来执行模糊逻辑规则前提条件的匹配。因此,规则节点应具有"与"运算功能

$$f = \min(u_1^3, u_2^3, \cdots, u_p^3), a = f \tag{3.142}$$

第 3 层的连接权 w_i^3 是一单纯量。

第 4 层:这一层节点有自下向上传输和自上向下传输两种工作模式。在自下向上传输模式中,第 4 层的连线执行模糊"或"运算以合成有同样结果的加权规则

$$f = \sum_{i=1}^{p} u_i^4, a = \min(1, f) \tag{3.143}$$

因此,连接权 $w_i^4 = 1$;在自上而下传输模式中,这层中的节点和第五层中连线的作用除了仅一个节点用来为输出语言变量执行隶属函数外,其他节点与第 2 层节点作用相同。

第 5 层:这层中的节点有两类,第一类节点对馈入网络的训练数据起自上而下的传输作用,这类节点

$$f = y_i, a = f \tag{3.144}$$

第二类节点对决策信号输出起自下而上传输作用,这些节点与附属于它们的连线起清晰化作用。若 m_{ij}^5 和 σ_{ij}^5 分别代表隶属函数的中心和宽度,于是下列函数可用以模仿清晰化的取中位数法(又称重心法)

$$f=\sum w_{ij}^5 u_i^5=\sum (m_{ij}\sigma_{ij})u_i^5, a=\frac{f}{\sum \sigma_{ij}u_i^5} \tag{3.145}$$

其中第 5 层的连接权 w_{ij}^5 是 $m_{ij}\sigma_{ij}$。

3. 混合学习算法

上述神经网络结构模型采用两种学习方法:第一阶段采用自组织学习方法,用来确定初始隶属函数和发现规则的存在;第二阶段采用监督学习方法,为获得理想的输出而优化调整隶属函数。

在网络结构初始化中,如图 3.45 中有 $\prod_i |T(x_i)|$ 个规则节点,每个规则的输入来源于输入语言变量词集的一个可能联结,但词集中只有一个词汇可作规则节点的输入,这里 $T(x_i)$ 代表 x_i 词汇的数目,于是状态空间初始分为 $|T(x_1)|\times|T(x_2)|\times\cdots\times|T(x_n)|$ 个语言定义的节点代表模糊规则的前提条件。规则节点和输出词汇节点之间也完全连接,这意味着规则节点的结论还未决定。在学习过程结束后,在每个输出语言变量词集中将选择出唯一合适的词汇。

(1) 自组织学习阶段

自组织学习问题可以表述为:给定训练输入数据 $x_i(t), i=1,2,\cdots,n$ 及理想输出值 $y_i(t)$, $i=1,2,\cdots,m$,模糊划分 $|T(x)|$ 和 $|T(y)|$ 及隶属函数的期望形状,以便确定隶属函数和发现模糊逻辑规则。在这一时间段,网络以双向工作方式,也就是第 4 层中的节点和连线处于自上而下传播方式,这样,训练数据输入与输出从两面馈入网络。

首先利用自组织学习技术确定隶属函数的中心和宽度,这种方法能够有效分配网络资源使隶属函数范围覆盖数据输入输出的那些区域,在此应用 Kohonen 的特征图算法以发现隶属函数的中心 m。

$$\| x(t)-m_{\text{closest}}(t)\| = \min_{1\leqslant i\leqslant k}\{\|x(t)-m_i(t)\|\} \tag{3.146}$$

$$m_{\text{closest}}(t+1)=m_{\text{closest}}(t)+\alpha(t)[x(t)-m_{\text{closest}}(t)] \tag{3.147}$$

$$m_i(t+1)=m_i(t), \text{当 } m_i\neq m_{\text{closest}}(t) \tag{3.148}$$

其中 $\alpha(t)$ 是一单调自减标量,为学习率,且 $K=|T(x)|$,这个自适应公式对于每个输入输出语言变量都能独立运算。

一旦隶属函数的中心被发现,它们的宽度可通过最接近于 N 的邻近值启发式确定,使与宽度 σ_i 有关的目标函数极小化

$$E=\frac{1}{2}\sum_{i=1}^{N}\left[\sum_{j\in N_{\text{closest}}}\left(\frac{m_i-m_j}{\sigma_i}\right)-r\right]^2 \tag{3.149}$$

其中 r 是超调常数,由于第二阶段学习过程将优化调整隶属函数的中心和宽度,宽度就可在这个阶段简单地予以确定为

$$\sigma_i=\frac{|m_i-m_{\text{closest}}|}{r} \tag{3.150}$$

在隶属函数参数被发现后,从两面送入网络的信号到达 2、4 层词汇节点的输出点。进而,

第2层中词汇节点输出通过第3层连线的初始结构传输到规则节点，于是能得到每个规则节点的加权。根据这些规则加权和第4层节点的输出决定每个规则节点正确结论连线。最后由竞争学习算法发现存在的模糊逻辑规则。前面已指出第4层连线初始时完全相连，规定第i条规则节点和第j个词汇节点之间的连接权为w_{ij}，采用以下竞争学习法则来确定每次训练数据对应的权值

$$w_{ij}(t) = O_j^4(-w_{ij} + O_j^3) \tag{3.151}$$

其中，O_j^4在第四层第j个词汇节点充当“得失”指数，这个规则的主旨是如果“得”就学习。在极端情况下，如果O_j^4是0～1阈值函数，以上法则是只有“得”才学习，这个法则的收敛性已经得到证明。

由整个训练数据进行竞争学习之后，第4层连接权代表了相应规则的结果存在的强度，在联系规则节点和输出语言变量的词汇节点连线之中，至少有最大加权连线被选择而其他被删去。因此，输出语言变量的词汇集合中只有一个词汇能成为模糊规则之一，如果一规则节点和一输出语言节点的词汇节点之间的加权很小，所有对应联系均被删去，如果一规则节点和第四层节点连线全部删除，则这个规则节点也被删除，因为它不会影响输出。

在规则节点确定后，将规则进行融合以减少规则数，将一组规则节点融合为单一规则节点的准则是：①它们都有同样的结果；②所有规则节点的前提条件相同；③这些规则节点的其他前提条件结合组成了输入语言变量的整个词汇集合。如果一组节点满足这些准则，一个具有共同条件的新规则节点，可以取代这组规则节点，图3.48给出一个这样的例子。

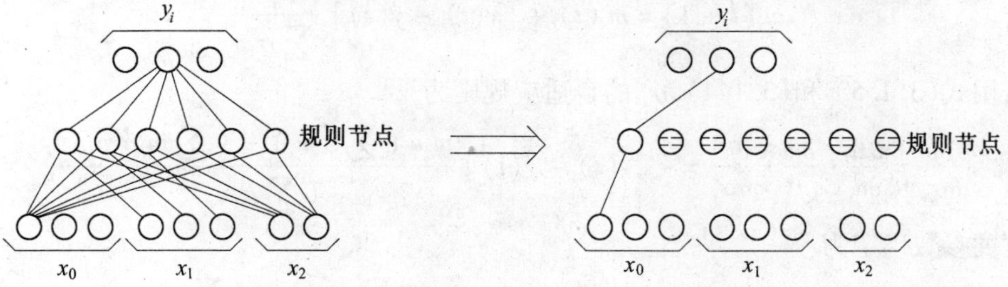

图3.48　规则节点的合并

(2) 监督学习阶段

在模糊规则发现后，整个网络的结构确立起来，工作进入第二个学习阶段，以优化调整隶属函数的参数。

监督学习问题可陈述为：给定的训练输入数据$x_i(t)$，$i=1,\cdots,n$，期望输出值$y_i(t)$，$i=1,\cdots,m$，模糊划分$|T(x)|$和$|T(y)|$，以及模糊逻辑规则，优化调整隶属函数参数。

这些模糊逻辑规则在第一阶段学习过，或在其他领域应用过，也可由专家给出。在第二阶段学习中，网络以前馈方式工作，即第4层节点和连线是自下向上传播方式，采用反向传播方法进行监督学习，其目标是使误差函数最小化

$$E = \frac{1}{2}[y(t) - \hat{y}(t)]^2 \tag{3.152}$$

其中$y(t)$是期望输出，而$\hat{y}(t)$是实际输出。对每组训练数据，从输入节点开始，采用前向通道计算网络内所有节点的活性水平，从输出节点开始，通过反向通道计算所有隐节点的$\frac{\partial E}{\partial y}$，假设$w$是一节点的可调参数，一般的学习规则是

$$\Delta w \propto -\frac{\partial E}{\partial y} \tag{3.153}$$

$$w(t+1)=w(t)+\eta\left(-\frac{\partial E}{\partial w}\right) \tag{3.154}$$

其中，η是学习速率，且

$$\frac{\partial E}{\partial w}=\frac{\partial E}{\partial(\text{net-input})}\cdot\frac{\partial(\text{net-input})}{\partial w}=\frac{\partial E}{\partial f}\cdot\frac{\partial f}{\partial w}=\frac{\partial E}{\partial a}\cdot\frac{\partial a}{\partial f}\cdot\frac{\partial f}{\partial w} \tag{3.155}$$

为了表示学习规则，先逐层计算$\frac{\partial E}{\partial y}$，从输出节点开始，使用隶属函数来进行这些计算，为此用隶属函数中心m_i和宽度σ_i作为可调整参数。

第5层：使用式(3.155)和(3.145)，m_i的自适应规则为

$$\frac{\partial f}{\partial m_i}=\frac{\partial E}{\partial a}\cdot\frac{\partial a}{\partial f^5}\cdot\frac{\partial f^5}{\partial m_i}=-\left[y(t)-\hat{y}(t)\right]\frac{\sigma_i u_i}{\sum \sigma_i u_i} \tag{3.156}$$

因此，中心参数确定为

$$m_i(t+1)=m_i(t)+\left[y(t)-\hat{y}(t)\right]\frac{\sigma_i u_i}{\sum \sigma_i u_i} \tag{3.157}$$

类似地，用式(3.155)和(3.144)，σ_i的自适应规则为

$$\frac{\partial f}{\partial \sigma_i}=\frac{\partial E}{\partial a}\cdot\frac{\partial a}{\partial f^5}\cdot\frac{\partial f^5}{\partial \sigma_i}=-\left[y(t)-\hat{y}(t)\right]\frac{m_i u_i\left(\sum \sigma_i u_i\right)-\left(\sum m_i\sigma_i u_i\right)u_i}{\left(\sum \sigma_i u_i\right)^2} \tag{3.158}$$

因此，宽度参数确定为

$$\sigma_i(t+1)=\sigma_i(t)+\eta\left[y(t)-\hat{y}(t)\right]\frac{m_i u_i\left(\sum \sigma_i u_i\right)-\left(\sum m_i\sigma_i u_i\right)u_i}{\left(\sum \sigma_i u_i\right)^2} \tag{3.159}$$

传递给前层的误差为

$$\delta^5=\frac{-\partial E}{\partial f^5}=\frac{-\partial E}{\partial a}\cdot\frac{\partial a}{\partial f^5}=y(t)-\hat{y}(t) \tag{3.160}$$

第4层：在自下而上模式中，此层无参数需调整，只有误差信号需δ_i^4计算和传递，δ_i^4由下式确定

$$-\delta_i^4=\frac{\partial E}{\partial f_i}=\frac{\partial E}{\partial a_i}\cdot\frac{\partial a_i}{\partial f_i}=\frac{\partial E}{\partial\left(\text{net-input}\right)^5}\cdot\frac{\partial\left(\text{net-input}\right)^5}{\partial a_i} \tag{3.161}$$

由式(3.145)，其中

$$\frac{\partial\,(\text{net-input})^5}{\partial a_i}=\frac{\partial f^5}{\partial u_i^5}=\frac{m_i\sigma_i(\sum\sigma_i u_i)-(\sum m_i\sigma_i u_i)\sigma_i}{(\sum\sigma_i u_i)^2}\tag{3.162}$$

且由式(3.160)有

$$\frac{\partial E}{\partial\,(\text{net-input})^5}=\frac{\partial E}{\partial f^5}=-\delta^5=-[y(t)-\hat{y}(t)]\tag{3.163}$$

因此,误差信号为

$$\sigma_i^4(t)=[y(t)-\hat{y}(t)]\frac{m_i\sigma_i(\sum\sigma_i u_i)-(\sum m_i\sigma_i u_i)\sigma_i}{(\sum\sigma_i u_i)^2}\tag{3.164}$$

在多输入多输出情况下,第 4 层第 5 层计算与以上相同,对每个输出语言变量来说各自独立进行。

第 3 层:与第 4 层一样,只有误差信号需计算,根据式(3.161),误差信号表示为

$$-\delta_i^3=\frac{\partial E}{\partial f_i}=\frac{\partial E}{\partial a_i}\cdot\frac{\partial a_i}{\partial f_i}=\frac{\partial E}{\partial\,(\text{net-input})^4}\cdot\frac{\partial\,(\text{net-input})^4}{\partial a_i}=$$
$$-\delta_i^4\frac{\partial f^4}{\partial u^4}=-\delta_i^4\tag{3.165}$$

因此,误差信号 $\delta_i^3=\delta_i^4$,如果是多输出情况 $\delta_i^3=\sum_k\delta_k^4$,这就意味着规则节点的误差是它们结果误差的总和。

第 2 层:使用式(3.155)和(3.141),m_{ij} 的自适应规则为

$$\frac{\partial E}{\partial m_{ij}}=\frac{\partial E}{\partial a_i}\cdot\frac{\partial a_i}{\partial f_i}\cdot\frac{\partial a_i}{\partial m_{ij}}=\frac{\partial E}{\partial a_i}e^{f_i}\frac{2(u_i-m_{ij})}{\sigma_{ij}^2}\tag{3.166}$$

由式(3.165),其中

$$\frac{\partial E}{\partial a_i}=\sum_k\frac{\partial E}{\partial\,(\text{net-input})^k}\cdot\frac{\partial\,(\text{net-input})^k}{\partial a_i}\tag{3.167}$$

$$\frac{\partial E}{\partial\,(\text{net-input})^k}=\frac{\partial E}{\partial f_k^3}=\delta_k^3\tag{3.168}$$

且由式(3.142)有

$$\frac{\partial\,(\text{net-input})^k}{\partial a_i}=\frac{\partial f^3}{\partial u_i^3}=\begin{cases}1 & \text{若 } u_i^3=\min(\text{规则节点 } k \text{ 输入})\\0 & \text{其他}\end{cases}\tag{3.169}$$

因此

$$\frac{\partial E}{\partial a_i}=\sum_k q_k\tag{3.170}$$

其中,总和是由有 a_i 输入的节点所构成的,且

$$q_k=\begin{cases}\delta_k^3 & \text{若 } a_i \text{ 是第 } k \text{ 个规则节点输入的最小值}\\0 & \text{其他}\end{cases}\tag{3.171}$$

于是 m_{ij} 的自适应规则是

$$m_{ij}(t+1) = m_{ij}(t) - \eta \frac{\partial E}{\partial a_i} e^{f_i} \frac{2(u_i - m_{ij})}{\sigma_{ij}^2} \tag{3.172}$$

类似地，使用式(3.155)、(3.141)及(3.167)～(3.171)，σ_{ij} 的自适应规则为

$$\frac{\partial E}{\partial \sigma_{ij}} = \frac{\partial E}{\partial a_i} \cdot \frac{\partial a_i}{\partial f_i} \cdot \frac{\partial a_i}{\partial \sigma_{ij}} = \frac{\partial E}{\partial a_i} e^{f_i} \frac{2(u_i - m_{ij})^2}{\sigma_{ij}^2} \tag{3.173}$$

因此，σ_{ij} 的自适应规则变为

$$\sigma_{ij}(t+1) = \sigma_{ij}(t) - \eta \frac{\partial E}{\partial a_i} e^{f_i} \frac{2(u_i - m_{ij})^2}{\sigma_{ij}^3} \tag{3.174}$$

整个学习过程可如图3.49所示的流程图。这种反向传播的学习收敛速度优于一般反向传播学习算法。因为第一阶段的自组织学习过程已经预先作了一些学习工作。应该指出，这种反向传播算法可容易地扩展到训练隶属函数，它以子神经网络完成，而不是以单个第2层中词汇节点完成。因为从以上分析可知，误差信号能被传播到子神经网络的输出节点，那么，在这个子神经网络使用相似的反向传播规则，就能调整子神经网络的参数。

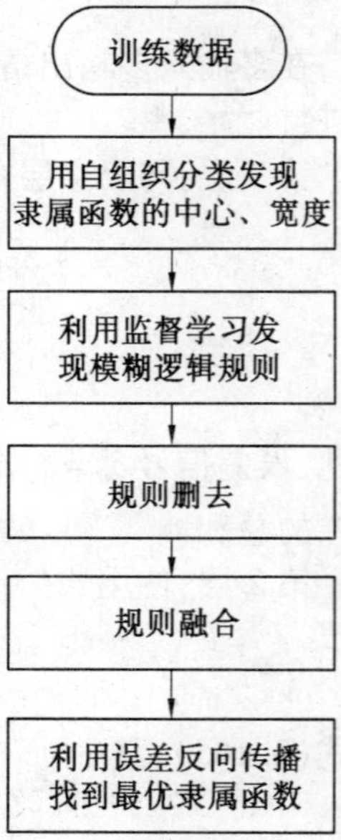

图3.49 混合学习流程图

4. 无人小车的神经网络模糊控制

采用上述基于神经网络模糊控制器，用来仿真Sugeno构想的“fuzzy car”的控制问题。小车有学习能力，能自动地沿着一带有直角拐弯的轨道行驶，输入语言变量为 x_0, x_1, x_2，它们分别代表小车在拐弯处距轨道边界的距离和当前行驶方向角，通过一操作员驾驶这个模糊小车经过一轨道，如图3.50所示，而获取训练数据。图3.51表明了学习到 x_0, x_1, x_2 的隶属函数，以及经过第一阶段(有一超调参数 $r=2.0$)和第二阶段学习得到 y 的隶属函数，表3.1给出了学习到的模糊控制规则，例如规则0被解释为

IF x_0 is term 0 and x_1 is term 1 and x_2 is term 0, THEN y is term 6.

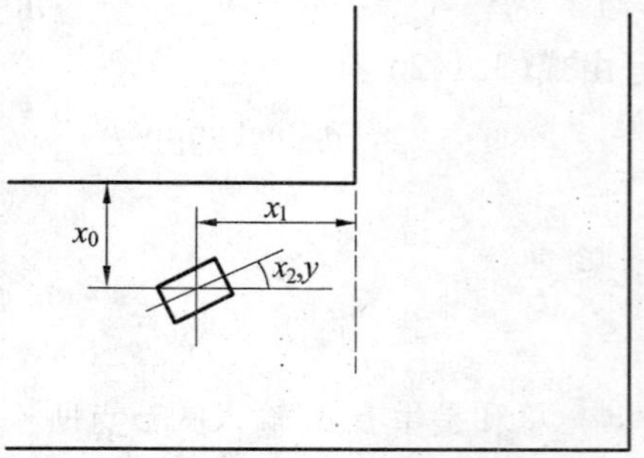

图3.50 模糊小车的状态变量

这些模糊逻辑规则也表明了设计的神经网络的隐层结构。图3.52给出了平均误差随时间变化曲线和平均迭代次数曲线，其学习速率为0.15，允许误差是0.01。从图3.52(2)中曲线可以发现，对于单个收敛的训练点，开始时相当小，这意味着经过第一阶段学习已做了大量工作，一旦整个基于神经网络的模糊逻辑控制器建立起来，它就可以用来控制小车，让车以恒速行驶，车上附有传感器以测量状态变量 x_0, x_1, x_2 以送入控制器用来控制小车的下一步行驶方向角。通过以不同初始行驶角的仿真结果表明，基于神经网

络模糊控制器作用下小车的行驶路线和训练的路线十分接近。

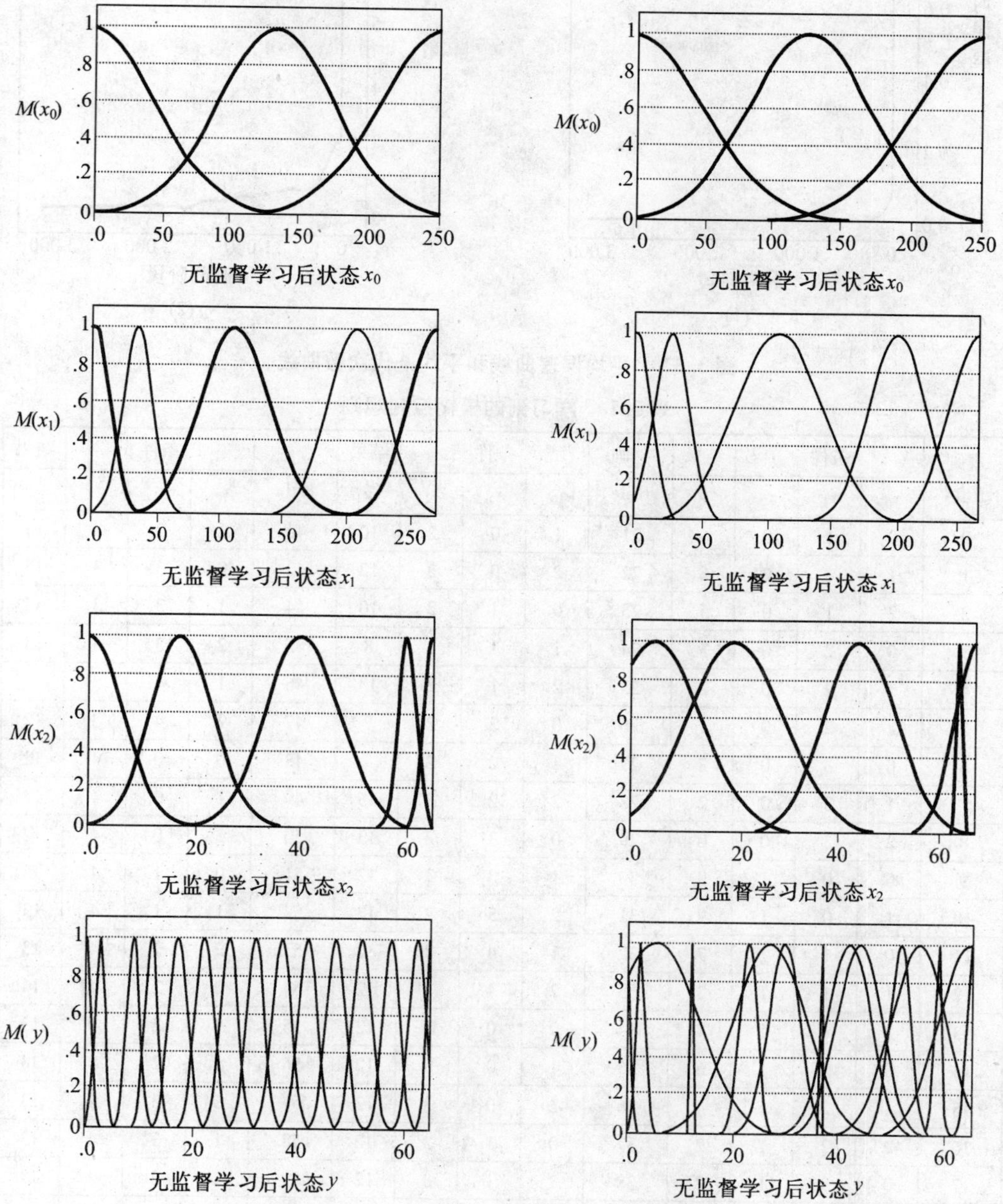

图 3.51　学习到的隶属函数

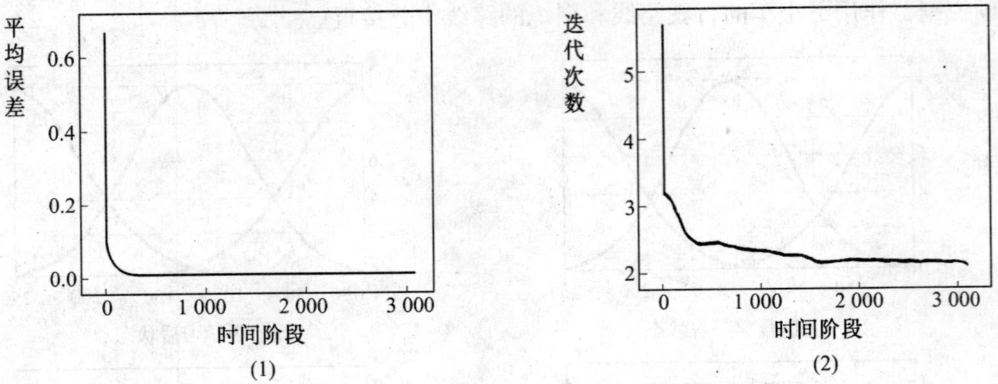

图 3.52　平均误差曲线和平均迭代次数曲线

表 3.1　学习到的模糊控制规则

规则	条件			结果	规则	条件			结果	规则	条件			结果
Rule	x_0	x_1	x_2	y	Rule	x_0	x_1	x_2	y	Rule	x_0	x_1	x_2	y
0	0	1	0	6	21	1	0	2	10	42	2	2	3	13
1	1	1	0	6	22	2	0	2	12	43	0	3	3	13
2	2	1	0	5	23	0	1	2	10	44	1	3	3	13
3	0	2	0	3	24	1	1	2	8	45	2	3	3	13
4	1	2	0	2	25	2	1	2	13	46	1	4	3	12
5	2	2	0	1	26	0	2	2	7	47	2	4	3	12
6	0	3	0	2	27	1	2	2	7	48	0	0	4	12
7	1	3	0	2	28	2	2	2	13	49	1	0	4	12
8	2	3	0	0	29	0	3	2	13	50	2	0	4	12
9	0	0	1	9	30	1	3	2	12	51	0	1	4	13
10	1	0	1	9	31	2	3	2	12	52	1	1	4	13
11	0	1	1	7	32	1	4	2	12	53	2	1	4	13
12	1	1	1	7	33	2	4	2	12	54	0	2	4	14
13	2	1	1	7	34	0	0	3	12	55	1	2	4	13
14	0	2	1	6	35	1	0	3	12	56	2	2	4	13
15	1	2	1	4	36	2	0	3	12	57	0	3	4	13
16	2	2	1	2	37	0	1	3	12	58	1	3	4	13
17	0	3	1	2	38	1	1	3	12	59	2	3	4	13
18	1	3	1	2	39	2	1	3	13	60	1	4	4	13
19	2	3	1	2	40	0	2	3	13	61	2	4	4	13
20	0	0	2	11	41	1	2	3	13					

3.4.11　基于模糊神经网络的自组织控制

1. FNAOC 的结构

应用神经网络联想记忆模糊规则，可以实现基于模糊神经网络的自组织控制，简记为FNAOC。它将神经网络的联想和学习功能同模糊知识描述相结合，不仅通过应用基于模糊规则的树结构，而且通过应用基于模糊概念节点的映射结构来描述模糊知识。FNAOC 系统建立模糊控制规则的过程如图 3.53 所示。一个规则包括三个元素：(1) IF 部分；(2) IF - THEN 规则部分；(3) THEN 部分。模糊规则表示的专家知识是通过“条件”和“操作模型”之间的关系描述的。IF 部分有刻画规则集条件的隶属函数，THEN 部分有隶属函数或表示规则集操作模型的输入 - 输出函数。FNAOC 系统用联想记忆（双向神经网络）来产生 IF 部分条件和 THEN 部分操作模型间的关系，此模糊联想记忆系统是一个递阶结构。

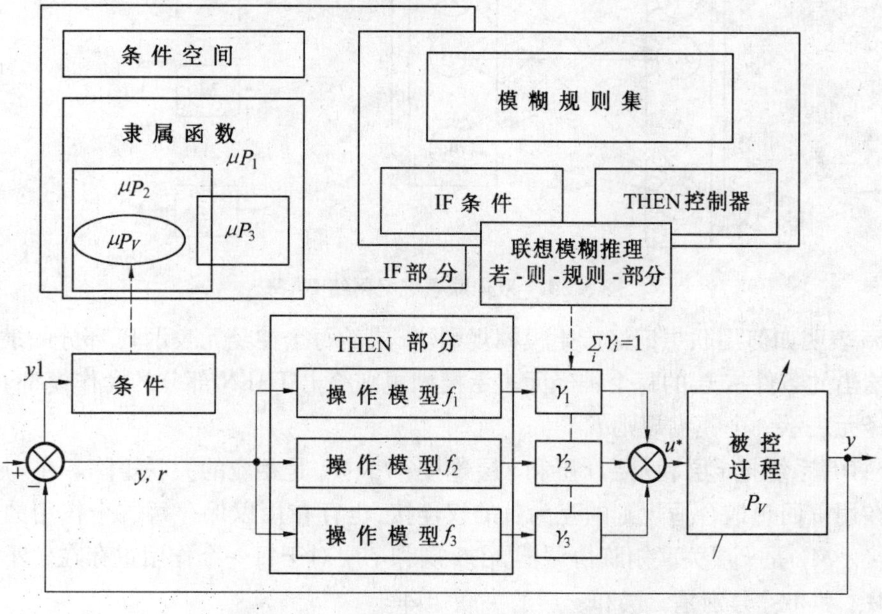

图 3.53　FNAOC 系统的控制器结构

2. 双向联想记忆网络及其产生模糊规则

FNAOC 系统使用双向联想记忆（Bidirectional Associative Memory, BAM）网络，简称为 BAM 网络。BAM 网络如图 3.54 所示，它通过关联矩阵 M 及其转置矩阵 $\boldsymbol{M}^{\mathrm{T}}$ 记忆 x_i-y_i 模式对。假设 BAM 网络记忆一个 x-y 对（$x, y \in [0,1]$），在 x 层给出 x''，它意味着一个被干扰了的 x，让

BAM 网络在 x、y 层回忆 x-y 对。由于 BAM 网络的联想,可以实现如下的映射

$$\boldsymbol{Y}_t = \Phi(\boldsymbol{M}\boldsymbol{X}_t)\boldsymbol{X}_{t+1} = \Phi(\boldsymbol{X}^{\mathrm{T}}\boldsymbol{Y}_t) \tag{3.175}$$

式中,$\boldsymbol{X}_t = [ax_1, ax_2, \cdots, ax_m]^{\mathrm{T}}$,$\boldsymbol{Y}_t = [ay_1, ay_2, \cdots, ay_n]^{\mathrm{T}}$ 表示第 t 步的映射 x,y 层上的每个激活向量;$\Phi(\cdot)$ 是每个神经元的 S 形函数。关联矩阵 $\boldsymbol{M}$ 及其转置 $\boldsymbol{M}^T$ 分别为

$$\boldsymbol{M} = \beta \sum_{i=1}^{N} y_i x_i^{\mathrm{T}}, \boldsymbol{M}^{\mathrm{T}} = \beta \sum_{i=1}^{N} x_i y_i^{\mathrm{T}} \tag{3.176}$$

式中,x_i、y_i($i = 1 \sim N$),是 BAM 记忆对;β 是联想参数,考虑到 BAM 网络的能量函数,每个元素 $x_i, y_i \in \{0,1\}$ 被转换为双极性元素 $\in \{-1,1\}$。通过映射回忆的 BAM 网络的一个特征是,对于输入条件最合适的对出现模糊熵减小的结果,而模糊熵表明了推理输出的模糊度变化率,用此特征来控制模糊推理中的模糊度。

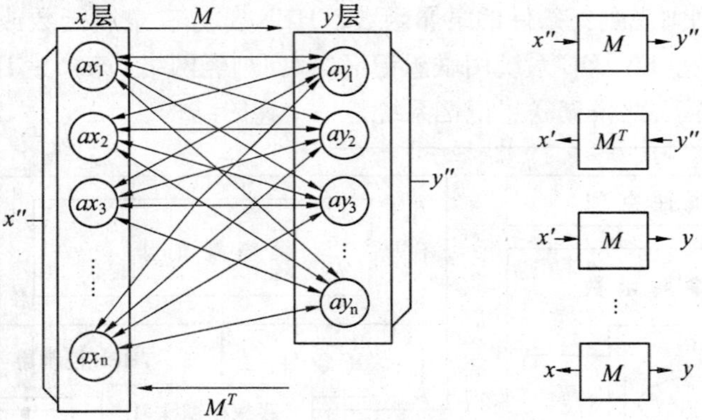

图 3.54 双向联想记忆网络 BAM

图 3.55 表明如何用联想记忆产生模糊规则。x 层的每个神经元表示 IF 部分的隶属函数为模糊规则给出的条件;y 层的每个神经元表示模糊规则给出 THEN 部分的操作模型 $f_i(\cdot)$;r 层的每个神经元表示一个模糊规则 i。

用 FNAOC 系统把 x 层和 r 层,r 层和 y 层连接,M_{xr}、M_{ry} 是相应的关联矩阵。在 r 层,对于输入条件存在用以回想最合适规则的互为负的权连接,也存在用以保存每一个作用的较小正的相互权连接。$\boldsymbol{M}_{rr}$ 是 r 层关联矩阵协调器,在 x 层和 y 层对于每一个作用也存在较小正的相互权连接。$\boldsymbol{M}_{xx}$ 和 $\boldsymbol{M}_{yy}$ 分别是 x 层和 y 层的关联矩阵。

在模糊推理中,通过关联矩阵 $\boldsymbol{M}_{xx}$,$\boldsymbol{M}_{xr}$,$\boldsymbol{M}_{rr}$,$\boldsymbol{M}_{ry}$ 和 $\boldsymbol{M}_{yy}$ 及每个转置关联矩阵,实现映射。联想模糊推理可以改善常规模糊推理的缺陷,因为可以利用每个未充分收敛值的作用来模仿一些无缺陷的模糊推理方法,并用被激活的一些模糊规则综合每个控制增益,因此提高了推理精度。在 y 层,当 r_i 是活化作用 a_i 的标称值时,整个模糊控制规则输出 y 由下式给出

$$y = \sum_{i=1}^{N} r_i(x, r) y_i \tag{3.177}$$

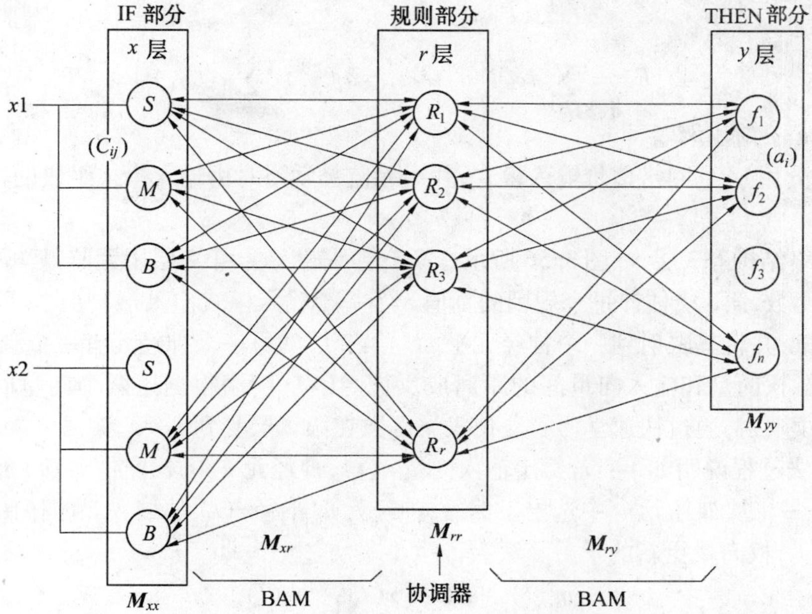

图 3.55　用 FNAOC 系统产生模糊规则

在图 3.55 所示的模糊规则中使用连接率 C_{u_i} 的一个值($\in[0,1]$)表示操作模型 $f_i(\cdot)$ 和最优模型 $f_i(\cdot)^*$ 的联系。学习操作模型前,C_{u_i} 值是小的,因为所用模型并非对每个条件都很合适,但对所有条件都是完全稳定的。学习操作模型后,C_{u_i} 有个更高的值,因为每个不确定操作模型各自被训练并减少,且每个优化模型和操作模型间的联系被加强。这是因为通过关联矩阵 M 的 i 部分乘以 C_{u_i},FNAOC 系统将回忆与输入条件相联系的经过良好训练的操作模型,并综合它们的操作模型。

3. 基于 LVQ 法产生 IF 部分隶属函数

应用 Kohonen(1986)提出的学习向量量化(Learning Vector Quantizition,LVQ)神经网络产生模糊规则中的隶属函数,可使推理结果的精度增加。为使推理结果与专家结果更相近,必须控制推理中的模糊性。FNAOC 系统通过联想控制变参数过程,从而实现对模糊推理中模糊性的控制。

模糊自适应控制器使用下述三个规则

$$\left.\begin{aligned} R_1:\text{IF } \mu_{y_1}(y_1)=C_{11},\text{THEN } u_1=F_1y \\ R_2:\text{IF } \mu_{y_1}(y_1)=C_{21},\text{THEN } u_2=F_2y \\ R_3:\text{IF } \mu_{y_1}(y_1)=C_{31},\text{THEN } u_3=F_3y \end{aligned}\right\} \tag{3.178}$$

其中,y_1 是被观测输出响应的典型向量;F_1、F_2 及 F_3 是控制增益。模糊推理后,自适应控制器

增益 F^* 为

$$F^* = \sum_{i=1}^{3} Act_i F_i, \quad Act_i = a_i(y_1) / \sum_{i=1}^{3} a_i(y_1) \tag{3.179}$$

式中 Act_i 是 F_i 的基值率。

在IF部分用LVQ网络估价输入模式,并用无监督学习对由输入模式组成的输入空间进行分类。

LVQ网络结构有3层,如图3.56所示。第1层是输入层,第2层用无监督学习来产生模糊规则的隶属函数,第3层估计每个规则的真值。当一个输入模式输入第1层时,第2层从第1层接受输入向量,并将其映射到一个神经元平面。第2层的每一个神经元有一个激活作用函数,此函数与突触权向量和输入向量间的距离成反比。LVQ网络根据这两个向量间的相对距离建立一个连续映射,通过快速学习算法使隶属函数在第2层受到训练。

LVQ算法过程说明如下:若给定输入向量 $x(t)$,神经元 u_c 的权向量 $m_i(t)$ 最接近等价于输入向量——将从神经元 u_i 中选出。然后,神经元 u_c 半径 $r(t)$ 邻域 N_c 范围内的所有神经元被指定等于 u_c,权向量更新的学习算法为

$$m_i(t+1) = \begin{cases} m_i(t) + \alpha(t)[x(t) - m_i(t)] & u_c:u_i \in N_c \\ m_i(t) & u_c:u_i \notin N_c \end{cases} \tag{3.180}$$

其中,t 是调节的迭代数;$\alpha(t)$ 是单调递减比例增益;$r(t)$ 是 t 的单调递减函数。

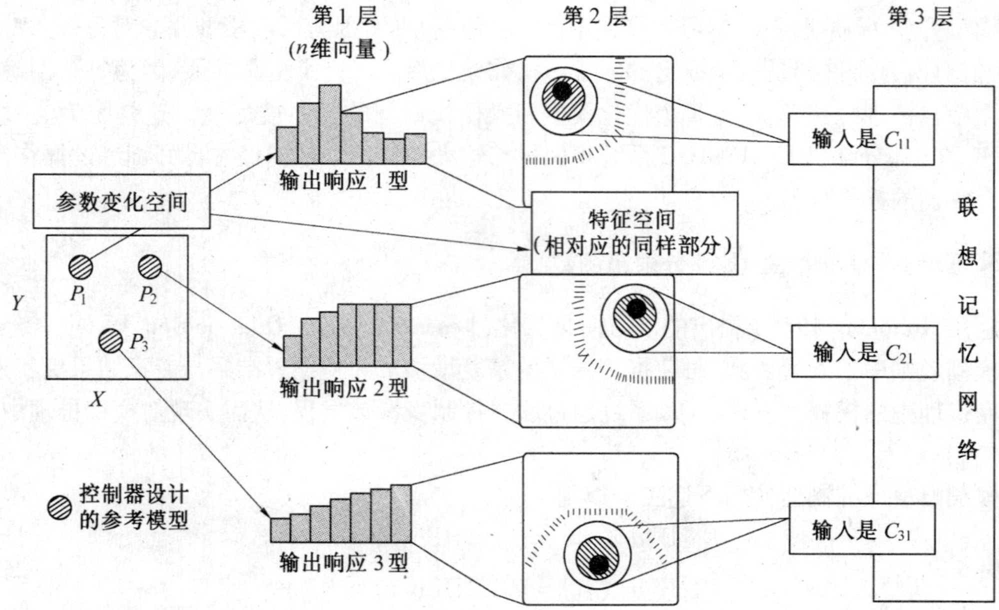

图3.56　LVQ网络的结构

第3层有与所需要的模糊规则一样多的线性神经元。调节第2层后,根据参考输入向量第2层激励特性曲线可作为模糊规则的隶属函数。当将第2层与第3层连接时,使用与这些激励作用值成正比的权,这些权值按比例换算使第3层的作用值在[0,1]范围内。连接后,第3层作用值代表了模糊规则的真值。

LVQ 网络用无监督学习产生隶属函数 $C_{i1}(i=1,2,3)$,它们与被控过程的参数变化空间部分比较相似。实际上,LVQ 网络模仿了参数变化空间,实现对输入空间进行自动分类。LVQ 网络在模糊控制器中的作用如图 3.57 所示,该图给出了模糊控制器的结构。

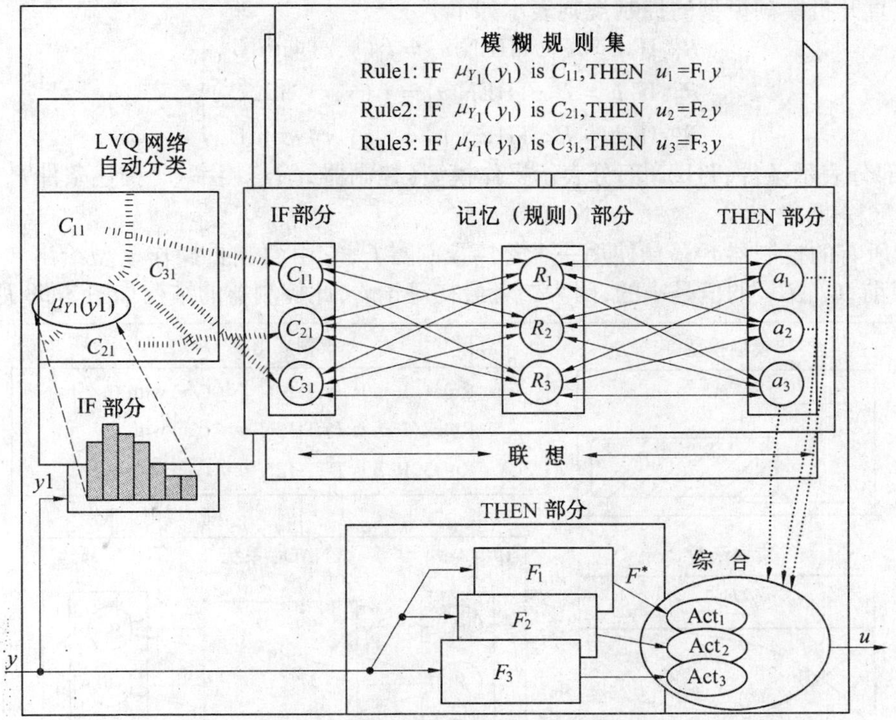

图 3.57　FNAOC 系统的模糊控制器结构

4. FNAOC 系统的应用

FNAOC 系统用于四螺旋桨直升机飞行控制的实验系统。该系统包括一个 32 位计算机,一个 16 位 AD/DA 接口,两个 PSD 摄像机,一个用于 PSD 摄像输出信号的滤波器,另一个用于从计算机发射驱动信号的 RF 发射机。计算机通过 PSD 摄像信号感觉位置和速度来控制直升机。此系统用摄像机代替眼睛,将飞行操作技能放进计算机模拟驾驶员操作。

直升飞机通过应用飞机上的陀螺罗盘传感器控制俯仰角 θ_x,倾斜角 θ_y 及角速度 ω。控制计算机得到表示位置 x、y 的控制向量和各自位置的微分、旋转角、角速度及姿态,计算机产生

描述 x、y 轴驱动值的驱动向量、旋转驱动值和姿态驱动值。

驾驶员认识到直升飞行有两个特征动态：高飞行和低飞行。低飞行的主要特征是由于地面相互作用对大量干扰的高灵敏度，高飞行的特征是低灵敏度。对于直升机的动态信息可用下边的模糊模型表示为

$$P_1 = \alpha_2 P_2 + \alpha_3 P_3 \quad (0 \leqslant \alpha_i \leqslant 1, \alpha_2 + \alpha_3 = 1) \tag{3.181}$$

其中，P_2 是低飞行模型；P_3 是高飞行模型；P_1 表明了参数变化对象的所有空间，它是 P_2 和 P_3 的参数综合模型；α_i 表示隶属度，隶属函数估计 P_1 实际动态和 P_2、P_3 实际动态间的距离。

基于直升机模糊模型的控制规则表示如下

$$\left.\begin{aligned} &R_1: \text{IF } h = P_1, \text{THEN } u_1 = f_1(y,r) \text{ with } C_{u1} \\ &R_2: \text{IF } h = P_2, \text{THEN } u_2 = f_2(y,r) \text{ with } C_{u2} \\ &R_3: \text{IF } h = P_3, \text{THEN } u_3 = f_3(y,r) \text{ with } C_{u3} \end{aligned}\right\} \tag{3.182}$$

其中，IF 部分表示条件；THEN 部分表示操作模型（控制器）f_i；连接率 C_{u_i} 描述条件 P_i 和控制器 f_i 间的匹配程度。

对于所有的控制器 f_i 最初使用一个鲁棒控制器 f_1，它由驾驶员操作模型给出。在控制器 f_2、f_3 学习前，C_{u_2}、C_{u_3} 的值是小的，因为二者最初等于 f_1，此控制器的结构如图 3.58 所示。

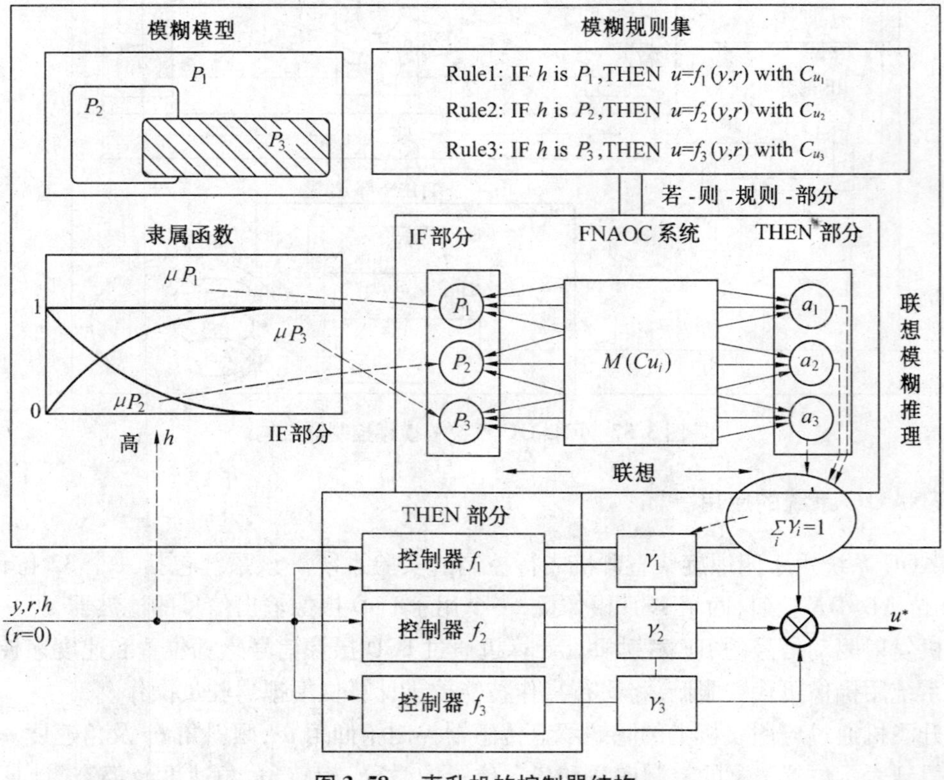

图 3.58　直升机的控制器结构

在模糊推理中,综合控制器 u^* 由下式给出

$$u^* = \sum_{i=1}^{3} \gamma_i f_i(y, r) \tag{3.183}$$

其中,综合率 γ_i 由 THEN 部分的作用值 a_i 标准化给出。对于各种受训练的控制器其模糊推理结果表示控制器的综合率,它可以表示为飞行高度的函数。对于未受训练控制器连接率的值为 $C_{u_1} : C_{u_2} : C_{u_3} = 6:1:1$;对于部分受训的控制器,$C_{u_1} : C_{u_2} : C_{u_3} = 5:4:4$;对于良好训练的控制器,$C_{u_1} : C_{u_2} : C_{u_3} = 1:9:9$。

控制器受训练后,每一控制器用于其特定条件,例如,控制器 f_2 用于低飞行,而 f_3 用于高飞行。学习后的低飞行控制器 f_2 比 f_1 执行得更好;因为低飞行模型 P_2 有与地面相互作用而产生更大的干扰;高飞行控制器 f_3 学习后有比学习前更高的增益,因为高飞行模型 P_3 有低灵敏度。总之,每个控制器通过学习适应其自身条件,这样一来,学习后的模糊控制器就会执行得更好。

FNAOC 系统通过分别训练每个控制器,使得在特定条件下最优地运行,并且满足稳定约束。

第4章　专家控制与仿人智能控制

智能控制系统是基于知识的系统,知识包括理论知识、专家控制经验、规则等。因此,专家控制和仿人控制都是属于智能控制的范畴。把专家系统原理和自动控制系统相结合就构成专家控制系统,而专家控制器是基于专家控制系统的思想设计的一种智能控制器。本章首先介绍专家系统,专家控制系统,专家控制器的结构、原理及特点;然后,阐述仿人智能控制的原理及分类,并介绍仿人智能积分控制、仿人智能采样控制和极值采样仿人智能控制。

4.1　专家系统基础

4.1.1　专家系统概述

一般把具有某一领域高深理论知识和/或极丰富实践经验的人誉为专家。专家在解决某一领域的疑难问题往往具有这样的特点:该专业领域的问题难于用精确数学模型描述,即问题难于形式化,因此不易转换成精确数学问题求解。该专业领域的知识多半具有模糊性,使得处理这类问题的难度很大。

通常将专业知识划分为两部分:一是发表在专业书籍和期刊文献中的定义、事实及理论知识;二是藏于人类专家大脑中的"私有"知识,它常常由启发式的经验规则所描述。人类专家正是凭借这些"私有"知识,在处理带有模糊性的、有错或不完全数据的疑难问题时,能对各种问题的认识约定一种方法,进行合理的猜想、预测和决策。

人类专家的行为之所以能获得显著的效果,是因为他们具有宝贵的知识和经验。能否通过某种知识获取手段,把人类专家的某个专门领域的知识和经验"转移"到计算机中去,并依靠它的推理程序,让计算机作出接近专家水平的工作。基于这样的思想,美国斯坦福大学费根鲍姆(E. Feigenbaum)教授将人工智能的基本原理和方法用于解决化学质谱分析问题。1965年,由他领导的研究小组开始设计第一个专家系统 DENDRAL,并于 1968 年成功地投入使用。1972 年,费根鲍姆研究小组又开始设计医疗专家系统 MYCTN 并获得极大成功,使它几乎成了专家系统的标准模式。1977 年,费根鲍姆在第五届国际人工智能会议上提出了知识工程的概念,并预言 20 世纪 80 年代是专家系统发展的黄金时代。

专家系统是一个具有大量专门知识与经验的程序系统,它应用人工智能技术,根据一个或多个人类专家提供的特殊领域知识、经验进行推理和判断,模拟人类专家做决策的过程来解决那些需要专家决定的复杂问题。简言之,专家系统是一种计算机程序,它能以专家的水平(有时超过专家)完成专门的而一般又是困难的专业任务。

专家系统本身具有许多优良特性:

(1)专家系统具有启发性、透明性和灵活性。

(2)专家系统的工作不受时间、空间和环境的影响。

(3)专家系统能够高效率、准确无误、周密全面、迅速而不疲倦地进行工作。

4.1.2 专家系统的结构原理

一个专家系统通常由知识库、数据库、推理机、解释及知识获取部分组成,它的结构如图4.1所示。下面分别介绍这5个部分。

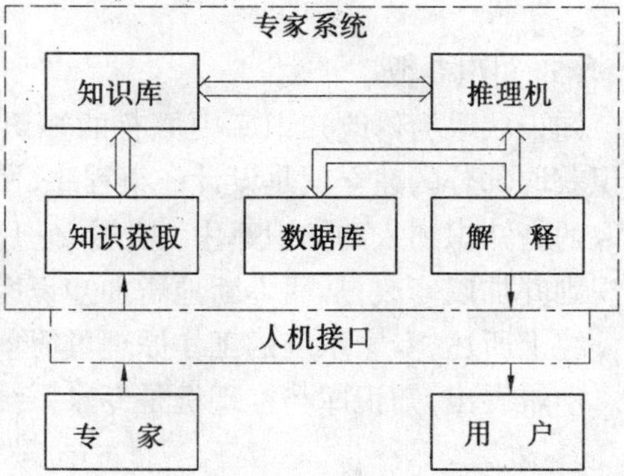

图4.1　专家系统的结构

(1)知识库

它储存以适当形式表示的从专家那里得到的关于某个领域的专门知识、经验以及书本知识和常识,它是领域知识的存储器。知识库中的知识应该具有可用性、确实性和完善性。

从领域专家那里获取知识,称其为知识获取,将获取的专家知识编排成数据结构并存入计算机中而形成知识库,知识编排的过程称为知识表达。

(2)数据库

数据库存放的是该系统当前要处理对象用户提供的一些已知和由推理得到的中间结果。专家系统的数据库是在计算机中划出一部分存储单元,用于存放以一定形式组织的该系统当前数据的工作区。随着推理的进行及与用户的对话,这部分的内容是随时变化的。

(3)推理机

推理机是计算机的一组程序,目的是用于控制、协调整个专家系统的工作。它根据当前的输入数据或信息,再利用知识库中的知识,按一定的推理策略去处理、解决当前的问题。常用的推理策略有正向推理、反向推理和正反向混合推理三种方式。

正向推理指从原始数据和已知条件推断出结论的方法。这种推理方式也称数据驱动策略,或称由底向上策略。正向推理程序应具有这样的功能:能利用数据库中的事实或数据去匹配规则的前提,若匹配不成功,能自动地进行下一条规则的匹配;若某规则匹配成功了,将此规则的结论部分自动地加入数据库;能判断何时推理结束;能将匹配成功的规则记录下来。

反向推理指先提出结论或假设,然后去找支持这个结论或假设的条件或证据是否存在。如条件满足,结论就成立;如不满足,就设法提出新的假设,再重复上述过程,直到得出答案为止。这种由结论到数据的反向推理策略,又称为目标驱动策略,即由顶向下策略。

正反向混合推理是先根据数据库中的原始数据,通过正向推理帮助系统提出假设,再运用反向推理,进一步寻找支持假设的证据,如此反复,直到得出结论(答案)或不再有新的事实加到数据库为止。采用正反向混合推理的搜索方法,是压缩搜索空间,提高搜索效率的有效途径之一。

(4)解释

解释也是一组计算机程序,该程序对推理给出必要的解释,为用户了解推理过程,向系统学习和维护系统提供方便,使用户容易接受。解释部分的主要功能是解释系统本身的推理结果,回答用户的问题。否则,即使专家系统本身作出的决策或建议是正确的,也很难为用户所接受。

(5)知识获取

知识获取为修改知识库中原有的知识和扩充知识提供手段,这是专家系统的瓶颈部分。知识获取部分的建立就是设计一组程序,使它必须能删除知识库中原有的知识,并能将向专家获取的新知识加入到知识库中。此外,它还应能根据实践结果发现原知识库中不适用或有错的规则并加以修改,从而不断地增加知识库中的知识,使系统能更好地做更多、更复杂的事情。

综上所述,专家系统的工作原理可简单归结为运用知识、进行推理、获得当前问题解的过程。不难看出,知识库与推理机是专家系统的核心部分,知识获取是专家系统的瓶颈。

4.2 专家控制系统

将专家系统原理同自动控制系统相结合就构成了专家控制系统。它不同于离线的专家系统,它不仅是独立的决策者,而且是具有获得反馈信息并能在线实时控制的系统。

4.2.1 专家控制系统的特点

工业生产过程由于本身的连续性及对产品质量要求高精度等特点,对专家控制系统提出了一些有别于一般专家系统的特殊要求。因此,专家控制系统具有下述特点。

(1)高可靠性及长期运行的连续性

工业过程控制对可靠性要求苛刻和其他领域相比显得更为突出。工业过程控制往往数十甚至数百小时连续运行,而不允许间断工作。

(2)在线控制的实时性

工业过程的实时控制,要求控制系统在控制过程中要能实时地采集数据,处理数据,进行推理和决策,对过程进行及时的控制。

(3)优良的控制性能及抗干扰性

工业控制的被控对象特性复杂，如非线性、时变性、强干扰等，这就要求专家控制系统具有很强的应变能力，即自适应和自学习能力，以保证在复杂多变的各种不确定性因素存在的不利环境下，获得优良的控制性能。

(4)使用的灵活性及维护的方便性

用户可以灵活方便地设置参数，修改规则等。在系统出现故障或异常情况时，系统本身应能采取相应措施或要求引入必要的人工参与。

4.2.2　专家控制系统的结构

由于工业控制对专家控制系统提出了上述的可靠性、实时性及灵活性等特殊要求，所以专家控制系统中知识表示通常采用产生式规则，于是知识库就变为规则库。这里以 Astrom 研制的一个专家控制系统为例，说明专家控制系统的一般结构，如图 4.2 所示。该专家控制系统控制过程对象，控制专家的知识多采用产生式规则表示，一般说来，专家控制系统由以下几部分组成。

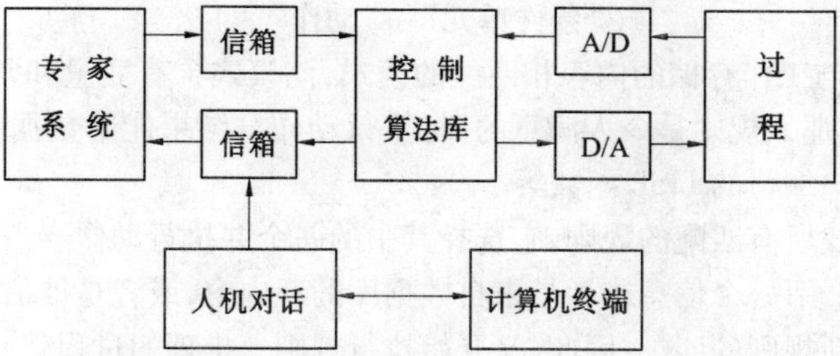

图 4.2　专家控制系统的结构

(1)数据库：主要存贮事实、证据、假设和目标等。如对过程控制而言，事实包括传感器测量误差、操作阈值、报警水平阀值、操作时序约束、对象成分配置等静态数据；证据包括传感器及仪表的动态测试数据等；假设包括用来丰富现有事实的集合等；目标包括静态目标和动态目标，静态目标是一个大的性能目标阵列；动态目标包括在线建立的来自外界命令或程序本身的目标。

(2)规则库：含有产生式规则，这种规则的典型描述为“如果(条件)，那么(结果)”。其中“条件”表示来源于数据库的事实、证据、假设和目标；“结果”表示控制器的作用或一个估计算法。

规则也可看做是运行状态的函数，因为，数据库中定义的状态要比通常控制理论中的状态概念更加广义。这些产生式规则可以包括操作者的经验和可应用的控制和估计算法，这些算法的适当特性以及应用时系统监控和诊断等规则。专家控制系统中的规则库相当于一般专家系统中的知识库。

(3)推理机:按照不同的策略从当前数据库的内容中,确定下一条产生式规则。

(4)人-机接口:产生式专家控制系统的人-机接口包括两部分,一部分包含更新知识库的规则编辑和修改;另一部分是运行时用户接口,它包含一些解释工具,用以帮助用户询问等,用户接口还可以跟踪规则的执行。

(5)规划环节:在控制过程中出现在线错误时,规划环节给出指令改变产生目标等,产生一些不干涉动作的调整作用,以保证控制系统能够随着所需要的操作条件去在线改变控制过程。控制规划的执行可看做是在一个大的网络中,寻找到达当前已建立的目标的路径。

4.2.3 专家控制系统的原理

下面以图4.2给出的专家控制系统为例,介绍专家控制系统的原理。该专家控制系统是基于OPS4框架结构,用LISP语言编写的产生式专家系统。OPS4框架中包括数据库、规则库和推理机。推理机控制着规则的执行。产生式规则的形式为

规则名

("条件单元"→"动作"…)

"条件单元"是与工作存储的内容相匹配的模式,该模式含有变量和常量。如果在规则中所有条件部分匹配,那么规则是令人满意的,将执行动作。结果能给数据库添加新的内容,删除旧内容或执行用户编写的LISP函数等。

推理机重复寻找所有匹配的规则,它选择其中的一个并执行动作。当没有寻找到规则时,系统等待输入信息。下一个信息或者是来自数据库的新内容,或者是被估计的LISP函数。新的存储内容又引起新规则的匹配,因此,又开始执行规则。推理的过程就是这样不断地进行匹配的过程。

算法库包括控制、识别和监控三组算法,采用PASCAL语言编成。图4.2中的信箱用于连接专家系统和算法库,信箱中有读或写信息的队列。信息写成LISP表达式并与一行文本相连接。由于在LISP语言中,数据和程度并没有区别,所以这样简化了通信。专家控制系统可以接受来自控制算法库的状态识别结果或监视报警,也可向算法库添加新算法,更改参数或改变操作方式。

本系统中的人-机接口使用LISP语言,传播两类命令:一类是面向算法库的命令,如改变参数,改变操作方式;另一类是指挥专家系统去做什么的命令。当然它也具备一般专家系统具有的支撑工具环境,如跟踪、添加、清除或在线编辑规则等。

Åström所研制的专家控制系统的基本原理是:将传统的控制工程算法同启发逻辑相结合,例如带有启发式逻辑的工业PID控制器,除有PID算法外,还包括操作方式选择、输入信号滤波、极限校正和报警、程序开关的选择、输出及速率的限制等功能。

4.2.4　实时过程控制专家系统举例

工业过程控制问题是工业控制领域中的主要对象，由于现代化工业过程控制所要求的高精度，实现控制的复杂性及所要求控制的实时性之间存在着矛盾，所以开发的实时过程控制专家系统已经成为解决这种矛盾的有效途径，其中比较有代表性的是 PICON 系统。

PICON(Process Intelligent Control)实时过程控制专家系统是 LISP 机器公司 Moore 等人 1984 年设计的，用于控制分布式过程控制系统。该系统包括 LISP 处理机专家系统、68010 处理机高速数据获取与处理系统、分布式过程控制系统、人-机接口及图形显示等部分。其结构如图 4.3 所示。

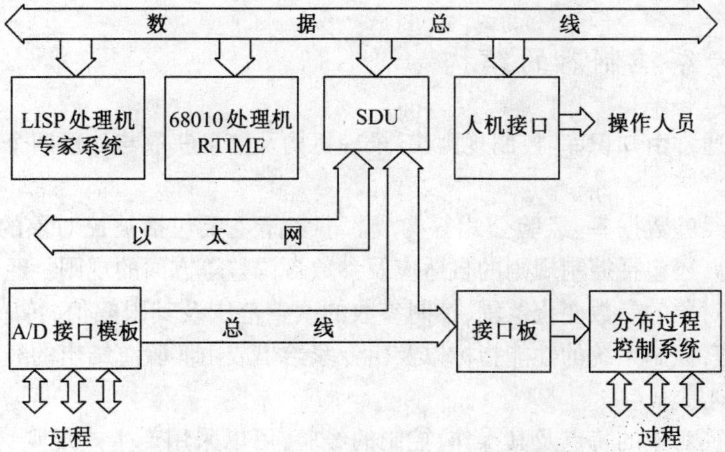

图 4.3　PICON 实时过程控制专家系统

用作专家系统的 LISP 处理机在系统中实现高层次推理，其中包括用于诊断的反向推理，指导 68010 处理机中的实时智能机器环境 RTIME(Real-Time Intelligent Machine Environment)的数据采集工作，同时能监视系统的运行过程，并对面向图形的知识获取系统加以控制。

用作高速数据采集与处理的 68010 处理机在系统中实现低层次推理。68010 处理机中的 RTIME 实际上是用 C 语言编写成的程序，它具有下述功能。

(1)能够实现低层次推理和算法计算的并行处理。低层次推理主要指对过程检测和报警的规则推理，以及对实时算法计算结果的推理。

(2)监视过程变量和报警以及传递分布系统的数据，推理机通过改变扫描频率以较高的频率对关键数据进行扫描。

(3)对可能出现的有意义的事件产生 LISP 处理机中断，使推理机处于待命状态。

(4)保存输入的数据、计算结果及在存储器中的推理程序。

用做专家系统的 LISP 机和用作高速数据采集与处理的 68010 处理机，通过多通道与分布式过程控制系统相连接,通过高速高效接口实时地接受来自分布系统的信号,并能实现两个处理机的并行运行。因此,PICON 系统可监视多达 20 000 个过程变量和报警信号。

4.3 专家控制器

建造专家控制系统不仅设计复杂、调试周期长,而且需要大量的人力、物力、财力的投入。因此,对于一些被控对象,考虑到对其控制性能指标、可靠性、实时性及对性能/价格比的要求,可以将专家控制系统简化。例如,可以不设人-机自然语言对话;考虑到专用性,可将知识库规模减小,规则集也被压缩,于是,推理机就会变得相当简单。这样的专家控制系统实际上变为一个专家控制器。

4.3.1 专家控制器的结构

专家控制器通常由知识库、控制规则集、推理机构及信息获取与处理四个部分组成。

(1)知识库

由事实集和经验数据库、经验公式等构成。事实集主要包括被控对象的有关知识,如结构、类型及特征等,还包括控制规则的自适应及参数自调整等方面的规则。经验数据库中的经验数据包括被控对象的参数变化范围,控制参数的调整范围及其限幅值,传感器的静态、动态特性、参数及阈值,控制系统的性能指标以及由专家给出或由实验总结出的经验公式等。

(2)控制规则集

专家根据被控对象的特点及其操作、控制的经验,可以采用产生式规则、模糊关系及解析形式等多种方法来描述被控对象的特征,这样可以处理各种定性的、模糊的、定量的、精确的信息,从而总结出若干条行之有效的控制规则,即控制规则集,它集中地反映了专家及其熟练的操作者在某领域控制过程中的专门知识及经验。

(3)推理机构

由于专家控制器的知识库及其控制规则集的规模远小于专家控制系统,因此它的推理机构的搜索空间变得十分有限,这样导致推理机制变得简单。一般采用前向推理机制,对于控制规则由前向后逐条匹配,直至搜索到目标。

(4)信息获取与处理

专家控制器的信息获取主要是通过其闭环控制系统的反馈信息及系统的输入信息,对于这些信息量的处理可以获得控制系统的误差及其误差变化量等对控制有用的信息。此外,信息的处理也包括必要的滤波措施等。

由上述四部分构成的专家控制器的一种结构如图 4.4 所示。专家控制器的知识库、控制规则库规模小,推理机构简单。因此,可以采用单片机、可编程控制器(PLC)等来实现。

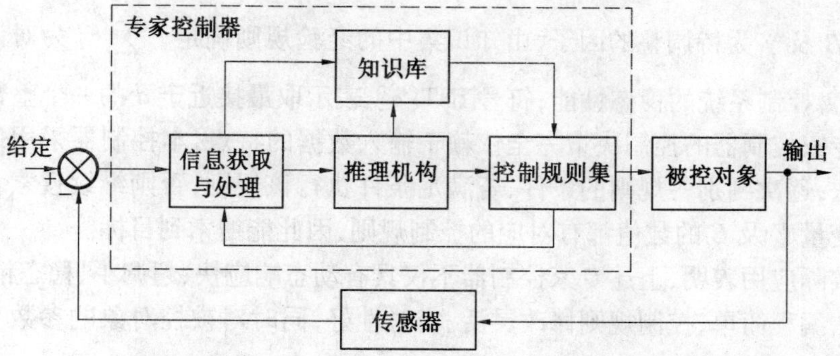

图 4.4　专家控制器的一种结构

4.3.2　一种工业过程专家控制器设计

根据工业过程控制的特点,采用产生式规则描述过程的因果关系,并通过带有调整因子的模糊控制规则建立控制规则集。

设定专家控制器的输入集 E 及输出集 U 分别为

$$E = \{-e_n, -e_{n-1}, \cdots, -e_1, 0, e_1, e_2, \cdots, e_n\} \tag{4.1}$$

$$U = \{-u_n, -u_{n-1}, \cdots, -u_1, 0, u_1, u_2, \cdots, u_n\} \tag{4.2}$$

其中,n 为正整数,其值大小由知识库中的经验规则确定,一般取大于或等于6。

设 f 为输入集 E 到输出集 U 的一个映射,为使推理机构能实时地在控制空间搜索到目标,既能保证最大限度地发挥控制作用,又能避免搜索不到目标而导致"失控",因此建立控制规则必须满足 f 是 E 到 U 的满射,即

$$f(E) = U \tag{4.3}$$

控制规则集是在知识集的基础上概括、总结归纳而成的,它体现了专家的专门知识和经验,集中反映了人在操作过程中的智能控制行为和决策艺术。该控制规则集包括下述6条规则:

(1)IF $E > E_{PB}$ THEN $U = U_{NB}$.

(2)IF $E < E_{NB}$ THEN $U = U_{PB}$.

(3)IF $C > C_{PB}$ THEN $C = C_{NB}$.

(4)IF $C < C_{NB}$ THEN $C = C_{PB}$.

(5)IF $E \cdot C < 0$ OR $E = 0$ THEN $U = \mathrm{INT}[\alpha E + (1-\alpha)C]$.

(6)IF $E \cdot C > 0$ OR $C = 0$ AND $E \neq 0$ THEN $U = \mathrm{INT}[\beta E + (1-\beta) + \gamma \sum_{i=1}^{k} E_i]$

其中,E、C 及 U 分别为误差、误差变化及控制量的模糊变量,且 C 的量化等级选择与 E、U 完全相同;E_{PB}、C_{PB} 及 U_{PB} 分别为 E、C 及 U 的正向最大值,而 E_{NB}、C_{NB} 及 U_{NB} 分别为 E、C 及 U 的负

向最大值;α、β 及 γ 为待调整的因子,由知识集中的经验规则确定;$\sum_{i=1}^{k} E_i$ 为对误差的智能积分项,用以改善控制系统的稳态性能;符号 INT〔a〕表示取最接近于 a 的一个整数。

考虑到专家控制器的控制决策完全依赖于输入数据的特点,本控制器采用以数据驱动的正向推理方法,逐次判别各规则的条件,若满足条件执行该规则,否则继续搜索。由于对每一个控制输入变量 E 及 C 的数值都有对应的控制规则,因此能搜索到目标。

仿真及实际应用表明,上述专家控制器不仅具有动态响应快、超调小、稳态精度高的特点,而且控制算法编程简单、控制规则修改灵活、实时性好,同时对被控对象的参数变化具有较强的鲁棒性。

4.4 仿人智能控制

4.4.1 常规 PID 控制剖析

众所周知,常规 PID 控制是按误差的比例、积分和微分的线性组合进行控制的,属于线性控制的范畴。根据不同被控对象适当地整定 PID 的三个控制参数 k_p、k_i 及 k_d,可以获得比较满意的控制效果。但整定参数的过程,实际上是对比例、积分和微分三部分控制作用的折中。

剖析常规 PID 控制可以发现,这种控制无法解决稳定性与准确性之间的矛盾,加大控制作用可使误差减少,准确性可以提高,但是降低了稳定性。反之,为保证稳定性,限制控制作用,这样又降低了控制的准确性。即使对被控对象整定了一组满意的 PID 控制参数,当对象特性发生变化时,也难以保持良好的控制性能。

从物理本质上看,控制过程是一种信息处理及能量转移的过程。因此,提高信息处理能力,以最短的时间和(或)最小的代价实现系统按预定的规律进行能量转移,就是控制系统设计所要解决的中心问题。

下面再来分析 PID 控制中的三种基本控制作用的实质以及它们的功能与人的某种智能的差异,从而可以看出,从传统 PID 控制走向智能 PID 控制、仿人智能控制的发展趋势。

比例作用,实际上是一种线性放大(或缩小)作用,它有些类似于人脑的想象功能,人可以把一个量(或物体、事物)想象得大一些或小一些,但人的想象力具有非线性和时变性,这一点是常规的比例控制作用所不具备的。

积分作用,实际上是对误差信号的记忆功能。人脑的记忆功能是人类的一种基本智能,但是人的记忆功能具有某种选择性,人总是有选择地记忆某些有用的信息,而遗忘无用的信息。而常规 PID 控制中的积分作用,不加选择地“记忆”了误差的存在及其误差变化的信息,其中也包含了对控制不利的信息,因此,这种积分作用缺乏智能性。

微分作用,体现了某种信号的变化趋势,这种作用类似于人的预见性,但是常规 PID 控制中的微分作用的"预见性"缺乏人的远见卓识的预见性,因为它对变化快的信号敏感,而不善于预见变化缓慢信号的变化趋势。

从上述分析可以看出,常规 PID 控制中的比例、积分和微分三种控制作用,对于获得良好控制来说都是必要的,但是还不是充分的条件。应该指出,为了获得满意的控制系统性能,一般说来,单纯采用线性控制方式还是不够的,还必须引进一些非线性控制方式。因为在系统动态过程及暂态过程中,对于比例控制、积分控制和微分控制作用的要求是不同的。所以,在控制过程中要根据系统的动态特征、行为及控制性能的需要,采取变增益(增益适应)、智能积分(非线性积分)、智能采样等多种途径。为此,需要借助于专家控制经验、启发式直观判断和直觉推理规则。这样的控制决策有利于解决控制系统中的稳定性与准确性的矛盾,又能增强系统对不确定性因素的适应性,即鲁棒性。这样的 PID 控制器同常规 PID 控制器有了质的区别,可称为专家 PID 控制或仿人智能控制。

4.4.2　仿人智能控制的基本思想

智能控制从根本上说是要仿效人的智能行为进行控制和决策。为什么要仿效人的控制呢? 著名的过程控制专家 F. G. 欣斯基指出:"有一句时常引用的格言:如果你不能用手动去控制一个过程,那么你就不能用自动去控制它。"通过大量实验发现,在得到必要的操作训练后,由人实现的控制方法是接近最优的,这个方法的得到不需要了解对象的结构参数,也不需要最优控制专家的指导。所有这些都清楚地表明,人的控制活动反映了人脑的高超的思维、决策和控制能力。Saridis 曾在《论智能控制的实现》中指出,向人脑(或生物脑)学习是唯一的捷径。因此,在对人脑宏观结构模拟和行为功能模拟的基础上,研究仿人智能控制对于实现专家控制具有重要意义。

下面通过分析二阶系统阶跃响应特性的分析,可以看出实现仿人智能控制的基本思想。

图 4.5 为典型的二阶系统的单位阶跃响应曲线,为了便于分析阶跃响应曲线的动态过程,将图 4.5 响应曲线划分为几个不同阶段。

(1) OA 段:系统在控制信号作用下,由静态到动态再向稳态转变的关键阶段。人们期望输出能快、稳、准地达到给定值,但由于系统具有惯性,决定了这一段曲线只能呈倾斜方向上升。若采用固定比例控制,当输出达到稳态值时,由于本身惯性所致,系统输出不会保持住稳态值而势必超调。因此,为使 OA 段上升既快又不至于超调过大,在 OA 段应该采取变增益控制,初始段采用大增益,上升到某一阶段减小增益,使系统借助于惯性继续上升,既有利于减小超调而又不至于影响上升时间。

(2) AB 段:系统输出值已超过了稳态值,向误差增大的方向变化,到 B 点时误差达到了最大值(负)。在 AB 段,控制作用应该尽力压低超调,除了采用比例控制外,应加积分控制作用,

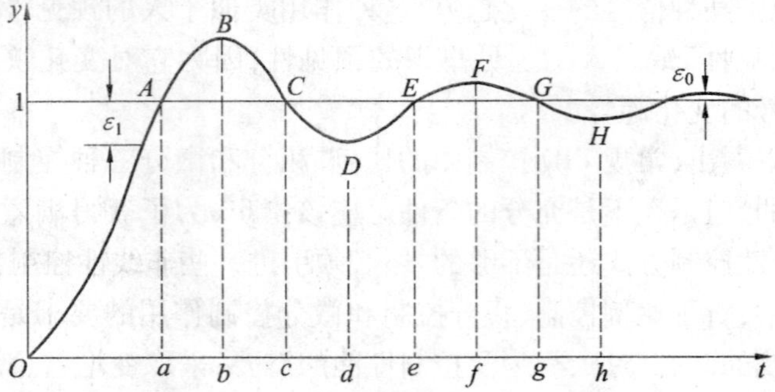

图 4.5 二阶系统的单位阶跃响应曲线

以便通过对误差积分而强化控制作用,使系统输出尽快回到稳态值。

(3)*BC* 段:在这一段误差开始减小,系统在控制作用下已呈现向稳态变化的趋势。这时如再继续施加积分控制作用,势必造成控制作用太强,而出现系统回调,因此应不加积分控制作用。

(4)*CD* 段:系统输出减小,误差向相反方向变化,并达到最大值(正)。此种情况,应采用比例加积分控制。

(5)*DE* 段:系统出现误差逐渐减小的趋势,控制作用不宜太强,否则会出现再次超调,显然这时不应施加积分控制作用。后面各段情况类同,不再赘述。

由上述响应特性的分析可以看出,控制系统的动态过程是不断变化的,为了获得良好的控制性能,控制器必须根据控制系统的动态特征,不断地改变或调整控制决策,以便使控制器本身的控制规律适应于控制系统的需要。控制决策经验丰富的操作者并不是依据数学模型进行控制,而是根据操作经验以及对系统动态特征信息的识别进行直觉推理,在线确定或变换控制策略,从而获得良好的控制效果。

仿人智能控制的基本思想是在控制过程中利用计算机模拟人的控制行为功能,最大限度地识别和利用控制系统动态过程所提供的特征信息,进行启发和直觉推理,从而实现对缺乏精确模型的对象进行有效的控制。因此,利用计算机模拟人的控制行为,识别被控动态过程的特征信息,进行启发和直觉推理决策,是仿人智能控制的三个基本点。

4.4.3 系统动态行为特征识别

为了应用计算机自动实现仿人智能控制,必须使该系统能够通过一些特征变量来自动识别控制系统的动态行为,以便模仿人的智能控制决策行为。在模糊控制中,通常选用误差 e 和误差变化 Δe 作为模糊控制器的输入变量,通常模糊控制器的输出 u 可以表示为

$$u=f(e,\Delta e) \tag{4.4}$$

如果我们只根据误差 e 的大小进行控制,对于一些复杂系统,很难收到满意的控制效果。

例如,当被控系统处于误差较大,而又向减小误差方向快速变化时,如果只根据误差较大而不考虑误差迅速变化的因素,必然要加大控制量,使系统尽快消除大的误差,这样的控制势必导致调节过头而又出现反向误差的不良后果。当采用两个输入变量 e 和 Δe 进行控制时,就可以避免上述的盲目性。因此,一个人工控制的复杂系统,在控制过程中人对被控系统的状态、动态特征及行为了解的越多,控制的效果就会越好。

如何根据输入输出的信息来识别被控系统所处的状态、动态特征及行为,是仿人智能控制要解决的首要问题。为此,我们从误差 e 和误差变化 Δe 这两个基本变量出发,设计特征变量来识别动态过程的特征模式。

(1)特征变量 $e\cdot\Delta e$

误差 e 同误差变化 Δe 之积构成了一个描述系统动态过程的特征变量,利用该特征变量的取值是否大于零,可以描述系统动态过程误差变化的趋势。

令 e_n 表示离散化的当前采样时刻误差值,e_{n-1} 和 e_{n-2} 分别表示前一个和前二个采样时刻的误差值,则有 $\Delta e_n = e_n - e_{n-1}$。对于如图 4.6 所示的动态系统响应曲线的不同阶段,特征变量 $e_n\cdot\Delta e_n$ 的取值符号由表 4.1 给出。

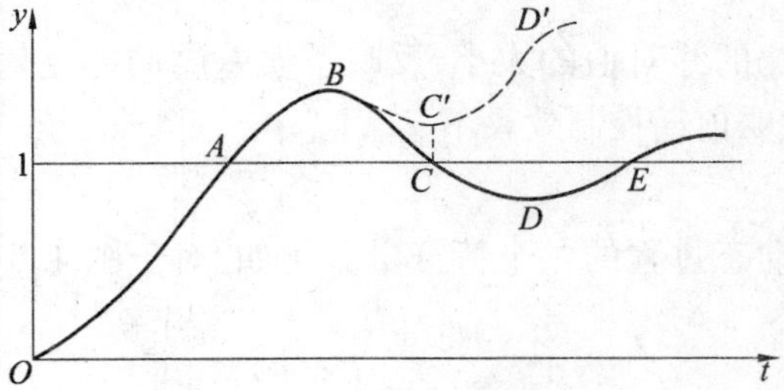

图 4.6　动态过程曲线

表 4.1　特征变量的符号变化

	OA 段	AB 段	BC 段	CD 段	DE 段
e_n	>0	<0	<0	>0	>0
Δe_n	<0	<0	>0	>0	<0
$e_n\cdot\Delta e_n$	<0	>0	<0	>0	<0

当 $e_n\cdot\Delta e_n>0$ 时,如 AB 段和 CD 段,表明系统的动态过程正向着误差增大的方向变化,即误差的绝对值逐渐增大。

当 $e_n\cdot\Delta e_n<0$ 时,如 BC 段和 DE 段,表明系统的动态过程正向着误差减小的方向变化,即误差的绝对值逐渐减小。

在控制过程中,计算机很容易识别 $e_n\cdot\Delta e_n$ 的符号,从而掌握系统动态过程的行为特征,以便更好地制定下一步控制策略。

(2) 特征变量 $|\Delta e/e|$

误差变化 Δe 与误差 e 之比的绝对值的大小,描述了系统动态过程中误差变化的姿态。将 $|\Delta e/e|$ 与 $e_n\cdot\Delta e_n$ 联合使用,可对动态过程特征作进一步的细划分,便于捕捉到动态过程模式的不同姿态。例如图 4.6 中可将曲线 AB 段细分为如下三种情况:

① AB 段靠近 A 点附近:$e_n\cdot\Delta e_n>0$ 且 $|\Delta e/e|>\alpha$ 表示动态过程呈现误差小而误差变化大的姿态。

② AB 段靠近中间部分：$e_n \cdot \Delta e_n>0$ 且 $\beta<|\Delta e/e|<\alpha$ 表示动态过程呈现误差和误差变化都处在中等状态。

③ AB 段靠近 B 点附近：$e \cdot \Delta e>0$ 且 $|\Delta e/e|<\beta$ 表示动态过程呈现误差大而误差变化小的姿态。

上述的 α 与 β 均为根据控制的需要而设定的常数，且有 $\alpha<\beta$。同样图 4.6 中曲线的 BC 段、CD 段、DE 段读者可作类似的分析。

(3)特征变量 $\Delta e_n \cdot \Delta e_{n-1}$

相邻两次误差变化之积 $\Delta e_n \cdot \Delta e_{n-1}$ 构成了一个表征误差出现极值状态的特征变量，若 $\Delta e_n \cdot \Delta e_{n-1}<0$ 时，表征出现极值；$\Delta e_n \cdot \Delta e_{n-1}>0$ 时，表征无极值出现。

把特征变量 $\Delta e_n \cdot \Delta e_{n-1}$ 与 $e_n \cdot \Delta e_n$ 联合使用，可以判别动态过程当误差出现极值后的变化趋势。如图 4.6 中，在 B 点和 C' 点处均出现极值，但它们的 $e_n \cdot \Delta e_n$ 取值符号却相反，即

B 点：$\Delta e_n \cdot \Delta e_{n-1}<0, e_n \cdot \Delta e_n>0$，在 B 点后误差趋于减小。

C' 点：$\Delta e_n \cdot \Delta e_{n-1}>0, e_n \cdot \Delta e_n<0$，在 C' 点后误差逐渐变大。

(4)特征变量 $|\Delta e_n/\Delta e_{n-1}|$

当前时刻误差变化与前一时刻误差变化之比的绝对值的大小，反映了误差的局部变化趋势，也间接表示出前期控制效果，如该比值大，表明前期控制效果不显著。

(5)特征变量 $\Delta(\Delta e)$

误差变化的变化率，即二次差分，它是描述动态过程的一个特征量。例如，对于图 4.6 所示曲线，有如下两种情况：

①ABC 段：$\Delta(\Delta e)>0$，处于超调段。

②CDE 段：$\Delta(\Delta e)<0$，处于回调段。

上述设计的特征变量的本质特征在于它们不是一个绝对的量，而是一个符号变量，或者是一个相对量。符号变量用以表征动态过程变化趋势的方向，相对量用以表征动态过程变化的快慢程度。

为了应用计算机来实现仿人智能控制，需要设法把人的操作经验、定性知识及直觉推理教给计算机，让它通过灵活机动的判断、推理及控制算法来应用这些知识，进行仿人智能控制。计算机在线获取信息的主要来源是系统的输入 R 和输出 Y，从中可以计算出误差 e 及误差变化 Δe，通过 e 及 Δe 可以进一步求出表征系统动态特性的特征量，

计算机借助于上述特征量可以捕捉动态过程的特征信息，识别系统的动态行为，作为控制决策的依据。根据系统的动态特征及动态行为，从多种控制模式中选取最有效的控制形式，对被控对象进行精确的控制。计算机在控制过程中能够使用定性知识和直觉推理，这一点是和传统的控制理论根本不同的，也正是在这一点体现出仿人智能。这种方式很好地解决了控制过程中的快速性、稳定性和准确性的矛盾。

4.4.4　仿人智能控制原理

仿人智能控制器的组成同一个专家控制器的组成基本相同,如图 4.7 中虚线框部分所示,它由以下四个部分组成。

(1)特征信息获取与处理:根据输入、输出采样数据计算出当前时刻的误差及误差变化等,进而求出识别被控动态过程模式所必需的特征变量。

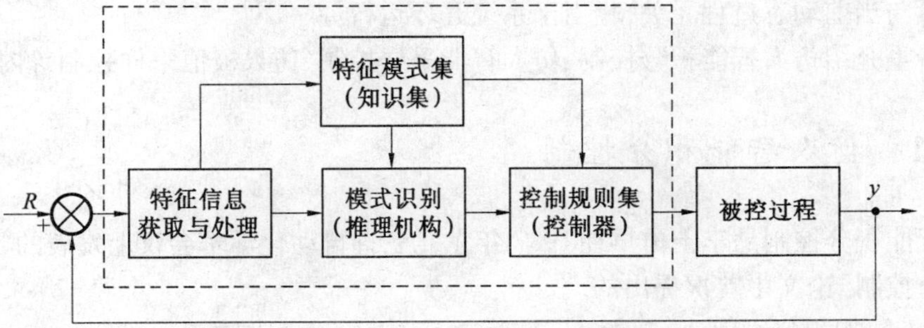

图 4.7　仿人智能控制器的结构

(2)特征模式集:它相当于存储着某种特征模式类集合的一个知识库,其中还包括必要的参量、阈值、经验数据以及控制参数等。

(3)模式识别:它起到推理机构的作用,即根据获得的当前时刻的特征变量去知识库中搜索与提供的约束条件相匹配的特征模式类,为控制决策提供前提条件。

(4)控制规则集:实际上为一基于规则的控制器,控制决策的过程是实现从特征模式集到控制规则集的一个映射。一般来说,特征模式集数大于等于控制规则集数。

仿人智能控制器的工作原理是,首先系统根据计算出的特征变量判断动态过程的特征模式,然后推理机构根据该特征模式类去寻找与之相匹配的控制规则,最后控制器执行上述的控制规则对被控对象加以控制。这便完成了一步仿人智能控制算法,如此循环一步一步控制下去,直到被控系统的误差达到期望的指标。

4.5　仿人智能控制的多种模式

仿人智能控制器可以在线识别被控系统动态过程的各种特征,它不仅知道当前系统输出的误差和误差变化以及误差变化的趋势,还可以知道系统动态过程当前所处的状态和姿态及其动态行为,可以记忆前期控制效果和识别前期控制决策的有效性。总之,仿人智能控制器在同样条件下,所获取的关于动态过程的各种信息(包括定量的、定性的),要比传统的控制方式丰富得多。正因为这样,仿人智能控制器才做到了“心中有数”,才能不失时机地作出相应的控制决策。

对于仿人智能控制来说,为了获得好的控制效果,关键还在于合理地确定控制方式,实时地选择大小和方向适当的控制量以及合理的采样周期和控制周期。

从不同的角度模仿人的控制决策过程,就出现了多种仿人智能控制模式,有仿人智能开关控制、仿人比例控制、仿人智能积分控制、仿人智能采样控制、仿人极值采样控制等。此外,在仿人智能控制中还采用变增益比例控制、比例微分控制以及开环、闭环相结合的控制方式。这里所说的开环是指一种保持控制方式,即控制器当前的输出保持前一时刻的输出值,此时控制器的输出量与当前动态过程无关,相当于系统开环运行。

下面着重介绍仿人智能积分控制、仿人智能采样控制、仿人极值采样控制等内容。

4.5.1 仿人智能积分控制

仿人智能积分控制是李士勇早在1987年东北三省自动化学术会议上发表的“从PID控制到智能积分控制”论文中首次提出的[100]。

(1)仿人智能积分原理

众所周知,在控制系统中引进积分控制作用是减小系统稳态误差的重要途径。前面已对常规PID控制中的积分控制作用作了分析,这种积分作用对误差的积分过程如图4.8(3)所示。这种积分作用在一定程度上模拟了人的记忆特性,它“记忆”了误差的存在及其变化的全部信息。依据这种积分作用产生的积分控制作用有以下缺点:其一,积分控制作用针对性不强,甚至有时不符合控制系统的客观需要;其二,由于这种积分作用只要误差存在就一直进行积分,在实际应用中导致“积分饱和”,会使系统的快速性下降;其三,这种积分控制的积分参数不易选择,而选择不当会导致系统出现振荡。

造成上述积分控制作用不佳的原因在于:这种积分控制作用没有很好地体现出有经验的操作人员的控制决策思想。在图4.8(3)的积分曲线区间(a,b)和(b,c)中,积分作用和有经验的操作人员的控制作用相反。此时系统出现了超调,正确的控制策略应该是使控制量在常值上加一个负量控制,以压低超调,尽快降低误差。但在此区间的积分控制作用却增加了一个正量控制,这是由于在(O,a)区间的积分结果很难被抵消而改变符号,故积分控制量仍保持为正。这样的结果导致系统超调不能迅速降低,从而延长了系统的过渡过程时间。

在上述积分曲线的(c,d)段,积分作用增加一个正量的控制有利减小回调。但在(d,e)区间积分作用继续增强,其结果势必造成系统再次出现超调,这时的积分作用对系统的有效控制帮了倒忙。

为了克服上述积分控制作用的缺点,采用如图4.8(4)中的积分曲线,即在(a,b)、(c,d)及(e,f)等区间上进行积分,这种积分能够为积分控制作用及时地提供正确的附加控制量,能有效地抑制系统误差的增加;而在(O,a)、(b,c)、及(d,e)等区间上,停止积分作用,以利于系

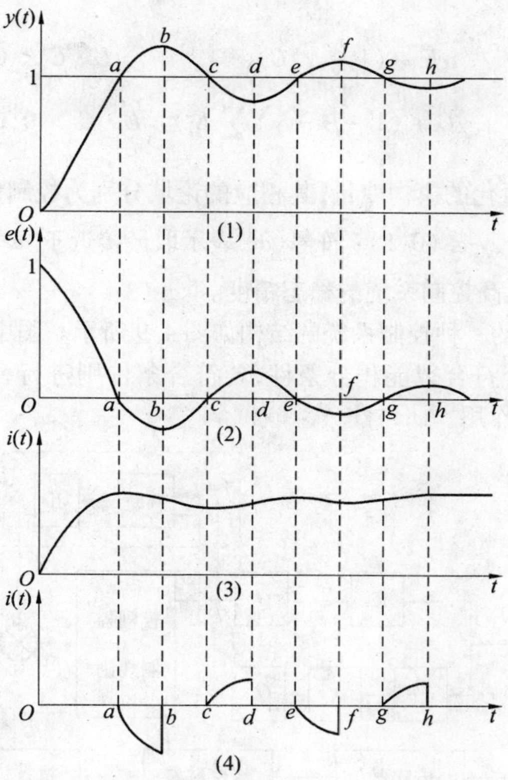

图 4.8　误差及其误差积分曲线

统借助于惯性向稳态过渡。此时系统并不处于失控状态,它还受到比例等控制作用的制约。这种积分作用较好地模拟了人的记忆特性及仿人智能控制的策略,它有选择地"记忆"有用信息,而"遗忘"无用信息,所以可以很好地克服一般积分控制的缺点。它具有仿人智能的非线性积分特性,称这种积分为仿人智能积分。

(2)仿人智能积分控制算法

为了把智能积分作用引进到控制算法中,首先必须解决引入智能积分的逻辑判断问题,这种条件由图 4.8 中智能积分曲线并对照图 4.9 及表 4.1,可以很自然地得出如下判断条件。

当本次采样时刻的误差 e_n 及误差变化 Δe_n 具有相同符号,即 $e_n \cdot \Delta e_n>0$ 时,对误差进行积分;相反,误差 e_n 及误差变化 Δe_n 具有不同符号,即 $e_n \cdot \Delta e_n<0$ 时,对误差不进行积分。这就是引入智能积分的基本条件。再考虑到误差和误差变化的极值点,即边界条件,可以把引进智能积分和不引进积分的条件综合如下。

当 $e \cdot \Delta e>0$ 或 $\Delta e=0$ 且 $e\neq 0$ 时,对误差积分;当 $e \cdot \Delta e<0$ 或 $e=0$ 时,不对误差积分。这样引进的积分即为智能积分作用。

例如,作者设计的一种具有智能积分控制作用的模糊控制算法,其控制规则的量化描述如

为

$$U=\begin{cases}\langle\alpha E-(1-\alpha)C\rangle & E\cdot C<0\text{或}E=0\\ \langle\beta E+\gamma C+(1-\beta-\gamma)\sum_{i=1}^{k}E_i\rangle & E\cdot C>0,C=0,E\neq 0\end{cases}\tag{4.5}$$

其中,U、E、C 均为经过量化的模糊变量,其相应的论域分别为控制量、误差、误差变化,而 α、β 及 γ 为加权因子,且 α、β、$\gamma\in(0,1)$;符号 $\langle a\rangle$ 表示取最接近于"a"的一个整数;$\sum E_i$ 为智能积分项,引入它是为了提高控制系统的稳态精度。

实现上述控制算法的一种控制系统的结构如图 4.9 所示。图中虚线框部分是智能积分控制环节,它首先判断是否符合智能积分条件,若符合条件则进行智能积分 II(intelligent integral),否则,不引入积分作用。

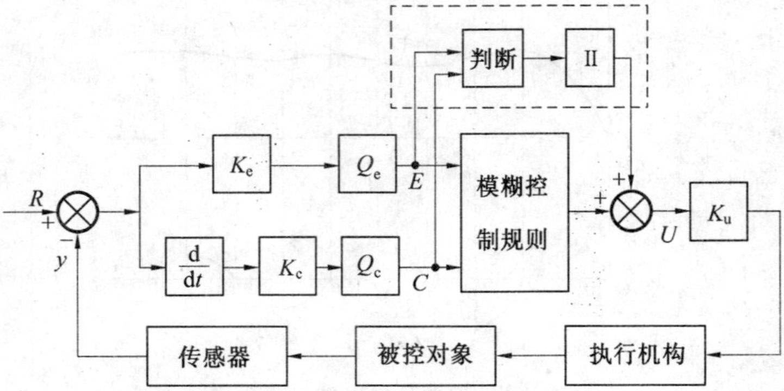

图 4.9 具有智能积分控制的模糊控制系统

经数字仿真结果表明,仿人智能积分控制算法由于引进了智能积分控制,大大地提高了模糊控制系统的稳态精度。同一般的模糊控制器相比,仿人智能积分控制算法具有稳态精度高的优点。同常规 PID 控制相比,这种控制算法又具有响应速度快、超调小或无超调等优点。因此,这是一种实现智能控制的较好算法。

4.5.2 仿人智能采样控制

仿人智能采样控制思想是柏建国等在 1989 年发表的"补偿纯滞后过程的新方法——智能采样控制"论文中首先提出的[101]。

(1)采样周期对数字控制的影响

目前,多数生产过程的计算机控制系统,都属于连续离散型的混合系统。在这样的系统中,时间连续信号的检测和计算机控制量的输出,考虑信号的重现问题都需要正确选择离散时间的采样周期。而在控制过程中,主要考虑尽可能有助于提高控制质量。

香农采样定理已经给出了选择采样周期的上限,而采样周期下限的选择却受到许多因素的制约。采样周期越小越有利于重现信号,但采样周期太小会导致信噪比低、量化噪声大、易受干扰,影响控制性能。在过程控制中,控制周期选择的下限要受到控制算法运算时间的限制。因此,采样周期和控制周期并非都是越小越好。

对于数字控制器的模拟化设计方法而言,采样周期越小,数字控制器的特性越接近模拟控制器的特性。而对于数字控制器的离散化设计方法,多数是以被离散化的对象模型为设计依据。对象的离散化模型依赖于采样周期的选择,于是采样周期不仅影响到模型的零、极点的位置分布,而且还影响到模型的精度,过长的采样周期甚至会导致有用的高频信息受到损失,从而使模型降阶。

(2)滞后过程的仿人智能采样控制

大量的被控过程都具有不同程度的时间滞后,给过程控制带来了困难。滞后时间 τ 与容量滞后时间常数 T 之比,反映了控制的难度。随着 τ/T 值的增加,控制难度也相应增大。当 τ 接近或者超过 T 时,采用普通的 PID 控制效果很差,必须采用 Smith 预估控制。但是,Smith 控制需要精确的被控过程模型,而复杂的被控过程往往很难建立其精确的数学模型,因此,对 Smith 控制已做了不少改进,出现了一些克服滞后的控制算法。尽管如此,应该说滞后过程控制问题至今仍是控制领域受到极大关注的课题。

众所周知,具有纯滞后时间 τ 的对象,其控制作用必须经过时间 τ 才能体现,因此在时间 τ 内的控制是没有价值的,于是就产生了如图 4.10 所示的采样控制。不少文献提出采样周期 T_S 略大于 τ,控制时间(接通时间)Δt 约取为 $1/10T_S$,这样选择会带来两点不足:第一,干扰与采样发生严重的不同步。由于被控过程纯滞后时间一般较大,T_S 也就选得较大,而控制时间 Δt 又很小,这样在每个采样周期的 $T_S-\Delta t$ 时间内,系统处于开环状态,无法获取一些急需的有用信息,例如定值干扰引起输出 $y(t)$ 的变化或给定输入要求 $y(t)$ 尽快跟踪等信息;第二,获得的反馈信息太少且无针对性,使得控制处于盲目状态,导致过渡过程时间长。

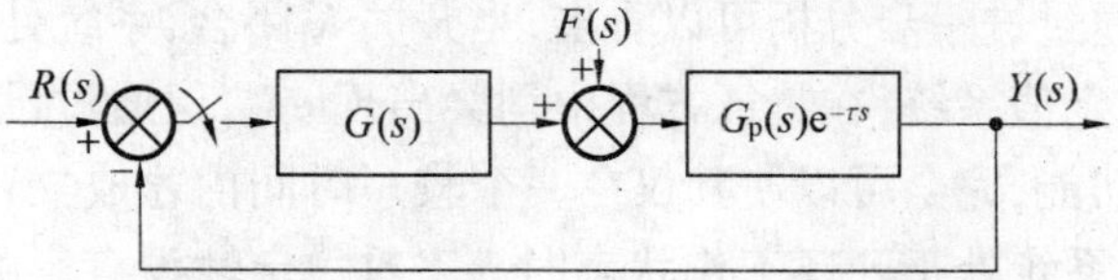

图 4.10　采样控制原理图

上述采样控制的不足在于消极的等待和盲目无力的控制。总之,这样的控制缺乏人工控制滞后过程的智能采样特点,人工智能采样控制方法克服大滞后的基本策略可描述如下:

等等→看看→调调→再等等→再看看→再调调……

根据上述控制策略,一种仿人智能采样控制系统的原理如图 4.11 所示。其中 INT 表示智能器 ;$F(s)$ 表示定值干扰;$G_{cj}(s)$ 表示控制器;$Y(s)$ 表示被控变量;$G_p(s)e^{-\tau s}$ 表示被控制对象;B 为中间反馈系数;$R(s)$ 为给定干扰; P 取常数“1”或“0”。

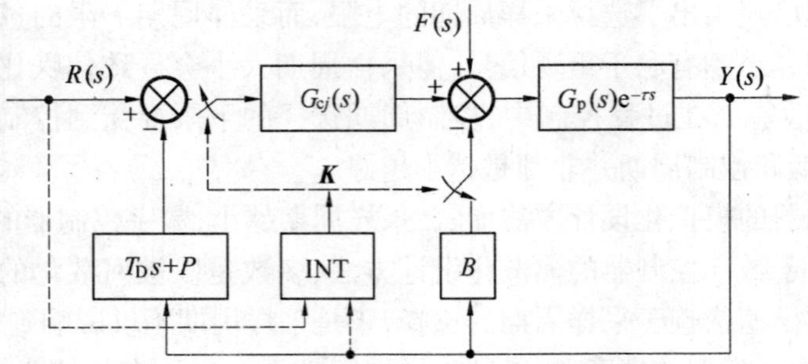

图 4.11　智能采样控制原理图

智能器实际上是控制一个智能采样开关 K,它在满足特定的条件下“断开”或“闭合”,即

$$K=\begin{cases}0(\text{断开}) & e\cdot\dot{e}<0 \text{ 或} |e|<\delta\\ 1(\text{闭合}) & e\cdot\dot{e} \text{ 或 } \dot{e}=0, |e|\geqslant\delta\end{cases} \tag{4.6}$$

式中,e、$\dot{e}$ 分别为误差和误差的一阶导数;δ 为不灵敏区。

当被控制变量偏离希望值时,智能器发出 K 开关闭合的信号,进行采样,控制器及时控制,直到被控变量有回复平衡位置趋势为止。开关 K 断开,系统处于开环工作状态,此时对象所需维持的能量由控制器或由对象已储存的能量供给。

图中 $G_{cj}(s)$ 表示第 j 种控制器,$j\in(1,2)$,这是考虑给定干扰与定值干扰往往对控制器规律和作用大小不同而引入的。它的选取由设计的逻辑关系自动进行,即

$$G_{cj}(s)=\begin{cases}G_{c1}(s) & \mathrm{d}c(t)/\mathrm{d}t\neq 0\\ G_{c2}(s) & \mathrm{d}c(t)/\mathrm{d}t=0\end{cases} \tag{4.7}$$

其中,$c(t)=L^{-1}\left[\frac{1}{Ts+1}R(s)\right]$,$T$ 根据需要确定。这样,增强了控制器的适应性和有效性,保证了随干扰的不同而选用相应的控制器。中间比例反馈 B 的引入,主要是为了设计方便。上述智能采样控制的机理通过进一步分析可以看出,当开关 K 闭合,系统处于闭环控制时,无论系统作随动系统,还是作定值系统,在特征方程中均会出现 $\mathrm{e}^{-\tau s}$,但通过设置适当的控制参数,由于智能器的逻辑判断功能,完全可以使其仅在一个较短时间内才成立,这样,就消除了不稳定因素。而当开关断开,系统处于开环工作状态时,$\mathrm{e}^{-\tau s}$ 对稳定性没有影响。上述智能采样控制方案,通过智能器来确定系统是开环还是闭环。在开环过程中,控制器处于具有观察功能的积极等待阶段,这种等待的目的是为更好地控制做准备。在闭环过程中,控制器处于控制阶段,是等待的行动体现,具有很强的针对性。这种控制方式巧妙地避开了 $\mathrm{e}^{-\tau s}$ 所带来的不利影响,成功地解决了系统的稳定性问题。

智能采样控制是一种闭环中有开环,开环中含闭环的新颖控制方式,它的整个工作过程类似一个经验丰富的操作人员,既能连续地观察,又能根据需要进行实时校正。所以这种控制具有很强的鲁棒性、快速性,并且很容易通过微机程序来实现。

4.5.3　仿人极值采样智能控制

早在 1981 年周其鉴、柏建国等人就认为以 PID 为代表的线性调节规律远非尽善尽美，未能妥善地解决闭环系统稳定性与准确性、快速性之间的矛盾是它的一大弱点；采用积分作用来解决稳态误差，必然增大系统的相位滞后，严重地削弱了系统响应速度，这是它的另一缺陷。采用现有的非线性控制作用，也只能在某一特定条件下，改善系统的品质，使用范围有限，就是运用全状态反馈控制模式，由于采用积分作用也使其响应速度大受影响。

基于上述分析，他们运用“保持”特性取代积分作用，有效地消除了积分作用带来的相位滞后和积分饱和问题；大胆地设想将线性与非线性特点有机地融为一体，使人为的非线性元件能适用于叠加原理，并提出了用“抑制”作用来解决控制系统的稳定性与准确性、快速性之间的矛盾。从而形成了一种具有极值采样的最优调节器，后来以此为基础发展成为一种仿人智能控制器[102]。

1. 仿人智能控制器的静特性及运行机理

仿人智能控制器的静特性如图 4.12 所示，它在一定程度上具有模仿人的智能控制特性。图中画出了 3 个仿人智能控制工作周期的静特性，下面分别介绍其运行机理。

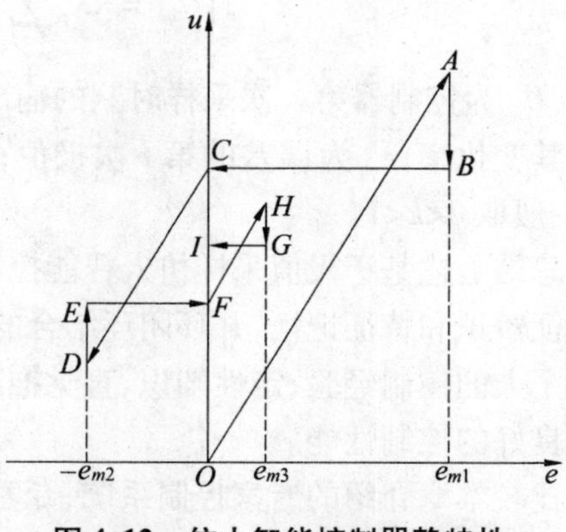

图 4.12　仿人智能控制器静特性

(1) *OA* 段——比例控制模式

当系统出现误差且误差趋向增加时，即当 $e\cdot\dot{e}>0$ 时，仿人智能控制器产生一个比例输出 $U=K_{P}e$，其中 K_{P} 为比例增益，该增益可以大大超过传统比例控制器所允许的数值。比例控制模式运行在 $e=0$ 至 $e=e_{m1}$ 区间，e_{m1} 为误差出现的第 1 次极值。当 e 值达到了 e_{m1} 后，该闭环负反馈比例控制立即结束，并进入 *AB* 段的抑制过程。

(2) *AB* 段——增益抑制控制模式

这是当系统误差达到第 1 次极值 e_{m1} 以后所施加的一种阻尼作用，即把原来的高比例增益 K_{P} 乘上一个小于 1 的因子 k，而使其增益降低的过程。因此，在 *B* 点处阀位已降到 $U_{on}=k\cdot K_{P}e_{m1}$ 对应的值，抑制控制有助于改善系统品质与增加稳定裕度。

(3) *BC* 段——开环保持模式

当 *AB* 段的过程到达了 *B* 点且阀位达到了一个新的位置后，系统立刻进入保持模式，误差从极值减小并只能向原点趋近，因此，保持过程 *BC* 是一条平行于 e 轴的水平线。

上述的从 $OA \to AB \to BC$ 段，完成了第一个控制周期的比例→抑制→保持三元控制过程。类似地从 $CD \to DE \to EF$ 段，为第二个控制周期；从 $FH \to HG \to GI$ 段为第三个控制周期。

(4) CD 段→DE 段→EF 段——第二个控制周期

从 CD 段开始的第二个控制周期，仍为三种控制模式的组合，但与第一个控制周期的作用方向相反。CD 段为反向的比例控制。当 e 值越过 u 轴变为负值时，系统在反向比例闭环控制作用下，使误差再次产生一个极值，即 $-e_{m2}$。对于一个稳定控制系统，一般 $|e_{m2}| < |e_{m1}|$。须指出，在第二个控制周期中 k 与 K 可以采用不同于前一周期的值，从而增加仿人智能控制的灵活性。

从 FH 段开始的第三个控制周期与第一个周期方向完全相同，经过若干个控制周期，系统被控制在一个期望的稳定状态。

2. 仿人智能控制算法及其特点

基于极值采样的仿人智能控制算法可以表达为如下形式：

$$U_n = \begin{cases} U_{o(n-1)} + K_p e & e \cdot \dot{e} > 0 \text{ 或 } |e| > o, \dot{e} = 0 \\ U_{on} = kK_p \sum_{i=1}^{n} e_{mi} & e \cdot \dot{e} < 0 \text{ 或 } e = 0 \end{cases} \tag{4.8}$$

其中，U_n 为控制器第 n 次采样时刻的输出；U_{on} 为控制器的第 n 次保持值；e 及 $\dot{e}$ 分别为系统误差及其变化率；e_{mi} 为误差的第 i 次极值；K_P 为控制器的比例增益；k 为增益的抑制（衰减）因子，一般取 $0<k<1$。

总结上述基于极值采样仿人智能控制算法的特点可概括为：分层的信息处理和决策，在线的特征辨识和特征记忆，开环闭环结合的多模态控制，灵活地运用直觉推理和决策。这些特点体现了人的控制经验、定性知识、直觉推理和决策行为，因此，它不仅具有较高的智能性，而且具有良好的控制性能。

比较本章介绍的专家控制系统、专家控制器和仿人智能控制三种形式，可以看出，专家控制系统多采用基于规则的推理控制，而专家控制器和仿人智能控制一般采用智能控制算法加以实现。由于专家控制器中的控制规则数目相对于专家系统的规则数目少得多，至少相差一个或几个数量级。因此，专家控制器具有推理速度快、易于实现的特点。而仿人智能控制器更为简单，直接采用约束条件下推理的控制算法，体现了模拟人脑定性定量综合集成推理的思想，其中约束条件表现为定性知识，而控制算法表现为定量知识。应该指出，对于复杂的被控过程建造专家控制系统十分复杂，投入大、花费大、周期长。因此，在控制性能指标要求的条件下，设计一个或多个专家控制器组成一个计算机集散控制系统，取代复杂的专家控制系统，是一种行之有效的方案。此外，理论分析和实际应用表明，可以用专家控制器或仿人智能控制器取代常规 PID 控制。

第5章　递阶智能控制与学习控制

人们通常把复杂问题分层次、分级别来处理。同样，对较复杂大系统的多级多目标控制形成了金字塔式的递阶结构。递阶智能控制和学习控制都是智能控制的重要组成部分。萨里迪斯创立的三级递阶智能控制理论揭示了精度随级别提高而智能降低的本质特征。傅京孙为发展学习控制作出了重要贡献。本章首先介绍递阶智能控制的结构、控制原理及蒸汽锅炉的模糊递阶控制；然后阐述学习控制与自学习控制的概念、系统组成及实现形式，并给出基于规则的自学习模糊控制的例子。

5.1　大系统控制的递阶结构

大系统一般的特点是系统阶次高、子系统数目多且相互关联、系统的评价目标多且不同目标间可能有相互冲突等。通常把较复杂的大系统控制问题分解成若干个互相关联的子系统控制问题来处理。

5.1.1　大系统控制的基本形式

按照信息交换方式和关联处理方式，将大系统控制分为三种基本形式：分散控制、分布控制和递阶控制。

1. 分散控制系统

每个子系统只能得到整个系统的一部分信息，只能对系统变量某一子集进行操作和处理，各自有独立的控制目标。

2. 分布控制系统

每个子系统的控制单元是按子系统分布的，系统控制目标分配给各子系统的控制单元，它们之间可以有必要的信息交换。

3. 递阶控制系统

各个子系统的控制作用是由按照一定优先级和从属关系安排的决策单元实现的，同级的各决策单元可以同时平行工作并对下级施加作用，它们又要受到上级的干预，子系统可通过上级互相交换信息。

5.1.2 大系统控制的递阶结构

1. 多重描述

用一组模型按不同的抽象程度对系统进行描述，于是就形成了不同层次，每一层都有相应的描述系统行为的变量及所要服从的规律等。这种描述的基本思想是：沿着递阶结构越往下层对系统的内容了解得越具体越细致，越往上层对系统的意义了解得越深。

2. 多层描述

按系统中决策的复杂性来分级，例如含有不确定因素的大系统按控制功能可分为四个层次：直接控制层、最优化层（确定控制器设定点）、自适应层（模型与控制规律自动适应）及自组织层（自动选择模型结构与控制，以适应环境的改变），如图5.1所示。

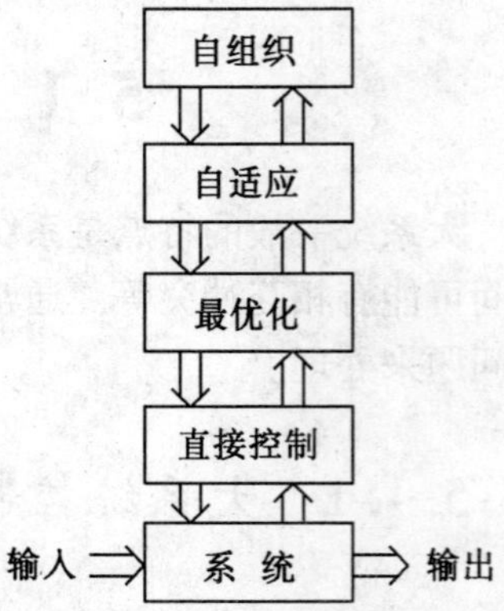

图5.1 大系统的多层控制

3. 多级描述

系统由若干个可分的相互关联的子系统组成时，可将所有决策单元按一定支配关系递阶排列。同一级各单元要受上一级的干预，同时又对下一级决策单元施加影响。同一级决策单元如有相互冲突的决策目标，则由上一级决策单元加以协调。

根据决策目标的多少，系统又可分为单级单目标系统、单级多目标系统和多级多目标系统，分别如图5.2(1)、(2)和图5.3所示。

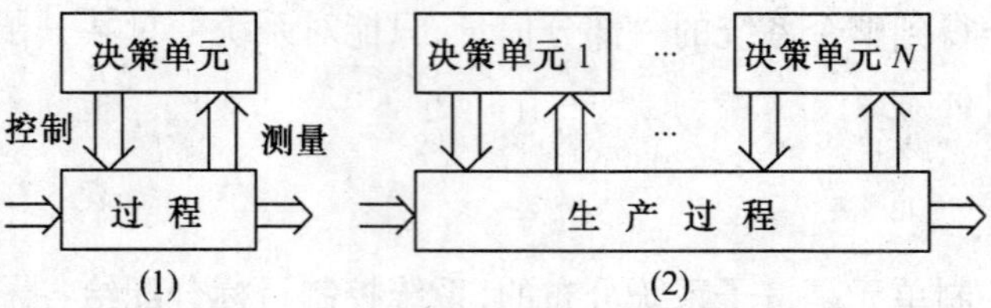

图5.2 单级单目标系统(1)和单级多目标系统(2)

单级多目标系统中各决策单元间互相独立工作，各决策单元有自己的控制目标，目标之间不一定矛盾，如有冲突用对策论来处理。多级多目标决策单元在不同级间递阶排列，形成了金字塔结构。同级之间不交换信息，上下级间交换信息，上一级负责协调同一级之间的目标冲突。协调的总目标是使全局达到优化或近似优化。

综上不难看出，多层描述实际上是对一个大系统的决策问题纵向分解，按任务复杂程度分

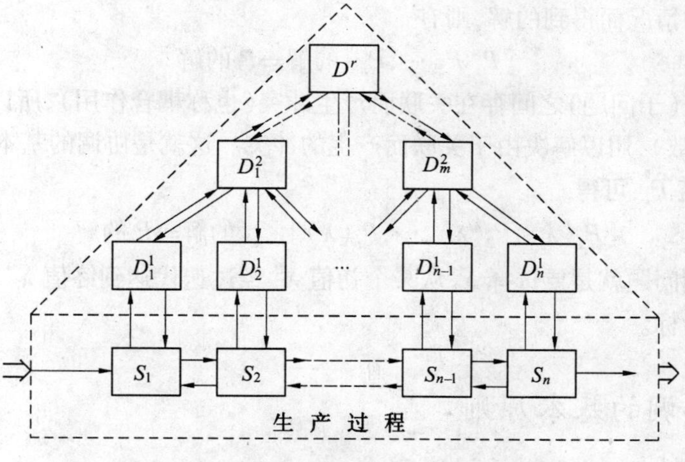

图 5.3　多级多目标的金字塔结构

成若干个子决策层，如图 5.3 中分成 r 层，而多级描述则是考虑到各子系统的关联将决策问题进行横向分解，如图 5.3 中分解成 n 级。

5.2　递阶控制的基本原理

对于较复杂的大系统，通常采用如图 5.3 所示的多级多目标金字塔式的控制结构。控制系统由许多控制器组成，使得第一级上的每个控制器只控制一个子系统，子系统之间又保持一定的联系。这样配置的控制器从上一级的控制器（或决策单元）接收信息，并用以控制下一级的控制器（或子系统）。各控制器之间目标可能存在的冲突依靠上一级控制器（或协调器）进行协调。

5.2.1　协调

协调是大系统控制理论中常用的重要的基本概念。在多级多目标控制系统中，协调的目的是通过对下层控制器的干预来调整该层各控制器的决策，以满足整个系统控制总目标的要求。完成协调作用的决策单元称为协调器，图 5.4 给出了一个二级结构的协调器，协调器作用于控制器的干预信号 C 就起到协调作用。

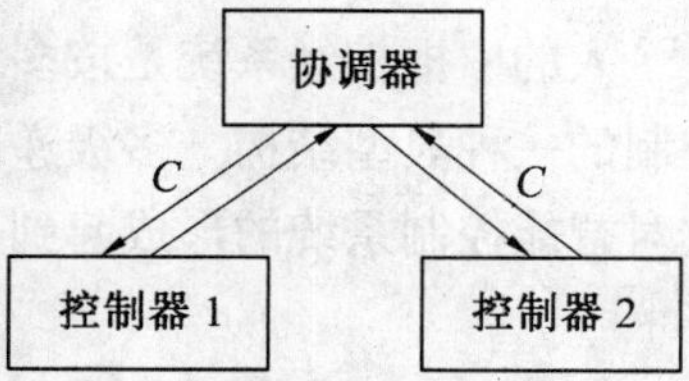

图 5.4　二级结构的协调器

递阶控制的基本原理是把一个总体问题 P 分解成有限数量的子问题 P_i，总体问题 P 的目标应使复杂系统的总体准则取得极值，设 P_i 是对子问题求解时，不考虑各子问题 P_i 之间存在

关联而发生冲突的情况而得到的解,则有

$$[P_1, P_2, \cdots, P_n]\text{的解} \Rightarrow P\text{的解} \tag{5.1}$$

因为各子系统(子问题)之间存在关联而产生冲突(也称耦合作用),所以必须引进一个干预向量(或协调参数),用以解决由于关联而产生的冲突。这就是协调的基本原理。

用 $P_i(\lambda)$ 代替 P_i,可得

$$[P_1(\lambda), P_2(\lambda), \cdots, P_n(\lambda)]_{\lambda=\lambda^*}\text{的解} \Rightarrow P\text{的解} \tag{5.2}$$

递阶控制中的协调问题就是要选择 λ,从某个初值 λ^0 经过迭代达到终值 λ^*,从而使递阶控制达到最优的性能指标。

5.2.2 协调的基本原则

协调有多种方法,但多数都基于关联预测协调和关联平衡协调两个基本原则。

1. 关联预测协调原则

协调器要预测各子系统的关联输入、输出变量,下层各决策单元根据预测的关联变量求解各自的决策问题,然后把达到的性能指标值送给协调器,协调器再修正关联预测值,直到总体目标达到最优为止。这种协调模式称为直接干预模式,是一种可在线应用的协调方法。

2. 关联平衡协调原则

下层的各决策单元在求解各自的优化问题时,把关联变量当作独立变量来处理,即不考虑关联约束条件,而依靠协调器的干预信号来修正各决策单元的优化指标,以保证最后关联约束得以满足,这时目标函数中修正项的数值应趋于零。这种协调方法又称目标协调法。

5.3 递阶智能控制的原理

人的中枢神经系统是按多级递阶结构组织起来的,因此,多级递阶的控制结构已成为智能控制的一种典型结构。多级递阶智能控制系统是智能控制最早应用于工业实践的一个分支,它对智能控制系统的形成起到了重要作用。

5.3.1 递阶智能控制的结构

多级递阶智能控制的结构如图 5.5,按智能程度的高低分为组织级、协调级和控制级三级。

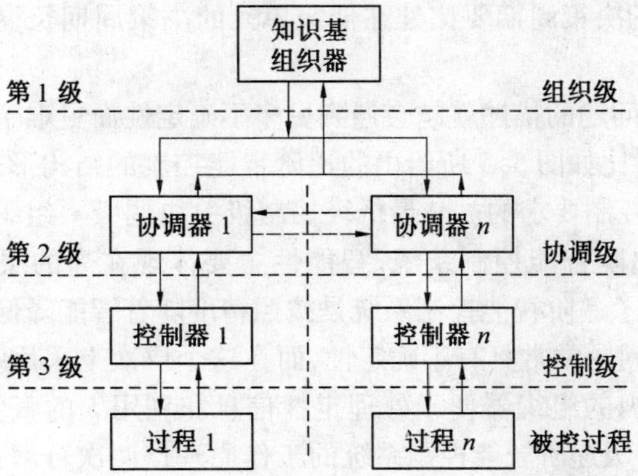

图 5.5　递阶智能控制系统的结构

1. 组织级

组织级是递阶智能控制系统的最高级，是智能系统的“大脑”，它具有相应的学习能力和决策能力，对一系列随机输入的语句能够进行分析，能辨别控制情况以及在大致了解任务执行细节的情况上，组织任务，提出适当的控制模式。

2. 协调级

协调级是递阶智能控制系统的次高级，它的主要任务是协调各控制器的控制作用，或者协调各子任务的执行。

这一级只要求较低的运算精度，但要有较高的决策能力，甚至具有一定的学习功能。

3. 控制级

控制级是系统的最低级，它直接控制局部过程并完成子任务。控制级和协调级相反，这一级必须高精度地执行局部任务，而不要求具有更多智能。

5.3.2　递阶智能控制的原理

多级递阶智能控制系统的结构与一般多级递阶控制系统的结构形式基本上相同，其差别主要表现在递阶智能控制采用了智能控制器，使这种控制系统更多地利用了人工智能的原理和方法，例如组织器和协调器都具有利用知识和处理知识的能力，具有程度不同的自学习能力等。因此，大系统的多级多目标递阶智能控制结构原理特点如下。

(1) 越是处于高层的单元，对系统行为的影响范围也就越大，要求具有高的决策智能性。

(2)处于高级单元的决策周期要比处在低级单元的决策周期长,主要是处理涉及系统行为中变化较慢的因素。

(3)越是处于高级,问题的描述就越会遇到更多不确定性而更难于定量地予以公式化。

根据上述特点,再对比如图5.5所给出的递阶智能控制的结构形式,显然,这样的设计形式是符合复杂系统递阶控制要求的。从最低级控制级→协调级→组织级,对智能性要求逐步提高,而对于这类多级递阶智能控制系统,智能性主要体现在高的层次上。为此,萨里迪斯(G. N. Saridis)等人提出了递阶智能控制系统是按照精度随着智能降低而提高的原理。

在高层次上遇到的问题常常具有不确定性,而在这个层次上采用基于知识的组织器是恰到好处的。因为基于知识的组织器便于处理定性信息和利用人的直觉推理逻辑和经验。因此,为便于理解可以把多级递阶智能控制系统的工作原理作两次分解:从横向来看,把一个复杂系统分解成若干个相互联系的子系统,对每个子系统单独配置控制器,这样便于直接进行控制,使复杂问题在很大程度上得到了简化;从纵向看,把控制整个复杂系统所需要的知识的多少,或者说所需要智能的程度,又从低到高作了一次分解,这就给处理复杂问题又带来了方便。而协调器正是作为一个中间环节,解决各子系统间因相互关联而导致的目标冲突。这样,多级递阶智能控制系统就能在最高级组织器的统一组织下,实现对复杂系统的优化控制。

图5.6给出了一个机器人的三级递阶智能控制系统的结构图,它实际上是一个具有视觉反馈的机械手的递阶智能控制系统。我们不妨将该系统与一个手拿焊枪的电焊工的焊接过程作类比,其中组织级类同于人脑,给出高级操作指令;协调级相当于人的上臂协调、视觉协调作用;控制级相当于对手握焊枪实施焊接过程的具体控制。这样,人脑、上臂和手就构成了一个三级递阶智能控制系统。

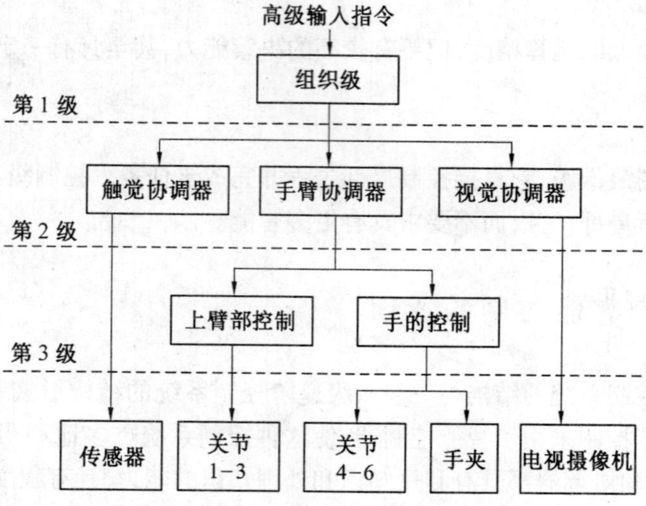

图5.6 机器人的多级智能控制系统

5.4 蒸汽锅炉的模糊递阶控制

模糊控制规则的数目随着系统变量数目的增加而会呈指数形式增长,这使得模糊推理运算过程变得十分复杂而难以实时实现。这样的问题被称为"规则爆炸"问题。为了解决这个问题,设计递阶结构形式的模糊控制系统是一种有效的方法。下面介绍蒸汽锅炉的模糊递阶控制问题。

1. 模糊控制系统变量与规则间的数量关系

定理 5.1 如果模糊集合 F 中含有 m 个元素,一个规则中含有 n 个系统变量,则规则的全集有 m^n 个不同的规则。

证明 当 $n=1$ 时,规则集合有 m 个不同规则,因此定理成立。

假设 $n=n_{n+1}$ 时,定理成立。当 $n=n_{n+1}$ 时,则每个规则有 n_{n+1} 个变量,如果加一个变量,相对应地有 m 个不同规则,换言之,每个对应 n_{n+1} 个变量的规则(有 m^{n_1} 个这样的规则)将变成对应 $n_{n+1}+1$ 个变量的规则,因此,规则总数为

$$k=m\times m^{n_1}=m^{n_1+1}=m^n \tag{5.3}$$

例 5.1 设模糊集合 $F=\{NB,NS,O,PS,PB\}$,系统变量 $X=\{x_1,x_2,x_3,x_4\}$,因此 $n=4$,$m=5$,全集的规则数为 $k=5^4=625$。如果 $n=5$,$m=5$,则 $k=5^5=625\times5=3125$。

由式(5.3)可见,规则数是系统变量的指数函数,即规则数随着系统变量的数目增加而迅速增加,这样的问题被称为"规则爆炸问题"。对一个多变量系统,控制规则数越多越难以实现模糊控制。为此,在复杂大系统模糊控制中采用递阶结构用以解决"规则爆炸问题"。

2. 递阶模糊控制规则

用递阶方法建立模糊控制规则时,要选取最重要的参数作为系统的第1级变量,然后按照重要程度依次作为系统的第2级、第3级等的变量。

设第一级的模糊规则为

$$\text{IF } (x_1=a_{1,1},x_2=a_{1,2},\cdots,x_{n1}=a_{1,n1}) \text{ THEN } y_1=b_1 \tag{5.4}$$

第 i 级($i>1$)规则形式为

$$\text{IF } (x_{N_{i+1}}=a_{N_1,1},x_{N_i+n_i}=a_{N_i,n_i},\text{and } y_{i-1}=b_{i-1}) \text{ THEN } y_i=b_i \tag{5.5}$$

其中,$N_i=\sum_{j=1}^{i-1}n_j\leqslant n$,$n_j$ 是第 j 级所用的系统变量个数;$x_j(j=1,2,\cdots,n)$ 是系统变量,$y_i(i=1,2,\cdots,l-1)$ 是第 i 级的输出,被作为第 $i+1$ 级的变量。

在递阶结构中,第1级给出一个近似的输出 y_1,然后通过第2级规则集合加以修正。第2级变量包括第1级的近似输出 y_1 和式(5.5)所示的系统变量,第3级等以后各级均依此类推。

第 i 级的规则集合除了要考虑前级输出外,还得考虑一个或更多的第 i 级的系统变量。但如果在以后每一级,只加一个系统变量,则可以看出以后规则的总数将减少,如果把所有变量放在第 1 级,则此结构与传统的相同。这意味着,基于传统规则的模糊控制器是递阶模糊控制器的特殊形式。

定理5.2 对于含有 n 个系统变量的递阶模糊控制结构,如果 L 是递阶级数,n_i 为第 i 级的变量数,其中包括第 $i-1$ 级的输出变量($i>1$),则控制规则的总数 k 为

$$k=\sum_{i=1}^{L} m^{n_i} \tag{5.6}$$

其中,m 是 F 中模糊集合数,且

$$n_1+\sum_{i=2}^{L}(n_i-1)=n \tag{5.7}$$

证明 在第 i 级中,因有 n_i 个变量,由定理 1 可知该级规则总数为 m^{n_i},这适用于其他各级。规则总数等于每级规则数的总和,即 $k=\sum_{i=2}^{L} m^{n_i}$,于是定理 5.2 得证。

如果 $n_i=t=$ 定整数($i=1,2,\cdots,L$),则由(5.7)式可得 $L=(n-t)/(n-1)+1$,于是

$$k=[(n-t)/(n-1)+1]m^t \tag{5.8}$$

由递阶结构得出的式(5.8)表明,规则全集数的减小为系统变量 n 的线性函数,而不是传统情况下的指数函数。

定理5.3 在含有 n 个系统变量的递阶结构中,如果 $m\geqslant2$,且 $n_i\geqslant2$(m、n_i 定义同定理 5.2),则规则集合总数在 $n_i=t=2$ 时达到最小值,当 $n_i=n_1=n$ 时达到最大值。上述定理证明较烦故省略。下面举例进一步解释定理 5.2 的结论。

例5.2 为了便于同例 5.1 的问题比较,仍取 $n=4$,$m=5$,且选 $n_1=t=2$,则由定理 5.2 可得 $L=3$,$k=3\times m_t=3\times25=75$。与例 5.1 结果比较,可见在非递阶结构中需要 625 条规则,而在递阶结构中只需 75 条规则。显然,通过递阶结构大大地减少了规则数。

定理 5.3 指出,当每级仅选 2 个变量时,规则数为最小。通过这种结构能简便地加减一个变量,而不必更改集合中的其他规则。这样,操作者利用经验通过对一些参数的尝试性试验,更有效地修正控制规则,或者说利用操作者的经验来公式化模糊集合是非常方便的。

3. 蒸汽锅炉的递阶模糊控制

蒸汽锅炉的外部连接如图 5.7 所示。控制器的主要目的是使汽鼓(泡包)内的水位保持在期望值。蒸汽锅炉的动态模型有 18 个状态变量,基于其中四个变量,可以构造一个递阶模糊规则集,递阶模糊控制的闭环系统如图 5.8 所示。

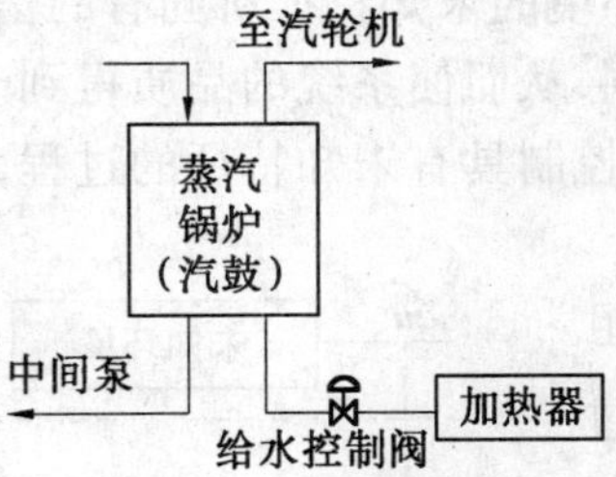

图 5.7　蒸汽锅炉连接图

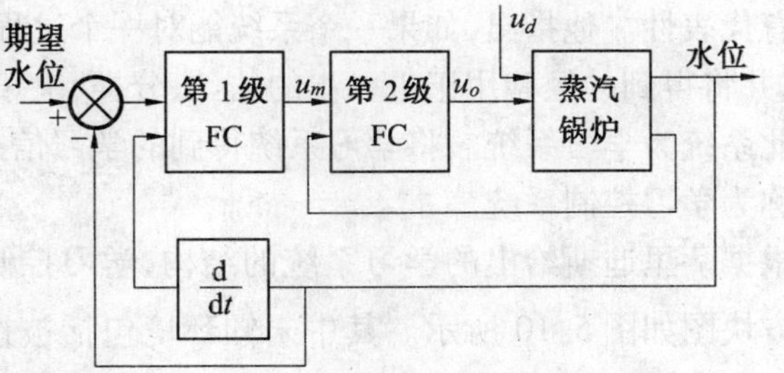

图 5.8　蒸汽锅炉的递阶模糊控制系统

蒸汽锅炉汽鼓的动态模型为

$$\mathrm{d}\boldsymbol{x}/\mathrm{d}t=\boldsymbol{A}\boldsymbol{x}+\boldsymbol{B}_d u_d+\boldsymbol{B}_o u_o \tag{5.9}$$

其中，$\boldsymbol{x}$ 是系统状态向量；$\boldsymbol{A}$ 为系统矩阵；$\boldsymbol{B}_d$ 为扰动输入矩阵；u_d 为扰动输入（阶跃函数）；$\boldsymbol{B}_o$ 是输入矩阵；u_o 为由模糊控制器获得的输入。

在本系统中，所有系统变量和输出都被归一化在论域[-1,1]中，这样，所有变量可以用一个相对统一的标准进行比较，模糊集合的隶属函数如图 5.9 所示。

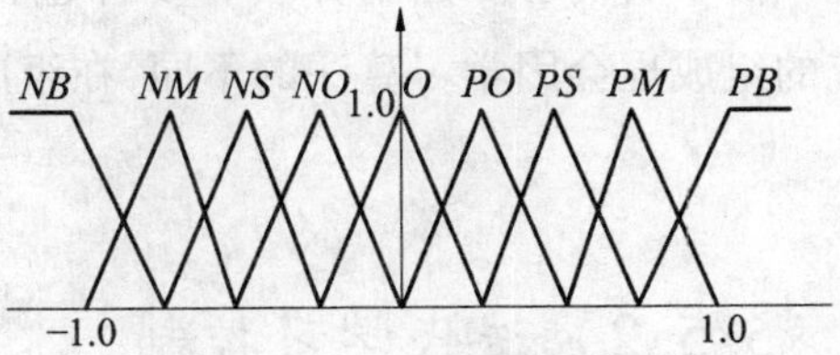

图 5.9　三角形隶属函数

本系统具有两级的递阶控制结构，第 1 级选汽鼓水位和它的导数作为系统变量。第 2 级的系统选作蒸汽排出量、泄流量和上升混合流量的一个线性函数信号的导数和给水量（第 1 级的输出）作为系统变量。采用上述的递阶模糊控制蒸汽锅炉给水的仿真表明，递阶模糊控制系统对于解决多变量系统的模糊控制问题的效果是显著的。

上述的递阶模糊控制系统，实际上是一种分层多闭环控制系统，因此，又称为分层递阶模糊控制系统。

5.5　学习控制系统

5.5.1　学习控制系统

智能控制的基本出发点就是用计算机模拟人的智能控制行为，而学习是人的基本智能之一。学习是为了获得知识，因此在控制中模拟人学习的智能行为的所谓学习控制，无疑属于智能控制的范畴。

有关学习控制的概念从 20 世纪 60 年代以来有多种表述，但以 1977 年萨里迪斯给出的定义具有代表性。他指出，如果一个系统能对一个过程或其环境的未知特征所固有的信息进行学习，并将得到的经验用于进一步的估计、分类、决策和控制，从而使系统的品质得到改善，那就称此系统为学习系统。将学习系统得到的学习信息用于控制具有未知特征的过程，这样的系统称为学习控制系统。

根据萨里迪斯给出的学习系统的结构，学习控制系统组成的方块图如图 5.10 所示。其中未知环境包括被控动态过程及其干扰等，学习控制律可以是不同的学习控制算法，存储器用于存储控制过程中的控制信息及相关数据，性能评估是把学习控制过程中得到的经验用于不断地估计未知过程的特征以便更好地决策控制。

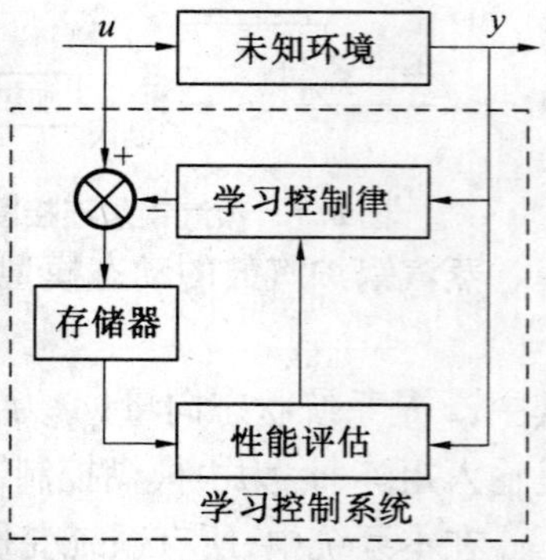

图 5.10 学习控制系统的方块图

由于实现学习控制算法有多种途径，因此，学习控制系统的组成也会因学习算法的不同，在组成上有不同的结构形式。

5.5.2 迭代学习控制

1984 年，日本 S. Arimoto 提出迭代学习控制算法，用于一类具有重复运行特性的被控对象，其任务是寻找控制输入，使得被控系统的实际输出轨迹在有限时间区间上沿整个期望输出轨迹实现零误差的完全跟踪，并且整个控制过程要求快速完成。这种算法不依赖于系统的精确数学模型，能以非常简单的方式处理不确定度相当高的非线性强耦合动态系统，因此迭代学习在求解非线性、强耦合、复杂系统的轨迹跟踪许多方面得到应用。

所谓学习控制是指对于具有可重复性的被控对象，利用控制系统先前的控制经验，根据测量系统的实际输出信号和期望信号，来寻找一个理想的输入特性曲线，使被控对象产生期望的运动。“寻找”的过程便是学习控制的过程。

学习控制要求被控对象的运动具有可重复性，即系统每一次都做同样的工作；学习过程中，只需要测量实际输出信号和期望信号，对被控对象的动力学描述和参数估计的复杂计算均可以简化或省略。这是学习控制的主要优点。

学习控制律用于具有可重复性运动的被控对象时，需要满足如下条件。

(1) 每次运行时间间隔 $T > 0$。

(2) 期望输出 $y_d(t)$ 是预先给定的，且是 $t \in [0,T]$ 域内的函数。

(3) 每次运行前，动力学系统的初始状态 $x_k(0)$ 相同，k 是学习次数，$k = 0,1,2,\cdots$。

(4) 每次运行的输出 $y_k(t)$ 均可测，误差信号 $e_k(t)=y_d(t)-y_k(t)$。

(5)下一次运行的给定 $u_{k+1}(t)$ 满足递推规律

$$u_{k+1}(t)=F(u_k(t),e_k(t),r) \tag{5.10}$$

其中，r 为系数。

(6)系统的动力学结构在每一次运行中保持不变。在满足上述条件的情况下，随着系统运行次数 k 的增加，即学习次数的增加，$y_k(t)$ 将收敛于希望输出 $y_d(t)$

$$\lim_{k\to\infty} y_k(t)=y_d(t) \tag{5.11}$$

迭代学习控制过程的原理如图 5.11 所示。

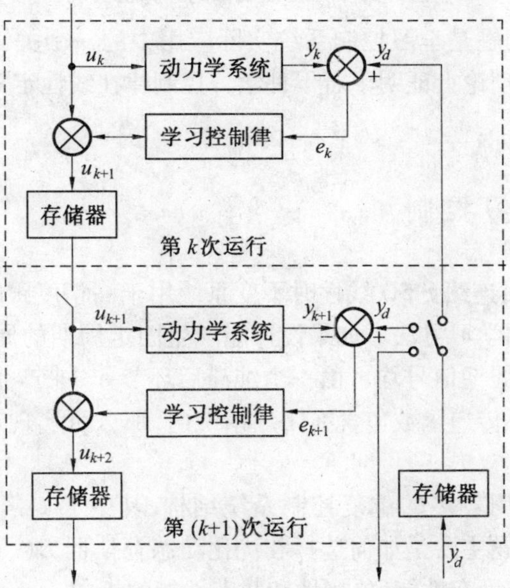

图 5.11　迭代学习控制过程原理

对于如图 5.11 所示的学习控制过程，S. Arimoto 等人提出了学习控制律的一般形式为

$$u_{k+1}(t)=f(u_k,e_k,r)=u_k(t)+\left\{\Gamma\frac{\mathrm{d}}{\mathrm{d}t}+\Phi+\Psi\int\mathrm{d}t\right\}e_k(t) \tag{5.12}$$

其中 $u_k(t)$，$u_{k+1}(t)$ 分别是第 k 次，第 $(k+1)$ 次的给定；Γ、Φ、Ψ 均为增益矩阵；$e_k(t)$ 是第 k 次的响应误差。

由式(5.12)可见，系统在第 k 次学习后的第 $(k+1)$ 次给定是上一次的给定及响应误差的函数。称式(5.12)为 PID 型学习控制律。

S. Arimoto 等人提出的上述学习控制律具有控制律简单，计算量小，便于工程实现的特点。学习控制律 $f(u_k,e_k,r)$ 在计算机上实现的过程如图 5.12 所示。只要动力学系统承受的未知干扰在每一次试验中都以同样的规律或方式出现，学习控制均可有效地削弱以至于消除其影响。

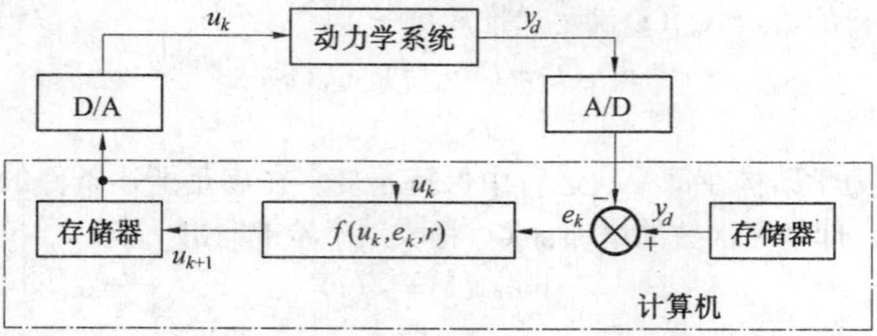

图 5.12 学习控制律的计算机实现

学习控制的收敛性问题是学习控制系统实际应用中的一个关键。S. Arimoto 等学者对这一问题做了大量研究,从理论上证明了若干种学习控制律在线性定常系统、线性时变系统以及非线性系统中的收敛性。

5.5.3 重复学习控制

1981 年,Inoue 等针对连续 SISO 线性时不变系统用于高精度跟踪一个周期已知的参考输入而提出的一种重复控制学习方法。如果设计能产生固定周期的周期信号,并置于闭环内作为内模,那么任何周期的周期信号均可由一个纯滞后环节 e^{-Ts} 来产生。内模原理指出,如果这种周期信号产生器的闭环传递函数包含在闭环系统内,那么可实现对外部周期信号的渐进跟踪。

图 5.13 给出一种应用较多的重复控制系统结构,其中 $P(s)$ 是广义被控对象,$G(s)=P(s)/(1+P(s))$。设计问题主要是如何选择和优化动态补偿器 $B(s)$ 和低通滤波器 $Q(s)$。控制器参数的选择涉及系统稳态性能、鲁棒性和暂态性能的折中。

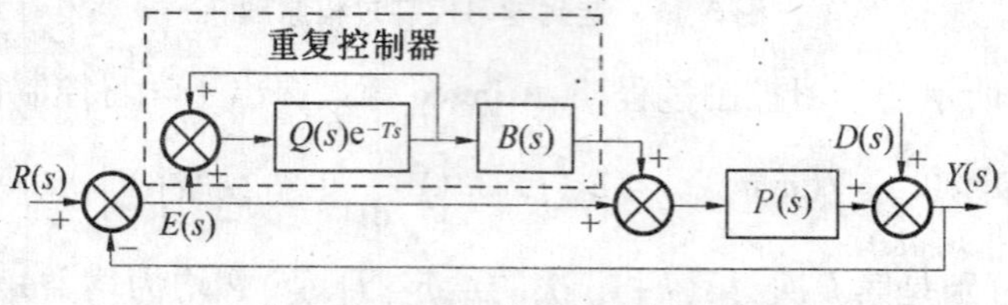

图 5.13 插入式重复控制系统

上述的重复学习控制器只要保证系统周期的不变性,经过多个周期的重复训练后,可在干扰不确定情况下获得重复控制器的控制规律,使得系统在重复控制作用下的实际输出逐渐逼近期望的输出。

在采用其他控制方法很难获得很高的控制精度的情况下,重复控制因其控制精度高、实现简单以及控制性能的非参数依赖性,便成为解决周期性外激励信号控制问题的一种有效方法。已经提出多种结构和重复控制算法,包括连续时延内模重复控制、离散时延内模重复控制、有限维重复控制以及非线性系统的重复控制方法。

重复学习控制和迭代学习控制都是针对具有重复运行特性的对象,它们都是基于偏差函数来更新下一次的输入。但迭代控制每运行一次初始状态被复原一次,每次控制都是独立进行的。因此,在稳定性能方面要优于连续闭环控制的重复控制系统。

5.5.4　其他学习控制形式

1. 具有学习功能的自适应控制

本书第 2 章指出自适应控制系统应具有两个功能:一是常规的控制功能,由闭环反馈控制回路实现;二是学习功能,由自适应机构组成的另一个反馈控制回路实现,其控制对象是控制器本身。

不难看出,自适应控制系统具有学习功能,但这种学习的结构形式与上面介绍的学习控制系统的结构形式是不同的。自适应控制的学习功能是通过常规控制器控制性能的反馈、评价等信息,进而通过自适应机构对控制器的参数甚至结构进行在线调整或校正,使下一步的控制性能要优于上一步的,这便是学习。可以认为,自适应学习系统是一种二级递阶控制的结构,由双闭环控制系统组成。其中常规控制回路是递阶结构的低级形式,完成对被控对象的直接控制;包含自适应机构和常规控制器的第二个回路是递阶结构的高级形式,它是由软件实现的一种反馈控制形式,完成对控制器控制行为的学习功能。

学习控制系统和重复学习控制系统没有像自适应控制系统那样的两层递阶结构,而只是增加了存储器用以记忆以往的控制经验。迭代控制中的学习是通过对以往"控制作用与误差的加权和"的经验记忆实现的。系统不变形的假设以及记忆单元的间断重复训练是迭代学习控制的本质特征。而重复学习控制的记忆功能由重复控制器完成,它对控制作用的修正不是间断离线而是连续实现的。

2. 基于神经推理的学习控制

在神经网络直接充当控制器的神经控制系统中,神经网络实际上是通过学习算法改变网络中神经元间的连接权值,从而改变神经网络输入输出间的非线性映射关系,逐渐逼近被控动态过程的逆模型,实现控制的任务。神经网络的这种学习和迭代学习控制、重复学习控制中的学习形式是不一样的。前者的学习是出于逼近的思想,而后者是利用控制系统先前的控制经验,根据测量系统的实际输出信号和期望信号,来寻找一个理想的输入特性曲线,使被控对象产生期望的运动。"寻找"的过程便是学习控制的过程。

本书将基于神经推理的学习控制形式归为基于神经网络的智能控制范畴。

3. 基于模式识别的学习控制

早在1964年，F. W. Smith就提出用性能模式分类器来学习最优控制的方法，从而将控制问题转化为一个模式分类问题。1968年，J. M. Mendel等人把模式识别技术用于确定复杂过程的工况，并进行控制。1977年，E. H. Bristol提出了基于模式识别的自整定PID控制器。1981年，G. N. Saridis对于模式识别方法用于控制系统，做了深入的论述。1989年，A. M. Lalonde等人提出了采用模式分析构成广义预测控制器，通过对输入输出数据分析，判断控制器的输出是否达到对过程的充分激励，这些数据用于系统辨识生成控制器的内模。

把模式识别的原理与方法用于控制系统所遇到的首要问题，就是被控对象的动力学特性如何去描述。对于有参考模型的被控对象，模式识别主要是作为一种信号处理手段来使用，但由于计算量较大而无实用价值。对于一些无法建模或无法进行参数估计的复杂生产过程，模式识别成为获取工况信息和获取知识的重要手段。

不难看出，越是复杂的被控过程，越是难以建立精确模型，越是难以获得被控动态过程的精确定量信息。在这种情况下，如何在控制决策上模拟娴熟的操作者的形象思维功能，也就是如何将模式识别的方法用于智能控制所要解决的问题。

基于模式识别的智能控制实际上是模拟人工控制过程中识别动态过程特征的思想，然后根据人的控制经验，对于不同的动态过程采取不同的控制策略。这样不断地识别，又不断地调整控制策略，使控制性能不断提高的过程，体现出一种学习行为。

4. 异步自学习控制

我国学者邓志东在博士论文中考虑到迭代自学习控制和重复自学习控制的共同点和区别，提出了将这两种算法统一起来的异步自学习控制的理论框架。其基本思想是：将第k次重复训练的迭代自学习控制系统看成是对第k个重复周期的“间歇”的重复自学习控制系统，且前者的训练时间等于后者的重复周期；可将重复自学习控制系统的重复控制器视为一个记忆系统。这样一来，迭代自学习控制和重复自学习控制就是异步自学习控制的特例，即分别是具有“间歇”和“连续”学习的异步自学习控制[103]。

5.6 基于规则的自学习控制系统

一个智能控制系统通过在线实时学习，自动获取知识，并能将所学得的知识用来不断改善对于一个具有未知特征过程的控制性能，则称这种系统为自学习控制系统。

自学习控制系统虽然和自适应控制系统有许多相似之处，但是它们之间有很大的区别，自适应控制系统使用更多的先验数据，因此常常是更加结构化，而典型的自学习控制算法则无固定的结构，更具有一般性。自学习控制系统具有较高的拟人自学习功能。

5.6.1　产生式自学习控制

基于产生式规则表示知识的自学习控制系统,称为基于规则的自学习控制系统,又称为产生式自学习控制系统。

1. 产生式自学习控制系统的结构

一种产生式自学习控制系统的结构如图5.14所示。自学习控制器中的综合数据库用于存储数据或事实,接受输入、输出和反馈信息,而控制规则集主要存储控制对象或过程方面的规则、知识,是由〈前提→结论〉或〈条件→行动〉的产生式规则组成的集合。

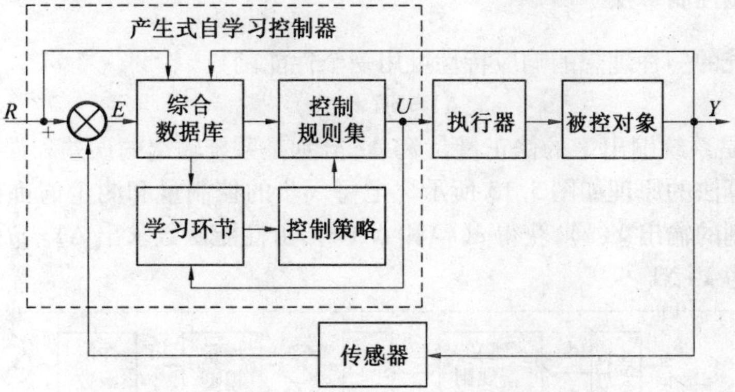

图5.14　产生式自学习控制系统

自学习控制系统中的推理机在产生式自学习控制系统中隐含在控制策略和控制规则集中,控制策略的作用是将产生式规则与事实或数据进行匹配,控制推理过程。

上述的综合数据库、控制规则集、学习单元及控制策略四个环节构成了产生式自学习控制系统的核心部分——产生式自学习控制器。

2. 产生式自学习控制的原理

产生式自学习控制仍是基于负反馈控制的基本原理。通常,控制作用 U 根据误差 E、误差的变化 $\dot{E}$ 及误差的积分值(或积累值 ΣE)的大小、方向及其变化趋势,由专家经验知识和负反馈控制的理论设计出如下的产生式规则

$$\text{IF } E \text{ AND } \dot{E} \text{ AND } \Sigma E \text{ THEN } U$$

这种控制策略是由误差数据驱动而产生的控制作用,根据控制效果和评价准则,可以通过学习单元采用适当的学习方法进行学习,来对施加于被控对象的控制作用进行校正,以逐步改善和提高控制系统的性能。

一种线性再励学习校正算法为

$$U(n+1)=U(n)+(1-\alpha)\Delta U(n) \tag{5.13}$$

式中，$U(n+1)$、$U(n)$分别为第$(n+1)$次和第 n 次采样的控制作用；$\Delta U(n)$为第 n 次学习的校正量；α 为校正系数，可根据专家经验选取 0 与 1 之间的某一小数，或根据优选法取 $a=0.618$。

校正量 $\Delta U(n)$ 由系统的输入、输出及控制量的第 n 次和第$(n-1)$次数据，根据所设计的学习模型加以确定。

5.6.2 基于规则的自学习模糊控制算法

1. 自学习模糊控制算法

首先假定系统的一种理想的响应特性可用一个性能函数

$$\Delta Y=pf(e,\Delta e) \tag{5.14}$$

来表示，其中 ΔY 是系统输出 Y 的修正量，e 和 Δe 分别是系统输出的误差和误差变化。

自学习控制算法的原理如图 5.15 所示。把每一步的控制量和测量值都存入存储器。由测量系统当前时刻的输出 $Y(k)$，获得 $e(k)$ 和 $\Delta e(k)$，由性能函数求出 $\Delta Y=pf[e(k),\Delta e(k)]$，则理想的输出应为 $Y+\Delta Y$。

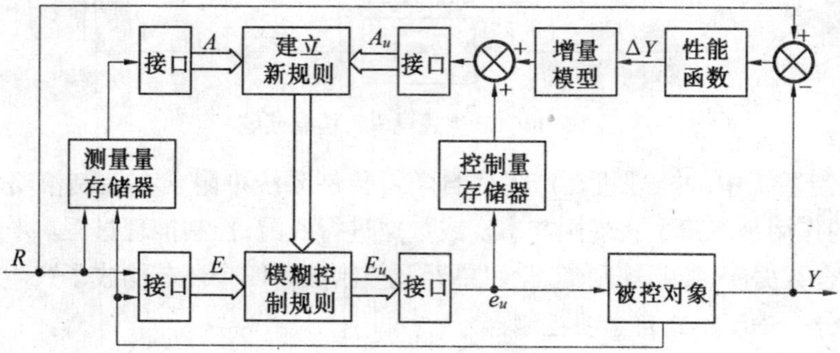

图 5.15 自学习模糊控制算法原理

设被控对象的增量模型为

$$\Delta Y(k)=M[\Delta e_u(k-\tau-1)] \tag{5.15}$$

式中，$\Delta Y(k)$为输出增量；$\Delta e_u(k)$为控制量增量；τ 为纯时延步数。

由增量模型可计算出控制量的修正量 $\Delta e_u(k-\tau-1)$，从存储器中取出 $e_u(k-\tau-1)$，则控制量应修正为 $e_u(k-\tau-1)+\Delta e_u(k-\tau-1)$，将它转变成模糊量 A_u。再取出 $\tau+1$ 步前的测量值并转换成相应的模糊量 $A_1,A_2,\cdots,A_n$，由此构成一条新的控制规则

$$E_u^i=mmf[(E_1\wedge A_1)\times(E_2\wedge A_2)\times\cdots\times(E_k\wedge A_k)]\cdot A_u \tag{5.16}$$

其中,$mmf(A)=\max\mu_A(e)$定义一个模糊子集 A 的高度,A 的高度即是论域 U 上元素 e 的隶属度极大值。

如果存储器中有以 $A_1, A_2, \cdots, A_k$ 为条件的规则,则以新规则替换之,否则把新规则写入存储器。这就完成了一步学习控制,每一步都重复这种操作,控制规则便不断完善。

自学习控制算法中的增量模型 M 并不要求很精确,只是模型越精确,自学习过程的收敛速度也越快。

2. 自学习控制算法举例

设一单输入单输出过程,只能测量其输出 $Y(k)$。以误差 e 和误差变化 Δe 为控制器的输入变量。

对误差和误差变化量进行归一化处理,先选定它们的单位尺度分别为 $\dot{e}$ 和 $\Delta\dot{e}$

$$e=\begin{cases} e/\dot{e} & |e|\leqslant \dot{e} \\ 1 & |e|>\dot{e} \end{cases} \tag{5.17}$$

$$\dot{e}\Delta e=\begin{cases} \Delta e/\Delta\dot{e} & |\Delta e|\leqslant \Delta\dot{e} \\ 1 & |\Delta e|>\Delta\dot{e} \end{cases} \tag{5.18}$$

把归一化的误差论域 G_e 和误差变化量论域 $G_{\Delta e}$都分成6 个语言变量:NB, NM, NS, PS, PM, PB,它们的隶属函数都具有相同的对称形状,如图 5.16 所示。其中心元素分别为-1,-0.6,-0.2,0.2,0.6,1。

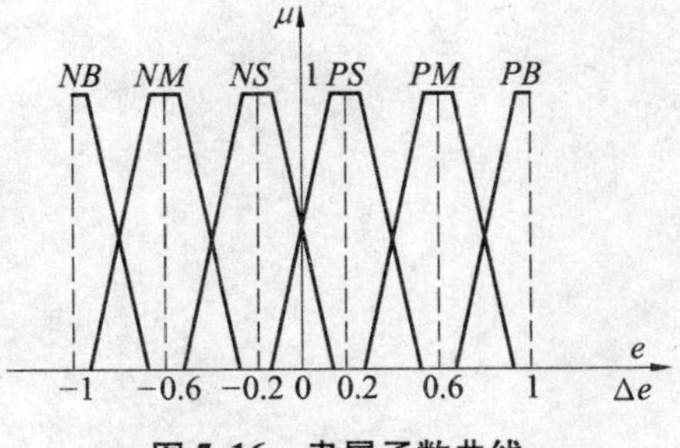

图 5.16　隶属函数曲线

控制规则用二维数组 $R(I,J)$表示,I、J 为 1,2,⋯,6 分别对应于误差论域和误差变化量论域上的 $NB, NM, \cdots, PM, PB$ 等级。数组元素值代表了 A_u 的中心元素。假定 A_u 的隶属函数都具有相同的对称形状,$R(I,J)$可以写成一个 6×6 矩阵,称其为控制器参数矩阵。

采用性能函数 $\Delta Y=pf(e,\Delta e)=\dfrac{1}{2}(e+\Delta e)$,设 $MY, Me, M\Delta e$ 分别为修正后的 Y、e 和 Δe,因为 $e(k)=R-Y(k)$,$MY=Y+\Delta Y$,所以

$$Me(k)=e(k)-\Delta Y \tag{5.19}$$

$$M\Delta e(k)\approx \Delta e(k)-\Delta Y \tag{5.20}$$

于是

$$Me(k)+M\Delta e(k)\approx e(k)+\Delta e(k)-2\Delta Y \tag{5.21}$$

因为 $\Delta Y=\frac{1}{2}(e+\Delta e)$，所以 $Me(k)+M\Delta e(k)\to 0$，可见用 ΔY 修正 Y 的结果使 ΔY 趋于零，导致系统的输出趋近于理想的响应。

通过对下述被控对象

$$G_1(s)=\frac{10e^{-16s}}{s(s+1)} \tag{5.22}$$

$$G_2=\frac{(s^2+3s+5)e^{-4s}}{s(s^2+s+2)} \tag{5.23}$$

进行自学习控制的计算机数字仿真结果表明，对第一种对象，当采样周期为 0.2s，加入方差 $\sigma^2=0.33$ 的测量噪声，其幅度为阶跃幅度的 10%。未学习前，阶跃响应出现振荡，学习 3 次后，阶跃响应品质已很好。对于第二种对象，采样周期为 1s，噪声参数同前。未学习前，由于控制器的初始参数设置不好，阶跃响应振荡较大，3 次学习后，阶跃响应明显改善。

第6章　基于多智能体的智能控制

对于复杂对象的智能控制势必导致控制系统变得复杂化，表现为环节多，环节间需要不断交换信息，彼此间需要协调一致，才能获得更好的控制性能。因此，将控制系统中多个环节视为智能体而组成的多智能体控制系统，通过多个智能体之间相互协调来实现对复杂系统的控制，有助于提高智能控制系统的智能性和鲁棒性。本章首先介绍智能体、多智能体系统的基本概念、特点、功能及分类；然后阐述基于多智能体的智能控制系统的结构、原理及设计；最后举出一个基于多智能体的倒立摆模糊控制系统的例子。

6.1　多智能体系统基础

6.1.1　智能体的基本概念

英文 Agent 一词的含义：一是指对其行为负责的人；二是指能够产生某种效果的，在物理、化学或生物意义上活跃的东西；三是指代理，即接受某人的委托并代表他执行某种功能。一般情况 Agent 多被译为智能体，它有以下主要特征。

(1)自治性

指能够在没有外界直接操纵的情况下，根据自身的内部状态、感知到的外部环境信息以及目标和环境等的要求，决定和控制自身的行为。

(2)反应性

指能够通过感知器观测到其所在的环境（包括用户的界面、实际的物理环境以及环境中的其他 Agent 等），并通过效应器对环境中的一些特定事件做出相应的反应。

(3)交互性

指能够与其他对象（包括其他 Agent 或者用户等）以特定的语言进行各种各样交互，并能和其他各类 Agent 共同遵守 Agent 社会规则，一起有效地完成各种层次的协同工作。

(4)主动性

指能够遵循其承诺采取主动行动，表现出面向目标的行为。

具有上述特点的 Agent 可用图 6.1 加以描述其行为。将具有自治性、反应性和交互性三个特性的 Agent 称为反应式 Agent，它的一般结构模型如图 6.2 所示。其中感知器用于感知外部环境和 Agent 内部状态的变化，并把感知到某些特殊的变化以事件的形式提交给反应器；反应器控制整个 Agent 的运行，当接收到某些特殊的事件时，通过启动操作集中相应的操作来响应该事件;操作集存放 Agent 对各种事件的具体反应动作;数据集存放 Agent 所携带的数据;内部状态信息存放和维持标志 Agent 内部状态的信息。

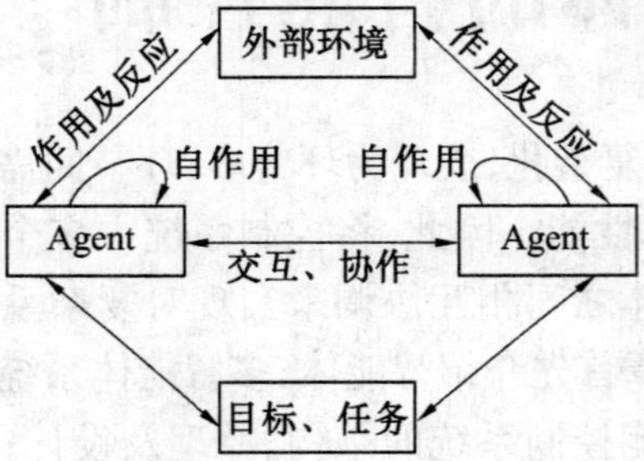

图 6.1 Agent 行为的描述

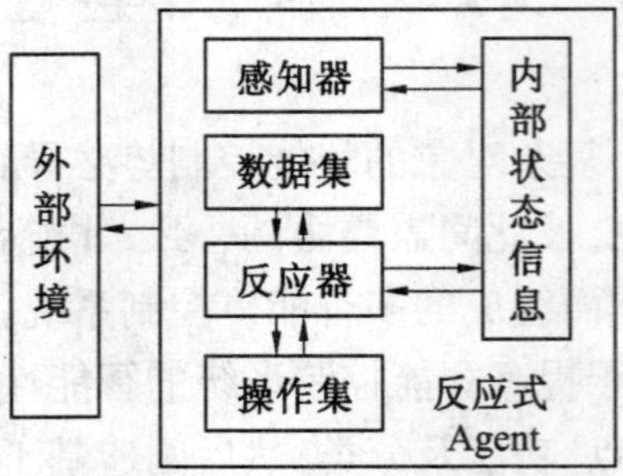

图 6.2 反应式 Agent 的结构模型

6.1.2 Agent 的分类

根据体系结构、属性和功能的不同,可以对 Agent 加以分类。

1. 根据体系结构分类

(1)基于逻辑的 Agent 结构模型

在该模型中,Agent 决策的制定过程通过逻辑演绎的方式实现,类似专家系统。

(2)反应式 Agent 结构模型

在该模型中,Agent 决策的制定过程通过环境与行为的直接映射实现,犹如一般的控制器。

(3)信息愿望意图 Agent 结构模型

在该模型中,Agent 决策的制定过程依赖于表达 Agent 的信息、愿望、意图和数据结构之间的操作来实现,它更接近于人类的思维方式。

2. 根据属性分类

Agent 除了应该具备自治性、交互性和反应性这些基本属性外,还可以具备以下一些属性。

(1)社交性

指非常友善,有着良好的社会关系和社交能力。

(2)可移动性

指能够从一个运行环境迁徙到另一个运行环境。

(3)代理性

指能够成为某人或某物的代理。

(4)主动性

指能够面向目标,不仅能对环境做出反应,而且具有目的性。

(5)智能性

指具有形式化的知识结构,能够通过符号语言与其他 Agent 交互。

(6)推理性

指能够根据内部目标及哪些动作有利于实现该目标的知识来决定一次行动。

(7)不可预知性

指能够运行在具有不可预知特性的环境中,具有不确定性行为的能力。

(8)时间连续性

指是一个连续运行的进程。

(9)个性化

指 Agent 具有可信的个性和情绪状态。

(10)透明性

指在需要的情况下将被透明调用,且能够根据需要提供活动的目的。

(11)协调性

指能够与其他 Agent 在一个共享的环境中执行任务。

(12)协作性

指能够与其他 Agent 相互协调以完成共同的目的,Agent 之间的关系是非对抗性的,通常都一起成功或一起失败。

(13)竞争性

指 Agent 也能够与其他 Agent 相互协调,但是某个 Agent 的成功将意味着其他 Agent 的失效。

(14)鲁棒性

指在处理错误和不完整数据方面具有很强的鲁棒性。

(15)诚实性

指 Agent 都遵循相应的规则,显得很诚实。

3. 基于功能分类

根据 Agent 在系统内整体功能的不同可分为信息过滤 Agent 和信息检索 Agent 等;根据Agent在一个系统内的角色不同可分为工具型 Agent、管理型 Agent 和控制型 Agent 等。例如,人机界面 Agent、虚拟环境 Agent、社会仿真 Agent、工业系统管理 Agent、工业流和业务过程管理 Agent、太空船控制 Agent 及航空运输控制 Agent 等。

6.1.3 多智能体系统

将多个可以相互交互的Agent组成的系统称为多智能体系统(Multi Agent System,MAS)。由于复杂系统一般都需要由多个Agent来描述,因此MAS在实际系统中有着广泛的应用,尤其是它为研究大规模分布式开放系统提供了可能性。首先,在MAS中,每个Agent至少在某种程度上可以自治行动,由它们自己决定需要采取什么行动以实现其设计目标。其次,每个Agent可以与其他Agent进行交互,这种交互不是简单地交换数据,而是参与某种社会行为,就像人们在生活中彼此之间的协商、协作和合作。

1. 多Agent系统的结构

多Agent系统的结构如图6.3所示。在MAS中包含了一些Agent,如图中圆圈表示。Agent之间带有双箭头的连线,表示它们通过通信互相交互。虚线圈中的一些Agent表示它们之间的组织关系。这些Agent可以在环境中动作,图中下部的阴影部分表示环境。不同的Agent在环境中有不同的作用范围,因而影响环境的不同部分。影响的范围在有些情况下可能会重叠,这表示Agent之间存在依赖关系。图中阴影区域内多个圆的重叠部分正是表示这种依赖关系。

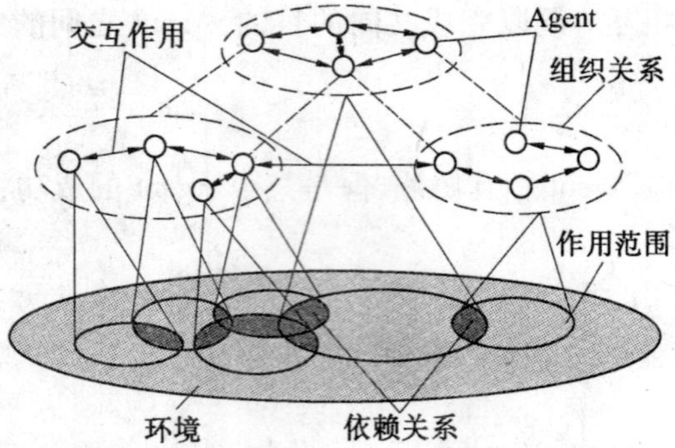

图6.3 多Agent系统的结构图

在多Agent系统中,如果一个Agent需要另一个Agent帮助实现自己的目标,则两个Agent之间存在依赖关系。两个Agent之间有如下关系。

(1)单向依赖

一个Agent依赖另一个Agent,反之不成立。

(2)相互依赖

为了共同的目标,两个Agent相互依赖。

(3)交互依赖

为了某一目标第一个 Agent 依赖于第二个 Agent,而第二个 Agent 为了实现某一目标(两个目标不必相同)也依赖于第一个 Agent,相互依赖蕴涵着交互依赖。

2. 多 Agent 系统的特点

(1)高层次的交互方式

MAS 既有传统的交互方式(客户/服务器),又有复杂的社会交互方式:合作、协调和协商。此外,面向 Agent 的交互是通过更高层次的 Agent 通信语言,在知识这个层次上进行的,因此它是一种柔性交互,比起其他软件工程中的交互有着质的区别。

(2)Agent 之间丰富的组织关系

在 MAS 中 Agent 可以代替某个组织或个人,Agent 之间的关系可以来自组织者中的各种关系(同等、上下级等),Agent 系统的结构来自组织中的结构(团队、群组等)。而这种组织关系和结构可以随着 Agent 之间的交互而不断演化,形成 Agent 之间丰富的组织关系。

(3)数据、控制、资源的分布式

MAS 特别适合于需要多个不同的问题求解实体相互作用共同求解问题的场合,而这些实体、数据、资源在物理或逻辑上大多具有分布式的特点。

3. 多 Agent 系统的应用

多 Agent 系统广泛用于分布系统中,多 Agent 信息检索系统就是其中的一个例子。一个多 Agent 信息检索系统的典型结构中有许多信息仓库(网站、数据库或任何形式的存储器),信息 Agent 是相关仓库的专家,提供对这些仓库的访问,并能回答上一级有关内容的询问。

用户首先向他们的局部计算机上的 Agent 发出询问;然后,Agent 直接和信息 Agent 联系,或向具有该领域经验知识的中间 Agent 或经纪人询问。该方法已在电子图书馆中得到应用。

6.2　基于多智能体的控制系统

6.2.1　多智能体控制系统的结构[45]

1. 单智能体的结构

在多智能体系统中,单智能体具有感知、通信、行动、控制和推理等基本功能,可划分为通信层、协调层和控制层三个层次。协作层包括本体模型、熟人模型、协作模块和评估模块,它是多智能体系统的核心。智能体的具体结构根据不同的用途有所不同,图 6.4 所示的为智能体在控制系统中设计的一种基本结构形式。

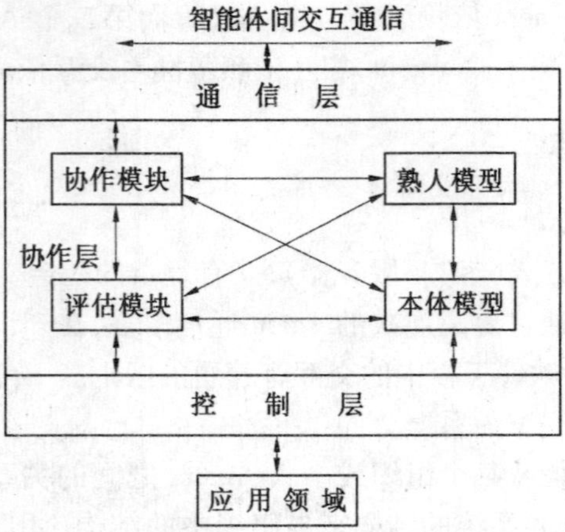

图 6.4 单智能体的基本结构

2. 多智能体控制系统的结构

多智能体控制系统是通过多个智能体之间相互协调来实现对复杂系统的控制。因此,系统中每个智能体是一个物理的或抽象的实体,既能作用于自身和环境,又能操纵环境的部分表示,并能同其他智能体进行通信。多智能体控制系统结构如图 6.5 所示。

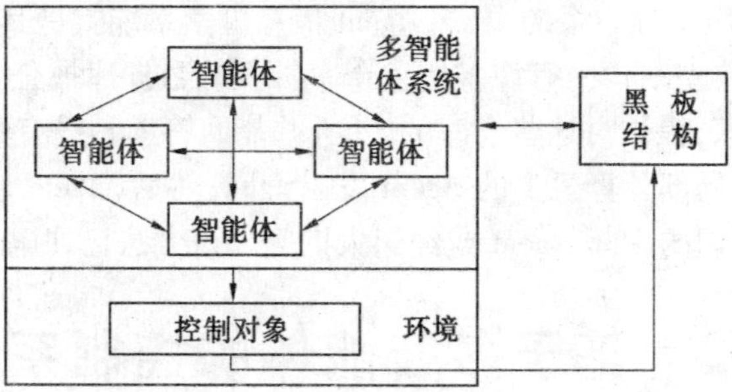

图 6.5 多智能体控制系统的结构

3. 系统的黑板结构

采用黑板结构作为多智能体控制系统中各智能进行交互的场所. 黑板记录各智能体所需要的信息和产生的假设,提供给所有的智能体共享。各智能体的交互通过黑板来进行,在系统运行过程中黑板上的假设不断地被修改,并最终导致获得领域问题的解。

采用黑板结构建立多智能体控制系统,具有以下优点:

(1)智能体共享黑板中各层次的信息,有利于求解事先无法确定求解次序的复杂问题。

(2)智能体相互独立,有利于不同的人员独立地设计、测试与更新知识源。

(3)求解时,动态地选择和激活适当的智能体,使系统可利用最优信息和选择最有希望的解题方法。

(4)适于并行处理,各智能体在黑板的不同信息层上相对独立地进行知识处理活动,在黑板调度程序的控制下,完成不同任务的智能体可在不同的计算资源下并行执行,提高了系统的实时处理能力。

6.2.2 多智能体控制系统的设计

系统的设计是根据其结构进行的,应分别对其各个层次进行设计。在多智能体控制系统中,智能体间通过协作模块、评估模块和控制层来行动,合作完成任务。采用产生式规则来建立智能体协作和控制的描述,具体的设计方法如下所述[45]。

1. 通信层的设计

通过对黑板结构的设计来完成。在黑板结构中,不同的智能体以不同层次的数据作为输入,其输出又是其他层次上的输入数据,这使得问题求解可以利用以前生成的信息,提高了数据的应用能力。同时,智能体通过对黑板数据的添加和修改导出问题的正确解。

2. 协作层的设计

在多智能体系统中,单个智能体首先作为个体而存在,同时又是多智能体系统的一员,与其他智能体产生协调活动。智能体的协作层设计按功能分为四个部分内容:本体模型,熟人模型,协作模块及评估模块。

(1)模型的设计

本体模型主要是用于局部问题求解,而熟人模型主要是用于智能体间的相互作用。它们在多智能体问题求解及协作过程中起着重要的作用,并分别承担任务:① 实现系统的目的性;② 实现系统的协调一致性;③ 实现自我推理。

(2)模块的设计

多智能体在协作过程中会发生冲突,通过对智能体协作模块和评估模块的设计,可完成多智能体的协作活动,它包括以下两部分内容。

1) 协作模块设计

协调活动初始化;维护协作活动,跟踪及监控整个过程直至完成;对其他智能体的协作请求作出反应;在完成协作请求过程中,如果发现智能体间存在冲突问题,则进行冲突解决处理。例如,有下面协作模块规则:

规则1:IF 系统收到一个智能体愿意参与多智能体协作的消息 THEN 更改协作信息,并通知其他智能体;

规则2:IF 系统要求多个智能体协作完成某一任务 THEN 选择能完成该任务的智能体。

2)评估模块设计

评估模块负责区分智能体是作为“个体”还是作为群体中的“组员”而存在,它决定哪个行动应该局部进行,哪个行动应该协作执行。前者通知问题求解层,后者通知协作模块。例如有如下用于评估模块的规则:

规则1:IF 某一任务不能局部完成 THEN 通知协作模块,告知需要其他智能体的协作;

规则2:IF 智能体请求参与协作行动 THEN 评估该请求,以确定是否和现有承诺一致。

3. 控制层的设计

它是协作层和领域任务的接口,一方面接受来自评估模块的命令,进行问题求解;另一方面要监测什么时候任务完成,在何处放置结构并将信息反馈回评估模块等。在实际问题的求解中,任务的执行管理需要复杂的推理,任务不能随意挂起或取消,否则会造成系统的不一致性,同样任务的插入要根据它的优先权或约束来进行。例如有如下用于控制层的规则:

规则1:IF 要执行有关任务,并且有关信息已可用 THEN 启动该任务;

规则2:IF 收到来自评估模块挂起任务的命令 THEN 将任务挂起。

4. 黑板结构的设计

主要是对黑板结构的控制策略进行设计,它包括黑板监视程序和调度程序,其作用是监督黑板上的变化,决定系统的下一步处理对象。通过对黑板结构控制策略的设计实现多个智能体的协调与调度,控制对象的反馈结果通过结构加以调整。多智能体系统中不同的智能体可看成不同的类及对象,如采用面向对象的软件开发语言 C++对多智能体控制系统进行设计,具体可分为智能体的协作层、通信层和控制层及黑板模型的设计。

6.3 多智能体在模糊控制器设计中的应用

多 Agent 技术为复杂系统的智能控制提供了新的途径。采用多 Agent 技术进行控制,不追求单个的、庞大的、复杂的体系,而是按控制应用的要求,从功能上划分成多个 Agent。各个 Agent相互协作,共同完成复杂系统的控制作业任务。这样的系统不仅具备一般分布式系统所具有的资源共享、易于扩展、可靠性强、灵活性强、实时性好的特点,而且各 Agent 通过相互协调、相互协作可有利于解决大规模的复杂控制问题,克服了建立一个庞大知识库所造成的知识管理和扩展的困难,使系统具有很强的鲁棒性、可靠性和自组织能力。应用多 Agent 技术有助于提高模糊控制系统的智能性。

下面介绍李士勇、张云等设计的多 Agent 倒立摆模糊控制系统[44]。

6.3.1 多 Agent 倒立摆模糊控制系统

假设不计小车所受的等效摩擦力、摆杆所受的摩擦阻力矩及摆杆所受的干扰力矩,可得到单级倒立摆动力学非线性方程组为

$$\begin{cases} ml\ddot{x}\cos\theta+(ml^2+J)\theta^2=mgl\sin\theta \\ (M+m)\ddot{x}+ml\ddot{\theta}\cdot\cos\theta=F+ml\theta^2\cdot\sin\theta \end{cases} \tag{6.1}$$

式中,x 为小车的位移;θ 为摆杆与垂直位置方向夹角;M 为小车的质量(M =1 kg); m 为摆杆的质量(m=0.1 kg);l 为摆杆的中心到转轴的长度(l =0.5 m);J 为摆杆对重心的转动惯量(J =$ml^2/3$);F 为电机对小车施加的作用力。设计目标是摆杆能从较大的初始角度(如1 rad)稳定至平衡位置, 同时小车被控制到指定位置,且小车位移不得超过所设定的"安全区域"。

基于 Agent 的思想对系统进行分析,把系统的运行过程分解为 3 个 Agent:<agent>Small Angle Agent、<agent>Big Angle Agent 和<agent>Safety Agent。通过设计 3 者之间的协商策略,有机地组成一个多 Agent 系统(MAS),因此 多 Agent 倒立摆模糊控制系统的结构可表示为如图 6.6 所示。

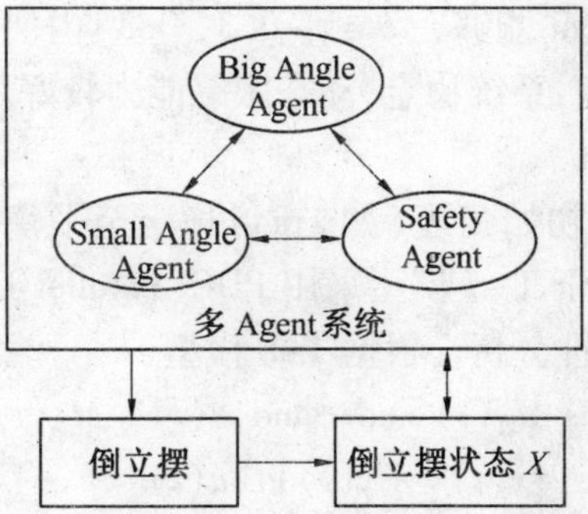

图 6.6　多 Agent 倒立摆模糊控制系统结构

倒立摆状态 $\boldsymbol{X}=[\theta,\dot{\theta},x,\dot{x}]$为多 Agent 系统提供所需要的信息,同时,多 Agent 体系统通过控制倒立摆, 使其状态 $\boldsymbol{X}$ 不断改变, 直至完成给定的任务。

6.3.2 系统内 Agent 功能设计

功能设计指各 Agent 完成自己局部任务的同时,能够协调一致地完成整体作业任务。

(1)<agent>Small Angle Agent

该 Agent 工作在摆杆角度较小时(具体工作范围在协作策略设计阶段确定),能使摆杆迅速稳定至平衡位置, 同时将小车控制到指定位置。<agent>Small Angle Agent 采用 T-S 型自适

应神经网络模糊控制(ANFIS)。首先,将车杆系统模型在状态空间不同点处进行线性化,针对这些线性模型设计出各个空间位置的线性控制器。然后,应用神经网络反向传播学习算法或是最小二乘的反向传播算法,对一组给定的输入输出数据集进行学习来调整确定隶属函数形状的参数。最后,用训练产生的模糊逻辑将这些线性控制器组合起来,实现车杆系统的非线性控制。

状态空间点的选取$[\theta,\dot{\theta},x,\dot{x}]$是将$[\theta,\dot{\theta},x,\dot{x}]$在每一个方向上均匀取出若干点$n_1$、$n_2$、$n_3$、$n_4$,组合成状态空间的点$[\theta_{n_1},\dot{\theta}_{n_2},x_{n_3},\dot{x}_{n_4}]$(取$n_1=n_2=n_3=n_4=5$),用这625个离散点来划分模糊BOX空间。线性控制器采用线性二次型最优控制(无限时间情形),通过选择合适的LQ控制参数$\boldsymbol{Q}$、$\boldsymbol{R}$,设计出线性最优控制器的$K_1,K_2,\cdots,K_n$。根据控制要求和仿真实验最后选择

$$\boldsymbol{Q}=\begin{bmatrix}10 & 0 & 0 & 0\\ 0 & 5 & 0 & 0\\ 0 & 0 & 100 & 0\\ 0 & 0 & 0 & 5\end{bmatrix},\boldsymbol{R}=[0,5] \tag{6.2}$$

自适应神经网络的学习推理过程由MATLAB模糊工具箱中的函数anfis来完成。仿真结果表明,<agent>Small Angle Agent能够在$\theta\in[-0.3,0.3]$内使摆杆迅速稳定至平衡位置,同时控制小车到指定位置$\mathrm{x_d}=1\mathrm{m}$。系统稳定,动态跟踪能力较好。

(2)<agent>Big Angle Agent

该智能体能够使摆杆从大初始角度(如1rad)稳定至平衡位置,同时控制小车到指定位置。<agent>Big Angle Agent基于T-S模型采用PDC(Parallel Distributed Compensation)方法,并用LMI工具箱对其进行稳定性分析。根据T-S模型

$$\text{IF } z_1(t) \text{ is } M_{i1}(t) \text{ and}\cdots\text{and } z_p(t) \text{ is } M_{ip}(t),\text{THEN}$$

$$\begin{cases}\dot{x}(t)=A_i x(t)+B_i u(t)\\ y(t)=C_i x(t),i=1,2,\cdots,r\end{cases} \tag{6.3}$$

通过PDC方法可得到下面的模糊控制器

$$\text{IF } z_1(t) \text{ is } M_{i1}(t) \text{ and}\cdots\text{and } z_p(t) \text{ is } M_{ip}(t),\text{THEN}$$

$$u(t)=-F_i x(t),i=1,2,\cdots,r \tag{6.4}$$

定理6.1 式(6.3)、(6.4)所描述的闭环连续模糊控制系统全局渐进稳定的充分条件是存在一个共同的正定常数矩阵$\boldsymbol{P}$满足

$$\begin{gathered}G_{ii}^{\mathrm{T}}\boldsymbol{P}+\boldsymbol{P}G_{ii}<0\\ \left[\frac{G_{ij}+G_{ji}}{2}\right]^{\mathrm{T}}\boldsymbol{P}+\boldsymbol{P}\left[\frac{G_{ij}+G_{ji}}{2}\right]\leqslant 0,i<j\\ \text{s.t. } h_i\cap h_j\neq\varnothing\end{gathered} \tag{6.5}$$

通过MATLAB中的LMI工具箱对线性矩阵不等式组(6.5)进行求解分析,选择出合适的

线性化点,采用 PDC 方法设计出模糊控制器,构成<agent>Big Angle Agent。仿真结果表明,在该智能体控制下的车杆系统能使摆杆从初始角度 $\theta=1$ rad 稳定至平衡位置,且控制小车到指定位置 $x_d=1\text{m}$。

(3)<agent>Safety Agent

该 Agent 的作用是将小车限定在“安全区域”[-2.5, 2.5]。仿真实验发现,只有<agent>Big Angle Agent 单独控制下的小车位移超过了“安全区域”,所以<agent>Safety Agent 的设计过程依照<agent>Big Angle Agent 控制下的车杆系统来完成。所选择的<agent>Safety Agent 输出控制量

$$u=\begin{cases}-400, x\geqslant 2.5\\ 0, -2.5<x<2.5\\ 400, x<-2.5\end{cases} \tag{6.6}$$

能将<agent>Big Angle Agent 控制下的小车限制在“安全区域”,并且摆杆仍能稳定到平衡位置,小车稳定到目标位置。

6.3.3 Agent 间的协作策略

<agent>Small Angle Agent 与<agent>Big Angle Agent 间的协商策略为竞争型策略和协作策略;<agent>Small Angle Agent 与<agent>Safety Agent 间的协商策略为单方让步;<agent>Big Angle Agent 与<agent>Safety Agent 间的协商策略也为单方让步。各 Agent 间协作策略设计如下。

(1)竞争型策略

<agent>Big Angle Agent 和<agent>Small Angle Agent 的工作范围有重叠:一方面,<agent>Big Angle Agent 能完成<agent>Small Angle Agent 的工作,在摆杆角度较小时,也能够使摆杆稳定至平衡位置,同时将小车控制到指定位置;另一方面,<agent>Small Angle Agent 能完成<agent>Big Angle Agent 的部分工作,能够使得摆杆从大初始角度(比如0.9 rad)稳定至平衡位置,同时控制小车到指定位置。但是,两者的控制性能在不同范围内各有优势。当摆杆角度从初始大角度过渡到小角度范围的过程中,通过竞争策略的设计,两个 Agent 依据控制系统的性能相互竞争。在<agent>Big Angle Agent 和<agent>Small Angle Agent 之间,哪个性能好就由它控制。仿真实验发现,$\theta\in[0.6,0.7]$是一个“临界区域”,在此范围进行切换,控制效果比较好,即<agent>Big Angle Agent 适合工作在 $\theta\in[0.7,1]$,而<agent>Small Angle Agent 适合工作在 $\theta\in[0,0.6]$。对于临界区域 $\theta\in[0.6,0.7]$,将通过下面协作策略的设计,让<agent>Big Angle Agent 和<agent>Small Angle Agent 共同来完成。

(2)协作策略

协作策略设计采用模糊隶属函数来实现。在模糊逻辑中,隶属函数一般是根据经验和统

计进行确定,它描述客观事务概念外延的模糊性。对于临界区域 $\theta\in[0.6,0.7]$,若 θ 在 0.6 rad 附近,则<agent>Small Angle Agent 比较适合;若 θ 在 0.7 rad 附近,则<agent>Big Angle Agent比较适合。实质上,这是<agent>Small Angle Agent 与<agent>Big Angle Agent 模糊关系的描述。为方便起见,隶属函数采用梯形,其隶属函数曲线如图 6.7 所示。同样,对于临界区域 $\theta\in[-0.7,-0.6]$ 的情况类同于邻界区域 $\theta\in[0.6,0.7]$,不再赘述。

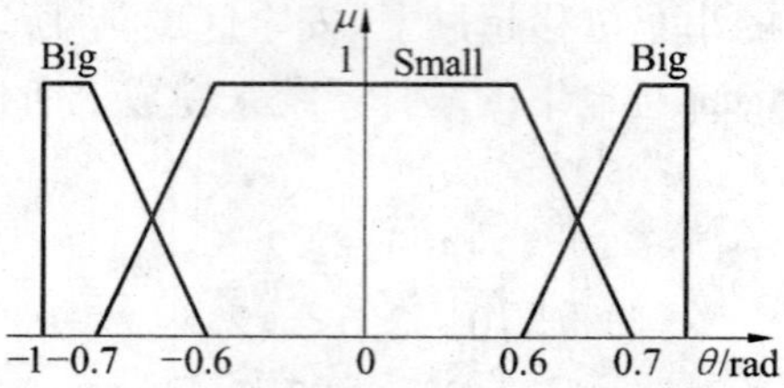

图 6.7 模型的隶属函数

(3)单方让步策略

<agent>Safety Agent 本身包含了单方让步策略。从控制量 u 可以看出,无论摆杆的状态如何,不管当前是<agent>Small Angle Agent 在进行工作,还是<agent>Big Angle Agent 工作,一旦小车进入"危险区域",系统都将交由<agent>Safety Agent 控制,直至小车重新回到"安全区域"。

为了获得更好的控制效果,即小车不仅能重新回到"安全区域",而且<agent>Small Angle Agent 和<agent>Big Angle Agent 的任务仍能各自完成,对控制量 u 进一步优化,得到最后输出的控制量为

$$u=\begin{cases}-200, x\geqslant 2.5\\0, -2.5<x<2.5\\200, x<-2.5\end{cases}\tag{6.7}$$

6.3.4 仿真结果及结论

在控制目标——初始角度 $\theta=1$ rad,小车的指定位置 $x_d=1$ m 条件下,<agent>Small Angle Agent、<agent>Big Angle Agent 与<agent>Safety Agent 所组成的基于多 Agent 的模糊控制系统,对车杆系统进行控制,其结果为:θ 稳定时间为 3.19 s,x 稳定时间为 2.35 s,x 超调量为 154.12%。仿真曲线如图 6.8 所示。

上述所设计的多 Agent 倒立摆模糊控制系统不仅能完成单个 Agent 所无法完成的预定任务,而且也表明将 Agent 技术与模糊控制理论相结合是可行的,为进一步研究基于多 Agent 的模糊控制系统提供了新途径。

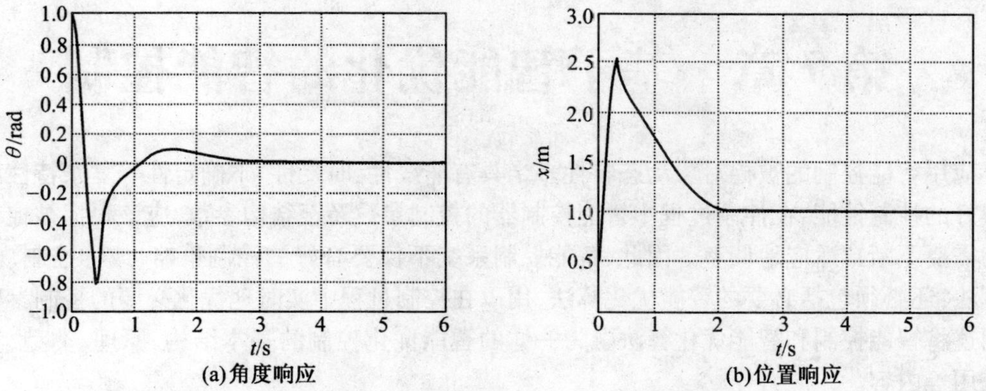

图6.8　车杆系统的角度响应和位置响应曲线

第7章 基于智能优化的智能控制

应用智能控制的被控对象动态特性多半具有非线性、时变性、不确定性等复杂特性。为了获得好的控制性能,在控制过程中智能控制器的控制参数乃至结构参数,应该根据被控动态特性的需要不断自适应地调整。因此,智能控制系统不仅要有好的控制策略,或称控制规律、控制算法,还必须包括必要的智能优化算法,用以在控制过程中实时地优化必要的控制参数。本章阐述将智能控制和智能优化算法融为一体的智能优化控制的基本结构、原理、类型、实现及其应用等内容。

7.1 智能优化控制系统

通常情况下,需要采用智能控制的被控对象都是难以建立精确数学模型的,它们往往具有复杂的动态特性。为了提高智能控制系统对这样复杂对象的控制性能,除了要设计良好的智能控制策略外,还必须采用智能优化方法对执行智能控制策略过程中的参数加以优化,以确保智能控制过程中始终处于最优的状态。基于这样的思想,作者提出基于智能优化的智能控制系统的结构可以用图7.1加以表示。

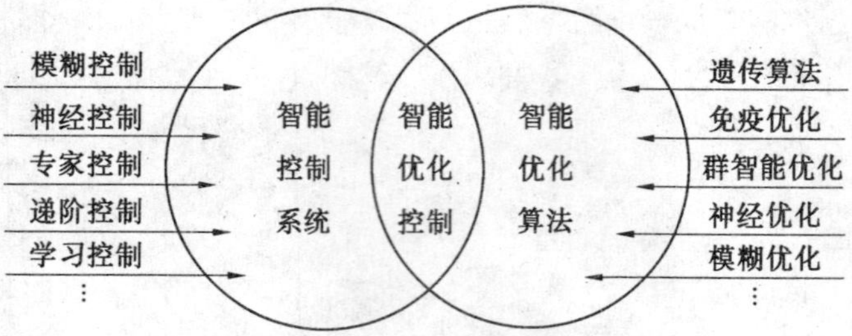

图7.1 智能优化控制系统的结构

由于"基于智能优化的智能控制"中有两个"智能"一词,所以简称为"智能优化控制"。为了深入研究智能优化控制,首先给出智能优化控制系统的定义。

定义7.1 在一个智能控制系统中,引入一种或多种组合智能优化算法用以在智能控制器对复杂对象的控制过程中,实时地优化控制策略和/或控制参数,使得智能控制系统始终获得期望的控制性能,将这样的智能控制系统称为基于智能优化的智能控制系统,简称智能优化控制系统。

上述智能优化控制系统的定义明确指出下述问题:

(1)智能优化控制系统是智能控制和智能优化的融合系统。

(2)智能控制应具有可变的结构和/或可调的参数。

(3)智能优化算法应具有在线实时优化的功能。

早期有关智能控制的提法是将运筹学引入到自动控制与人工智能相融合的智能控制中,目的是对智能控制进行优化。我们知道,传统运筹学是基于对象精确数学模型求解的优化方法。因为智能控制的被控对象往往难以建立精确的数学模型,所有采用不基于精确数学模型的智能优化算法取代运筹学优化方法是自然合理的。因此,智能优化控制可以表示为

$$\text{智能优化控制} = \text{智能优化} \cap \text{智能控制}$$

或解释为"智能优化"、"智能控制",简称为智能优化控制。

7.2　智能优化方法

传统优化方法除了需要待优化问题的精确数学模型外,还存在以下不足:基于梯度搜索方法易于限于局部最优,难于对离散问题优化;优化解对随机选定的初始解依赖性较大;一种优化方法难以用于多种类型问题的优化;传统的优化方法不能运用于并行运算。和传统的优化方法相比,智能优化算法具有如下特点:不需要优化问题的精确数学模型;一种优化算法往往通用于多种问题求解;采用启发式随机搜索能够获得全局最优解或准最优解;能适应于不同的初始条件进行寻优;群体智能优化算法适合于复杂大系统问题的并行求解。

7.2.1　智能优化算法的主要形式

智能优化算法是一大类启发式、进化算法的总称。霍兰创立的遗传算法是智能优化算法的重要基础。下面简要介绍一些常用智能优化算法。

1. 模糊逻辑算法(Fuzzy Logic Algorithm,FLA)

1965年, L. Zadeh创立的由模糊集合、模糊关系和模糊推理构成的模糊系统具有非常强的非线性映射能力。已经证明:一个模糊系统能以任意精度逼近任意的非线性连续函数。因此,模糊系统被视为复杂非线性系统的万能逼近器。这使得模糊逻辑推理系统在系统控制、参数优化、系统辨识、模式识别、故障诊断、专家系统、聚类分析等领域获得广泛应用。

2. 神经网络算法(Neural Network Algorithm,NNA)

神经网络具有信息的分布存储、并行的信息处理与推理、信息处理的自组织、自学习功能。在神经网络中,通过某种学习算法可以自适应地改变神经元之间的连接强度,使神经网络获得期望的输入与输出之间的关系。因此,神经网络系统具有非常强的非线性映射能力。已经证明,即使是一个简单的三层前向网络也能以任意精度逼近任意非线性连续函数。所以,神经网

络已广泛用于智能控制、参数优化、系统辨识、模式识别、故障诊断等领域[29]。

3. 遗传算法(Genetic Algorithm,GA)

1975年,美国密歇根大学教授霍兰(J. H. Holland)提出了遗传算法。生物进化论认为,选择、交叉和变异是生物发展进化的三个主要原因,它揭示了生物长期自然选择进化的发展法则。进化论的自然选择过程蕴含着一种搜索和优化的先进思想,遗传算法正是基于上述思想而创立的。因此,选择、交叉和变异是实现GA的三个基本操作。遗传算法已用于最小路径问题、车间调度问题、网络路由、制造元设计、参数优化等领域[108]。

4. 免疫算法(Immune Algorithm,IA)

模拟人和生物的免疫系统信息处理机理,研究人员已经提出了多种免疫优化算法。主要包括反向选择算法;免疫遗传算法;克隆选择算法;基于免疫网络算法;基于疫苗的免疫算法。免疫优化算法研究的应用领域涉及移动通信中多用户检测、网络组播路由、病毒入侵检测、数据聚类、图像边缘检测、参数优化、识别等领域[52]。

5. 禁忌搜索算法(Tabu Search/Taboo Search,TS)

禁忌搜索算法通过对搜索历史的记录,使用一个禁忌表记忆已陷入局部的最优解,并在进一步地搜索中禁止重复选择这些局部最优解,以使搜索过程尽量避开(而不是绝对禁止循环)局部最优解,从而获得全局最优解。该算法已应用于组合优化、生产调度、电力系统等领域。

6. 模拟退火算法(Simulated Annealing,SA)

模拟退火算法源于对金属固体退火过程的模拟,它是一种通用的全局优化算法。模拟退火算法已应用于生产调度、模式识别、图像处理、机器学习、神经网络及VLSI等领域。

7. 蚁群优化算法(Ant Colony Optimization,ACO)

1991年,意大利M. Dorigo等通过模拟蚂蚁群体从蚁穴到食物源觅食过程能够寻找出最短路径的行为,提出了用于解决组合优化问题的蚁群优化算法[105]。

8. 粒子群优化算法(Particle Swarm Optimization,PSO)

1995年,美国J. Kennedy和R. Eberhart受鸟类群体行为研究结果的启发,并利用了生物学家F. Heppner的生物群体模型,提出了粒子群算法,用于解决连续空间的优化问题[109]。

上述介绍的智能优化算法是从不同的角度模拟人脑,或模拟生物系统信息处理机理,或模拟社会性群体智能行为,或模拟自然现象等,又被人们统称为自然算法。到目前为止,国内外学者提出的智能优化方法多达数十种,但能用于实时优化的算法只是少数。

7.2.2　智能优化的复杂适应系统理论基础

1. 系统科学

系统科学和复杂适应系统理论是深入研究智能优化算法本质特性的理论基础。系统科学是研究系统的结构、状态、特性、行为、功能及其在特定环境和外部作用下演化规律的科学。关于系统的定义有多种表述，其中现代系统论开创者贝塔朗菲（L. V. Bertalanffy）1968 年关于系统的定义影响较大，他把系统定义为相互作用的多元素的复合体。我国著名科学家钱学森把系统定义为，由相互作用和相互依赖的若干组成部分结合成的具有特定功能的有机体。

总结上述定义，不难看出，组成一个系统需要有三个要素：

（1）多元性

系统由两个或两个以上的许多部分组成，各种组分形成了多元性，而性质各异的组分又形成了多样性。系统是多元性的统一、多样性的统一、差异性的统一。

（2）相关性/相干性

组成系统的各部分之间存在着直接或间接的相互联系、相互作用、相互影响、相互制约。线性系统（非线性系统）中的元素间的相互作用称为相关性（相干性）。

（3）整体性

组成系统的各部分作为一个整体具有某种功能，这一要素表明系统作为一个整体，具有整体结构、整体状态、整体特性、整体行为、整体功能，系统整体性是和其功能性统一的。系统科学将整体具有的而部分不具有的特性称为整体涌现性。

从系统具有线性、非线性、复杂性特性的角度分为线性系统、非线性系统、复杂系统。线性系统的整体功能等于各部分功能之和，即 $1+1=2$。非线性系统整体功能不等于局部功能之和，即 $1+1\neq 2$。复杂系统的整体功能大于局部功能之和，即 $1+1>2$。

2. 复杂适应系统理论

复杂适应系统理论的创始人霍兰是当今最创新意识的科学家之一，他长期从事跨学科、多学科交叉的创新性研究，在复杂系统和复杂性研究领域具有重要影响。1995 年，霍兰教授在《隐秩序》一书中论述了复杂适应系统（Complex Adaptive System，CAS）如何演化、适应、聚集、竞争、合作的规律，并得出重要结论："适应性造就了复杂性"。

复杂适应系统理论把系统中的个体称为具有适应性的主体（adaptive agent）。适应性指主体与其他主体之间、与环境之间能够进行"信息"交流，并在反复地交流中逐渐"学习"或"积累经验"，又根据学到的经验改变自身的结构和行为方式，提高主体自身和其他主体的协调性及对环境的适应性，从而推动系统不断的演化，并能在不断的演化过程中使系统的整体性能得以不断进化,最终使系统整体涌现出新的功能。霍兰为了描述主体在适应和演化过程中的行为特征,定义了7个基本概念:聚集、标识、非线性、流、多样性、内部模型、积木块。在此基础上,提出建立描述系统行为特征的规则模型、适应度确认、修改机制和提供发现或产生新规则的机制。产生新规则采用三个步骤:一是选择,从现存的群体中选择字符串适应度大的作为父母;二是重组,即对父母串配对、交换和突变产生后代串;三是取代,即后代串随机取代现存群体中的选定串。霍兰创立的遗传算法在微观层次上构成了复杂适应系统理论的基础。

3. 智能优化算法的实质

人们提出的多种智能优化算法都属于软计算智能系统,因为每种算法都有个体、群体,都存在个体与个体、个体与群体、群体与群体间的相互作用、相互影响等,这种相互作用都存在着非线性、随机性、适应性,以及存在着仿生的智能性等特点,因此,智能优化算法是一个智能优化计算系统,属于人工复杂适应性系统。

人工复杂适应系统的目的在于使系统中的个体以及由个体组成的群体系统具有一种主动性和适应性,这种主动性和适应性使该系统在不断地演化中得以进化,而又在不断地进化中逐渐提高其适应度,直至最终达到优化的目的。从而,使这样的系统能够以任意精度逼近任意非线性函数。因此,可以认为具有智能模拟求解和智能逼近的特点是智能优化算法的本质特征,而体现这一本质特征的正是“适应性造就了复杂性”这一复杂适应系统理论。

7.2.3 智能优化的快速算法

尽管智能优化算法种类很多,但是许多智能优化算法的优化过程时间较长,因此,难以满足在线实时优化的要求。其中RBF神经网络学习算法、CMAC神经网络学习算法、粒子群优化算法、克隆选择免疫算法相对而言比其他优化算法的优化速度快得多,因此,在实时智能控制系统中获得了较广泛的应用。例如应用RBF神经网络优化模糊控制中的隶属函数,应用克隆选择算法优化模糊神经控制器的参数等。

应该指出,大部分过程被控对象的参数一般变化较慢,因此,在对智能控制器参数优化过程中,如果在被控系统控制周期内所采用的某种智能优化算法能够完成优化求解过程,并能及时地完成对智能控制器参数进行调整,那么可以认为这种智能优化算法对于这样的被控对象的优化过程是在线的、实时的。

在某些被控对象的情况下,对智能控制器的结构和/或参数的优化过程可分成两步走,首先进行粗优化,然后再精优化。可以根据实际需要,粗优化采用一种适宜的、可能不需要优化速度太快的智能优化算法,而精优化采用另一种合适的、一般需要优化速度快的智能优化算法。对于后者往往可以设计成具有解析形式描述的自适应调整函数的优化形式,这样不仅优化调整过程可以实现连续化,而且简单、便于实现、实时性好。

7.3 基于 RBF 神经网络优化的模糊制导律

导弹末制导是希望导弹相对于目标的视线角速率等于零,这样导弹拦截目标的命中率高。因此,可以将模糊制导问题转化为模糊控制问题加以研究。本节在第2章中已介绍的解析描述模糊控制的基础上,介绍作者等应用 RBF 神经网络的学习算法优化 α 参数,提高模糊制导律鲁棒性的研究成果。

7.3.1 RBF 网络的学习算法

考虑 n 输入单输出具有 m 个隐含层单元的 RBF 网络结构,如图 7.2 所示。

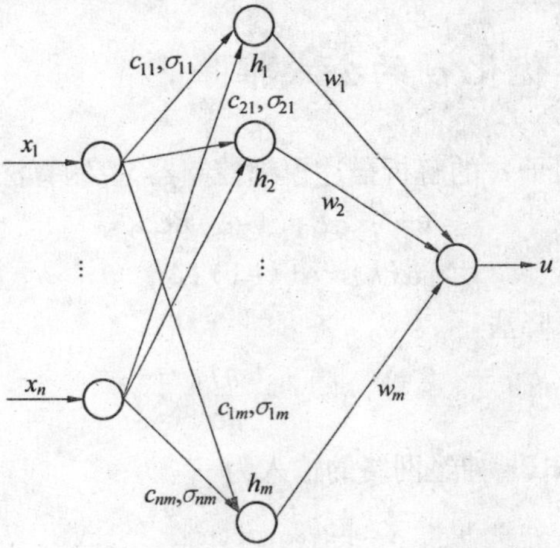

图 7.2 RBFNN 结构

设 $\boldsymbol{X}=[x_1,\cdots,x_n]^{\mathrm{T}}$ 为网络的输入向量,径向基向量 $\boldsymbol{H}=[h_1,\cdots,h_m]^{\mathrm{T}}$,其中 h_i 为高斯型函数

$$h_i=\exp\left(-\frac{\|\boldsymbol{X}-\boldsymbol{C}_i\|^2}{2b_i^2}\right),i=1,2,\cdots,m \tag{7.1}$$

其中,RBF 网络的第 i 个隐含层单元的中心向量为 $\boldsymbol{C}_i=[c_{i1},c_{i2},\cdots,c_{in}]^{\mathrm{T}},i=1,2,\cdots,m$。网络的扩展参数向量为 $\boldsymbol{B}=[b_1,b_2,\cdots,b_m]^{\mathrm{T}}$,$b_i$ 为第 i 个隐含层单元的扩展参数,且大于零,即为高斯型函数的基宽。

网络的权向量为 $\boldsymbol{W}=[w_1,w_2,\cdots,w_m]^{\mathrm{T}}$,RBF 网络的输出为

$$y_m(k)=w_1h_1+w_2h_2+\cdots w_mh_m \tag{7.2}$$

RBF 网络的性能指标为

$$J=\frac{1}{2}e^2(k)=\frac{1}{2}(y_{out}(k)-y_m(k))^2 \tag{7.3}$$

根据梯度下降法,输出权、隐含层单元中心及扩展参数的调整算法为

$$w_i(k)=w_i(k-1)+\eta e(k)h_i+\delta(w_i(k-1)-w_i(k-2)) \tag{7.4}$$

$$\Delta b_i=e(k)w_ih_i\frac{\|\vec{X}-\vec{C}_i\|^2}{b_i^3} \tag{7.5}$$

$$b_i(k)=b_i(k-1)+\eta\Delta b_i+\delta(b_i(k-1)-b_i(k-2)) \tag{7.6}$$

$$\Delta c_{ij}=e(k)w_i\frac{x_i-c_{ij}}{b_i^2},j=1,2,\cdots,n \tag{7.7}$$

$$c_{ij}(k)=c_{ij}(k-1)+\eta\Delta c_{ij}+\delta(c_{ij}(k-1)-c_{ij}(k-2)) \tag{7.8}$$

其中,η 为学习速率;δ 为动量因子。

7.3.2 RBF 网络优化 α 的公式推导

采用增量式带有调整因子 α 的解析描述模糊控制器,控制算法为

$$u=-<\alpha E+(1-\alpha)EC> \tag{7.9}$$

$$\alpha(k)=\alpha(k-1)+\Delta\alpha \tag{7.10}$$

其中,$\Delta\alpha$ 的调整采用梯度下降法

$$\Delta\alpha=-\eta\frac{\partial J}{\partial\alpha} \tag{7.11}$$

对于导弹导引系统,设 RBF 神经网络的输入为

$$\vec{X}=[e,ec,a_n,\alpha]^{\mathrm{T}} \tag{7.12}$$

其中,e、ec 分别为比例导引制导律的输出值及其微分,则

$$\Delta\alpha=-\eta\frac{\partial J}{\partial\alpha}=-\eta\frac{\partial J}{\partial y_m}\frac{\partial y_m}{\partial u}\frac{\partial u}{\partial\alpha}=\eta e(k)\frac{\partial y_m}{\partial u}(EC-E) \tag{7.13}$$

其中,$\frac{\partial y_m}{\partial u}$为 Jacobian 阵,即为对象输出对输入的灵敏度信息,可通过神经网络的辨识计算。

由于输出为导弹加速度,故 $u=a_n$,因此 Jacobian 阵算法为

$$\frac{\partial y_m}{\partial u}=\sum_{j=1}^{m}w_jh_j\frac{c_{j3}-x_3}{b_j^2}=\sum_{j=1}^{m}w_jh_j\frac{c_{j3}-u}{b_j^2} \tag{7.14}$$

所以

$$\Delta\alpha=-\eta\frac{\partial J}{\partial\alpha}=-\eta\frac{\partial J}{\partial y_m}\frac{\partial y_m}{\partial u}\frac{\partial u}{\partial\alpha}=\eta e(k)\sum_{j=1}^{m}w_jh_j\frac{c_{j3}-u}{b_j^2}(EC-E) \tag{7.15}$$

将上两式代入式 (7.10) 中,得到 α 的整定公式为

$$\alpha(k) \approx \alpha(k-1) + \eta e(k) \sum_{j=1}^{m} w_j h_j \frac{c_{j3} - u}{b_j^2}(EC - E) \tag{7.16}$$

式中，E、EC 为 e、ec 模糊量化后的值，由于这里量化因子 $k_e = k_{ec} = 1$，所以数值上 $E = e$，$EC = ec$，式(7.16) 可改写为

$$\alpha(k) \approx \alpha(k-1) + \eta e(k) \sum_{j=1}^{m} w_j h_j \frac{c_{j3} - u}{b_j^2}(ec - e) \tag{7.17}$$

实际中，由于 α 值只在区间[0,1]内，所以需要对 α 进行限幅。RBF 网络优化 α 结构如图 7.3 所示。为了便于区分，用 α' 表示导弹的攻角。

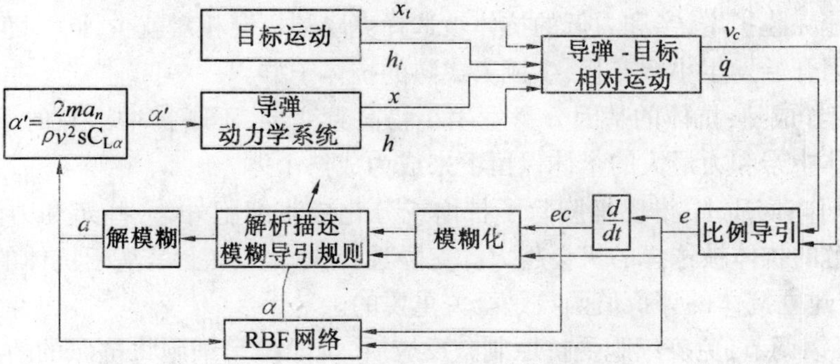

图 7.3　RBF 网络优化 α 框图

7.3.3　仿真结果

应用上述 RBF 网络优化 α 的解析描述模糊制导律，对三种不同加速度的机动目标进行拦截的仿真表明，该制导律拦截时间与脱靶量都优于一般解析描述模糊导引律(DFLC)，特别是在 $a_t = -70\ \text{m}\cdot\text{s}^{-2}$ 和 $a_t = 110\sin(0.5t)\ \text{m}\cdot\text{s}^{-2}$ 对比脱靶量的情况。该导引律的导弹拦截时间也比 DFLC 要短，拦截弹道也比 DFLC 较平直。限于篇幅仿真曲线略。

7.4　基于免疫克隆优化的模糊神经控制器

本节介绍黄忠报、李士勇将改进的免疫克隆选择算法用于优化模糊神经控制的参数，详细情况可见文献[49]。

7.4.1　基本的免疫克隆算法

免疫克隆选择算法最先由 De Castro 于 2000 年提出。人工免疫应答机制实质上是抗体不

断克隆分裂、复制、发展、成熟的过程。与抗原亲和力大的抗体受到克隆的机会越大,并通过不断变异、选择使得抗体不断成熟。同时,免疫系统的自我调节机制使群体的规模保持在一定的范围内。生物体主要的免疫细胞是 B 细胞和 T 细胞,抗原进入体内以后,被 B 细胞和 T 细胞识别并刺激 B 细胞和 T 细胞进行特异性应答。一方面 T 细胞复制并激活杀伤性 T 细胞,杀死被抗原感染的细胞;另一方面通过辅助性 T 细胞激活 B 细胞,并使 B 细胞迅速克隆扩增分化为浆细胞形成抗体。经过不断变异选择,最后发展成为亲和力更强的免疫记忆细胞。可以把抗体的成熟过程分为以下 4 个步骤:

(1)克隆裂变:抗体生成后迅速与抗原结合,受抗原的刺激免疫细胞活化后,与抗原亲和力高的抗体迅速克隆扩增,亲和力低的抗体被选择克隆的机会相对就少,同时随着抗体的不断进化它们的基因开始发生小幅变化,生成未成熟的抗体子群。

(2)高频变异成熟:抗体的基因分量发生小幅高频变异,不断扩增出新的子个体,局部区域的这些子群体中亲和力最大的个体保留下来成为成熟个体。

(3)选择操作:实质上,淋巴细胞除了扩增或分化成浆细胞外,一些亲和力较强又有利于搜索潜在最优解的抗体被选择的机会越大。克隆选择操作实质上是基于抗体的评价值,因此在选择策略上,建立抗体的评价值函数是至关重要的。

(4)免疫反馈调节:免疫细胞受抗原刺激反应后,抗原提呈细胞将抗原的信息传递给辅助性 T 细胞,分泌 IL^+ 激活免疫反应,从而刺激 B 细胞产生更多的抗体;当抗体浓度达到一定的量后抑制性 T 细胞会分泌 IL^- 抑制 B 细胞克隆扩增。在这过程中,有些抗体由于亲和力低而死亡,被亲和力更高的抗体所取代。群体中亲和力较高的个体保留下来,并进入下一轮的进化演变,成为亲和力更强的个体。如此反复,直到搜索到满足亲和力要求的抗体,发展成为记忆细胞,从而促进免疫细胞杀灭抗原体。

7.4.2 改进的免疫克隆选择算法流程

改进的免疫克隆选择算法在克隆策略上采用克隆算子,减少一些常数的确定。同时通过分类把每一代亲和力较大的 N_c 个抗体用于更新记忆抗体群 M;还根据免疫系统分布式性质,对于每个抗体分别在其局部区域进行搜索。在选择策略上结合抗体正、负反馈调节机制,把抗体在搜索空间的概率密度分布函数和适应度加权作为抗体的选择评价值;由此,抗体被选择进入下一代,不但取决于它在空间分布是否有利于搜索潜在的最优解而且还取决于其适应度。具体改进的免疫克隆选择算法流程如图 7.4 所示。

改进的免疫克隆算法在克隆操作的基础上由于引入高频变异操作,同时在选择策略上引入熵作为估算个体对搜索潜在的最优解作用的评价值,并以此作为选择抗体进入下一代的依据,更能充分利用当前抗体群的信息进一步搜索更优解,使算法性能得到一定的改善。

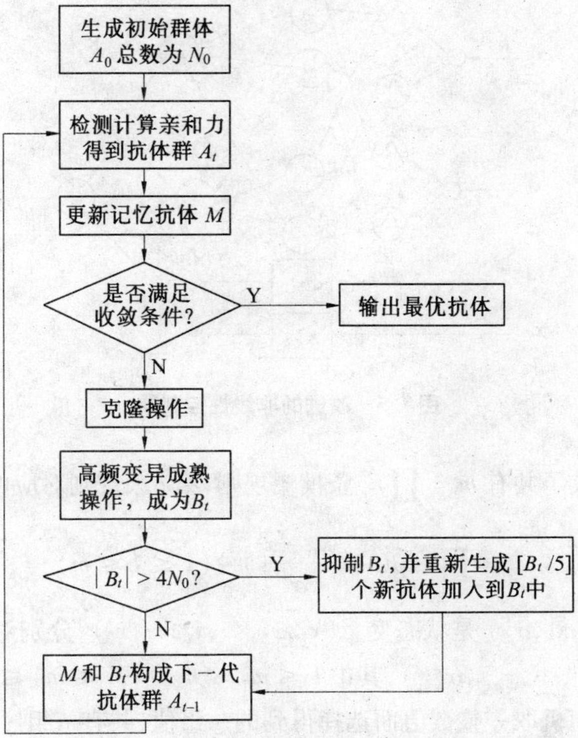

图 7.4　改进的免疫克隆选择算法流程图

7.4.3　基于免疫克隆算法优化的模糊神经控制器设计

基于模糊神经网络控制器的优化设计问题可以归结为一个高维空间的搜索问题，规则库、神经网络基函数参数、对应模糊神经网络的权值可以映射成为高维空间的一个点。应用模糊神经网络设计带有误差补偿的 FNN 控制器。对于具有 n 端输入控制系统，首先将输入量进行分类，把作为重要参考的 k 个输入误差状态变量 $\bar{\boldsymbol{x}}_1=(x_1,x_2,\cdots,x_k)^{\mathrm{T}}$ 作为模糊神经网络控制器的输入端，另外的 $n-k$ 个反应误差变化率的状态变量 $\bar{\boldsymbol{x}}_2=(x_{k+1},x_{k+2},\cdots,x_n)^{\mathrm{T}}$ 直接通过线性反馈$(K_1,K_2,\cdots,K_{n-k})$与模糊神经网络的输出量相加，最后得到控制器的输出，如图 7.5 所示。

模糊神经网络实质上是带有乘积推理的模糊系统。对于状态变量 x_i 的 n_i 个模糊集合记为 $\bar{A}_{i1},\cdots,\bar{A}_{ij},\cdots,\bar{A}_{in_i}$，其高斯隶属函数记为

$$\mu_{ij}(x_i)=\exp\left(\frac{-(x_i-\bar{x}_{ij})^2}{\sigma_{ij}^2}\right) \tag{7.18}$$

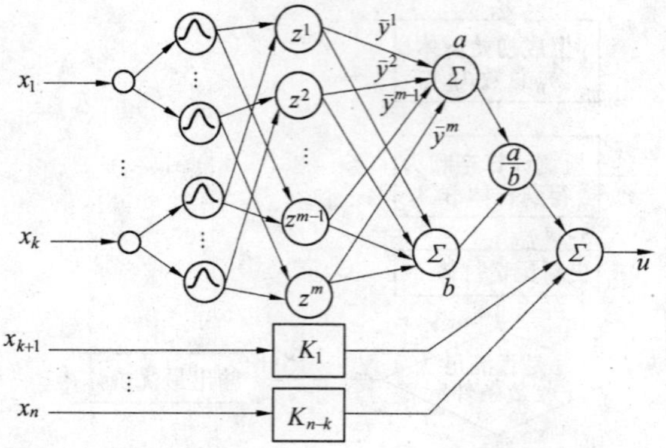

图 7.5 改进的非线性控制器

由此 k 个状态变量组成了共有 $m=\prod_{i=1}^{k} n_i$ 条模糊规则，第 l 条规则对应的乘积高斯算子为

$$z^l=\prod_{i=1}^{k}\exp\left(-\left(\frac{x_i-\bar{x}_i^l}{\sigma_i^l}\right)^2\right)\quad(1\leqslant l\leqslant m) \tag{7.19}$$

其中 $(\bar{x}_1^l,\sigma_1^l,\bar{x}_2^l,\sigma_2^l,\cdots,\bar{x}_k^l,\sigma_k^l)$ 是状态变量 $(x_1,x_2,\cdots,x_i,\cdots,x_k)$，分别对应的高斯隶属函数参数 $(\bar{x}_{1m_1},\sigma_{1m_1},\bar{x}_{2m_2},\sigma_{2m_2},\cdots,\bar{x}_{km_k},\sigma_{km_k})$，其中 $1\leqslant m_1\leqslant n_1,\cdots,1\leqslant m_k\leqslant n_k$，并由 $m_1,m_2,\cdots,m_k$ 分别在其取值范围内随机取一整数值而选择得到的一组值，共有 m 组序列，由此可以方便地用式(7.19)来表示高斯算子。由模糊神经网络的输出

$$f=\frac{\sum_{l=1}^{m}\bar{y}^l\left[\prod_{i=1}^{k}\exp\left(-\left(\frac{x_i-\bar{x}_i^l}{\sigma_i^l}\right)^2\right)\right]}{\sum_{l=1}^{m}\left[\prod_{i=1}^{k}\exp\left(-\left(\frac{x_i-\bar{x}_i^l}{\sigma_i^l}\right)^2\right)\right]} \tag{7.20}$$

加入线性反馈后，得到具有 n 输入端的控制器输出

$$u=\sum_{l=1}^{m}\bar{y}^l z^l/\sum_{l=1}^{m}z^l+K_1x_{k+1}+\cdots+K_{n-k}x_n \tag{7.21}$$

设控制器作为模糊神经网络输入端的状态变量为 $\bar{\boldsymbol{x}}_1=(x_1,x_2,\cdots,x_k)^{\mathrm{T}}$，它的每个变量 x_i 对应的模糊集合数 n_i 是一定的。用改进的免疫算法优化这些参数时，抗原对应要优化的问题，B 细胞产生的抗体及其亲和力分别对应控制器参数的解空间及评价参数的指标函数。

7.4.4 仿真结果及结论

基于模糊神经网络所设计的非线性自适应控制器不需要量化输入状态变量，和传统的模糊控制器结构不完全相同，还将误差变化率的状态变量线性反馈到输入端。应用改进克隆选择算法优化的模糊神经控制器对倒立摆系统控制的仿真系统原理如图 7.6 所示。

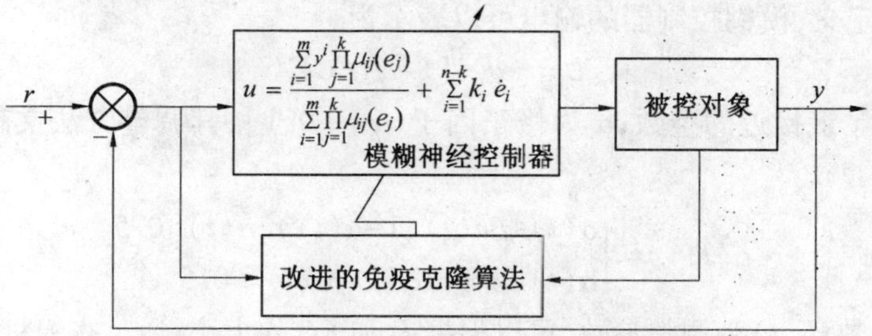

图 7.6　应用改进克隆选择算法优化参数的模糊神经控制器

运用所改进的免疫克隆算法，在搜索非线性控制器最优参数时引入检测方法，减少不必要的指标函数计算，大大提高了搜索效率。仿真结果表明，改进算法在所设计的非线性控制器参数寻优过程中比文献[56]的 ICSA 免疫算法具有更明显的优势。此外，本文基于模糊神经网络，结合误差线性反馈，将误差的变化率作为补偿输入到控制器的另外输入端，所设计的模糊神经控制器，确定最优参数后，不仅具有很强的鲁棒性和非线性适应能力，而且不需要量化输入的状态变量，调节参数较容易。

7.5　控制参数组合优化的模糊控制器

文献[57]提出一种在线递推调整解析描述模糊控制规则法，其显著优点是可以调整模糊控制规则，实时性好，但精度不高。为了提高这种解析描述规则法的精度，文献[58]在此基础上提出了一种局部连续化算法。但这种算法并没有解决控制量在全局意义上的连续化问题，且增加了计算量。张筱磊、李士勇在分析了上述解析描述规则法性能的不足之处，提出了一种时变修正函数，不仅可以实时地调整控制规则，而且在 $e-\dot{e}-u$ 坐标系中能实现控制量的全局连续化。在此基础上设计了具有 5 个控制参数的模糊控制器，并采用模拟退火算法和时变函数组合优化 5 个控制参数。对多种被控对象的仿真表明，这种可在线优化的模糊控制器不仅可以实时调整控制规则，而且具有响应快、起调小，稳态精度高等优点[59]。

7.5.1　递推调整规则的解析描述规则法

设模糊控制器有两个输入 e 和 Δe，一个输出 u，都为精确量，其对应的模糊量为 E、ΔE 和 U，其论域分别为 X、Y、Z。

定义 7.2　与 E、EC 和 U 相关的语言变量子集为

$$E=\{E_i\}_{i\in I}\subset\widetilde{F}(X),\Delta E=\{\Delta E_j\}_{j\in J}\subset\widetilde{F}(Y),U=\{U_k\}_{k\in K}\subset\widetilde{F}(U)$$

式中，$F(X)$ 为 X 的模糊幂集；$I=\{-m,\cdots,-1,0,1,\cdots,m\}$，$J=\{-n,\cdots,-1,0,1,\cdots,n\}$，$K=\{-k,$

$\cdots,-1,0,1,\cdots,k\}$ 为输入和输出变量的语言值所对应的量化等级,为整数集合。

通过上面的定义,模糊控制器的输出可以表示为

$$U=\langle \alpha E+(1-\alpha)EC\rangle. \tag{7.22}$$

式中,$\langle x\rangle$ 为取与 x 最接近的整数;α 为修正因子,$\alpha\in[0,1]$,其调整方法文献[57] 给出的递推公式为

$$\alpha(t+1)=\begin{cases}\alpha(t)+\beta h(t)(1-\alpha(t)), \alpha(t)>0.5\\ \alpha(t)+\beta h(t)\alpha(t), \alpha(t)\leqslant 0.5\end{cases} \tag{7.23}$$

式中,β 为加权系数;$h(t)$ 为调整参数,可以根据 E 和 EC 的大小,通过查模糊控制表获得。

这种方法的缺点是控制量为离散的量,受量化等级的影响,其控制精度有限. 文献[58]使用局部连续化算法(PCA),在系统的误差 $|e|\leqslant 1$ 和误差变化 $|\Delta e|\leqslant 1$ 时,使用下面的连续化因子将控制量连续化,以提高控制器的稳态精度.

定义 7.3 $r_1=1-(E^*-E), r_2=E^*-E, r_3=1-(\Delta E^*), r^4=\Delta E^*-\Delta E$,其中 $E^*=\langle E\rangle$;$\Delta E^*=\langle \Delta E\rangle$。

定义 7.4 连续化因子 $R_1=r_1\times r_3, R_2=r_2\times r_3, R_3=r_2\times r_4, R_4=r_1\times r_4$,控制量 u 由下式给出

$$u=\frac{R_1\times u_1+R_2\times u_2+R_3\times u_3+R_4\times u_4}{R_1+R_2+R_3+R_4} \tag{7.24}$$

式中,u_1、u_2、u_3、u_4 由式(7.22)算出的模糊量清晰化后得到。

7.5.2 解析描述规则法的性能分析

在模糊控制器解析描述规则式(7.22)中,改变 α 的值,就相当于改变了模糊控制器的控制规则。但是在使用式(7.23)来递推地改变 α 时,由于使用查询表的方法来确定其改变量的大小,因此得到的值不是连续的,从而使控制量 U 在 e-e-u 坐标系中也不是连续的。对此可以简单的证明如下。

如图 7.7 所示,令 α_1、α_2 分别为 t 和 $t+\tau$ 时刻根据式(7.23)得到的修正因子,由于 α_1、α_2 为不连续的值,因此 $\tau\to 0$ 时,有

$$\lim_{\tau\to 0^+} U(E,EC,\alpha)=\alpha_1 E+(1-\alpha_1)EC \tag{7.25}$$

$$\lim_{\tau\to 0^-} U(E,EC,\alpha)=\alpha_1 E+(1-\alpha_1)EC \tag{7.26}$$

由式(7.25)和(7.26)可以看出,由于 α_1、α_2 不相等,从而 $\tau\to 0$ 时,U 的左、右极限不相等,因此 U 不连续。

正是由于控制量的不连续性,使得文献[57]中的模糊控制器响应慢,有超调. 文献[58]中的算法虽然对此在一定程度上作了改进,但是由于其只是在 $|e|\leqslant 1$ 和 $|\Delta e|\leqslant 1$ 时进行连续控制量的计算,因此控制量在整个空间中仍然不是连续的。与此同时,由于计算量的增加,使得

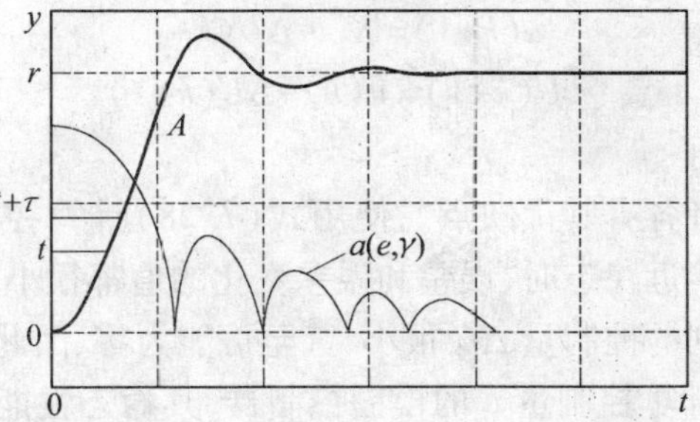

图 7.7 $\alpha(e,\gamma)$ 函数示意图

控制器的快速性受到了影响。

7.5.3 时变修正函数及控制量的表达式

任何一个被控对象，无论一阶、二阶或者是高阶，都可以近似地看做一个惯性系统。因此，翟刚提出用“惯性”来描述被控对象的思想[60]。为了对控制系统施加有效的控制，对控制量的加权就必须符合这种惯性的变化趋势，通常这种惯性的变化趋势可以用指数函数 e^{-T} 来表示。对于通过调整 α 来改变控制量大小的解析描述规则法，其 α 在时间上的变化趋势应该符合上述惯性的变化规律。为此，提出下述调整 α 的方法。

定义 7.5 时变修正函数

$$\alpha(e,\gamma)=\sqrt{1-\exp(-\gamma|e|)} \tag{7.27}$$

式中，e 为误差；γ 为正的加权系数；exp(·)为指数函数。对于不同被控对象的动态特性，通过调整加权系数 α 的大小可以改变 γ 随时间变化的规律，从而调整了控制量的大小。上面函数中取平方根是因为 $|e|$ 的值变化很小时，α 的变化更小，为了放大这种变化量，便于由式(7.22)给出不同大小的控制量 U。

由式(7.27)给出的 α 为关于 e 的连续函数，在 $\tau\to 0$ 时，U 的左、右极限是相等的，因此控制量 U 在 e–$\dot{e}$–u 坐标系中是连续的。图 7.7 中的虚线 $\alpha(e,\gamma)$ 给出了由式(7.27)确定的 α 随误差变化的示意图。

把输入变量从基本论域转换到相应的模糊论域时，须将输入变量乘以相应的因子，称为输入量化因子，其定义如下[7]。

定义 7.6 误差及误差变化的量化因子分别为 $K_e=n/x_e$，$K_{ce}=m/x_{ce}$，其中 n 和 m 分别为误差和误差变化的模糊论域中的量化等级，而 x_e 和 x_{ce} 为基本论域中的连续量。

由模糊控制算法得到的控制量 U，同样需要通过输出比例因子进行论域变换。

设 ΔU 为从控制算法中得到的控制量，u 为输出到被控对象上的实际控制量。通常有两种方法进行二者之间的变换，其离散形式分别为

$$u(k+1)=K_1 \cdot \Delta U(k+1) \tag{7.28}$$

$$U(k+1)=u(k)+\Delta U(k+1) \tag{7.29}$$

其中,K_1 即为输出比例因子。

在实际使用中,这二者各有其优缺点。使用式(7.28)计算控制量 u 的模糊控制器,在暂态时响应速度快,但是在接近稳态时,误差和误差变化的值都很小,因量化等级有限,经过模糊量化以及模糊推理后,得到的控制量 ΔU 很小,甚至可能为零,因此在稳态时,系统会出现静差和振荡;而使用式(7.29)计算控制量 u 的模糊控制器,其稳态性能好,但是由于使用积分形式来得到控制量,因此上升时间和调节时间都较长,响应速度慢。为了使系统暂态响应快,稳态超调小,没有静差和振荡,将上述两种变换方法结合起来,计算控制量 u 的大小使用式

$$u(k+1)=K_p \cdot \Delta U(k+1)+K_i \cdot \sum_{i=0}^{k} \Delta U(i) \tag{7.30}$$

式中,$K_p \cdot \Delta U$ 项保证了系统在暂态时响应迅速;在稳态时,即使 ΔU 为零,由于 $K_p \cdot \Delta U$ 的积分作用,使得系统响应不会出现静差和振荡。在后面的仿真实例中也证明了这种方法的有效性。

7.5.4 模糊控制器参数的组合优化

图7.8为具有多个参数可调整的模糊控制器,其中 K_e、K_{ec} 分别为误差和误差变化的量化因子;K_p、K_i 分别为模糊控制器输出的比例和积分系数;γ 为参变量,它的不同取值通过 α 来调整模糊控制规则。

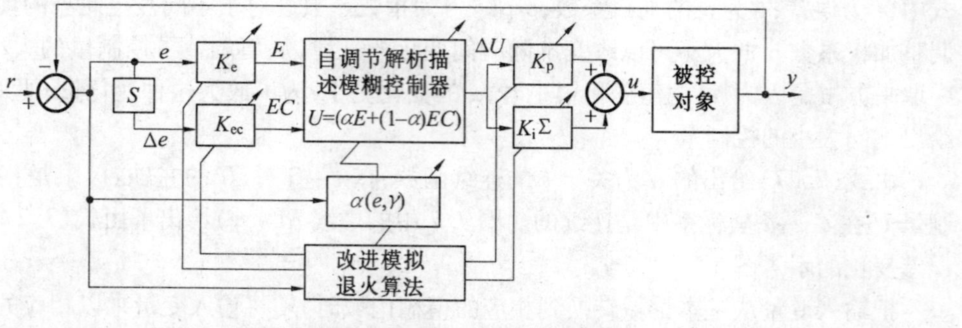

图7.8 具有实时自调节修正函数的模糊控制器

上述5个参数的不同取值都会影响系统的性能。为了获得好的控制性能,必须对这5个参数进行组合优化。使用改进的模拟退火算法(IAP)[63]对上述这5个参数同时进行寻优,并给定其指标函数为

$$J=\int_{-\infty}^{+\infty} t\,|e|\,\mathrm{d}t+\lambda\delta \tag{7.31}$$

指标函数中加入 $\lambda\delta$ 这一项是为了限制系统的超调，λ 为权值，δ 为超调量。

7.5.5　仿真结果及结论

为了检验控制参数组合优化的模糊控制器的控制性能，选用表 7.1 中文献[61]给出的对象(1)、(2)、(3)，同时增加表 7.1 中非最小相位对象(3)、(4)及非线性对象(6)[64,65]。分别采用文献[61]和本文方法进行仿真，仿真曲线分别如图 7.9 ~ 7.14 所示，仿真结果性能对比情况如表 7.1 所示，表中 r 为给定值，T_c 为采样时间。

表 7.1　对 6 种不同对象两种控制方法仿真比较

对象	本文方法	文献[61]方法
(1) $\frac{20\cdot e^{-2T_c s}}{2\cdot s+1}$ $r=20, T_c=0.05$ s	$t_s=3.4$ s $\delta_p=0$	$t_s=12.85$ s $\delta_p=2.5\%$
(2) $\frac{1}{s(0.001s+1)}$ $r=1, T_c=0.05$ ms	$t_s=1$ ms $\delta_p=0$	$t_s=5.7$ ms $\delta_p=10.5\%$
(3) $\frac{e^{-200T_c s}}{(10s+1)(6s+1)}$ $r=1, T_c=0.05$ s	$t_s=42.7$ s $\delta_p=0$	$t_s=47$ ms $\delta_p=0$
(5) $\frac{1}{(s+1)(5s-1)}$ $r=1, T_c=0.04$ s	$t_s=5$ s $\delta_p=0$	$t_s=9$ s $\delta_p=43\%$ 有轻微振荡
(6) $\begin{cases} y(k)=0.8y(k-1)- \\ 0.6y(k-2)+0.4x \\ (k-1)+0.2x(k-1) \\ x(k-1)=u(k-1)+ \\ 0.3u^2(k-1) \end{cases}$ $r=2, T_c=1$ s	$t_s=19$ s $\delta_p=2.2\%$	$t_s=70$ s $\delta_p=9.5\%$ 有轻微振荡

从控制性能指标比较不难看出，本文方法不仅响应时间短，且超调小，甚至无超调，特别应指出的是本文方法稳态误差最大值均在 0.08% 以内。这表明，这种控制参数组合优化的解析模糊控制器对于参数时变、非最小相位、非线性多种被控对象都具有很好的鲁棒性。这种良好的控制性能源于对 5 个控制参数同时进行寻优，其中改进的模拟退火算法起到初优化的作用，而时变修正函数起到在线实时精优化的作用，二者有机配合达到了实现智能优化控制的目的。

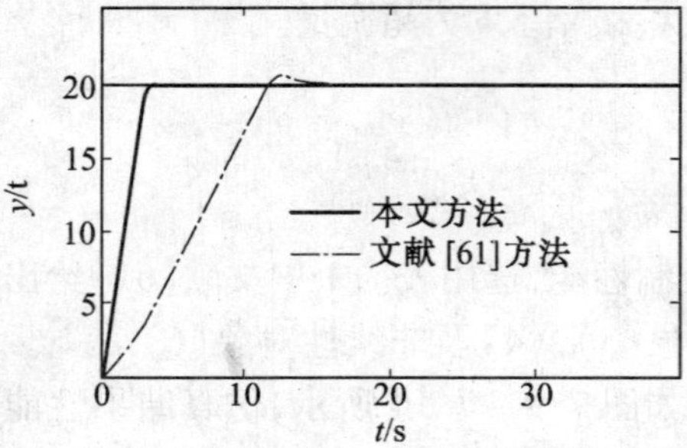

图 7.9 对象(1)的响应曲线

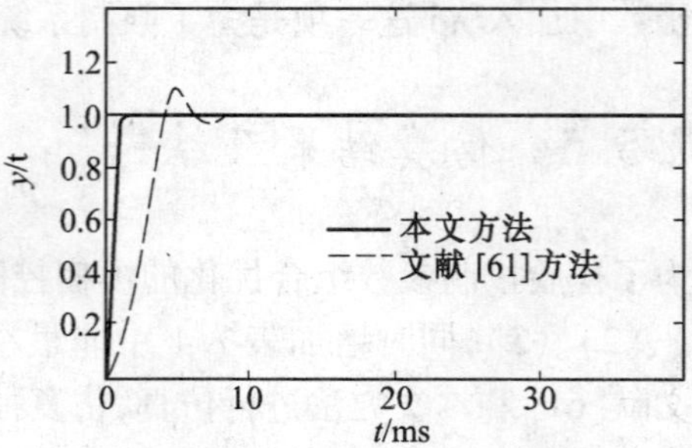

图 7.10 对象(2)的响应曲线

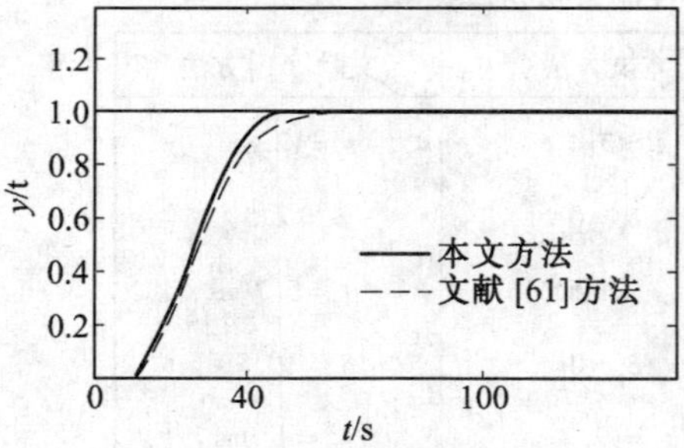

图 7.11 对象(3)的响应曲线

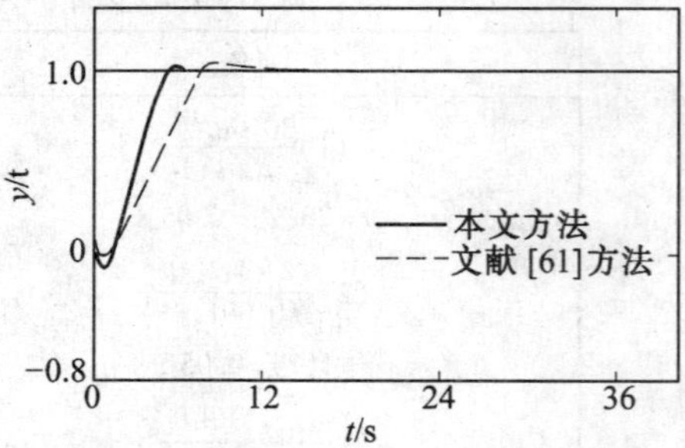

图 7.12 对象(4)的响应曲线

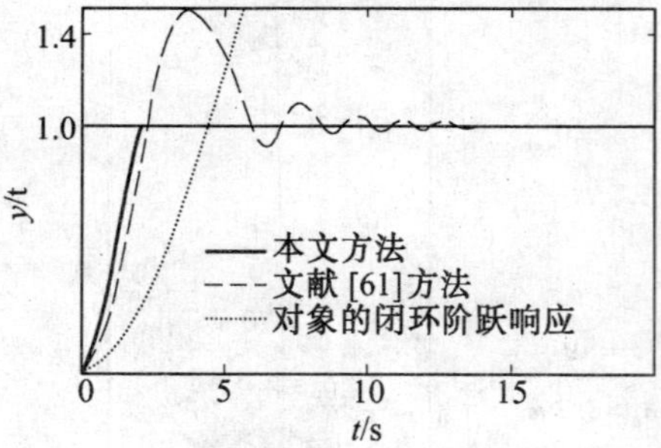

图 7.13 对象(5)的响应曲线

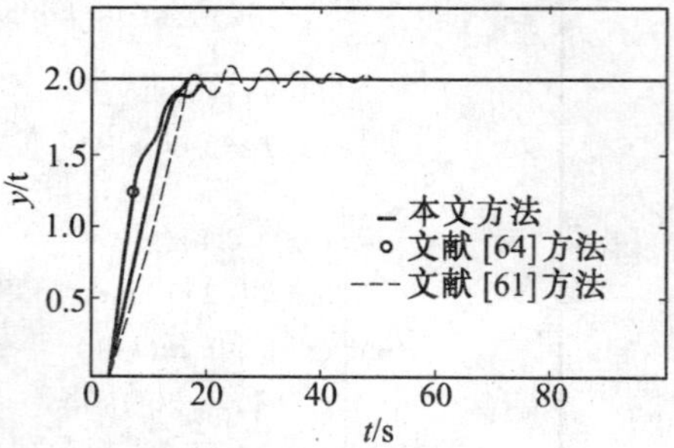

图 7.14 对象(6)的响应曲线

上述 7.3 ~7.5 节给出了智能优化算法与智能控制融合设计的 3 个例子。其中,一个是用径向基神经网络优化解析模糊制导律参数;另一个是用免疫克隆选择算法优化模糊神经控制器的参数;第三个是用改进的模拟退火算法和时变修正函数对解析模糊控制器进行组合优化。一般说来,径向基神经网络优化算法和免疫克隆选择算法的优化速度还是比较快的。尽管模拟退火算法优化速度较慢,但用它作为初优化,再用时变修正函数进行实时精优化,这样的组合优化设计思想是值得设计者借鉴的。

应该指出,用智能优化算法优化智能控制器的参数等,除了使用快速智能优化算法外,还可以根据需要,采用基于规则的优化,或者根据需要设计解析描述的非线性优化函数,不仅速度快,而且鲁棒性更强。

第8章　智能控制的工程应用实例

第2~7章主要阐述有关智能控制的基本概念、原理、设计、仿真研究等内容。本章通过介绍几个模糊控制、模糊神经控制、仿人智能控制、递阶智能控制、学习控制和基于多智能体控制的实际应用例子，来进一步加深理解智能控制理论在工程应用中的具体方法、实现技术等问题，以便提高读者理论联系实际、分析问题和解决问题的能力。

8.1　倒立摆的FUZZY-PD复合控制

针对多输入单输出模糊控制问题，班晓军、李士勇在文献[78]中提出将一个多输入单输出控制器分解为若干个二维输入单输出控制器输出直接相加的方案。这样一方面可以解决高维控制器的降维问题，从而有助于控制器的设计与调试；另一方面将高维控制器分解为若干个低维控制器，可以根据不同的环节使用不同类型的控制器，从而发挥各种控制器的优越性。基于上述思想，直接将一级倒立摆系统四维输入控制器分解为两个二维输入控制器，其中一个控制小车的位置，另一个控制摆杆的平衡。为了简化控制器的设计，以及考虑到位置控制过程中要保证摆杆的平衡，因此，认为相对于平衡控制而言倒立摆的位置控制更具难度，所以，位置控制器采用模糊算法。在上述控制器结构的基础上，提出了应用极点配置法估计模糊控制器参数的一种比较系统化的方法。对倒立摆系统的仿真及对它的实时控制结果均验证了该复合控制方案及这种模糊控制器参数估计方法的有效性。

8.1.1　单级倒立摆的数学模型

$$
\begin{aligned}
&ml\ddot{r}\cos\theta+(J+ml^2)\ddot{\theta}=mgl\sin\theta-f\dot{\theta}+\omega\\
&(M+m)\ddot{r}+(ml\cos\theta)\ddot{\theta}=u-F\dot{r}+ml\dot{\theta}^2\sin\theta
\end{aligned}
\tag{8.1}
$$

式中，r为小车的位移(m)；θ为摆杆与竖直向上方向的夹角(rad)；M为小车的质量(kg)；m为摆杆的质量(kg)；l为摆杆的中心到转轴的长度(m)；J为摆杆对重心的转动惯量($\mathrm{kg\cdot m^2}$)；F为小车系统的等效摩擦系数($\mathrm{kg\cdot s^{-1}}$)；f为摆杆的摩擦阻力矩系数($\mathrm{kg\cdot m^2\cdot s^{-1}}$)；$\omega$为干扰力矩(N·m)。这里取$M=1.096$ kg；$m=0.109$ kg；$F=0.1\ \mathrm{kg\cdot s^{-1}}$；$l=0.25$ m；$J=0.0034\ \mathrm{kg\cdot m^2}$；$f=0.002\ \mathrm{kg\cdot m^2\cdot s^{-1}}$；$\omega=0$ (N·m).

8.1.2 FUZZY-PD 复合控制器的设计

所设计的 FUZZY-PD 结构如图 8.1 所示。单级倒立摆的动力学方程为位置控制器采用模糊控制算法,角度控制器采用位置式数字 PD 控制方式。

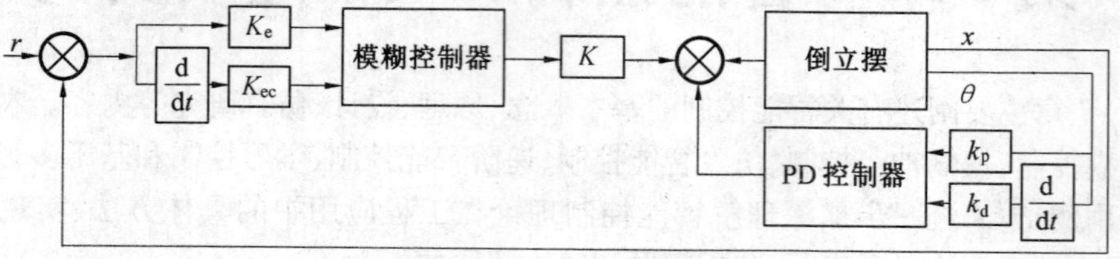

图 8.1 FUZZY — PD 复合控制器结构示意图

首先利用传统的极点配置法确定出一个状态反馈增益矩阵,然后在此增益矩阵的基础上确定 PD 控制器与模糊控制器的参数.

1. 用极点配置法获得状态反馈增益矩阵

选取 $x_1=\theta,x_2=\dot{\theta},x_3=R-r,x_4=-\dot{r}$,其中 R 为位置的设定值,将式(8.1)在平衡点附近线性化,然后在线性化之后模型的基础上利用极点配置方法确定出一个状态反馈增益矩阵。在倒立摆控制系统中,要控制小车的位置与摆杆的角度两个量。一方面,从直觉上讲,只有在摆杆稳定或接近稳定的情况下,才可以考虑控制小车的位置。另一方面,从整个控制系统的结构上看,此系统由角度与位置两个回路组成。这样的设计思想是令角度回路的带宽大于位置回路的带宽,调试时先调角度回路再调位置回路。为此,选择初始期望极点为{-10,-10,-1},得出状态反馈增益矩阵为

$$K=[73.98\quad 12.83\quad -4.33\quad -9.65] \tag{8.2}$$

在此基础上,按先调角度回路后调位置回路的原则,通过计算机仿真对增益矩阵做进一步的调整,最终得到的状态反馈增益矩阵为

$$[150\quad 20\quad -15\quad -20] \tag{8.3}$$

2. PD 控制器参数的确定

角度控制器采用位置式数字 PD 控制器,其形式为

$$u(k)=k_pe(k)+k_d(e(k)-e(k-1))/T_s \tag{8.4}$$

式中,k_p、k_d 分别为比例系数与微分系数; T_s 为系统的采样周期。k_p、k_d 直接采用式(8.3)中的前 2 个参数,即[150 20]。

3. 直接推理模糊控制器设计及参数估计

选取输入语言变量，输出语言变量为误差(e)、误差的变化(ec)、输出力(u)，并定义相应的语言变量及语言值为{负大：-3；负中：-2；负小：-1；零：0；正小：1；正中：2；正大：3}。

输入语言变量、输出语言变量相应的隶属函数分别选为如图 8.2、8.3 所示，其中 n 取 0.25，p 取 1。

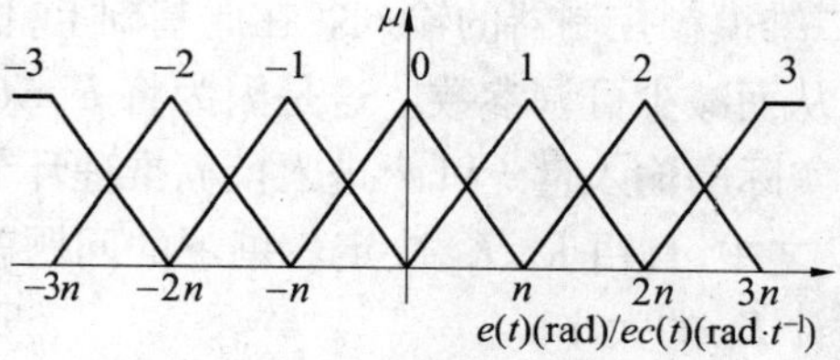

图 8.2　误差语言变量的隶属函数

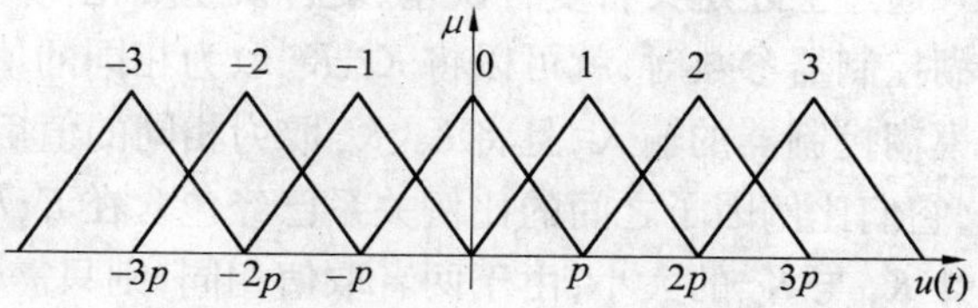

图 8.3　输出力语言变量的隶属函数

模糊控制语言规则如表 8.1 所示。模糊推理过程采用“取小法”合成“条件隶属度”以及蕴含推理出“局部结论隶属函数”，采用“面积-中心加权法”解模糊。

下面来确定输入比例因子 K_e、K_{ec} 与输出比例因子 K_u。

表 8.1　模糊控制语言规则表

u		ec						
		-3	-2	-1	0	1	2	3
e	-3	-3	-3	-3	-3	-2	-1	0
	-2	-3	-3	-3	-2	-1	0	1
	-1	-3	-3	-2	-1	0	1	2
	0	-3	-2	-1	0	1	2	3
	1	-2	-1	0	1	2	3	3
	2	-1	0	1	2	3	3	3
	3	0	1	2	3	3	3	3

确定一组控制器的参数实际上是要确定参数的大小以及寻求参数之间最佳比例关系。倒立摆的全状态反馈控制器的输出

$$u=k_1x_1+k_2x_2+k_3x_3+k_4x_4 \tag{8.5}$$

其中，k_1、k_2、k_3、k_4 为状态反馈增益矩阵中的相应反馈系数。当用 LQR 法或状态反馈极点配置法完成控制器的设计后，实际上也就是确定出 k_1、k_2、k_3、k_4 的值。将式(8.5)改写为

$$u=k_1[x_1+\alpha_1x_2+\alpha_2x_3+\alpha_3x_4] \tag{8.6}$$

不难看出，控制器的设计其实是确定状态变量 x_2、x_3、x_4 与状态变量 x_1 之间的比例关系，以及它们整体的比例系数 k_1。同理，在模糊控制器参数整定的过程中，就是确定输入比例因子之间的比例关系，而输出比例因子 K_u 的作用相当于 k_1 的作用。

基于以上思想，借助于极点配置所获得的状态反馈增益矩阵，首先确定出模糊控制器两个

输入比例因子之间的比例关系,以及估计出输入、输出比例因子的大小。然后在此基础上再细调模糊控制器的三个可调因子使其达到期望的控制效果。这样确定模糊控制器参数的优点是降低了搜索的维数,便于调整。

定义 8.1 称 $E=K_1 \cdot e$ 为复合误差;称 $EC=K_2 \cdot ec$ 为复合误差变化,其中 K_1、K_2 即为状态反馈增益矩阵中小车位移及小车速度相应的反馈系数,即式(8.3)中的后两项[-15 -20];e 和 ec 分别为小车位移以及小车速度。

通过上述定义将复合误差、复合误差变化作为二维模糊控制器的输入。在此基础上,估计模糊控制器参数时,就可以将 K_e、K_{ec} 取为相同的值,从而减少可调参数。这是因为将 E,EC 作为模糊控制器的输入,且将 K_e、K_{ec} 取为相同的值后,实际的输入量 e 和 ec 进入模糊推理环节之前,它们比例因子之间的比例关系已经包含在 E,EC 之中,且由 K_1、K_2 决定。剩下的问题就是估计 K_e 与 K_{ec} 的大小,由于两者取值相同,则只需估计 K_e 的大小。

估计此因子的原则是让误差输入落到误差论域中可细调的范围内,具体来讲就是有估计式

$$K_e \cdot |K_1| = 3n \tag{8.7}$$

成立。其中,K_1 意义同前,即 $K_1=-15$;n 为“误差”隶属函数中的 n,即 $n=0.25$。根据式(8.7)可以求得 $K_e=0.05$,这样就初步定出 $K_{ec}=K_e=0.05$。

在估计输出比例因子之前,先给出适用于上述模糊控制器的一个定理。

定理 8.1 在基于连续论域的模糊推理中,当采用“取小法”合成“条件隶属度”以及蕴含推理出“局部结论隶属函数”,并采用“面积-中心加权法”解模糊时,模糊控制器输出(未乘输出比例因子之前的输出)u 满足

$$c_{le}<u<c_{ri} \tag{8.8}$$

其中,c_{le},c_{ri} 为输出隶属函数中最外层隶属函数的中心值。

证明 由此方法的推理过程可知此方法中解模糊化后的系统输出 u 满足

$$u=\frac{\alpha_1 \cdot c_1+\cdots+\alpha_n \cdot c_n}{\alpha_1+\cdots\alpha_n} \tag{8.9}$$

其中,$c_1 \cdots c_n$ 为相应输出隶属函数的中心,满足 $c_1<\cdots<c_n$,并设 $c_1=c_{le}$,$c_n=c_n$;$\alpha_1,\cdots,\alpha_n$ 为对相应“中心”的加权值。由于 $\alpha_1,\cdots,\alpha_n$ 都是根据局部结论隶属函数的面积相加得来的,所以它们都不小于零,于是有以下两式成立。

$$u<\frac{\alpha_1 \cdot c_n+\cdots+\alpha_n \cdot c_n}{\alpha_1+\cdots\alpha_n}=\frac{(\alpha_1+\cdots+\alpha_n) \cdot c_n}{\alpha_1+\cdots\alpha_n}=c_n \tag{8.10}$$

同理

$$u>c_1 \tag{8.11}$$

于是 $c_1<u<c_n$,即 $c_{le}<u<c_{ri}$,定理得证。

在以上定理的基础上,通过下式估计输出比例因子。

$$(c_{le}-c_{ri})\cdot K_u=u_1 \tag{8.12}$$

其中,u_1 为相应线性控制器的输出范围。对于 u_1 的估计,可以采用仿真的方法,也可以通过对状态反馈控制器控制的实际结果进行纪录,然后分析数据得到。此处是通过仿真得到的,可以计算出 u_1 的变化幅值大致为28(N),于是可得

$$K_u=28/(3+3)\approx 5 \tag{8.13}$$

经过以上步骤,完成了对模糊控制器参数的初步估计。值得注意的是,这并不是最终的控制器参数,只是估计值。在以上估计值的基础上,经过仿真细调,最终确定出 $K_e=0.06$,$K_{ec}=0.058$,$K_u=5$。同它们的估计值相比,细调范围很小,这也表明上述估计方法是行之有效的。

8.1.3　两种控制器性能的仿真比较

以下将用极点配置法得到的状态反馈控制器与在此基础上设计的 FUZZY-PD 复合控制器进行对比。选择初始偏差角为 0.1 rad,此时两种控制器的性能对比如表 8.2 所示,其中稳定时间是按稳态误差 0.2% 计,时间单位以步长 6 ms 计。

表 8.2　控制性能对比表

	超调量/%	峰值时间	上升时间	稳定时间
状态反馈控制器	4.79	344	255	733
FUZZY-PD 复合控制器	4.39	308	259	573

由表 8.2 可以看出,此复合控制器的响应优于状态反馈控制器的控制效果,不仅超调有所减小,而且稳定时间也提前了 150 多步。

特别是,当初始偏差角为 1.20 rad 时,状态反馈控制器就失去了控制能力而发散。而当初始偏差角为 1.45 rad 时,FUZZY-PD 复合控制器依然能使系统收敛,这表明此复合控制器的稳定收敛。

8.1.4　倒立摆控制的实测曲线

将此 FUZZY—PD 复合控制器用于实际的一级倒立摆系统,实际调试的过程以及确定参数的方法与仿真过程一致。最后确定出来状态增益矩阵 $\boldsymbol{K}=[74,13,-30,-25]$,$K_e=0.02$,$K_{ec}=0.03$,$K_u=4$,而原估计值为 $K_e=0.025$,$K_{ec}=0.025$,$K_u=4$。

从获得此参数下系统的实测曲线(图略)可知,阶跃信号是在 1 000 步左右加上的,小车位置曲线没有超调现象,1 450 步左右进人稳态,系统采样时间为 6 rns。最终小车稳态误差不超过± 2 mm,摆杆与垂直方向上的偏差角度不超过± 0.2°。

8.1.5 结论

(1) 直接将高维控制器分解为若干个低维控制器的形式是有效的,为解决模糊控制器设计中的高维问题提供了一个方法。

(2) 基于极点配置的结果估计模糊控制器参数可以有效避免盲目调节参数,对于实际整定模糊控制器参数具有指导意义,同时也弥补了模糊控制器参数设计中缺乏系统化设计方法的不足。

(3) 此模糊控制器的设计虽然是基于极点配置的结果,但正如仿真表明,此控制器在小偏差情况下以及稳定收敛域方面都优于相应的状态反馈控制器。同时,这种设计方法也为将传统控制方法与模糊控制方法相融合,彼此优势互补提供了一条途径。

8.2 锅炉过热气温的自适应模糊神经网络控制

火电厂锅炉过热气温对象具有较大的惯性、时滞性和非线性,并且其动态特性随着运行工况的变化而变化,其精确的数学模型难以建立。传统的 PID 控制器参数在对象发生变化或者运行工况改变时,控制品质会下降。针对常规的模糊推理系统需要根据专家的知识和经验完成模糊规则和隶属度函数以及稳态精度不高等缺点,牛培峰等在文献[79]提出一种自适应模糊神经网络控制器。模糊神经网络是模糊推理和神经网络的有机结合,它一方面能够通过神经网络对样本数据的学习使模糊推理系统的规则自动生成,另一方面,使得神经网络的每一层、每个节点都具有明确的物理意义。此控制器仍然保留着串级控制的优点,副控制器仍采用 P 控制,主控制器由一个模糊神经网络控制器与一个智能 PI 环节并联组成。

8.2.1 自适应神经模糊推理系统

自适应神经模糊推理系统(ANFIS)使用神经网络来实现模糊推理,它能改善传统模糊控制设计中依靠人的经验来调整隶属度函数以减小误差,并以复合式的学习过程为基础,建立一套 IF-THEN 规则,调整出所需要的模糊推理输入输出关系,其结构如图 8.4 所示。

在图 8.4 中 x_1、x_2 是系统输入,f 是推理系统输出,用 $O_{1,i}$ 表示第一层第 i 个节点的输出。

第 1 层为模糊化层,用于计算输入的隶属度,该层每个节点的输出函数为

$$O_{1,i}=\mu_{A_i}(x_i),i=1,2 \tag{8.14}$$

$$O_{1,j}=\mu_{B_j}(x_j),j=1,2 \tag{8.15}$$

式中,A_i 和 B_j 是模糊集;$\mu_{A_i}(x_i)$、$\mu_{B_j}(x_j)$ 是模糊集对应的隶属度函数。

第 2 层用于计算各条规则的适应度 w_i,并将各个输入信号的隶属度函数相乘,乘积作为

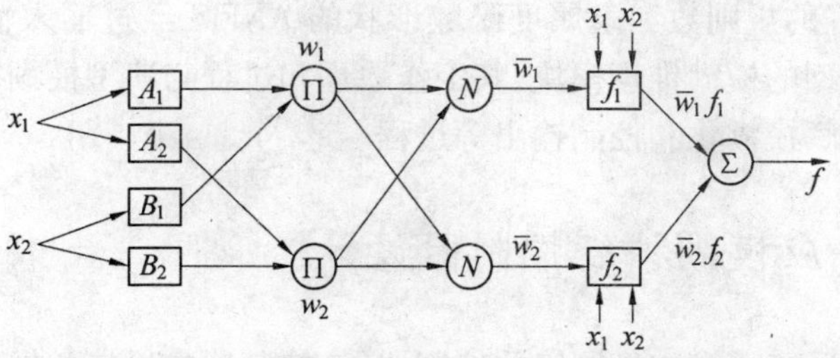

图 8.4　ANFIS 网络结构图

本规则的适应度。

$$O_{2,i}=w_i=\mu_{A_i}(x_1)\mu_{A_2}(x_2),i=1,2 \tag{8.16}$$

第3层对各条规则适应度进行归一化处理。

$$O_{3,i}=\overline{w}_i=\frac{w_i}{w_1+w_2},i=1,2 \tag{8.17}$$

第4层为每个节点的传递函数,为线性函数,表示局部的线性模型,计算每条规则的输出

$$O_{4,i}=\overline{w}_if_i=\overline{w}_i(p_ix_1+q_ix_2+r_i),i=1,2 \tag{8.18}$$

式中,f_i 为 Sugeno 型结论模糊输出函数。

第5层为解模糊层,用于计算所有规则的输出之和。

$$O_{5,i}=\sum\overline{w_if_i}=\frac{\sum w_if_i}{\sum w_i},i=1,2 \tag{8.19}$$

给定条件参数后,ANFIS 的输出可表示结论参数的线性组合为

$$\begin{aligned}f&=\frac{w_1}{w_1+w_2}f_1+\frac{w_2}{w_1+w_2}f_2=\overline{w_1}f_1+\overline{w_2}f_2=\\&(\overline{w}_1x_1)p_1+(\overline{w}_1x_1)q_1+\overline{w}_1r_1+(\overline{w}_2x_2)p_2+(\overline{w}_2x_2)q_2+\overline{w_2}r_2\end{aligned} \tag{8.20}$$

由于采用梯度下降的方法进行参数学习时容易陷入局部最小,这里采用梯度下降法和最小二乘法的混合学习算法,具体可分为二个步骤。

(1) 确定条件参数的初始值,用最小二乘法计算结论参数,由式(8.20)得

$$\boldsymbol{f}=\boldsymbol{A}\cdot\boldsymbol{X} \tag{8.21}$$

其中,列向量 $\boldsymbol{X}$ 中的元素构成结论参数集合 $\{p_1,q_1,r_1,p_2,q_2,r_2\}$。若已有 p 组输入输出数据对,且给定条件参数,则矩阵 $\boldsymbol{A}$、$\boldsymbol{X}$ $\boldsymbol{f}$ 的位数为 $p\times6,6\times1,p\times1$。一般样本数据的个数远大于位置参数的个数,使用最小二乘法可以得到 $\min\|\boldsymbol{AX}—\boldsymbol{f}\|$ 意义上的结论向量最佳估值 $\boldsymbol{X}^*$,即

$$\boldsymbol{X}^*=(\boldsymbol{A}^{\mathrm{T}}\boldsymbol{A})^{-1}\boldsymbol{A}^{\mathrm{T}}\boldsymbol{f} \tag{8.22}$$

(2)根据上一步骤计算得到的结论参数进行误差计算,采用前向神经网络中的 BP 算法,将误差由输出端反向传到输入端,用梯度下降法更新条件参数,从而改变隶属度函数的形状。

仿真前，将预设好的规则数和隶属度函数形状的 ANFIS 经过输入输出数据的训练，形成一个适合已有数据模型的模糊推理模块，其工作原理和过程与典型模糊推理系统相同，包括输入模糊化、模糊推理、解模糊化和控制输出等过程。

8.2.2 自适应模糊神经控制器设计

图 8.5 为基于自适应模糊神经网络的控制器，该控制器在保持常规串级控制的基础上，主控制器由一个自适应模糊神经控制器和一个智能 PI 模块来代替，副控制器仍然采用 P 控制器。

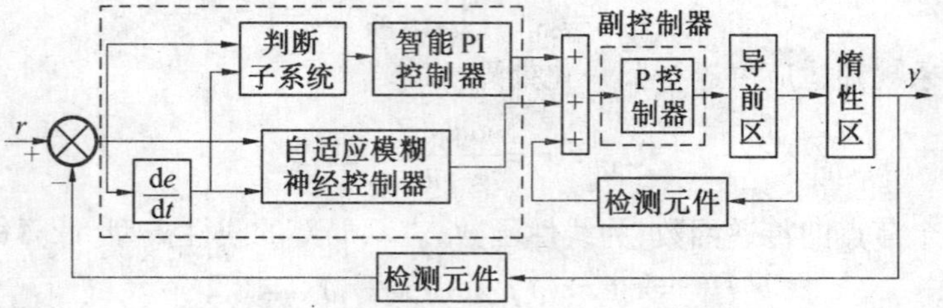

图 8.5 自适应模糊神经智能控制结构图

1. 自适应模糊神经网络控制器

自适应模糊神经系统采用的模糊规则为输入变量的线性组合，即

$$R_j: \text{IF } x_1 \text{ is } A_1^j \text{ and } x_2 \text{ is } A_2^j, \cdots, x_i \text{ is } A_i^j$$

$$\text{THEN } y_j = p_{j0} + p_{j1}x_1 + \cdots + p_{ji}x_i + \cdots \tag{8.23}$$

式中，$i=0,1,\cdots,n$；$j=1,2,\cdots,m$；R_j 为第 j 条模糊规则所表示的模糊蕴含关系；A_i^j 为 x_i 的第 j 个语言变量值，p_{ji} 为后件网络的连接权值。

若输入量采用单点模糊化方法，对于给定的输入 x，可以求得每条规则的适应度为

$$\alpha_j = \mu_{A_1^j}(x_1) \wedge \mu_{A_2^j}(x_2) \wedge \cdots \wedge \mu_{A_n^j}(x_n) \tag{8.24}$$

式中，$\mu_{A_i^j}(x_i)$ 是第 i 个输入分量隶属于第 j 个语言变量模糊集合 A 的隶属度函数。模糊系统的输出量为每条规则输出量的加权平均，即

$$y = \frac{\sum_{j=1}^{m} \alpha_j y_j}{\sum_{j=1}^{m} \alpha_j} \tag{8.25}$$

式中，α_j 为对给定输入 x 所求得的每条规则的适应度。自适应模糊神经网络控制器的 2 个输入变量分别是过热器出口温度的偏差 e 和偏差变化率 ec，而 e、ec 对应的模糊变量分别是 E、

EC,它们的基本论域均选为[-6,+6]。按照常规温度模糊控制的训练样本数据查询表,利用神经模糊推理编辑器将训练样本数据载入训练数据集,定义输入变量的隶属度函数的数目为 7 个,类型为 Gauss 型,输出变量的隶属度函数类型为 constant 型。设训练初始步长为0. 01,目标误差为 0,经过 400 步训练后生成初始模糊推理系统,建立图 8. 6 所示 2-14-49-49-1 结构的 5 层模糊神经网络系统,图 8. 7、图 8. 8 分别是经过训练得到的 *E*、*EC* 的隶属度函数曲线。

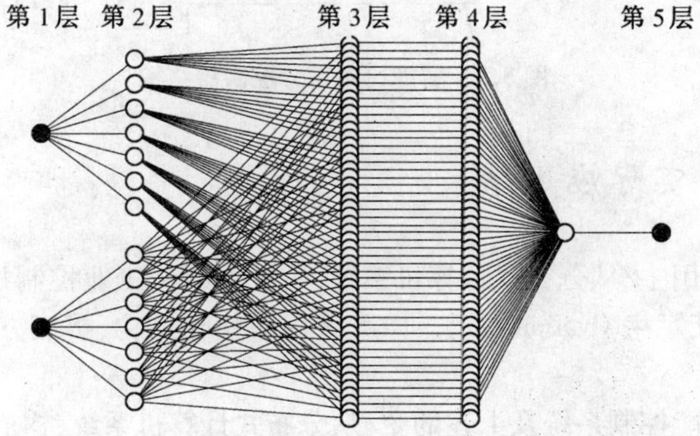

图 8. 6　模糊神经网络的结构

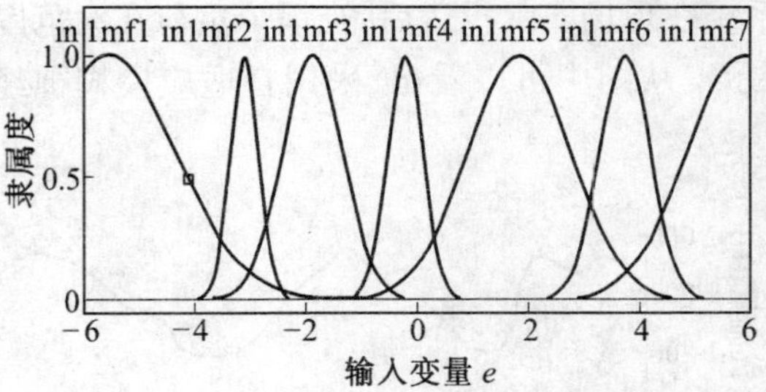

图 8. 7　*E* 的隶属度函数曲线

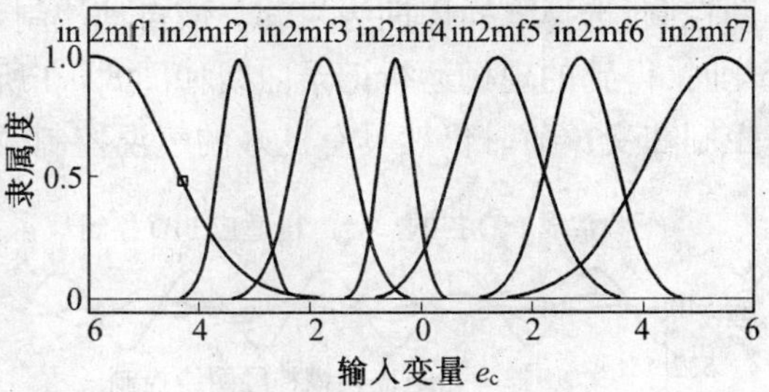

图 8. 8　*EC* 的隶属度函数曲线

2. 智能比例积分控制器

智能比例积分(PI)控制器由带有使能端的逻辑判断子系统和 PI 环节 2 个模块组成,如图 8. 9 所示。逻辑判断子系统根据 *e* 和 *ec* 的符号来判断系统所处的状态,从而控制 PI 环节是否有效。定义误差 $e=r-y$,*ec* 为误差变化率,当 $e \cdot ec>0$ 或 $e=0$、$ec\neq 0$ 时,PI 控制器作用有效,主控制器由模糊神经网络控制器和 PI 控制器叠加作用实现;当 $e \cdot ec<0$ 或 $ec=0$ 时,PI 控制器作用失效,主控制器采用单独的模糊神经网络控制器来实现。在仿真过程中经过调试,最终整定的参数 $k_p=1.2$,$k_i=100$。

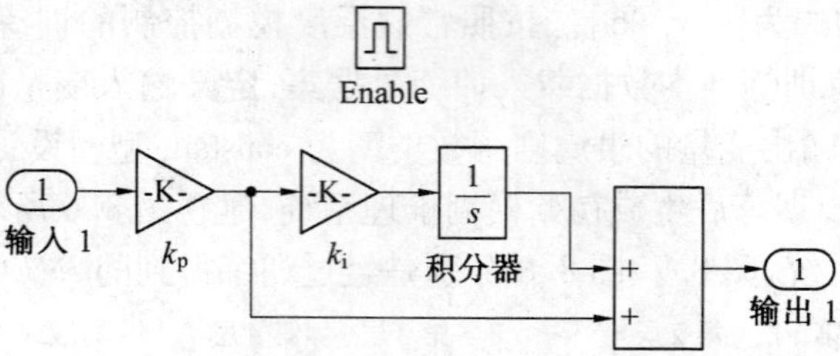

图 8.9 智能比例积分控制器结构

8.2.3 现场实际应用结果

气温控制系统采用主/从分布式计算机系统,主机为研华工业控制机,采用 IPC-610 标准机箱,从机采用美国艾默生 Ovation DCS。DCS 采用模块化结构,扩展方便、可靠性高、维护性好.

应用图 8.5 的智能控制系统及上述的主/从分布式计算机系统,构成自适应模糊神经网络气温控制系统,采用该系统及煤-水比辅助控制来实现某电厂 600 MW 超临界直流锅炉气温的自动控制,选择采样周期为 40 s。该自动控制系统在现场实际投运后,当锅炉负荷在大范围内变化时,得到的现场运行记录曲线如图 8.10 所示。从图中可以看出,采用自适应模糊神经网络控制在变负荷时仍然具有良好的气温控制效果。

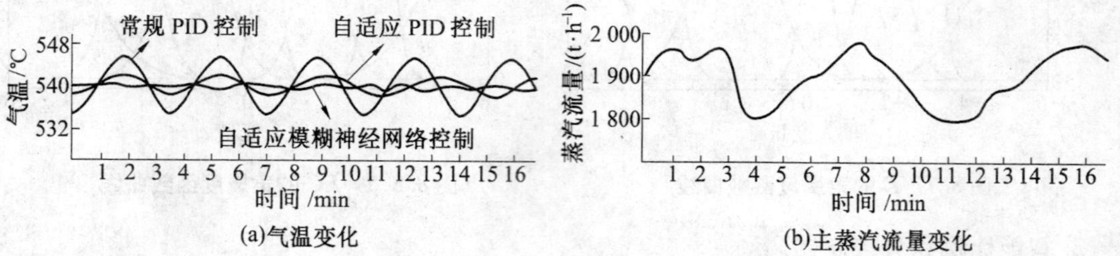

图 8.10 现场运行记录曲线

针对大延时、大惯性的火电厂过热气温对象,应用自适应模糊神经网络控制策略克服了常规 PID 控制自适应能力差的缺点。另外,模糊控制器克服了常规模糊控制器稳态精度不高和模糊规则难以确定等缺点。该控制方法对于复杂的被控对象也能取得良好的控制效果,表现出较好的动态品质、稳定性和抗干扰性等优点,具有较高的工程应用价值。

8.3 仿人智能温度控制器在加热炉中的应用

8.3.1 概述

仿人智能控制算法根据控制器的输入信号(即系统的误差)的大小、方向及其变化趋势作出相应的控制决策,以选择适当的控制模式进行控制。这种智能控制算法的最主要的优点是,它既不需要事先知道,也不需要在线辨识被控制对象的精确模型,就能够实现既快速又高精度的控制,且具有极强的鲁棒性。上述控制算法已成功地用于 FWK 型仿人智能温度控制器。控制器硬件包括一台 Z-80 单板机及其输入/输出接口,A/D、D/A 转换器和显示、打印设备。此外,还有温度变送器和可控硅执行器。

单板机除实现智能控制算法之外,还要完成全部管理工作和热电元件的线性化计算。控制器还具有一定的故障自诊断功能,掉电程序保护功能,超限、断偶报警功能以及软、硬件相结合的抗干扰功能。

8.3.2 仿人智能温度控制算法

白美卿等在文献[80]提出的仿人智能温度控制算法采用 IF…THEN…的规则形式来描述,如表 8.3 所示。表中 $e=r-y$ 为系统的误差,r 为给定值,y 为被控量。

表 8.3　仿人智能控制算法简表

序号	如果下述条件成立				则输出 P_0 等于	模式名称
1	$\lvert e_n\rvert >M_1$				FFH 或 00H	开关
2	当	$e_n\cdot\Delta e_n>0$ 或 $\Delta e_n=0, e_n\neq 0$	且	$\lvert e_n\rvert \geqslant M_2$	$P_{0(n-1)}+K_1K_Pe_n$	比例
				$\lvert e_n\rvert <M_2$	$P_{0(n-1)}+K_1K_Pe_n$	
3	$e_n\cdot\Delta e_n<0, \Delta e_n\cdot\Delta e_{n-1}>0$ 或 $e_n=0$				$P_{0(n)}=P_{0(n-1)}$	保持 1
4	当	$e_n\cdot\Delta e_n<0$ $\Delta e_n\cdot\Delta e_{n-1}<0$	且	$\lvert e_n\rvert \geqslant M_2$	$P_{0(n-1)}+K_1K_Pe_{m\cdot n}$	保持 2
				$\lvert e_n\rvert <M_2$	$P_{0(n-1)}+K_2K_Pe_{m\cdot n}$	

离散化之后用 e_n 表示 e 的当前值,e_{n-1}、e_{n-2} 表示前 1、2 个周期的 e 值,$\Delta e_n=e_n-e_{n-1}$、$\Delta e_{n-1}=e_{n-1}-e_{n-2}$ 表示当前和前 1 个周期 e 对时间的差分。表中其他符号说明如下:$e_{m\cdot n}$ 表示 e 的第 n 个极值;K_p 为比例增益;K_1 为增益放大系数,$K_1>1$;K_2 为抑制系数,$0<K_2<1$;M_1、M_2 为设定的误差界限,$M_1>M_2$;n 为自然数,表示控制周期的序号;$P_{0(n)}$ 为输出量;P 为第 n 次需要保持的值;$P_{0(n-1)}$ 为 n 之前一个周期输出量 P 的保持值。

假定系统的误差曲线如图 8.11 所示,对上述算法可作如下分析。

在区域1和区域3内,误差 e 的绝对值逐渐增大,具有特征 $e_n \cdot \Delta e_n>0$;在区域2和区域4内,e 的绝对值逐渐减小,具有特征 $e_n \cdot \Delta e_n<0$;

在极值点 t_1 和 t_3 处(实际上是在 t_1 和 t_3 之后一个采样周期的间隔之内,而非极值的顶点,以下类同),有特征 $\Delta e_n \cdot \Delta e_{n-1}<0$,相反,若 $\Delta e_n \cdot \Delta e_{n-1}>0$,则表示无极值。

当误差 $|e_n|>M_1$ 时,用开关模式进行控制,只有当 $|e_n| \leqslant M_1$ 之后,方考虑别的特征和相应的控制模式。

当误差的变化趋势是增大时,应加大控制量以便尽快地纠正偏差,此时用比例模式。比例增益 K_p 可以取得相当大。而当 $|e_n| \geqslant M_2$ 时,再将 K_p 乘以增益放大系数 K_1,使控制量更大。一旦误差达到极值(图8.11中的 t_1 和 t_3 点),则其在原来的保持值基础上增加一个不太大的值(保持2模式),以后便保持这一输出直到 e 反号为止(保持1模式)。

实际的误差曲线比图8.11更复杂,如图8.12所示的情况,图中的 t_1 点和 t_2 点虽都是极值点,但在这两点之前和之后,e 的变化趋势却不同,数学表示为

在 t_1 点:$\Delta e_n \cdot \Delta e_{n-1}<0$, $e_n \cdot \Delta e_n<0$

在 t_2 点:$\Delta e_n \cdot \Delta e_{n-1}<0$,$e_n \cdot \Delta e_n>0$

在 t_1 点用保持2模式,在 t_2 点应当用比例模式,否则会延长过渡过程。

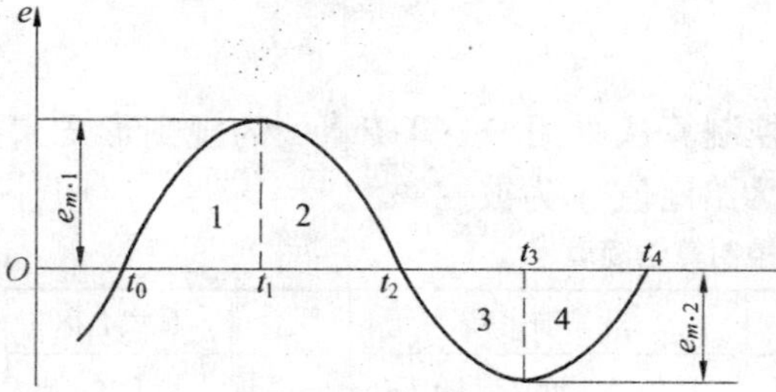

图8.11 系统误差曲线

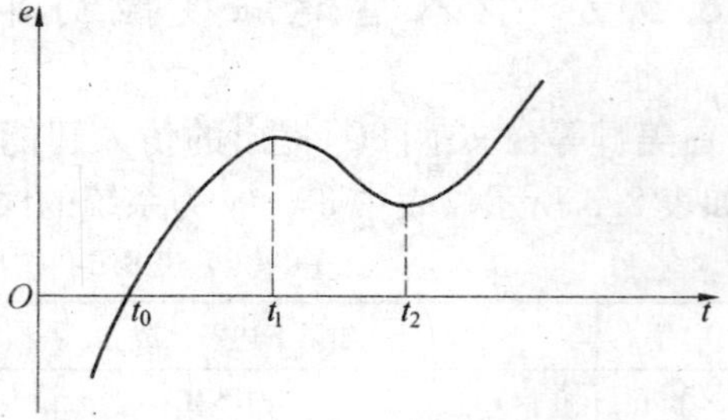

图8.12 实际的误差曲线

比例模式相当于系统闭环运行,这与常规的比例控制基本上是一样的,所不同的是,这里的比例控制仅仅维持一段时间,下一个控制周期又要重新识别误差信号的特征并作出新的决策。只有当表8.3中第二行的条件满足时,方继续比例控制,否则就要转入其他控制模式。

众所周知,常规的比例控制,若其比例增益取得大了一些,就会造成系统不稳定。然而,在本智能控制算法的比例控制期间,大的 K_p 却不会引起系统的不稳定,因为只要误差一过极值点,控制器便切换至保持模式,不仅及时地减小了控制量,更重要的是保持模式相当于系统开环运行,控制器的输出量与当前的工况无关,它靠记忆的特征量进行控制,常规的反馈控制理论在这里已经不适用了。

当 $e=0$ 时,表明系统已经处于平衡状态,这时候只要维持这种能量平衡就行了,而不必再修改控制器的输出量,等待并观察 e 的变化情况。若有变动,则再作出新的判断与决策。可以

证明,保持模式具有类积分功能,即是说,依靠它能够消除残差而实现精确的控制。但是,保持模式却没有积分器那样的易造成系统不稳定的缺点。

总之,仿人智能控制算法正是依靠准确地识别误差的各种特征而作出相应的决策,并以多模转换,开、闭环相结合的控制模式进行控制。也正是依靠这种灵活而巧妙的识别、决策以及控制方式,使得那些本来相互制约的控制品质(快速性、平稳性和精确性)在本控制算法之下很容易地统一起来了。

完成整个算法仅需数毫秒甚至更短的时间,用以控制温度量绰绰有余,也适用于其他的工业过程量,如压力、流量等的控制。

将表 8.3 可以概括成式(8.26),即

$$P_0=f(e_n,e_{n-1},e_{n-2},\Delta e_n,\Delta e_{n-1}) \tag{8.26}$$

此外,在 FWK 型仿人智能控制器中还设有程序控温功能。整个控制器有四个控制回路,每一个回路均能实现九段程序控温。在程序控温时,系统既要跟踪指令又要克服干扰。温度给定值随程序的改变而变化。为了使跟踪更及时,当程序段改变时,控制器能自动地送一个指令去修改原来的保持值 $P_{0(n-1)}$,这相当于引入了前馈信号。此时,式(8.26)变成了

$$P_0=f(r,e) \tag{8.27}$$

8.3.3 实际应用性能对比及结论

这里主要列举半工业对象试验的结果和用户使用的结果。受试对象为一台 2 kW 的 50 mm 管式电阻加热炉。与 FWK 型仿人智能温度控制器进行对比的是原日本北辰公司生产的 HOMAC-700 运算控制器(PID 控制算法,参数按最优整定法整定)。由 FWK 型和 HOMAC 型分别各自组成一单回路系统,对同一台电炉进行控制,试验次数均在 10 次以上。现对比分析如下。

1. 稳态控制精度

给定值多半在 700 ~ 800℃之间,当满度值设定为 1 600℃时,FWK 型与 HOMAC 型均能使炉温稳定在给定值附近±0.4℃以内。这样的精度相当于所用 12 位 A/D 转换器的最低一位±1 个字所对应的温度值。换句话说,即稳态精度可达 A/D 转换器的分辨率。

2. 跟踪阶跃信号

温度升值至少在 100℃以上,多数情况均在 500℃以上。表 8.4 给出跟踪性能对比情况。稳定时间,是指从被调温度第一次达到给定值附近±0.5℃算起,到最后进入这一稳定区域所需要的时间。

3. 克服阶跃扰动

当被调温度达到稳态值之后半小时左右，将可控硅（晶闸管）的阳极电压从 220 V 降至 160 V，观察被调温度的变化（可控硅阳极电压由调压稳压器供给），结果如表 8.5 所示。

表 8.4 跟踪性能对比

产品型号	超调量/℃	稳定时间/min
HOMAC 型	10 ~ 30	14 ~ 70
FWK 型	<5	13.5 ~ 24

表 8.5 抗扰动性能对比

产品型号	最大炉温降/℃	恢复时间/min
HOMAC 型	-2.1 ~ -2.9	10.5 ~ 24
FWK 型	-1.3 ~ -2.3	9.5 ~ 14

4. 鲁棒性

HOMAC 型：为取得最好的效果，首先必须对被控对象进行模型参数的辨识，然后方能整定 PID 各参数。这一工作十分麻烦，且要求较高的专业知识水平和熟练的操作技能。跟踪指令和克服扰动需分别整定不同参数，若对象特性改变，其参数必须重新整定。

FWK 型：整定参数不必辨识和建模，大致设置一组参数就能工作（因 FWK 型具有大范围的稳定域），用凑试法几次就能够得到较为满意的参数，一般的工人均能够操作。跟踪指令与克服扰动用同一组参数其效果均好。

对三家用户的不同炉型（半导体扩散炉、钢球淬火炉、电工合金真空烧结炉）用同一组参数进行控制，效果均较满意。实际上，被控对象难度越大，越能体现出仿人智能控制的优越性。

8.4 仿生手臂的递阶智能控制

8.4.1 概述

萨里迪斯认为，具有人类大脑作为最高指挥机构的系统将表现出更强的能力、更多样的功能和更丰富智能的行为。因此，萨里迪斯及其同事们曾设计了一个由大脑来监督和指挥的、具有多级递阶智能控制器的 P 自由度仿生手臂。

上述仿生手臂的仿人功能只有以多级递阶方式才能得以实现，例如它可以是一个 3 级递阶智能控制系统，其方框如图 8.13 所示。

第 1 级是作为智能组织用的语言组织器；第 2 级是作为控制协调器的模糊自动机；第 3 级

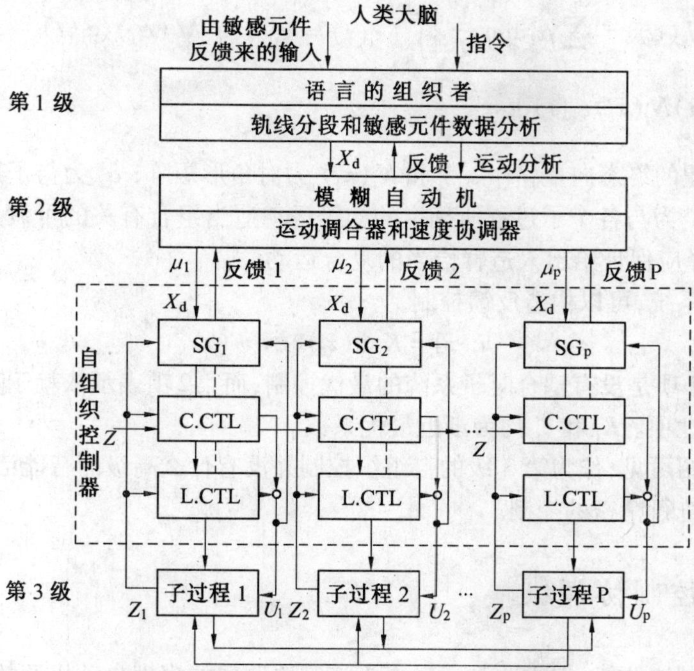

图 8.13 *P* 自由度仿生手臂的多级递阶智能控制

是作为执行具体控制的自组织控制器。下面简要介绍各级在控制系统中的作用。

8.4.2 自组织控制级

一般可将仿生手臂的整个控制过程分为 P 个子过程，每个子过程对应于一个自由度并可用广义微分方程组来描述为

$$\begin{cases}\dot{\boldsymbol{x}}_i = \boldsymbol{F}_i\boldsymbol{x} + \boldsymbol{B}_i(\bar{\boldsymbol{x}}_i)\boldsymbol{u}_i + f(\boldsymbol{x},\dot{\boldsymbol{x}},\boldsymbol{w}_i) \\ z_i = \boldsymbol{H}_i\boldsymbol{x}_i + \boldsymbol{v}_i,\ i = 1,2,\cdots,p\end{cases} \tag{8.28}$$

其中，$\boldsymbol{x}_i$ 为 n_i 维状态向量；z_i 为 r_i 维输出向量；$\boldsymbol{u}_i$ 为 m_i 维控制向量，它们均为第 i 个子过程；$\boldsymbol{F}_i$、$\boldsymbol{B}_i(\bar{x})$ 和 $\boldsymbol{H}_i$ 为适当维数的矩阵；$\boldsymbol{w}_i$ 和 $\boldsymbol{v}_i$ 为适当的噪声向量，而 $f_i(\cdot)$ 表示由各种反作用力而来自其他子系统的引力影响和耦合项的非线性函数。如果子系统是与这些力场隔离开的，这些项应该为零，而系统对 $\boldsymbol{x}_i$ 应该是线性的。这样整个系统的状态为

$$\begin{cases}\boldsymbol{x}^{\mathrm{T}} = [x_1^{\mathrm{T}},\cdots,x_p^{\mathrm{T}}],\ \bar{\boldsymbol{x}}_i^{\mathrm{T}} = [x_1^{\mathrm{T}},\cdots,x_{i-1}^{\mathrm{T}},x_{i+1}^{\mathrm{T}},\cdots,x_p^{\mathrm{T}}] \\ \boldsymbol{z}^{\mathrm{T}} = [z_1^{\mathrm{T}},\cdots,z_p^{\mathrm{T}}]\end{cases} \tag{8.29}$$

反映系统机械功能品质的指标可定义为

$$J = \sum_{i=1}^{p} \mu_i J_i(\alpha_i) = \sum_{i=1}^{p} \mu_i \lim_{T \to 0} \frac{1}{T} \left\{ \int_{t_0}^{T} (z_i(t) - \boldsymbol{x}_i^{\mathrm{d}}(t))^{\mathrm{T}} \boldsymbol{M}_i(\alpha_i)(z_i(t) - \boldsymbol{x}_i^{\mathrm{d}}(t)) \mathrm{d}t + \int_{t_0}^{\mathrm{T}} u_i^{\mathrm{T}}(t) \boldsymbol{N}_i(\bar{x}_i) u_i(t) \mathrm{d}t \right. \tag{8.30}$$

其中 $\boldsymbol{x}_i^{\mathrm{d}}(t)$ 为期望的终态向量；$\boldsymbol{M}_i(\alpha_i)$ 和 $\boldsymbol{N}_i(\bar{x}_i)$ 为对角形矩阵；α_i 为与子过程响应速度有关的可调系数，而 μ_i 为与各个子过程所确定的初等运动适当组合有关的可调系数，$0 \leqslant \mu_i \leqslant 1$，$i=1,\cdots,p$，其选择应保证给出人造臂恰当的复合运动。

对于每个子系统，可以构造反馈控制

$$u_i(z) = K_i \boldsymbol{\Phi}(z_i) + c_i \boldsymbol{\psi}(z) \tag{8.31}$$

其中等号右端第1项是没有耦合时子系统的最优控制，而第2项表示依赖于其他子系统非线性耦合的一个非线性项。K_i 和 c_i 均为渐近最优系数。

由上面的介绍可见，作为第 3 级的自组织控制并没有什么高级的智能活动，只是实现对具体的机械子过程进行精密的控制。

8.4.3 控制协调级

第 2 级为控制协调级，它主要是通过作为控制协调器的模糊自动机调整相关系数 α_i 和调和系数 μ_i 以及期望的终态 $\boldsymbol{x}_i^{\mathrm{d}}(T)$，与各个自组织控制交互作用完成协调控制的功能。

模糊自动机是一种具有决策能力的学习装置，它可以工作于不确定的环境并因而可看成是一种多级控制组织器。一个模糊自动机可以定义为一个 6 元组 $(Z, Q, U, F, H, \boldsymbol{\zeta})$，其中 $Z = \{z\}$ 为模糊输入的有限集合；$Q = \{q\}$ 为有限状态集合；$U = \{u\}$ 为有限输出集合；F 为一状态转移函数；H 为输出函数；$\boldsymbol{\zeta}$ 为模糊向量。

对每个模糊输入 z^k，还可以指定一个隶属度转移矩阵

$$\Xi^k(n) = \{\xi_n^k(n);\ \sum_{i=1}^{r} \xi_{ij}(n) = 1\} \tag{8.32}$$

并用它来修正隶属度函数 ξ。

这种模糊自动机可以用来协调 p 种子过程的初等运动，以构成所期望的手臂从初始状态 $x_0(t_0)$ 到预定终了状态 $\boldsymbol{x}^{\mathrm{d}}(T)$ 的复合运动。

在自动机中，对每一个对应于复合运动的模糊指令输入，均可产生初等运动和速度的一个适当的组合。通过改变品质指标式(8.30) 产生扩展子区间的子目标，从而产生自组织控制式(8.31) 中的不同增益 K 和 C。在内存中备有一文件以存储对每个指令 C^k 学习到的 ξ^k 值供将来使用。

8.4.4　智能组织级

当给定指令和终态时,模糊自动机可以经过训练给出仿生手臂恰当的复合运动。这就表明作为控制协调器的模糊自动机(第 2 级控制)是比自组织控制级(第 3 级控制)更富智能的一级控制。

由操作人员的大脑产生的指令更多地具有复合任务的形式,例如要求拿起一杯水来喝等,因此就需要一个智能控制系统来作为大脑和模糊自动机间的接口,并将上述定性的指令翻译为用以完成该任务的一系列复合运动。为了将整个任务分段,并为每一段规定适当的 $\boldsymbol{x}^{\mathrm{d}}(T)$ 及关于手臂复合运动的定性信息,都需要这样的控制。它应当在线地产生关于组合和方向改变的信息、各段的扩展信息,评价任务的完成情况,并处理大脑中敏感元件的反馈信息等。

作为第 1 级的智能组织级,产生决策和具有高级智能功能的机器必然是一个高等的计算机,它应该能处理有丰富内容的定性信息,但又由于在执行过程中不要求高的精确性,它又具有模糊的性质,因此采用由扎德提出的模糊语言学的处理方法,对于组织人的运动而产生适当的指令链来说,将是最合适的。可以预言,随着模糊计算机的研制及其应用,它必将成为智能组织级最理想的语言组织器。

由上面分析可以看出,当由手臂起始的机电执行部件上升到与大脑的接口时,其智能的等级递阶地增加而控制信号的精度递阶地下降,这正是多级递阶智能控制的显著特点。

8.5　位置伺服系统的模糊学习控制

王从庆等在文献[82]中提出将学习控制与模糊控制相结合,用学习的方法逐步修正和完善模糊控制规则,从而不断改善控制性能。并将这种控制方法应用于具有非线性强耦合的多指手爪位置伺服系统中,在给定的收敛性条件下,经过几次迭代学习后便可满足位置精度要求。

8.5.1　模糊学习控制器的设计

模糊学习控制器在结构上是由一个二维模糊控制器和一个迭代学习控制环节组成,如图 8.14 所示。其中 V_i 是学习控制环节输出的模糊变量,E、C、U 分别是误差、误差变化和输出控制量的模糊变量。模糊学习控制器根据误差、误差变化以及误差的积累,实时查询隶属函数表、控制规则表和学习规则表,再通过模糊决策求取作用于被控制对象的控制量。

选择误差、误差变化、学习控制量和输出控制量的模糊语言变量集及其论域分别为{*NB NM NS ZE PS PM PB*},

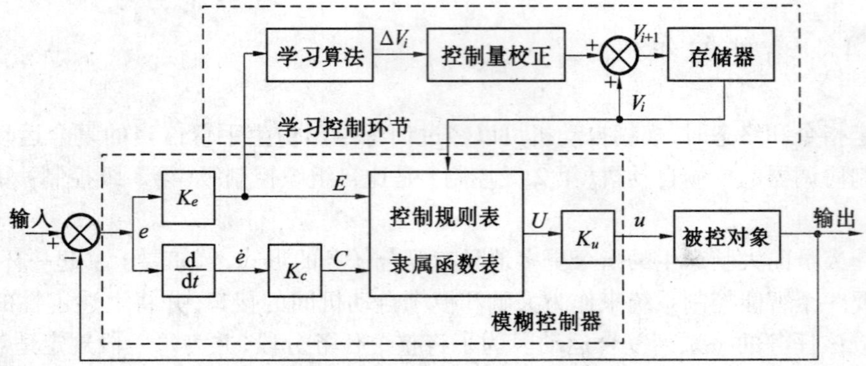

图 8.14　模糊学习控制器的结构

$$\{E\} = \{C\} = \{V_i\} = \{U\} = \{-6, -5, \cdots, -1, 0, 1, 2, \cdots, 6\}$$

选择上述4个模糊变量的梯形隶属函数曲线如图8.15所示，在每个采样时刻k可以确定4条控制规则，如图8.16所示。这4条控制规则分别为

R1. IF $E(k) = A_i$ and $C(k) = B_j$ THEN $U(k) = U_1$.

R2. IF $E(k) = A_{i+1}$ and $C(k) = B_j$ THEN $U(k) = U_2$.

R3. IF $E(k) = A_i$ and $C(k) = B_{j+1}$ THEN $U(k) = U_3$.

R4. IF $E(k) = A_{i+1}$ and $C(k) = B_{j+1}$ THEN $U(k) = U_4$.

其中，$E(k)$，$C(k)$ 及 $U(k)$ 分别为k时刻误差、误差变化及控制量的模糊量；A_i、A_{i+1}，B_j、B_{j+1} 及 $U_1 \sim U_4$ 分别为它们的语言变量。

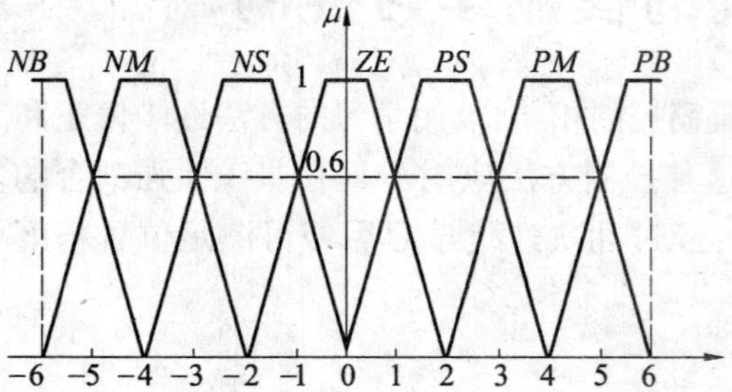

图 8.15　隶属函数曲线

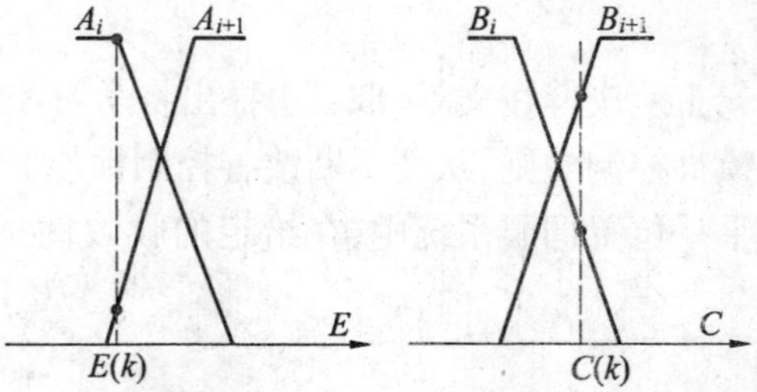

图 8.16　k 时刻的隶属函数

根据极小原则求得到相应的隶属度μ_n后，再利用求平均面积重心法确定控制量为

$$U(k) = \frac{\sum_{n=1}^{4} U_n \mu_n}{\sum_{n=1}^{4} \mu_n} \tag{8.33}$$

8.5.2 学习控制律对模糊控制规则的修正

在图8.14中，学习控制环节是利用先前的控制误差积累修正不完善的模糊控制规则，从而逐步改善控制效果。该学习控制环节选择图8.17所示的离散学习结构形式，目的是在给定初始条件下，使系统实际输出 $Y(k)$ 经有限次重复学习后与给定的输出 $Y_d(k)$ 之间的误差满足精度要求。在图中选取学习控制律为

$$V_{i+1}(k) = V_i(k) + K_L e_i(k+1) \tag{8.34}$$

其中

$$e_i(k+1) = Y_d(k+1) - Y_i(k+1) \tag{8.35}$$

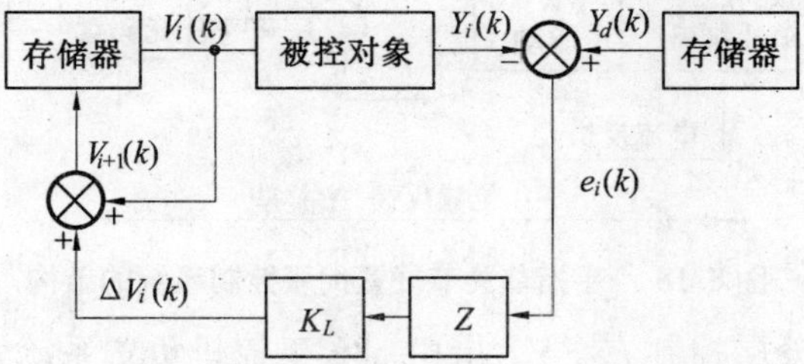

图8.17　离散学习控制结构

式(8.34)学习控制律可以写为

$$V_i(k) = V_{i-1}(k) + K_L e_{i-1}(k+1) = V_0(k) + \sum_{j=1}^{i-1} e_i(k+1) \tag{8.36}$$

假定 $V_0(k) = 0, k = 0,1,2,\cdots,N$，则有

$$V_i(k) = \sum_{j=1}^{i-1} e_i(k+1) \tag{8.37}$$

或表示为

$$V_i(k) = K_L \Delta V_{i-1}(k+1) \tag{8.38}$$

其中 $\Delta V_{i-1}(k+1) = \sum_{j=1}^{i-1} e_i(k+1)$。

经过学习后，上述的4条模糊控制规则分别修正为

R1. IF $E(k) = A_i$ and $C(k) = B_j$ THEN $U(k) = U_1 + V_i$.

R2. IF $E(k) = A_{i+1}$ and $C(k) = B_j$ THEN $U(k) = U_2 + V_i$.

R3. IF $E(k) = A_i$ and $C(k) = B_{j+1}$ THEN $U(k) = U_3 + V_i$.

R4. IF $E(k) = A_{i+1}$ and $C(k) = B_{j+1}$ THEN $U(k) = U_4 + V_i$. 再根据式(8.33)确定修正后的控制量。

8.5.3 双拇指手爪单关节的模糊学习位置伺服控制实验系统

被控对象是一只14自由度的双拇指手爪,手指长160 mm,自重3 kg,稳定抓握力为2 kg,具有被抓物体形状自贴合能力。手指关节运动由直流伺服电机,精密涡轮副、齿轮副及蛇管钢丝绳来驱动。由于驱动系统中存在着多种摩擦会导致执行机构产生死区,造成系统静差,还会引起迟滞效应,使系统不稳定。为克服手指关节的非线性影响,在手爪的位置伺服系统中采用模糊学习控制。单关节位置伺服控制系统的结构如图8.18所示。图中θ_d和θ_j分别为手指关节的给定角位移和实际角位移,θ_m为电机输出的角位移。

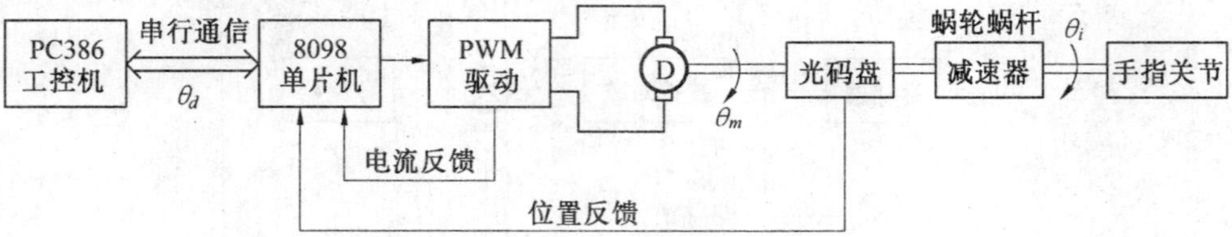

图8.18 手指单关节位置伺服控制系统的结构

在伺服系统中采用分层控制方案,上层由386工控机负责系统管理、抓取规划及轨迹规划,将控制命令通过串行通信送给下位机,并接收下位机发回的位置状态信息,绘制位置响应曲线;中层由8098单片机构成全数字化的软伺服控制。在每台电机轴上装有每周360个脉冲的光码盘,其输出脉冲信号送入8098单片机的高速输入端作为位置反馈信号;下层采用PWM驱动伺服电机,8098单片机的PWM占空比作为输出控制量,伺服系统的输出电压为-7.5 V~7.5 V。在模糊学习位置伺服控制实验中,对位置误差、位置误差变化、位置误差和输出控制量的量化等级及其量化域如表8.6所示。表中误差的单位为脉冲数。实验结果表明,模糊学习控制改善了控制性能,经过几次迭代学习达到了稳态精度要求。

表8.6 模糊变量的量化等级及其量化域

量化等级	-6	-5	-4	-3	-2	-1	0	1	2	3	4	5	6
误差(e)	-360	-300	-240	-180	-120	-60	0	60	120	180	240	300	360
误差变化(Δe)	-12	-10	-8	-6	-4	-2	0	2	4	6	8	10	12
误差和(Σe)	-360	-300	-240	-180	-120	-60	0	60	120	180	240	300	360
输出控制量(u)	-7.50	-6.25	-5.00	-3.75	-2.50	-1.25	0	1.25	2.50	3.75	5.00	6.25	7.50
PWM占空比	-64	-53	-43	-32	-21	-11	0	11	21	32	43	53	64

8.6 基于多智能体的交通协调控制

为了减少交通干线上车辆的平均延误时间,孔祥杰、沈国江和孙优贤在文献[83]中提出一种基于多智能体的动态双向绿波带智能控制算法。采用两层递阶结构和模糊逻辑对城市交通干线进行实时协调控制。上层是协调控制器智能体，根据一段时间内交通流数据计算干线上优化的公共周期时间和上下行相位差；下层是路口控制器智能体，确定每个周期内各交叉口的绿信比。周期依照关键路口饱和度的大小由模糊控制算法进行优化，而相位差根据上下行速度进行计算，绿信比通过历史的和实时交通数据确定。杭州市滨江区江南大道的实际分析表明，该双向绿波带控制策略是十分有效的，能够有效减少车辆在干线上的平均停车次数。

8.6.1　交通流模型

1. 几何模型

某城市交通干线如图8.19所示，东西向道路为主干道，承担主要的交通负荷。南北向道路为支路，支路上转向到主干道的车辆数很少，主次干道交通流差别比较明显。令由西往东为上行方向，由东往西为下行方向。

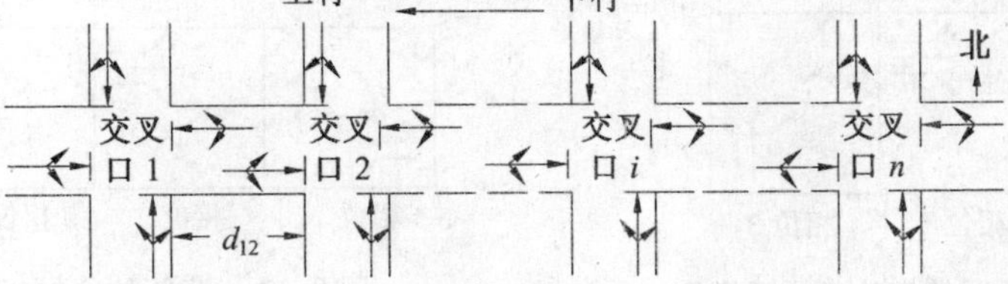

图8.19　城市交通干线示意图

车辆检测器的安装如图8.20所示，在每个交叉口每条车道的停止线和距离停止线80 m处安装感应线圈车辆检测器。检测器能够实现对车流量、车速以及车辆排队长度等的检测。

2. 相位设置

相位设置用于表征交叉口处车辆之间的相对位置，对于实现干线绿波带控制非常关键。实际表明，干线中左转的车流量即使不大，如不加以单独控制，也会对直行车流产生较大干扰。为此，控制策略设计上允许干线上车辆左转，并通过左转信号的“早断”和“迟起”来避免造成对向直行车辆的影响。

为提高干线车辆的通过率并简化控制策略，在设计上考虑预置相位组成如图8.21所示，只包括3个相位：相位1为主干线上的东向左转、直行、右转；相位2为主干线上的西向左转、直行、右转；相位3为支路南北方向双向的左转、直行和右转。但在实际执行时，相位1和相位2绿灯时间可能发生重合，在这段重合时间里要禁止干线上车辆左转来避免与对向直行车辆的影响，这样就产生了相位4，如图8.22所示。把相位4看做相位1和相位2的“重合相位”。

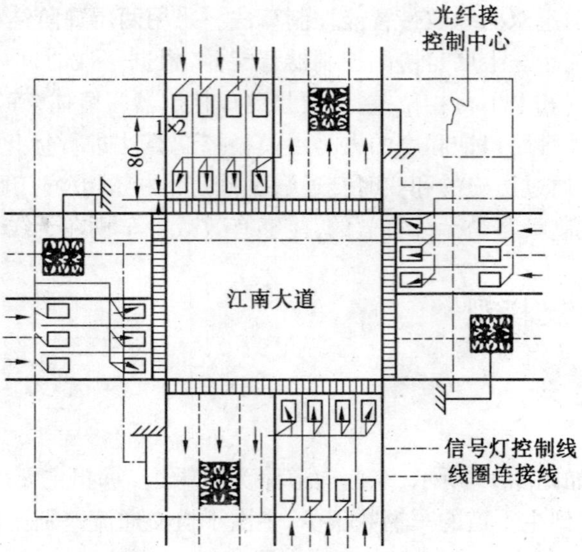

图 8.20　车辆检测器安装图

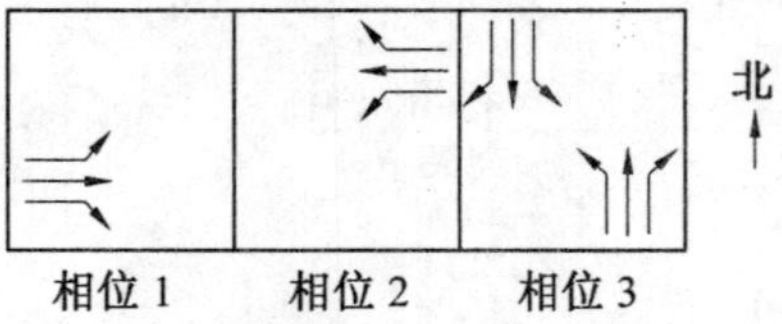

图 8.21　预置的相位组成示意图

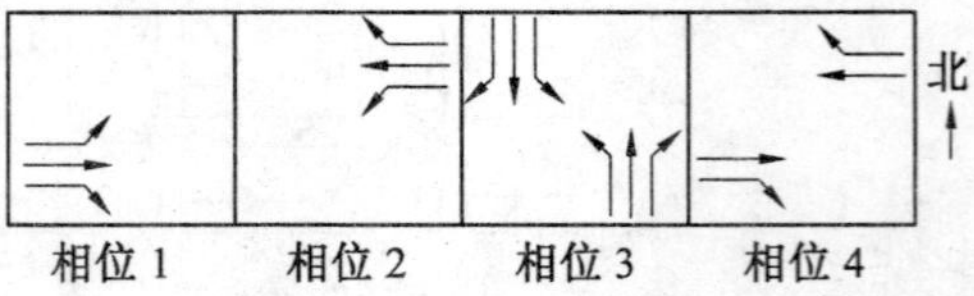

图 8.22　实际执行的相位组成示意图

双向绿波带控制策略的基本思想是：上行方向和下行方向分别以相位 1、相位 2 为协调相位，按照一定的相位差进行协调。实际运行中，各交叉口的相位也不可能都是连续的，故在执行中，会出现以下 3 种情况。

第 1 种情况　相位 1 和相位 2 连续。相序为 1-2-3 或 2-1-3 的情况效果最好，但由于交叉口间的路段长度和车流量不均匀，第 1 种情况出现较少。

第 2 种情况　相位 1 和相位 2 重合。相序为 1-4-2-3 或 2-4-1-3，由于相位 1 和相位 2 的重合，会出现多余的绿灯时间，可根据实际情况，把多余的时间分配给相位 1 和相位 2。

第 3 种情况　会使相位 1 和相位 2 断开，使相位 3 的绿灯时间分割为两部分。此时，把其中较小的一部分时间按比例分给其他相位，把相位 3 的绿灯时间合在一起，相序可能为 1-3-2，2-3-1，1-2-3 或 2-1-3。

第 1、2 种情况可能会减少整个绿波带的带宽。控制方案要尽量避免第 3 种情况发生，同时使第 2 种情况的重合时间较小。

3. 性能指标

本文采用 C. P. Pappis 等提出的单路口计算平均车辆延误的交通流模型,并考虑上个周期末的等待车辆。

假设控制的交通干线包含交叉口的数量是 I 个,车道数共有 K 条。$q_{ijk}(t,m)$ 为第 t 周期、第 i 交叉口、第 j 相位、第 k 车道在第 m 秒到达的车辆数。设 $S_{ijk}(t,l)$ 为第 t 周期、第 i 交叉口、第 j 相位末、第 k 车道的车辆等待队列。

如果当前相位是有效红灯开始后第 l 秒,则等待车辆数为

$$S_{ijk}(t,l) = S_{i(j-1)k}(t) + \sum_{m=1}^{l} q_{ijk}(t,m) \tag{8.39}$$

如果当前相位是有效绿灯开始后第 l 秒,设 $L_{ijk}(t,m)$ 为第 t 周期、第 i 交叉口、第 j 相位、第 k 车道在第 m 秒内离开交叉口的车辆数为

$$S_{ijk}(t,l) = \max\left\{\left[S_{i(j-1)k}(t) + \sum_{m=1}^{l} q_{ijk}(t,m) - \sum_{m=1}^{l} L_{ijk}(t,m)\right],0\right\} \tag{8.40}$$

设一个相位长度为 n 秒,则在一个相位中的车辆延误为

$$d_{ijk}(t) = \sum_{l=1}^{n} S_{ijk}(t,l) \tag{8.41}$$

设第 t 周期有 J 个相位,则在第 t 周期内所有交叉口所有进口车道的车辆总延误为

$$D(t) = \sum_{i=1}^{I}\sum_{j=1}^{J}\sum_{k=1}^{K} d_{ijk}(t) \tag{8.42}$$

由此得到第 t 周期内的车辆平均延误为

$$d(t) = \frac{D(t)}{\sum_{i=1}^{I}\sum_{k=1}^{K} S_{ik}(t-1) + \sum_{i=1}^{I}\sum_{j=1}^{J}\sum_{k=1}^{K}\sum_{m=1}^{M} q_{ijk}(t,m)} \tag{8.43}$$

式中,$S_{ik}(k-1)$ 为第 $t-1$ 周期末各交叉口各车道等待的车辆数。在此模型中,如果交通干线中的一辆车在上游交叉口发生延误,而到下游交叉口又发生延误,那么这辆车会被再次计算。即此模型计算的平均延误是指每辆车在控制的交通干线内每个交叉口的平均延误,而不是每辆车在控制的整个交通干线内的平均延误。为此,设计的性能指标 P 应使 T 个周期内各辆车在控制的交通干线内每个交叉口的平均延误最小,即为

$$P = \min \sum_{t=1}^{T} d(t) \tag{8.44}$$

8.6.2　多智能体控制结构

多智能体结构采用递阶的方法设计,以便对交通干线提供不同层次的控制。控制结构包

括两层:下层由路口控制器智能体ICA(intersection controller agent)组成,ICA控制交通干线中的单交叉口;上层是协调控制器智能体CCA(coordination controller agent),CCA控制干线内的ICA。两层多智能体的结构如图8.23所示。

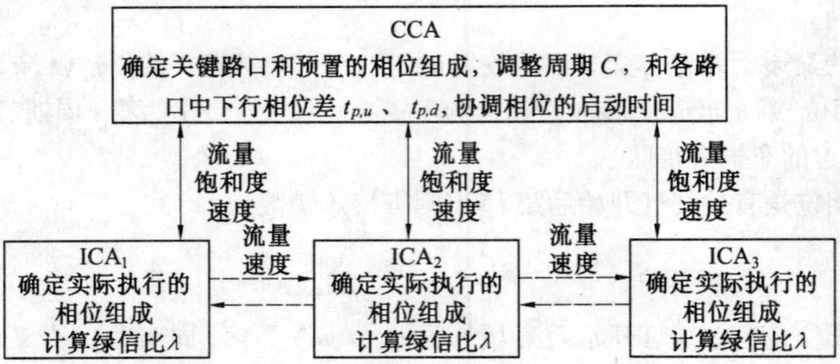

图8.23 递阶多智能体控制结构

CCA主要负责交通信息的处理和优化控制方案的生成,包括交通信息处理模块和优化协调控制模块。交通信息处理模块主要实现对获得的各路口交通信息进行预处理以恢复丢失的数据和消除异常,并通过数据库实现数据的存储;优化协调控制模块在交通信息处理模块提供的历史和实时数据基础上,确定关键路口和预置的相位组成,对公共信号周期、各路段上行相位差、各路段下行相位差等核心控制参数进行实时计算,形成动态优化配时方案,并提供给每一个ICA。

ICA是控制方案的底层终端设备,负责交通控制功能的执行和基础交通信息的采集,ICA除了执行上级协调层的控制方案外,也具有一定的自主能力,根据实际的路口交通状况,对上级协调层发送过来的动态优化配时方案,在一定范围内进行适当调整,包括:确定实际执行的相位组成、调整绿信比、判断干线方向左转车流的"早断"和"迟起"等,实现最优化控制。

CCA由交通控制中心的软件控制平台实现,ICA由路口智能信号控制机实现。该系统具有降级控制功能。如果CCA与ICA间的通讯产生故障,系统将自动由递阶结构变为分布式结构,各ICA将协调控制,保证整个系统仍能正常的运行。

8.6.3 交通流优化控制

1. 周期

为使交通干线各交叉口的交通信号能取得协调,各路口的交通信号周期长度必须统一。为此,必须先按单路口信号控制的配时方法,计算各交叉口周期长度,然后从中选出最大的周期长度作为这个系统的关键交叉口的周期时间。根据以往的交通量统计数据给出关键交叉口

的最佳周期为 C、最小周期为 $C_{\min}$ 和最大周期为 $C_{\max}$。但周期不能过短，也不能过长。

各交叉口饱和度计算式为

$$X = \sum_{i=1}^{3} Q_i / \sum_{i=1}^{3} \lambda_i S_i \tag{8.45}$$

其中，Q_i、λ_i、S_i 分别为某交叉口相位 i 的流量、绿信比和饱和流量。具体计算时，如果相位 i 有多个车道，可取关键车道的流量、绿信比和饱和流量。

需要指出的是，严格的交叉口饱和度的定义是交叉口各相位饱和度的最大值。如果按照严格的饱和度计算公式，可能会出现某相位饱和度很大，但其他相位饱和度很小的情况。但这种情况的周期不应该增大，而应该通过改变各相位的绿信比来进行调节。所以设计采用式(8.45)来计算饱和度，只有各个相位饱和度均较大的时候才会增加周期时间。

关键交叉口是不固定的，每次对方案调整时，重新确定一次。确定方法是饱和度最大的交叉口为关键交叉口，并按关键交叉口的交通信息对公共周期进行调整。根据交通控制理论，如果周期过大，则饱和度较低，反之如果周期过小，则饱和度过大，一般最佳饱和度为 0.9。周期调整由一模糊控制算法来实现，其目的就是使饱和度维持在 0.9。

根据交警交通指挥与控制经验，一般可总结出 7 条控制规则的形式为

$$\text{IF } \underset{\sim}{x} = \underset{\sim}{x}_i \text{ THEN } \Delta \underset{\sim}{C} = \Delta \underset{\sim}{C}_i, i = 1, 2, \cdots, 7 \tag{8.46}$$

饱和度 X 和周期的增量 ΔC 利用模糊集合表示，它们中的模糊变量 x_i 和 Δc_i 均选用 7 个语言变量表示。应用模糊推理及清晰化后得到新的周期为 $C = C + \Delta C$，如果 $C > C_{\max}$，则 $C = C_{\max}$，如果 $C < C_{\min}$，则 $C = C_{\min}$。周期的调整可以由控制中心的系统软件进行计算并发送给各路口信号控制机。

2. 绿信比

绿波带控制系统中各相位的绿信比不一定相同，通常要根据各相位的饱和度大小进行确定。因为各个相位的饱和度反映了各相位的交通拥挤程度，相位饱和度大，则表明该相位的交通流量大，应给予该相位更多的绿灯时间；否则应缩短该相位的绿灯时间。首先根据历史交通数据确定各相位的最小绿灯时间 $t_{i,\min}$ 和最大绿灯时间 $t_{i,\max}$。各交叉口的绿信比根据各自的实时饱和度单独计算，每个周期结束后调整一次，下一个周期按新的绿信比执行。计算过程如下。

(1) 计算相位 $i(i = 1,2,3)$ 的周期平均校正流量

$$\tilde{Q}_i(k) = \alpha Q_i(k-1) + \beta \overline{Q}_i(k+1) + \gamma \overline{Q}_i(k) \tag{8.47}$$

其中，$\tilde{Q}_i(k)$ 为相位 i 在第 k 个单位时间的校正流量；$Q_i(k-1)$ 为相位 i 在第 $k-1$ 个单位时间的流量；$\overline{Q}_i(k+1)$ 为相位 i 在第 $k+1$ 个单位时间的历史平均流量；$Q_i(k)$ 为相位 i 在第 k 个单位时间的历史平均流量；加权系数 α、β、γ 应满足 $\alpha + \beta + \gamma = 1$。

(2) 计算绿信比

$$\lambda_i = \overline{\overline{Q}}_i / \overline{\overline{Q}} \tag{8.48}$$

其中,$\overline{\overline{Q}}$ 为该交叉口各相位的周期平均校正流量$\overline{\overline{Q}}_i$ 之和。

(3) 计算有效绿灯时间

$$t_i = \lambda_i(C - Y_{\text{all}} - R_{\text{all}}) \tag{8.49}$$

其中,C 为交叉口的最佳周期;Y_{all} 为一个周期内的所有黄灯时间;R_{all} 为一个周期内所有红灯时间。

3. 相位差

对于干线双向绿波带控制,相位差分为上行相位差 $t_{p,u}^{j,j+1}$ 和下行相位差 $t_{p,d}^{j+1,j}$,即

$$t_{p,u}^{j,j+1} = \frac{d_{j,j+1}}{v_{j,j+1}} \tag{8.50}$$

$$t_{p,d}^{j+1,j} = \frac{d_{j+1,j}}{v_{j+1,j}} \tag{8.51}$$

其中,$j = 1,2,\cdots n-1$,n 为干线上交叉口数目;$d_{j,j+1}$、$v_{j,j+1}$ 为交叉口 j 和 $j+1$ 之间的上行路段长度和上行速度;$d_{j+1,j}$、$v_{j+1,j}$ 为交叉口 $j+1$ 和 j 之间的下行路段长度和下行速度;显然有 $d_{j,j+1} = d_{j+1,j}$。

设上行方向1号交叉口相位1的启动时间 $t_{u,p}^1$ 为0秒,为了达到协调效果,其他交叉口相位1的启动时间 $t_{u,p}^j$ 应按相位差错开,错开时间为

$$t_u^j = \sum_{k=2}^{j} t_{p,u}^{k-1,k} - mC;m = 1,2,\cdots;j = 2,3,\cdots n \tag{8.52}$$

其中,m 的取值应使 $0 < t_{u,p}^j < C$。

设下行方向 n 号交叉口相位2的启动时间 t_{down}^n 为 t 秒,为了达到协调效果,其他交叉口相位2的启动时间 t_{down}^j 也应按相位差错开,错开时间为

$$t_d^j = t + \sum_{k=j}^{n-1} t_{p,d}^{k,k+1} - mC$$
$$m = 1,2,\cdots;j = n-1,\cdots,2,1 \tag{8.53}$$

同理,m 的取值应使 $0 < t_d^j < C$。

设 $t_u^{j,g}$ 和 $t_d^{j,g}$ 分别为交叉口 j 相位1和相位2的绿灯时间,根据相位的控制思想,相位1和相位2尽可能多的连续而且不重合。为了减少相位1和相位2分开的情况,并使相位1和相位2的重合时间尽量短,寻求一个优化的控制参数 t,满足指标 J_1 和 J_2,即

$$J_1 = \min \sum_{j=1}^{m} b^j$$

$$b^j = \begin{cases} 1, 如果 \mid t^u - t_d^j \mid > a^j \\ 0, 否则 \end{cases} \tag{8.54}$$

$$a^j = \begin{cases} t_d^{j,g}, 如果 \ t_d^j > t_u^j \\ t_u^{j,g}, 否则 \end{cases}$$

$$J_2 = \max \left| \sum_{j-1}^{m} \mid t_u^j - t_d^j \mid \right| \tag{8.55}$$

寻找 t 的算法，首先用枚举法（t 为满足 $t \in [0,C]$ 的整数）找出满足的 J_1 的 t 取值，然后计算得到 t 的取值，如果是一个唯一值，则计算完毕；如果是一个集合，则再根据 J_2 用枚举法选择出最优的控制参数 t。

8.6.4　实例分析

江南大道是自东向西横贯杭州市滨江区主要交通干线，如图 8.24 所示。江南大道全长 8.5 km，包括“十”字形交叉口和“丁”字形交叉口共 14 个。以江南大道与长河路交叉口为关键交叉口，以该交叉口的历史数据为基础，得到双向绿波带控制的最佳公共周期为 90 s，最大周期为 180 s，最小周期为 60 s。

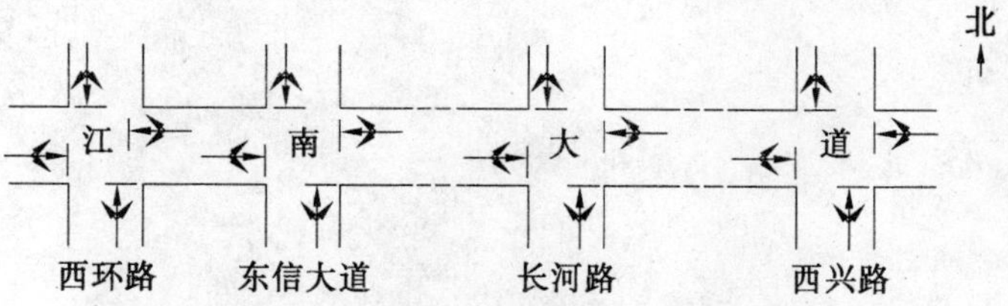

图 8.24　江南大道示意图

江南大道采用以上述设计方案为核心的动态双向绿波带控制系统。中心级除了优化信号周期和相位差功能外，同时也实现参数的设置、交通数据的处理和保存以及其他管理功能，该功能由设在交警支队的服务器实现，其主界面如图 8.20 所示。路口级功能由“ACS-3 集中协调式信号控制机”实现。中心级与控制层间租用网通光纤。按照交警大队要求，刚启动时，预设白天干线速度为 80 km/h，晚上干线速度为 60 km/h，公共周期为 100 s，各交叉口相位 1、相位 2 的绿灯时间（包括过渡时间）均为 40 s。运行一段时间后，CCA 与 ICA 根据车辆检测器获得的交通信息，实时动态调整控制参数。

江南大道在使用双向绿波带控制策略之前后的实际效果对比情况如表 8.7 所示，取得了可喜的社会效益和经济效益。由于支路的车流量较少，采用干线协调控制策略后，对支路的交通没有大的影响。

表 8.7 实际使用效果对比

对比项目	改造前	改造后	改进/%
平均延误时间/s	21.3	7.9	79.0
平均通行速度/($km \cdot h^{-1}$)	43.0	76.0	77.0
平均停车率/(次·辆)	4.7	1.36	71.1

8.6.5 结论

城市干线交通协调控制是城市交通领域研究的一个重点。经典的干线双向协调控制方法大多基于定时的控制方法,不能适应交通需求的实时变化。两级递阶多智能体交通干线双向绿波带智能控制算法能够根据实时的交通情况,自适应地调整控制策略。同时该方法对相位进行了优化设计,而且避免了在线模型辨识和复杂的控制算法计算,具有较强的实时性。实际应用表明,该控制策略运行效果显著。对于路网交通控制,可以采用三层多智能体结构,由区域控制器智能体 RCA(region controller agent)控制 CCA,实现对整个路网的协调控制。

参考文献

[1] 维纳 N. 控制论[M]. 郝季仁，译. 北京：北京大学出版社,2007.

[2] 钱学森,宋健. 工程控制论[M]. 3 版. 北京：科学出版社,2011.

[3] 钱学森. 关于思维科学[M]. 上海：上海人民出版社,1986.

[4] 尹红风,戴汝为. 论思维及模拟智能[J]. 计算机研究与发展,1990(4):3-15

[5] FRANKLIN G F, POWELL J D, EMAMI-NAEINI. 动态系统的反馈控制[M]. 3 版. 朱齐丹,等译. 北京:电子工业出版社,2004.

[6] 李士勇,等. 模糊控制和智能控制理论与应用[M]. 哈尔滨：哈尔滨工业大学出版社,1990.

[7] 李士勇,等. 模糊控制·神经控制和智能控制论[M]. 哈尔滨：哈尔滨工业大学出版社,1996.

[8] 李士勇. 工程模糊数学及应用[M]. 哈尔滨：哈尔滨工业大学出版社,2004.

[9] 李士勇. 模糊控制[M]. 哈尔滨：哈尔滨工业大学出版社,2011.

[10] 王立新. 模糊系统与模糊控制教程[M]. 王迎军,译. 北京：清华大学出版社. 2003.

[11] 张化光., 复杂系统的模糊辨识与自适应控制[M]. 沈阳：东北大学出版社. 1993.

[12] 李士勇,成进. 数字 PID 控制与 Fuzzy 控制特性的研究[J]. 计算机仿真,1986(3)：9 -15.

[13] 李士勇. 智能控制系统中的推理技术[C]//第一届中国智能控制与智能自动化学术会议论文集. 沈阳：东北大学出版社,1994：72-76.

[14] 李士勇,等. 智能控制系统中的定性定量综合集成推理研究[C]//1999 年中国智能自动化学术会议论文集. 北京：清华大学出版社,1999.

[15] 李友善,班喜光. Fuzzy 控制理论在甜菜制糖过程的应用[J]. 自动化学报,1994,20(3)：334-337.

[16] 李士勇. 三维模糊控制系统的仿真研究[J]. 哈尔滨工业大学学报,1987(3):129-131.

[17] 郑 伟,李士勇,等. 一类定性定量综合集成推理的模糊控制算法[J]. 控制与决策,2000,15(6):666-669.

[18] 郑 伟,李士勇,等. 基于定性定量综合集成推理的单输入模糊控制器设计[J]. 系统工程与电子技术,2001,23(7):52-54.

[19] 郑 伟,李士勇,等. 非线性量化因子模糊控制器及其应用[J]. 系统工程与电子技术,2001,23(9):23-24.

[20] 郑 伟,徐洪泽,李士勇,等. 基于波波夫稳定判据的模糊控制器系统化设计方法[J]. 控制理论与应用,2002,19(4):644-646.

[21] 韦晓明,李士勇.基于控制量补偿的过热气温混合型模糊自调整PID控制研究[J].自动化技术与应用,2003,22(8):14-18.
[22] 黄金杰,李士勇,等.一种T-S型模糊控制器的设计方法[J].系统仿真学报,2004,16(3):480-484.
[23] 栾秀春,李士勇.单元机组的T-S型模糊协调控制系统及其LMI分析[J].中国电机工程学报,2005,19(10):91-95.
[24] 汪培庄.模糊集合论及其应用[M].上海:上海科学技术出版社,1983.
[25] 贺仲雄.模糊数学及其应用[M].天津:天津科学技术出版社,1983.
[26] 水本雅晴.模糊数学及其应用[M].刘凤璞,编译.北京:科学出版社,1986.
[27] 罗承忠.模糊集合引论:上册[M].北京:北京师范大学出版社,1989.
[28] 扎德 L A 著.模糊集合、语言变量及模糊逻辑[M].陈国权,译.北京:科学出版社,1984.
[29] 张立明.人工神经网络的模型及其应用[M].上海:复旦大学出版社.1993.
[30] 王永骥,涂健.神经元网络控制[M].北京:机械工业出版社.1998.
[31] 张良均,曹晶,蒋世忠.神经网络使用教程[M].北京:机械工业出版社.2008.
[32] 栾秀春,李士勇.基于局部神经网络模型的过热气温多模型预测控制的研究[J].中国电机工程学报,2004,24(8):190-195.
[33] 阎平凡,黄端旭.人工神经网络——模型·分析与应用[M].合肥:安徽教育出版社,1993.
[34] SHIYONG LI, et al. The Application of System Simulation in Artificial Intelligent Control [C]. Proc. of Int. Conf. on System Simulation and Scientific Computing, Beijing, 1989, (Ⅱ):704-706.
[35] LI SHIYONG, et al. Intelligent Sampling-Fuzzy Decoupling Control of an Arc Welding Robot [C]. Proc. of Int. Conf. on Information and Systems, AMSE, 1991, Hangzhou, 333-336.
[36] LI SHIYONG, et al. Intelligent Top-Vision Control for Full-Penetration in an Arc Welding Robot [C]. Proc. of the 11th Int. Conf. on Production Research, Hefei, 1991, 463-466.
[37] 李士勇,菅原研次.事例ベ-ス推论に基づく知能プロセス制御システム[C].第17回知能システムシンポジウム资料,东京,(株)明文社,1993,1-6.
[38] LI WEI, LI SHIYONG, et al. An Intelligent Single Adaptive Neuron Controller Based on Pattern Recognition [J]. Journal of Harbin Institute of Technology, 1998, 5(4):31-33.
[39] 柏建国,李士勇.人工智能与控制决策[C]//1995年中国智能自动化学术会议暨智能自动化专业委员会成立大会论文集.天津,1995:8-14.
[40] ARIMOTO S. et al. Robustness of Learning Control for Robot Manipulators[C]. Proc. of the 1990 IEEE Int. Conf. on Robot and Automation, Cincinnati, Ohio, 1990, 5:1528-1533.
[41] ARIMOTO S. et al. Learning Control Theory for Dynamical Systems[C]. Proc. 24th Conf. on

Decision and Control,1985,3:1375-1380.

[42] ARIMOTO S. Learning Control Theory for Robotic Motion [J]. Int. Journal of Adaptive and Signal processing,1990(4):543-564.

[43] 李士勇,等. 非线性科学与复杂性科学[M]. 哈尔滨:哈尔滨工业大学出版社,2006.

[44] 李士勇,张 云,栾秀春. 多 Agent 倒立摆模糊控制系统[J]. 哈尔滨工业大学学报,2005,37(12):1628-1630.

[45] 刘金琨,王树青. 多智能体控制系统的设计与实现[J]. 控制理论与应用,1999,16(4):580-582.

[46] PAPPIS C P, MAMDANI E H. A Fuzzy Logic Controller for a Traffic Junction [J]. IEEE Transactions on Systems, Man, and Cybernetics, 1977, 7(10): 707-717.

[47] KOSONEN I. Multi-Agent Fuzzy Signal Control Based on Real-Time Simulation [J]. Transportation research: part C, 2003, 11(5): 389-403.

[48] 李士勇,章钱. 拦截大机动目标的自适应模糊制导律[J]. 哈尔滨工业大学学报,2009,41(11):21-24.

[49] 黄忠报,李士勇. 免疫克隆算法调节参数的非线性控制器设计[J]. 智能系统学报,2008,3(5):408-415.

[50] DE CASTRO L N, TIMMIS J. An Artificial Immune Network for Multimodal Function Optimization [C] Proceedings of the 2002 Congress on Evolutionary Computation. Honolulu, HI, USA, 2002: 699-704.

[51] DE CASTRO L N, VON ZUBEN F J. Learning and Optimization Using the Clonal Selecting Principle [J]. IEEE Transactions on Evolutionary Computation, 2002, 6(3): 239-251.

[52] 焦李成,杜海峰,刘芳,等. 免疫优化计算、学习与识别[M]. 北京: 科学出版社, 2006.

[53] TAN K C, GOH K, MAMUN A . An Evolutionary Artificial Immune System for Multi Objective Optimization [J]. European Journal of Operational Research, 2008, 187: 371-392.

[54] Wang L X. Design and Analysis of Fuzzy Identifiers of Nonlinear Dynamic Systems[J]. IEEE Transaction on Automatic Control. 1995. 40(1):11-23.

[55] ZUO X Q, LI S Y. The Chaos Artificial Immune Algorithm and Its Application to RBF Neuro-Fuzzy Controller Design[C] //IEEE International Conference on System, Man and Cybernetics. Washington, DC, USA, 2003: 2809-2814.

[56] CAMPELO F, GUIMARAES F G, IGARASHI H, et al. A Modified Immune Network Algorithm for Multimodal Electromagnetic Problems [J]. IEEE Transactions on Magnetics,2006, 42(4): 1111-1114.

[57] HE S Z, TAN S H. Control of Dynamic Processes Using Anon-Line Rule-Adaptive Fuzzy Control System [J]. Fuzzy Sets and Systems, 1993, 54:11-22.

[58] HU JINGSONG, ZHENG QILUN. Realizing Fine Quality Real-Time Fuzzy Control by a Simple Algorithm [J]. Cybernetics and Systems, 2000, 31(7):787-802.

[59] 张筱磊,李士勇. 实时修正函数模糊控制器组合优化设计[J]. 哈尔滨工业大学学报, 2003,35(1):8-12.

[60] 翟刚. 一种智能鲁棒控制算法[J]. 信息与控制,1989, 18(1):52-58.

[61] HAN XIONG LI. A Comparative Design and Tuning for Conventional Fuzzy Control [J]. IEEE Trans. On Syst. Man, And Cybernetics-Part B: Cybernetics, 1997, 27(5):884-889.

[62] CHUNGHY, CHEN B C, LIN J J. A PI-Type Fuzzy Controller with Self-Tuning Scaling Factors [J]. Fuzzy Sets and Systems. 1998,(93):23-28.

[63] 徐雷. 一种改进的模拟退火组合法[J]. 信息与控制, 1990, 19(3):1-7.

[64] 任立红,丁永生,邵世煌. 采用 DNA 遗传算法优化设计 T-S 模糊控制系统[J]. 控制与决策,2001,16(1):16-24.

[65] 李巍,郎力,马树青. 一种改进的单个自适应神经元控制学习算法[J]. 哈尔滨工业大学学报, 1997, 29(2):50-53.

[66] 李士勇,章钱. CMAC 与变结构复合控制的新型导引律[J]. 火力与指挥控制, 2011, 31(2): 46-49.

[67] 李士勇,黄雁南, 等. 用自适应遗传算法优化倒立摆模糊控制器的参数[J]. 机器人, 1998,20(增刊):248-252.

[68] 李远贵,李士勇. 基于免疫原理的自适应模糊控制器优化设计[J]. 电机与控制学报, 2003,7(4):335-338.

[69] 左兴权,李士勇. 一种基于人工免疫原理的最优模糊神经控制器[J]. 信息与控制,2004, 33(3):380-384.

[70] 左兴权,李士勇. 利用免疫进化算法优化设计径向基函数模糊神经控制器[J]. 控制理论与应用,2004,21(4):521-524.

[71] 李士勇,李盼池,袁丽英. 量子遗传算法及在模糊控制器参数优化中的应用[J]. 系统工程与电子技术,2007,29(7):1134-1138.

[72] 李盼池,李士勇. 基于量子遗传算法的正规模糊神经网络控制器设计[J]. 系统仿真学报,2007,19(16):3710-3714,3730.

[73] BAOJIANG ZHAO, SHIYONG LI. Ant Colony Optimization Algorithm and Its Application to Neuro-Fuzzy Controller Design[J]. Journal of Systems Engineering and Electronics,2007,18(3):603-610.

[74] 李士勇,袁丽英. 拦截机动目标的自适应模糊末制导律设计[J]. 电机与控制学报,2009, 13(58):312-316.

[75] 章钱,李士勇. 一种新型自适应 RBF 神经网络滑模制导律[J]. 智能系统学报,2009,4

(4):339-344.

[76] 李士勇,章钱.基于 RBF 网络增益自适应调节的滑模制导律[J]. 测试技术学报,2009,23(6):471-476.

[77] 王斌,李士勇.模糊免疫非线性 PD 控制的仿真研究[J].哈尔滨商业大学学报:自然科学版,2006,22(6):72-75.

[78] 班晓军,李士勇.倒立摆的一种 FUZZY-PD 复合控制器的设计[J].哈尔滨工业大学学报,2003,35(11):1290-1293.

[79] 牛培峰,张密哲,陈贵林,等. 自适应模糊神经网络控制在锅炉过热汽温控制中的应用[J]. 动力工程学报,2011,31(2):115-119.

[80] 白美卿,等.仿人智能温度控制器[J].仪器仪表学报,1988,9(1):85-89.

[81] SARIDIS G N. Self-Organizing Control of Stochastic Systems [M]. Marcel Dekker Inc,1977.

[82] 王从庆,燕力欣,原魁,余达太..一种模糊学习控制方法及其在多指爪位置伺服系统中的应用[J].机器人,1995,17(2):75-81.

[83] 孔祥杰,沈国江,孙优贤.基于多智能体的交通干线动态智能协调控制[J].解放军理工大学学报:自然科学版, 2010,11(5):544-550.

[84] 李人厚,邵福庆.大系统的递阶与分散控制[M].西安:西安交通大学出版社,1986.

[85] Fu K S,WALTS M. A Heuristic Approach to Reinforcement Learning Control Systems [J]. IEEE Trans. Automatic Control,1965,10(4):390-398.

[86] Fu K S. Learning Control Systems and Intelligent Control Systems: An Intersection of Artificial Intelligence and Automatic Control [J]. IEEE Trans. Automatic Control,1971,16(1):70-72.

[87] SARIDIS G N. Self-Organizing Control of Stochastic Systems[M]. Marcel Dekker Inc. 1977.

[88] SARIDIS G N. Knowledge, Implementation, Structure of Intelligent Control Systems [C]. Proc. of IEEE Int. Symp. on Intelligent Control,1987.

[89] SARIDIS G N. Intelligent Robot Control [J]. IEEE Trans. on Automatic Control,1983,28(5):547-557.

[90] ASTROM K J. et al. Intelligent Control [J]. Journal of Process Control,1992,2(3):115-127.

[91] ASTROM K J. et al. Expert Control [J]. Automatic,1986,22(3):277-286.

[92] ASTROM K J. Toward Intelligent Control [J]. IEEE Control Systems Magazine,1989,9(3):60-64.

[93] SARIDIS G N. et al. Analytical Design of Intelligent Machines [J]. Automatic,1988,24(2):123-133.

[94] MOORE R L. Adding Real-time Expert System Capabilities to Large Distributed Control Sys-

tem [J]. Control Engineering, April, 1985, 118-121.

[95] YAMAKAWA T. A Fuzzy Inference Engine in Nonlinear Analog Mode and Its Application to a Fuzzy Logic Control [J]. IEEE Trans. on Neural Networks, 1993, 4(3): 496-522.

[96] ANDERSEN H C. et al. Single Net Indirect Learning Architecture [J]. IEEE Trans. on Neural Networks. 1994, 5(6): 1003-1005

[97] ICHKAWA Y. and SAWA T. Neural Network Application for Direct Feedback Controllers [J]. IEEE Trans. on Neural Networks, 1992, 3(2): 224-231.

[98] YAMAGUCHI Y. et al. Self-Organizing Control Using Fuzzy Neural Networks[J]. Int. Journal Control, 1992, 56(2): 415-439.

[99] CHIN-TENG LIN. et al. Neural Network-Based Fuzzy Logic Control and Decision System [J]. IEEE Trans. on Computers, 1991, 40(12): 1320-1336.

[100] 李士勇. 从 PID 控制到智能积分控制[C]//东北三省自动化学会 1987 年学术交流会, 齐齐哈尔, 1987.

[101] 柏建国, 胡可剑. 补偿纯滞后过程的新方法——智能采样调节[J]. 化工自动化仪表, 1989(5): 23-27.

[102] 周其鉴. 仿人智能控制器[J]. 中国仪器仪表, 1993(2): 5-9.

[103] 邓志东. 自学习控制理论与应用[D]. 哈尔滨: 哈尔滨工业大学, 1991.

[104] 李士勇, 章钱. 智能制导——寻的导弹智能自适应导引律[M]. 哈尔滨: 哈尔滨工业大学出版社, 2011.

[105] 李士勇, 陈永强. 蚁群算法及其应用[M]. 哈尔滨: 哈尔滨工业大学出版社, 2004.

[106] 李士勇, 李盼池. 量子计算与量子优化算法[M]. 哈尔滨: 哈尔滨工业大学出版社, 2009.

[107] 李士勇. 非线性科学及其应用[M]. 哈尔滨: 哈尔滨工业大学出版社, 2011.

[108] 王小平, 曹立明. 遗传算法——理论、应用与软件实现[M]. 西安: 西安交通大学出版社, 2002. .

[109] ENGELBRECHT A P. 计算智能导论[M]. 2 版. 谭营, 等译. 北京: 清华大学出版社, 2010. .

[110] LANDAU I D. 自适应控制——模型参考方法[M]. 吴百凡, 译. 北京: 国防工业出版社, 1985.